Enterprise
Confucianism 2018

企业儒学·2018

黎红雷 / 主编

人民出版社

代 序 企业儒学：当代儒商对
儒家思想的创造性转化

黎红雷

儒家思想作为治国之道，在中国古代社会延续两千多年，留下了极其丰富的精神遗产。在改革开放中成长起来的当代儒商，将古代儒家的治国理念转化为现代企业的管理智慧，德以治企，义以生利，信以立世，智以创业，仁以爱人，勇以担当，从而实现了儒家思想在当代企业中的创造性转化。

一、德以治企：儒家德治思想在当代企业的创造性转化

"德治"是儒家治国之道的基本原则。孔子指出："道之以政，齐之以刑，民免而无耻；道之以德，齐之以礼，有耻且格。"[①] 其中的"道"是"引导"、"领导"的意思；"政"指政令；"刑"指"刑罚"；"德"指"德教"；"礼"指"礼法"。至于其中的"格"字，有多种解读，综合起来，可理解为"自我改正而真心归服"。如此，孔子原话的大意是：用政令来引导他们，用刑罚来规范他们，民众只是企求免于犯罪，内心却没有羞耻感；用德教来引导他们，用礼法来规范他们，则民众不但有羞耻感，并且能够自我改正而真心归服。当然，儒家也并不是主张完全可以不要刑律，不要政法，只不过他们看到："教之以政，齐之以刑，则民有遁心。"[②] 为了更好地维护社会的稳

---

① 程树德撰，程俊英、蒋见元点校：《论语集释》第 1 册，中华书局 1990 年版，第 68 页。
② 孙希旦撰，沈啸寰、王星贤点校：《礼记集解》中册，中华书局 1989 年版，第 1323 页。

定，扩大统治的基础，他们把道德教化放在国家管理的首位。显然，在儒家看来，道德比起刑法来说，更容易获得民心，从而更容易取得有效和持久的管理效果。正如孟子所言："以力服人者，非心服也，力不赡也；以德服人者，中心悦而诚服也，如七十子之服于（原著没有'于'这个字）孔子也。"①恃仗实力来使人服从的，人家不会心悦诚服，只是因为他本身实力不够的缘故；依靠道德来使人服从的，人家才会心悦诚服，就好像七十多位大弟子信服孔子一样。儒家"德治"所致力的，就是这种使人"心服"的功夫。

当代儒商践行儒学"道之以德，齐之以礼"的理念，德启善根，教化员工，从而实现了儒家德治思想在当代企业的创造性转化。他们致力于塑造新时期的工商业文明，创立独特的经营和管理机制，把社会、他人、自身利益融为一体，创造了以中华传统优秀文化为底蕴的崭新管理模式，使中国特色的社会主义价值观和世界级企业的管理制度融为一体，确立了中西合璧的普适性企业文化。在他们看来，中国文化的内涵就是一个"德"字。"德"是做人应有的规矩、做人最基本的属性，丢掉这个根本，人在处理事情、处理人与社会、与自然的关系的时候，无论是做官、经商，还是做学问，就会出现大麻烦。以"德"为根本，每个人都会严格要求自己。

孔子指出："君子之德风，小人之德草。草上之风必偃。"② 在儒家看来，领导者的职责就是以身作则，教化民众。管理就是教化，管理者就是教化者，管理的过程就是教化的过程。领导者受到教化就能爱护民众，民众受到教化就能发动起来，努力实现组织的目标。为此，当代儒商提出"三为一德"的理念。第一是"为人之君"，就是要有君子般的风度和君王般的责任。须知领导是一种责任，而绝不是一种简单的荣誉和待遇。企业领导者必须对企业负责，对员工负责，对社会负责，切实承担起"一家之长"的职责。第二是"为人之亲"，就是要像对待亲人那样对待自己的下属。管理者对待每一位下级，都要有"如保赤子"般的感情。企业领导者对自己的员工要有亲情般的关爱，遇事替他们想一想，为他们排忧解难。这里关键是一个"诚"字。只有以亲情般的诚心对待你的下级，对待你周围的人，你的工作才会做

---

① 焦循撰，沈文倬点校：《孟子正义》上册，中华书局 1987 年版，第 221—222 页。

② 程树德撰，程俊英、蒋见元点校：《论语集释》第 3 册，中华书局 1990 年版，第 866 页。

好。第三是"为人之师"，就是为人师表，率先垂范。企业文化建设，干部的以身作则很重要。你要求大家做到的，自己先要做到；要求别人不做的，自己首先不要做。在这个基础上，如果大家能够从你身上学到点东西，这个境界就更高了。所以，管理干部就要加强自身的修为与学习，以便对员工进行教化。"为人之君"、"为人之亲"、"为人之师"，这三句话构成了一个"德"字。在当代儒商看来，"德"是一个领导者、一个合格的管理者的基本素质和风范。以德平天下人心，大家就会无怨无悔地跟着你走。

二、义以生利：儒家义利思想在当代企业的创造性转化

儒家主张"义以生利"①，把治国理政当作精神价值创造物质价值、精神价值制约物质价值的过程。在价值认识上是"见利思义"②，《左传·昭公三十一年》指出："是故君子动则思礼，行则思义；不为利回，不为义疚。"③一个以精神追求为最高价值的管理者，行动要想着礼，办事要想着义；不做贪图利而违背礼的事情，也不要因为不合于义而感到内疚。在行为准则上是"取之有义"，孔子指出："富与贵，是人之所欲也；不以其道得之，不处也。贫与贱，是人之所恶也；不以其道得之，不去也。"④富裕和尊贵，是人们所欲望的；如果不依着正当的途径去得到它，一个以精神追求为最高价值的管理者就不会接受。在实际效果上是"先义后利"，荀子指出："先义而后利者荣，先利而后义者辱；荣者常通，辱者常穷；通者常制人，穷者常制于人。"⑤把义放在首位然后取利的，就可以荣耀相随、处处通达、驾驭他人；把利放在首位而后才求义的，就耻辱困扰、窘迫交加、受制于人。在价值评判上是"义利合一"，荀子指出："义与利者，人之所两有也。虽尧舜不能去民之欲利，然而能使其欲利不克其好义也，虽桀纣亦不能去民之好义，然而能使其好义不胜其欲利也。故义胜利者为治世，利克义者为乱世。上重义则

---

① 杨伯峻：《春秋左传注》，中华书局1981年版，第788页。

② 程树德撰，程俊英、蒋见元点校：《论语集释》第3册，中华书局1990年版，第972页。

③ 杨伯峻：《春秋左传注》，中华书局1981年版，第1512页。

④ 程树德撰，程俊英、蒋见元点校：《论语集释》第1册，中华书局1990年版，第232页。

⑤ 王先谦著，沈啸寰、王星贤点校：《荀子集解》上册，中华书局1988年版，第58页。

义克利，上重利则利克义。"① 无论是义还是利，都是人们所不可缺少的，英明的管理者如尧舜也不能排除人民的物质需要，昏暗的管理者如桀纣也不能禁止人民的精神追求。这些论述，全面地展现了儒家义利观的丰富内涵。

当代儒商践行儒学"义以生利，利以平民"② 的理念，生财有道，依法经营，从而实现了儒家义利思想在当代企业的创造性转化。他们基于儒家的义利观，以"利他主义"为基础，形成了自己的经营哲学。在他们看来，考量企业成功的重要准则，不是我们有没有成功，而是我们的客户有没有因为我们而成功？如果我们过早地成功了，客户就不会成功。当然，如果能够做到一起是最好，我也成功了、客户也成功了，但是只有一条路的时候，你要放弃什么？那就是放弃自己的利益，让别人先成功。这是 21 世纪做企业的普遍原则。20 世纪做企业要用好 IT（Information Technology 信息技术），21 世纪做企业则要用好 DT（Data Technology 数据处理技术）。两者有巨大的区别，DT 代表这个世纪最了不起的东西，利他主义。相信别人要比你重要，相信别人比你聪明，相信别人比你能干，相信只有别人成功你才能成功。21 世纪一定是从以自我为中心，变成以他人为中心。

孔子指出："邦有道，贫且贱焉，耻也；邦无道，富且贵焉，耻也。"③ 如果天下无道，你通过发不义之财而获得富贵，这当然是可耻的；但是如果天下有道，你循道而行而获得富贵，这当然是光荣的。相反，如果天下有道，你不循道而行去创造财富，却自甘贫贱，这在孔子看来是可耻的。"商人"只是社会的分工，本身并无贬义。从创造财富的动机与手段来看，商人起码可以分为三个层次：生意人、企业家、儒商。生意人有"三会"：会计算、会经营、会赚钱；企业家在生意人"三会"的基础上增加了"三有"：有勇气、有抱负、有情怀；儒商则在生意人"三会"和企业家"三有"的基础上增加了"三讲"：讲仁爱、讲诚信、讲担当。儒商与一般商人的区别，不是不追求财富，而是像《增广贤文》所说，"君子爱财，取之有道"。儒商就是商界的"君子"，其职责就是运用儒家商道智慧为社会创造更多的财富。中国的改革开放为当代儒商提供了创造财富、报效国家的舞台。由此，当代儒商一

---

① 王先谦著，沈啸寰、王星贤点校：《荀子集解》下册，中华书局 1988 年版，第 502 页。

② 杨伯峻：《春秋左传注》，中华书局 1981 年版，第 788 页。

③ 程树德撰，程俊英、蒋见元点校：《论语集释》第 2 册，中华书局 1990 年版，第 540 页。

方面认识到经商必须赚钱："为人不可贪，为商不可奸，若要做善事，还是先赚钱"；另一方面又认识到并非所有赚钱的生意都做："赚钱过三关，法律是底线，道德要约束，良心最值钱"；而且更进一步认识到要将自己赚来的钱回报社会："独善非至善，兼济方圆满，善心有善报，天地大循环。"

三、信以立世：儒家诚信思想在当代企业的创造性转化

"诚信"是儒家的道德范畴。所谓"诚"，就是真实无妄、诚实不欺的意思；所谓"信"，就是心口合一、言行一致的意思。儒家创始人孔子十分重视"信"德，指出："人而无信，不知其可也。"[1] 孔子的孙子子思则十分重视"诚"德，指出："诚者物之终始，不诚无物，是故君子诚之为贵。"[2] 在子思所著的《中庸》一文中，"诚"与"信"开始相提并论："在下位不获乎上，民不可得而治矣。获乎上有道，不信乎朋友，不获乎上矣；信乎朋友有道，不顺乎亲，不信乎朋友矣；顺乎亲有道，反诸身不诚，不顺乎亲矣；诚身有道，不明乎善，不诚乎身矣。"[3] 孟子沿着子思的思路，进一步明确将"诚"与"信"联系起来，说道："彼以爱兄之道来，故诚信而喜之。"[4] 荀子也把"诚"与"信"结合起来，说道："诈伪生塞，诚信生神，夸诞生惑。"[5] 从此，"诚信"作为一个表达"内诚于心而外信于人"的重要道德范畴，成为人们的立身之本、交往之道、治国之要和事业之基。

当代儒商践行儒学"内诚于心，外信于人"的理念，内外兼修，塑造品牌，从而实现了儒家诚信思想在当代企业的创造性转化。他们基于儒家的诚信思想，提出"人品、企品、产品，三品合一"，以员工高品行的人品，形成高品位的企品，生产出高品质的产品。这样的品牌观念，追求的是消费者百分百的安心，体现的是企业对消费者的承诺与责任，赢得的是消费者对

---

① 程树德撰，程俊英、蒋见元点校：《论语集释》第1册，中华书局1990年版，第126页。

② 郑玄注，孔颖达疏，龚抗云整理：《礼记正义》下册，北京大学出版社1999年版，第1450页。

③ 郑玄注，孔颖达疏，龚抗云整理：《礼记正义》下册，北京大学出版社1999年版，第1446页。

④ 焦循撰，沈文倬点校：《孟子正义》下册，中华书局1987年版，第627页。

⑤ 王先谦著，沈啸寰、王星贤点校：《荀子集解》上册，中华书局1988年版，第51页。

品牌的信赖与赞誉，是一种更为高超的品牌营销学。企业要经营，要生存，要盈利，经营之道是什么？《论语》里面有一句话叫"修己以安人"①，表面上看好像和经营没什么关系，但事实上，这是最根本的经营之道。"修己"，有两个主体，一个是企业家自身，一个是全体员工。每一个人都要"修己"，修身心、尽本分；然后是"安人"，让人心安定。"安人"主要有两个对象群体，一个是员工，一个是顾客。如果把自己修炼好，同时把顾客、员工安顿好，企业还会不成功？还会没有利润吗？

儒家经典《周易·乾·文言》指出："君子进德修业。忠信，所以进德也。修辞立其诚，所以居业也。"②讲求忠贞守信，就能增进道德；检点言辞行为、树立诚信威望，就能成就事业。《荀子·王霸》针对当时社会各个阶层而提出诚实守信的具体要求，其中提到：商人老老实实，没有欺骗行为，那么商人安业，财货通畅，国家的各种需求就能得到供应；工匠忠诚信实，就不会粗制滥造，那么器械用具就做得轻巧灵便，而资材也不会缺乏了。③《孔子家语·鲁相（多本典籍上都为相鲁）》曾有"鬻牛马者不储价，贾羊豚者不加饰（中华书局那版没有这段，故选别版）"④之语，意思就是说，从事商业经营活动的人员不要违反职业道德而乱涨价和卖假货。《孟子·滕文公上》说："虽使五尺之童适市，莫之或欺。"⑤这种"童叟无欺"的要求，成为传统商道诚实经营的思想渊源。当代儒商发扬传统的诚信精神和职业道德，在"内诚于心"方面，将传统美德"仁、义、礼、智、信"转化为现代企业和企业员工的行为准则。"仁"就是宽容待人，关爱友善；"义"就是处事公平，维护正义；"礼"就是尊重他人，谦逊礼让；"智"就是崇尚智慧，不断学习；"信"就是诚实守信，赢得信誉。在"外信于人"方面，当代儒商认识到：品牌的涵义，就是定位品牌在消费者心目中的感觉；品牌的口碑，就是消费者对品牌的信赖与赞誉；品牌的追求，就在于消费者百分百的安心。为了让消费者安心，就要真心帮助顾客解决问题，诚心站在顾客角度思考，

---

① 程树德撰，程俊英、蒋见元点校：《论语集释》第 3 册，中华书局 1990 年版，第 1041 页。

② 黄寿祺、张善文译注：《周易译注》，上海古籍出版社 2001 年版，第 13 页。

③ 王先谦著，沈啸寰、王星贤点校：《荀子集解》上册，中华书局 1988 年版，第 229 页。

④ 王德明译注：《孔子家语译注》，广西师范大学出版社 1998 年版，第 10 页。

⑤ 焦循撰，沈文倬点校：《孟子正义》上册，中华书局 1987 年版，第 398 页。

贴心为顾客提供服务，全心关怀顾客幸福，以专业知识说服消费者，以至诚服务感动消费者，以儒家文化感染消费者，从而以自己的真诚赢得顾客。

四、智以创业：儒家明智思想在当代企业的创造性转化

"时中"是儒家之"智"的重要体现。与很多人心目中儒家的"保守"形象不同，真正的儒家其实是主张与时变化、趋时而动的。现代新儒家学者方东美曾以人格类型拟喻中国古代哲学思想流派之格局，他将儒家称为崇尚"时"、"中"的"时际人"；将道家称为崇尚"虚"、"无"的"太空人"；称佛家为崇尚"不滞"、"无住"的"时空兼综而迭遣者"。方东美先生指出："儒家代表典型之时际人，意在囊括万有之一切——无论其为个人生命之尽性发展，天地万物自然生命之大化流衍，社会组织之结构体系，价值生命之创造成就，乃至性体本身之臻于终极完美等等，——悉投注于时间之铸模中，而一一贞定之，使依次呈现其真实存在。问题的关键是：何谓时间？最简单之答复曰：时间之本质在于变易。"[1] 儒家的时变观，一是"顺时而变"，"虽有智慧，不如乘势；虽有镃基，不如待时"[2]。抓住有利的时势，顺时而变，乘势而上，从而收到事半功倍的效果。二是因变而变："时止则止，时行则行，动静不失其时，其道光明。"[3] 主动地因应时势的变化而变化，根据现实的时势而作出正确的决策。三是权宜而变："圣人执权，遭时定制，步骤之差，各有云设。"[4] 做人的最高境界就是通权达变，即要依一定的时势（包含时间、地点、条件等要素）而转移。四是时中之变："君子之中庸也，君子而时中。"[5] 中庸就是合适，就是通过与时变化的途径而达到合适的目的。五是不变之变："易一名而含三义：易简一也；变易二也；不易三也。""变易"的过程中有恒常之秩序，变而不乱、变而有常。

---

[1]　方东美：《中国哲学之精神及其发展》，中华书局 2012 年版，第 147 页。

[2]　焦循撰，沈文倬点校：《孟子正义》上册，中华书局 1987 年版，第 183 页。

[3]　黄寿祺、张善文译注：《周易译注》，上海古籍出版社 2001 年版，第 431 页。

[4]　范晔撰，李贤等注：《后汉书》，中华书局 1965 年版，第 1726 页。

[5]　郑玄撰，孔颖达疏，龚抗云整理：《礼记正义》下册，北京大学出版社 1999 年版，第 1424 页。

当代儒商践行儒学"智者不惑"的理念，善抓商机，与时俱进，从而实现了儒家明智思想在当代企业的创造性转化。他们致力于成为"时代的企业"，随着时代变化而不断变化。在他们看来，只有时代的企业，没有成功的企业。为什么这么说呢？企业都想长盛不衰，但实际上我们很难看到这样的企业。一般来讲，很多企业都是昙花一现。如果这个企业成功了，那么，它所谓的成功，只不过是踏上了时代的节拍。所以说，企业应该是时代的企业，也就是说跟上了时代前进的步伐就是成功的企业。儒家经典《周易》所包含的"三易"，就是变易、不易、简易，非常适合市场的原则。"不易"就是市场有一个原则，是对用户的真诚，这个是永远不变的；"变易"就是市场万变，你应该变到它的前面去；"简易"就是所有的管理都应该是最简化的，我们用最简化去应付最复杂的东西。这就是最高的智慧。中国最高的智慧是中庸，应该是找到一种方法，这就是《中庸》当中说的"极高明而道中庸"①。

"中庸"是儒家的最高智慧。孔子说："中庸之为德也，其至矣乎！民鲜久矣。"② 儒家经典《中庸》则把"中庸"与"时变"结合起来，提出"时中"的概念，既揭示了"中庸"原则的时变性，又展现了"时变"思想的适中性。受此启发，当代儒商提出"创造市场"的观念。所谓"创造市场"，就是不局限于在现有市场中争份额，而是以自己的优势另外创造新的市场，即不去争现有蛋糕的大小，而是重新做一块蛋糕去享受。这也符合《周易》中的"三易"原则："变易"，市场每时每刻都在变化，是动态的，不是静止的；"不易"，万变之中有不变的规律，这就是消费者对产品质量的高标准是永远不变的；"简易"：把市场中纷繁的问题化繁为简，化难为易来解决。《周易》否卦有句爻辞："'倾否'，而非'否倾'"③，意思就是要主动颠覆封闭的局面，而不是被封闭的局面所颠覆。管理上没有最终的答案，只有永恒的追问。"倾否"不是只倾一次、一劳永逸，而是要根据时代不断地颠覆，不断地"倾否"。一个企业永恒的追求，就是要真正变成一个时代的企业。

① 郑玄注，孔颖达疏，龚抗云整理：《礼记正义》下册，北京大学出版社 1999 年版，第 1455 页。
② 程树德撰，程俊英、蒋见元点校：《论语集释》第 2 册，中华书局 1990 年版，第 425 页。
③ 黄寿祺、张善文译注：《周易译注》，上海古籍出版社 2001 年版，第 120 页。

五、仁以爱人：儒家仁爱思想在当代企业的创造性转化

"仁爱"是儒家思想的核心。据《论语·颜渊》记载："樊迟问仁。子曰：'爱人。'"[1]"仁爱"从哪里开始？儒家的回答是家庭的伦理纲常。有子说："孝悌也者，其为人之本欤？"[2]孝敬父母，友爱兄弟，是做人的根本，也是仁爱之心的起点。孟子则将儒家的仁爱之心推而广之，扩展到整个社会大众，指出："老吾老以及人之老，幼吾幼以及人之幼"[3]；甚至扩展到天下万物："亲亲而仁民，仁民而爱物。"[4]从根本上说，儒家追求的是"天下一家"的理想。据《论语·颜渊》记载：孔子的弟子司马牛忧愁地说自己没有兄弟。子夏安慰他说：君子和人交往态度恭谨而合乎礼节，那么"四海之内，皆兄弟也"[5]。沿着这一思路，北宋儒者张载提出"民胞物予"的著名命题。在他看来，天地是人类万物共同的父母，人类和万物共同禀受天地而生。所以我和天下的民众都是相互依存的血脉同胞，和天下的万物都是亲密无间的友好伙伴。在这里，已经没有所谓"家人"和"外人"、"熟人"和"陌生人"，乃至"人类"与"万物"的区别。这是孔子仁爱思想的最高张扬，也是儒家家庭观的最终目标。

当代儒商践行儒学"仁者不忧"的理念，关爱员工，服务大众，从而实现了儒家仁爱思想在当代企业的创造性转化。他们提出"建设幸福企业"的概念，即把企业当作"家"来爱护和经营，把所有的员工当作"家人"，把社会大众当作"亲人"。第一是"人文关怀"，在企业内部倡导"家"的氛围，像关爱自己的兄弟姐妹一样关爱企业的员工乃至他们的父母、子女、家庭。第二是"人文教育"，组织员工学习中华文化经典，教会员工懂得爱和感恩，以典范精神鼓舞人、带动人。第三是"绿色环保"，秉持4G理念：绿色设计、绿色采购、绿色销售、绿色制造，在经营生产中践行绿色低碳，注

---

① 程树德撰，程俊英、蒋见元点校：《论语集释》第3册，中华书局1990年版，第873页。

② 程树德撰，程俊英、蒋见元点校：《论语集释》第1册，中华书局1990年版，第13页。

③ 焦循撰，沈文倬点校：《孟子正义》上册，中华书局1987年版，第86页。

④ 焦循撰，沈文倬点校：《孟子正义》下册，中华书局1987年版，第949页。

⑤ 程树德撰，程俊英、蒋见元点校：《论语集释》第3册，中华书局1990年版，第817页。

重生态环境的保护。第四是"健康促进"，开展各种主题的健康讲座，提升员工的健康意识；建立员工健康档案，让员工享受健康护理和中医养生理念。第五是"慈善公益"，关爱社会上的弱势群体，与贫困地区政府协作，建设幸福校园与幸福乡村。第六是"志工拓展"，鼓励员工加入志愿工作者队伍，透过内求、利他的志工精神，让所有志工有心灵上的成长。第七是"人文记录"，持续记录爱的足迹，多角度记录幸福企业创建中的成长历程。第八是"敦伦尽分"，倡导"人人都是君亲师"的理念，各负其责，各尽其力。他们清醒地认识到，企业的价值在于员工的幸福和客户的感动。现代社会发展的一个重要推动力量来源于企业，企业已经成为社会的中坚力量，我们要创造一个和谐美好的幸福社会，建设幸福企业大家庭，就是一个很好的途径。

中国人是世界上最重视家庭的族群，儒家学派是世界上最重视家庭的思想学派。中国人的家庭，不仅是生儿育女的地方，而且是生产消费的组织，更是学习教育的场所。《周易·序卦》上说："有男女然后有夫妇，有夫妇然后有父子，有父子然后有君臣，有君臣然后有上下，有上下，然后礼义有所措。"① 在儒家看来，家庭组织是所有社会组织的基础，家庭关系是所有社会关系的前提，家庭制度是所有文明制度的起点。受此影响，当代儒商把公司当作"家"，把员工当作"家人"，自己则当好一位尽职尽责的"大家长"，率领"家人"一起建设"幸福大家庭"。在他们看来，企业是家，董事长是大家长，董事长像父母一样关心公司高管，爱护每一位员工。管理层也会学习效仿，这就是上行下效，兄友弟恭。管理层关怀员工，员工之间也会相互关爱，像兄弟姐妹一样，彼此关心彼此爱护彼此协助。这样的"家"，其成员并没有血缘关系，却获得了血缘家庭所具有的亲密感，实际上是一种"拟家庭化组织"，是对儒家家庭观和仁爱思想的现代弘扬。

六、勇以担当：儒家尚勇思想的创造性转化

儒家之"勇"不是好勇斗狠，而是勇于担当责任，其中也包括"严于

---

① 黄寿祺、张善文译注：《周易译注》，上海古籍出版社 2001 年版，第 647 页。

律己"的自我责任。孔子主张"过则勿惮改"①，子贡称赞孔子道："君子之过也，如日月之食焉：过也，人皆见之；更也，人皆仰之。"② 由此，儒家十分重视"正己正人"、"修己安人"。孔子指出："苟正其身矣，于从政乎何有？不能正其身，如正人何？"③ 在孔子看来，领导者自身行为正当，就是不下命令，事情也行得通；领导者自身行为不正当，虽然三令五申，下面的人也不会服从。现代美国管理学家德鲁克在 1985 年为其专著《有效的管理者》一书再版作序时指出："一般的管理学著作谈的都是如何管理别人，本书的目标则是如何有效地管理自己。一个有能力管好别人的人不一定是一个好的管理者，而只有那些有能力管好自己的人才能成为好的管理者。事实上，人们不可能指望那些不能有效地管理自己的管理者去管好他们的组织和机构。从很大意义上说，管理是树立榜样。那些不知道怎样使自己的工作更有效的管理者树立了错误的榜样。"德鲁克在这里所说的"管理自己"与"领导别人"的关系，用儒家的语言来说，就是"正己"与"正人"的关系。只有"正己"方能"正人"，也就是只有管理好自己才能领导好别人——古今中外的领导智慧在这一点上达到高度的统一。

当代儒商践行儒学"勇者不惧"的理念，严于律己，以身作则，从而实现了儒家尚勇思想在当代企业的创造性转化。他们十分强调企业领导者的以身作则。在他们看来，以身作则，不是劝导他人的重要途径，而是唯一途径。这里"唯一途径"的话说得固然重了点，但是以身作则确实是能不能树立企业文化的根本基础。企业做什么事，就怕含含糊糊，制度定了却不严格执行，最害人。一个企业立下规矩是要求其全体成员遵守的，而全体成员遵守的关键是这一企业的领导者要带头遵守。领导者既是一个组织中发号施令的人，也是这个组织中的排头兵——所有的成员都向领导看齐。在军队里，领导应该身先士卒；在企业里，管理者更应该如此。一个领导的执行力是下属执行力的上限。一个公司风气正不正，最关键的还是第一把手自己为人正不正。假如领导人有一个办大企业的目标，那么就得要求自己把事做正。

据儒家经典《礼记·哀公问》记载，有一次鲁哀公问孔子："敢问何谓

---

① 程树德撰，程俊英、蒋见元点校：《论语集释》第 1 册，中华书局 1990 年版，第 36 页。

② 程树德撰，程俊英、蒋见元点校：《论语集释》第 4 册，中华书局 1990 年版，第 1334 页。

③ 程树德撰，程俊英、蒋见元点校：《论语集释》第 3 册，中华书局 1990 年版，第 911 页。

为政?"孔子的回答是:"政者正也。君为正,则百姓从政矣。君之所为,百姓之所从也;君所不为,百姓何从?"[①]在孔子看来,"政"是一个象形字,就像一个人拿着正确的规矩去规范别人,如果掌握规矩的人本人都不"正",又怎么能够要求别人"正"呢?因此,严于律己是自我管理和领导别人的关键。儒家强调修身立仁,"非礼勿视,非礼勿听,非礼勿言,非礼勿动"[②],要求领导者克制自己的欲望,培育充分的道德自觉,按照社会规范和伦理准则来约束和要求自己,从而发挥良好的榜样激励和价值导向作用。现代西方管理理论也把"自我克制"、"品德超人"作为领导者的特性和品质之一。当代伦理领导理论更进一步主张,合乎伦理道德的管理者,应采取影响组织道德观与行为的、合乎伦理道德的策略,亦即伦理领导在个人生活和职业活动中均表现出道德行为。作为道德型的管理者和领导者,当代儒商通过可见的行为把自己塑造成角色楷模,设置明确的道德标准,并采取奖惩策略确保这些标准得以执行。在这样的企业里,任何一项制度在发布后都会被坚决地执行。这些制度在实施的过程中,上下都非常重视,任何一个员工都会遵守。任何人如果有违反条例规定,都会自觉地去执行惩罚条例。正是因为这样的执行力,才使得企业的各项制度具有相当的威力,保证了各项工作都能顺利进行。就此而言,当代儒商严于律己,无私无畏,由自我管理而具备了个人的魅力,因而也就获得了对下属的感召力,组织就有了凝聚力,企业就有了勇于进取、敢于拼搏的强大的战斗力。

综上所述,当代儒商对儒家思想的创造性转化,为传统儒学在当代的继承和发展开拓了"企业儒学"的新领域,充分体现了中华优秀传统文化的当代活力。

---

① 郑玄注,孔颖达疏,龚抗云整理:《礼记正义》中册,北京大学出版社1999年版,第1375页。

② 程树德撰,程俊英、蒋见元点校:《论语集释》第3册,中华书局1990年版,第821页。

目　录

企业儒学源流

中外儒商研究

社会企业研究

企业文化研究

企业案例分析

博鳌儒商论坛 2017 年年会大会演讲

企 业 儒 学 源 流

如何看待儒家文化与中国传统文化

陈　来*

　　一个时期以来，习近平总书记就中华文化的价值和意义做了多次重要讲话，意义重大。习总书记的讲话受到广大群众和知识分子的衷心欢迎。但也应该看到，由于历史的原因和一些错误观念的阻挠，贯彻习近平总书记的讲话精神，把思想和认识统一到习近平总书记的讲话精神，将不会是一个短期的过程，但我们坚定贯彻习近平总书记讲话精神的决心不能动摇。以下谈几点有关儒家文化的看法，供参考。

一、儒家思想与中国文化的关系

　　儒家是传承夏、商、周三代文明的主要学派。儒家所传承的以"五经"或者"六经"为核心的经典体系，不是一家一派或某一个宗教的经典，而是一个文明的经典，即中华文明的经典。自汉代以来，儒家在治国理政、追求长治久安方面的基本观念被中国的历史所选择，受到普遍认同，绝不是偶然的，是以中国历史经验的总结为基础的，也显示出儒家的基本观念符合中华民族和中华文化两千多年来发展的需要。

　　儒家思想代表了中国人的核心价值观，这套核心价值观是跟中国人的历史文化处境和生存条件相符合的，它和中国人生存的历史环境、历史条件、生产方式、交往方式是弥合在一起的，因此符合当时中国社会的需要，成为中国文化的主体部分。中国社会长期以来是一个农业社会，而且是一个乡村宗法共同体的社会，是以家族为主要形式的生活共同体；中国又是一个

---

　　* 陈来，清华大学国学研究院院长，中央文史馆馆员。

大一统的中央集权的国家，重视统一、秩序、凝聚和团结。儒家关于"齐家治国平天下"的理念适合于这些社会文化的需要。

儒家文化自古以来重视人的德性品格，重视德性的培养和人格的提升，历来高度推崇那些有精神追求的人、具有高尚道德品格的人士，孔子说"朝闻道，夕死可矣"①，把对真理和道德的追求看得比生死更重要；孔子又说"杀身以成仁"②，孟子说"舍生而取义"③，都是认为道德信念的信守和道德理想的坚持不受物质条件所影响，在一定的条件下比生命还重要。儒家的这种思想在社会上造成了崇德尚义的气氛。在这种精神追求下，通过古代的精神文明规范体系"礼"，而形成了中华"礼义之邦"的社会面貌。

儒家适合中国社会的需求因而成为了中国文化的主体部分。从先秦两汉开始，儒学就不断地传承中华文明的经典，一直到19世纪后期，所以，儒家对中国文化的传承起了重要作用。如果我们从民族精神的角度来看，中华民族的民族精神可以说是由不同的兄弟民族的文化共同构建的，但如果从中华民族精神的主导方面看，我们不能不说儒家的文化和价值在塑造中华民族的民族精神方面起了不可替代的重要作用。

中华民族的数千年历史发展，必然有一伟大的力量寓于其中。这个力量是什么？就是我们的文化和我们的民族精神，它是给了我们中华民族伟大生命力和凝聚力的内在的东西。其中最核心的就是中华文化中的一套价值观和民族精神。应当说，儒学是中国文化的主体部分。儒学奠定了中国文化的核心价值与道德规范。儒学在历史上对传承、发展中华文明发挥了主要的积极作用。儒学在形成中华民族的生命力、凝聚力方面发挥了主要作用。儒学在塑造中华民族的民族精神方面起了不可替代的作用。这些已经成为学术界的基本共识。

儒家创始人孔子在相当程度上已经成为中华文明的精神标志。这是孔子在两千多年的中国历史上，以及近代一百多年的历史中，自然地获得了这样的地位。所以如何对待孔子，是一个涉及民族文化的具有根本性的问题。习近平总书记在曲阜的讲话高瞻远瞩、立场鲜明，具有重大的现实意义。

---

① 程树德撰，程俊英、蒋见元点校：《论语集释》第1册，中华书局1990年版，第244页。

② 程树德撰，程俊英、蒋见元点校：《论语集释》第4册，中华书局1990年版，第1073页。

③ 焦循撰，沈文倬点校：《孟子正义》下册，中华书局1987年版，第783页。

二、儒家思想与现代文明的关系

应当肯定，近代以来的中国历史主题是现代化，单靠中国传统文化不可能完成这一现代化的任务，单靠中国传统文化也不能实现中华民族的复兴。但这绝不等于说只有打倒中国传统文化才能现代化，才能实现民族复兴。中国传统文化虽然没有自发地引导中国走入近代化社会，但中国文化的传统不必与模拟、学习现代的政治、经济制度相冲突，东亚各国在学习现代化中的成功就是证明。

如果从科学与民主来看，孔子本来非常重视好学博学，宋代以来的儒学特别强调格物致知，这些都为近代中国接引西方科学的输入奠定了基础。古代儒家的民本思想，虽然并未历史地发展为民主政治的设计，但在价值观上是可以通向民主的。中国近代以来的历史证明儒家思想与科学、民主没有冲突，是可以融合的。

尤其是在"第二次世界大战"后东亚儒学文化圈内各国的经济起飞和中国经济20世纪90年代以后的高速发展，证明了后发现代化国家并不需要先经过文化的自我革命才能实现现代化，受儒家文化滋养的社会完全有能力在开放的空间实现现代化。

当然，儒学不是鼓吹革命的意识形态，儒学也不是启动改革的精神动源，但儒家文化所熏陶的人士也重视改革开放和现代化，近代以来的儒家士大夫如林则徐、魏源、曾国藩、左宗棠、张之洞、康有为、谭嗣同等都是主张开放改革的仁人志士，百年来追求救国救民、追求民族复兴的人身上往往都在其人生中践行了儒家倡导的精神价值。

更重要的是，与相对短时段的革命和改革而言，儒学是探求"治国安邦""长治久安"的思想体系，这一特点使得儒学在革命之后、在现代化之中的中国社会重新显现出其长久的意义和价值。

如社会学家所指出的，现代文明内在地包含了价值理性和工具理性的紧张，现代文明的突出特色是工具理性的发展，市场经济和功利主义成为主导，价值理性则相形萎缩。因而与一切古代文化传统如基督教、佛教传统一样，儒家思想与市场化和功利主义的现代化文明是有冲突的。在中国，现代的市场经济与商业化趋势，已经导致个人主义、功利主义、拜金主义、消费主义的大幅度扩张，而儒学的价值理性正可以适应现代社会对于道德规范与精神文明的要求，以改善社会的伦理生活与精神生活，而使现代化趋向文化上平衡、结构上合理、伦理上合宜地发展，为现代化工程确立适当的人文环境。所以儒学对现代化的作用主要不是工具意义上的助推，而是坚持倡导与现代化市场经济相补充、相制约的伦理价值和世界观。

因此，中国传统文化在当今的重要意义，除了确立民族文化根源和发展文化传承以外，主要不是为推动全球化、现代化的进程，而是在社会层面上，满足社会秩序、伦理、文化、心灵的需要，建设社会的精神文明；在政治层面上，探求以中国传统文化为基础来构建共同价值观、巩固国家的凝聚力，积极地运用中国文化的资源以重建和巩固政治合法性。社会转型需要一种与革命时代不同的意识形态。在现代化市场经济发展的同时，社会道德秩序和个人安身立命的问题日益突出起来，市场经济在当代中国的发展带来了人与人关系的新的变化。与外来的文化、宗教相比，在稳定社会人心方面，传统文化提供的生活规范、德行价值及文化归属感，起着其他文化要素所不能替代的作用。中国传统文化在"心灵的滋养、情感的慰藉、精神的提升，道德的指引"方面，为当代市场经济社会中的中国人提供了主要的精神资源，在引导心灵稳定、精神向上、行为向善、社会和谐等方面发挥了重要的积极作用。文化有其自己的价值领域，那种把文化问题总是联结到现代化、全球化的单一思维应当改变。

三、关于儒家文化的精华和糟粕

传统文化并不是包治百病的药方，传统文化并不能解决我们现实生活遇到的一切问题。传统文化只是我们的文化根基，在其基础上如何建构起适应人民需要的现代政治、经济、法律、文化体系，发展政治文明、持续经济增长、健全法制生活、繁荣文化发展，需要全社会的创造性的努力。同时也需要通过适时的引导，帮助人民分辨传统文化的精华与糟粕，分辨永久的价值和过时的东西，使传统文化的资源更能够结合时代的要求发挥其作用。

所谓中华文化的精华，就是传统文化中"跨越时空、超越国度、富有永恒魅力、具有当代价值"的文化成分，具体的内容在习近平总书记2014年9月国际儒联讲话中已经表达为十五个方面，相当全面。

需要补充讨论的有两点：

第一是标准问题，区分精华和糟粕的标准，我们常说以科学的、民主的、大众的特征作为标准，其实这是片面的。中国传统的道德文化和道德美德，唐诗宋词的美学价值等，既不是科学，也不是民主，都不能在这种标准下被肯定，但它们都包含着超越时代的普遍性文化精髓。

第二是糟粕问题。如果从当代社会生活的角度看古代文化，古代社会所讲的"三纲"即君为臣纲、父为子纲、夫为妻纲，已经属于过时的糟粕；古代制度中的尊卑之别，其中体现的长上与幼下的法律不平等是过时的糟粕；古代文化中以男性为中心而歧视妇女是过时的糟粕；古代道德中要求妇女严守贞洁的规条是过时的糟粕。

传统文化的精华要大力弘扬，以满足我们今天的社会文化需要，但是以上所说的糟粕如"三纲"，在我们今天现实生活中早已经不存在而且没有什么影响，所以我们今天并不需要去强调传统文化的糟粕是什么，主要应该加强正面宣传，加强爱国主义和民族精神的教育，引导人民树立和坚持正确的历史观、道德观、国家观、文化观，增强文化自信和做中国人的骨气。

其实，应当注意，更多的情况是，近代以来儒家文化中一些受到争议的文化观念不能简单说成是糟粕，而多是属于价值偏好和文化偏重。儒家学说中往往强调了某些方面，而不重视某些方面，从而引起了一些当代人的批评。如从当代文化的立场看，儒家强调群体高于个人是正确的，但忽视个人是缺点；儒家强调义务先于权利是对的，但忽视权利是缺点；儒家强调责任先于自由是对的，但忽视自由是缺点；儒家强调道德教化是对的，但忽视法治是缺点；如此等等。其实，古今中外每一家的思想体系都是如此，都有其重视者和忽视者。所以，我们不能只用区分精华与糟粕的简单化方式处理传统文化的这些复杂性。合理的做法是，对某家某派学说，正面大力发挥其积极的一面，而用不同方式补充其忽视的另一面，这也是创造性转化和创新性发展。改善的方法首先是加强制度建设，如有了加强法治建设，强调儒家的道德教化就不会发生偏向。其次就是在实践上把儒、墨、道、法等多元的文化元素综合起来，让各种文化互相补充、互相作用，而不是独尊一家、排斥其他，这样就能整体地发挥传统文化的积极作用。但是，在理论上仍要确认传统文化的主流价值以儒家为代表，这既是中国历史的事实，也是中国历史的经验；与现实的具体操作不同，普遍性的道德价值和理想必须永远被置于声言的首位，因为它代表了人类社会的理想，也是人性的内在要求。最后，儒家思想不是一成不变的，也是发展的，与时俱进的，20 世纪 30—40 年代的儒家思想家都致力把传统文化和现代观念结合起来，求得二者的融合，今后的儒家思想发展也必将是如此。

忠恕之道及其时代意义

陈福滨[*]

忠恕之道是儒家修身立教的中心，自古以降，也一直都是士大夫一心所向往而努力自我修持的最高道德境界。因此，在古经典籍中吾人常可见到先圣先贤们对于有关忠恕的立论："夫子之道，忠恕而已矣！"[①] "忠恕违道不远，施诸己而不愿，亦勿施于人。"[②] "君子之道，忠恕而已矣！"[③] 从这些立论我们不难看出，"忠恕"实为一种博大精深、涵泳万物的思想与学说，亦是我们在待人处世方面不可或缺的正道。此种正道在先圣先贤的传承与发扬之下，对我们产生了极深远的影响，至今仍有其不可磨灭的存在价值。然而，随着时代潮流，社会环境的变迁，这种"本乎仁，贯之以忠恕"的思想，在不同的社会形态、环境制度下，我们必须要有所权变，赋予它新的时代意义；唯有如此，忠恕之道方能历久而弥新，切合时宜，引领着我们走向真、善、美的大同世界。

一、忠恕的意义

"忠恕"可说是儒家思想的精髓所在，孔子所谓的"吾道一以贯之"就是"忠恕"之道。朱熹谓："尽己之谓忠，推己之谓恕。"引程子曰："以己及物，仁也；推己及物，恕也；违道不远是也。忠恕一以贯之者：忠者，天

---

* 陈福滨，台湾辅仁大学哲学系教授。

① 程树德撰，程俊英、蒋见元点校：《论语集释》第1册，中华书局1990年版，第263页。

② 郑玄注，孔颖达疏，龚抗云整理：《礼记正义》下册，北京大学出版社1999年版，第1431页。

③ 韩婴撰，许维遹校释：《韩诗外传集释》，中华书局1980年版，第127页。

道；恕者，人道。忠者无妄，恕者所以行乎忠也。忠者体，恕者用，大本达道也。"[1] "忠"是就心说，是尽己之心无不真实者；"恕"是就待人接物处说，只是推己心之所真实者以及人物而已。就字义上说："中心为忠"，是尽己之中心无不实，故为忠；"如心为恕"，是推己心以及人，要如己心之所欲者，便是恕。因此，所谓的"尽己"之谓"忠"，"推己及人"之谓"恕"。简而言之，即一切尽自己之心意，努力来待人处世；自己想有所作为，也尽心尽力地让别人有所作为；也就是能尽自己的力量去做应做的事便是"忠"，并进致于"己欲立而立人，己欲达而达人"[2]。而凡是能站在客观的立场为别人着想，"己所不欲，勿施于人"[3] 以致"推己及人"[4]，能时时刻刻地去体谅他人便是"恕"。因此，"尽己之心以待人，推己之心以及人"，便是"忠恕"最真实贴切的含义。

（一）忠的意义

忠，《说文解字》解释为："敬也。从心，中声。"[5]《玉篇》解释为："直也。"《增韵》解释为："内尽其心，而不欺也。"《疏》："中心曰忠。中下从心，谓言出于心，皆有忠实也。"古人言忠，不外乎是对"君"尽忠，为"国"尽忠；其实，对自我之忠诚才是最基本、最重要的。倘若一个人连自己的所作所为都不忠实，那么更遑论为国家、为社会尽忠了。因此，"尽己之谓忠"，就是希望我人能够忠于自己的岗位，竭尽自己的本分，坚守既定的原则来行事。诸如：学生努力进德修业是忠，老师循循善诱勤力教学是忠，工人勤奋努力增产报国是忠，军人保家卫国守卫疆土是忠，公职人员努力为人民谋求最佳之福祉也是忠。所以，"尽忠"指的是每个人都能够做到各司其职、克尽其责的意思。昔日在封建专制的时代，对君尽忠，为国效忠，是天经地义的事；然时至民主政治之今日，我们若能将之转

---

① 朱熹：《四书章句集注》，台北鹅湖出版社1998年版，第72—73页。

② 程树德撰，程俊英、蒋见元点校：《论语集释》第1册，中华书局1990年版，第428页。

③ 程树德撰，程俊英、蒋见元点校：《论语集释》第3册，中华书局1990年版，第824页。

④ 《论语·卫灵公》："子贡问曰：'有一言而可以终身行之者乎？'子曰：'其恕乎！己所不欲，勿施于人。'"朱熹注曰："推己及物，其施不穷，故可以终身行之。"（朱熹：《四书章句集注》，中华书局1983年版，第166页）

⑤ 许慎撰，段玉裁注：《说文解字注》，上海古籍出版社1981年版，第895页。

化为对社会公益的热心参与和对政府法令的认知与配合，那么亦可说是对国家社会尽忠了。

（二）恕的意义

恕，《说文解字》解释为："恕，仁也。"《声类》："以心度物曰恕。"《孟子·尽心上》："强恕而行，求仁莫近焉。"① 《中庸》："忠恕违道不远。"注云："恕，忖也。忖度其义于人。"② 是见，恕是通过"仁"的表现，而所谓"推己及人"、"己所不欲，勿施于人"③，均为恕的本质；简单来说，"恕"就是"将心比心"的意思。人心本是相同的，因为人各有私，只知有自己，不知有他人，所以才会做出违背心意的事情来。因此，我们应摒除一己之私，试着用自己的心，去体会别人的心，自己心里所不愿意的事，也不要加诸于别人的身上。社会上的人际关系虽然复杂，但分析起来，不过是人、我两种对待关系而已；而所有可能产生的争执，皆起于对待关系的不和谐，由于对待关系的不和谐，所以不能设身处地为他人着想，自然也就产生了所谓父不慈、子不孝、朋友不信、人际关系的疏离，买卖双方的尔虞我诈等纷争。所以，"恕"就是希望每个人都能退一步为对方着想，如此便可化暴戾为祥和，化纷争为安乐。当我们懂得体恤别人，宽容别人之后，若能再进一步地去帮助别人，关怀社会，那么相信我们的社会不但能安定祥和，且可注入仁爱与温情。

二、忠恕的实践与表现

朱熹以"尽己之心"为"忠"，"推己及人"为"恕"，要推己及人，便首当尽己之心；因为恕道是能近取譬之道，而最切近者，莫如近取诸身。心为身之主，仁为心之法，故所谓近取诸身，即是尽己之心，尽己之仁。本于仁而无自欺便是忠，推而行之便是恕；故恕道即行仁的方术。先儒对社会群

---

① 许慎撰，段玉裁注：《说文解字注》，上海古籍出版社1981年版，第898页。

② 郑玄注，孔颖达疏，龚抗云整理：《礼记正义》下册，北京大学出版社1999年版，第1431页。

③ 程树德撰，程俊英、蒋见元点校：《论语集释》第4册，中华书局1990年版，第1106页。

道生命本于仁德，其所标立之则，即是忠与恕，忠恕必当内外相参以心行之，这正是体天地之撰，合内外之道，参人心之同，而行仁亲之实的；也就是由中正无私，和谐万物的仁心行道，由自我心性之诚，推及他人而宽容他人，和顺人群，旁通物我，浃化于大道生机，无一人一物不与我之生命合体而同流①。所以从忠恕以行道，必然直透我们生命之源的"仁"，合内外以存养生命的根本，善由是生，仁由是成。

（一）忠

"尽己之谓忠"，遇事尽己之心则为"忠"，忠于道、忠于国、忠于人、忠于己、忠于事；尽忠即是要我们每个人皆能做到各司其职、克尽其责，也就是每个人都应有"责任感"②。所以，"忠"必须是：

（1）忠于道。道就是真理；君子须信仰真理、服从真理、实践真理，始终一贯，至死不渝。子曰："朝闻道，夕死可矣。"③"道"是人生的理想，乃为"仁心"之发用，王邦雄认为："道是属于应然价值的领域，然这一理想，能否行之于世，则落在历史条件与社会因缘的实然限定中，应然是理上的应该，实然是事实上的可能，面对客观条件的限定，还是要知其不可而为之，朝闻道，而谓夕死可矣，意谓人生的理想，本在大道的开发，一朝发心闻道，也算不虚此行。"④ 这就是对道的忠。

---

① 方东美先生言："忠恕一贯之道扩充推广转而同情于他人的生命，和顺于人人的生命，旁通于物物的生命，浃化于大道的生机，无一物无一人的生命及其善性不与我的生命及其善性合体而同流。"（方东美：《中国政治理想要略》，《哲学论集》1973 年第 3 期）

② "责任感"是一个人对自己、自然界和人类社会，包括国家、社会、集体、家庭和他人，主动施以积极有益作用的精神。"责任"和"责任感"有着本质的区别，责任是人分内应做之事，还需要一定的组织、制度或者机制促使人尽力做好，故"责任"有被动的属性；而责任感是一种自觉主动地做好分内、分外一切有益事情的精神状态。把"责任感"定义为一种精神是恰当的，精神指人的意识、思维活动和一般心理状态，其范围要比表示情绪和感情状态的"心情"一词广泛得多，能够涵盖"责任感"的丰富内涵。作为心理学概念，责任感与一般的心理情感所不同的是，它属于社会道德心理的范畴，是思想道德素质的重要内容。人责任感的形成和增强除受意识形态和社会文化环境的影响外，主要靠教育，包括自我教育。

③ 程树德撰，程俊英、蒋见元点校：《论语集释》第 1 册，中华书局 1990 年版，第 244 页。

④ 王邦雄、曾昭旭、杨祖汉：《论语义理疏解》，台北鹅湖出版社 1997 年版，第 14 页。

（2）忠于国。《左传·僖公十四年》："皮之不存，毛将安傅？"① 又《左传·僖公五年》："谚所谓'辅车相依，唇亡齿寒'者，其虞虢之谓也。"② 个人是一个小我，国家是一个大我，人人皆当尽其保护之责，要有为国效命的决心，把国家的利益作为前提，要知道"覆巢之下无完卵"③；所以，爱国是百姓的天职，爱国是指对国家有强烈的认同感；所以，历代以降，每每于国家危亡之际，忠臣义士之公忠死国者，史不绝书；他们心如日月，气壮山河，慷慨激昂，视死如归，如张睢阳、文天祥、史可法等民族英雄，陆皓东、秋瑾等革命先烈，佟麟阁、王铭章、张自忠等八年对日抗战阵亡将士，以及王敏川、吴汤兴、莫那鲁道、花岗一郎等台湾地区抗日殉难者，皆足范式。

（3）忠于人。忠于人，就是人能对他人负责的意思；曾子曰："为人谋而不忠乎？与朋友交而不信乎？"④ 这就是忠于人。曾子以"忠恕"体会孔子的一贯之道，乃自云每日三省吾身，充分显示出他的切己反省、谨守于道的自我要求。曾子在此所谓的"三省"，主要体现在两个方面：一是修己；二是对人。对人要诚信，朱熹言"诚"是"真实无妄"⑤，"天之道"的"诚"是"真实无妄"的善道，而"人之道"则在于了解天所赋予人之本心的善，并真实无妄地面对自己、面对他人，通过道德修养，排除人欲之私，以真实无妄之诚信，行光明磊落之人格，不欺人亦不欺己，替人谋事尽心、尽力，尽心为他人着想，此乃为人之基本道德。

（4）忠于己。孔子言："志于道，据于德，依于仁，游于艺。"⑥"据于德"就是要人注重德行修养，以仁为己任；君子进德修业，不外成己成物。《中

---

① 杨伯峻：《春秋左传注》，中华书局1981年版，第348页。

② 杨伯峻：《春秋左传注》，中华书局1981年版，第307页。

③ 陆贾的《新语·辅政》："秦以刑罚为巢，故有覆巢卵破之患。"刘向校编的《战国策·赵策四》："臣闻之：有覆巢毁卵而凤皇不翔，刳胎焚夭碍骐驎不至。"南朝·宋·刘义庆的《世说新语·言语》："大人，岂见覆巢之下复有完卵乎？"均有"覆巢之下无完卵"之意的记载。

④ 程树德撰，程俊英、蒋见元点校：《论语集释》第1册，中华书局1990年版，第18页。

⑤ 朱熹言："诚者，真实无妄之谓，天理之本然也。诚之者，未能真实无妄，而欲其真实无妄之谓，人事之当然也。圣人之德，浑然天理，真实无妄，不待思勉而从容中道，则亦天之道也。"（朱熹：《中庸章句》第二十章注，《四书章句集注》，中华书局1983年版，第166页）

⑥ 程树德撰，程俊英、蒋见元点校：《论语集释》第2册，中华书局1990年版，第443页。

庸·第二十五章》："诚者，非自成己而已也，所以成物也。成己，仁也；成物，知也。性之德也，合内外之道也。"朱熹注："诚虽所以成己，然既有以自成，则自然及物，而道亦行于彼也。"① 故须以坚韧不拔之精神，以孟子所言"天将降大任于是人也，必先苦其心志，劳其筋骨，饿其体肤，空乏其身，行拂乱其所为，所以动心忍性，曾益其所不能"② 的意志，时时督促自己，事事反躬自问，庶免因循苟且，得过且过；人能忠于自己、尽己责任，庶几可为完人矣。

（5）忠于事。事乃公私之所寄，人之所为，成败得失，皆系乎于人；忠于所事，即得成功，享有荣誉，远如大禹治水，近如曾国藩讨逆、孙中山革命，皆尽忠其事而有所成的佐证。然今日国家虽暂无立即之忧患，于是"为民服务"，乃成为政府所属成员"忠于事"所首当重者；为民服务，乃现今世界之潮流，任何国家的人民对其政府均要求充分的服务，若作为一位公务人员，即为人民之公仆，自当为政府勠力政事，公平、适时、主动、积极、创新的服务，为人民谋求最大的福利；建立并实践"服务的人生观"：聪明才力愈大者，当尽其能力，服千万人之务，造千万人之福；聪明才力略小者，当尽其能力，以服十百人之务，造十百人之福；至于全无聪明才力者，亦当尽一己之能力，以服一人之务，造一人之福。如果政府单位的同仁能有服务的人生观，国家必能进步、社会必趋祥和。因此，服务的人生观也就成为人们应有的价值理念。

（二）恕

行恕的对象，既为对人、对事而言，大凡一己不愿尽之责，不愿为之事，而欲强求他人尽责或作为者，此乃对人不恕，亦是对己之不忠。《大学》云："是故君子有诸己，而后求诸人，无诸己，而后非诸人。所藏乎身不恕，而能喻诸人者，未之有也。"朱熹注曰："有善于己，然后可以责人之善；无恶于己，然后可以正人之恶。皆推己以及人，所谓恕也，不如是，则所令反其所好，而民不从也。"③ 盖视人如己，然后才可以推己及人。

---

① 朱熹：《四书章句集注》，中华书局1983年版，第34页。
② 焦循撰，沈文倬点校：《孟子正义》下册，中华书局1987年版，第864页。
③ 朱熹：《四书章句集注》，中华书局1983年版，第9页。

（1）对己行恕。不夸耀自己的长处，不道他人的短处，就是对己行恕。人类天赋不尽相同，互有长短；一般的人只看到了自己的长处，而忽略了自己的短处，因之于待人接物间，难免恃才傲物，踌躇满志。颜渊回答孔子问志时说："愿无伐善，无施劳。"①就是不夸矜自己的意思。颜渊已然超脱一己气质之限制，而达到随几与外境交流之地步，所以他虽有才能、有功劳也不会夸耀于人。而人非圣贤，孰能无过，所以孔子"恶称人之恶者"，尤其是"恶居下流而讪上者"②。称人之恶，则无仁厚之心；以下讪上，则无忠敬之心；背后对他人论长道短、说人是非，有失忠厚之道，为贤者所不取，智者所不为。因此，人之道德修养，是以明是非、辨善恶为基础的，决非好坏不分。所以，君子也有其所恶，故言："恶称人之恶者，恶居下流而讪上者也。"

（2）对人行恕。就是宽以待人，不念旧恶；君子处于人、我之间，苟能严于责己而宽以待人，扬善于公堂，规过于私室，则善莫大焉。所以孔子说："躬自厚而薄责于人，则远怨矣。"③盖每事先行责己，则己德日进，以之处人，则无往不顺也。同时，也要做到"君子泰而不骄"④。君子安详舒泰，超越了对一己之有限性，因此，能人有一善，若己有之，所谓"乐取诸人以为善（取诸人以为善）"⑤；人有一过，亦若己有之，所谓"匹夫匹妇有不被尧舜之泽者，若己推而纳诸沟中（原文：若己推而内诸沟中）"⑥。如果人于待人接物之际，能大量、能容受，不计前嫌，彼此推心置腹，和好如初，正所谓"知过必改，善莫大焉"⑦。廉颇负荆，周处除害，非但见重当世，后人尤视为美谈，此乃对人行恕之最佳佐证也。

（3）对事行恕。就是不咎既往，不以怨报怨；而人世之是非难免，仇怨宜解，万勿冤冤相报，有伤天和。老子曰"报怨以德"⑧、"以德报怨"，或言

① 程树德撰，程俊英、蒋见元点校：《论语集释》第 1 册，中华书局 1990 年版，第 353 页。
② 程树德撰，程俊英、蒋见元点校：《论语集释》第 4 册，中华书局 1990 年版，第 1242 页。
③ 程树德撰，程俊英、蒋见元点校：《论语集释》第 4 册，中华书局 1990 年版，第 1097 页。
④ 程树德撰，程俊英、蒋见元点校：《论语集释》第 3 册，中华书局 1990 年版，第 939 页。
⑤ 焦循撰，沈文倬点校：《孟子正义》上册，中华书局 1987 年版，第 241 页。
⑥ 焦循撰，沈文倬点校：《孟子正义》下册，中华书局 1987 年版，第 654—655 页。
⑦ 杨伯峻：《春秋左传注》，中华书局 1981 年版，第 657 页。
⑧ 饶尚宽译注：《老子》，中华书局 2006 年版，第 188 页。

"不计旧恶，以德报怨"，或言"不念旧恶、与人为善"。

宽恕的情操，源于仁爱的本心，它是有别于纯知性的互容，知性的互容需在同一步调与目标之下，有相互依持的必要始能和谐地共存，一旦功利目标消失，便易于转向于彼此的对立与嗔憎；唯有恕爱之心方能无限地包容，将心比心地关怀他人，绝无丝毫的价值中介，全属良知地推己及人、推己及物，在和谐的脉动中，洋溢着生命的价值与意义。

三、忠恕之道的时代意义

由孔子迄今，虽两千五百余年，然其所倡言之"忠恕"，不但在当时为至理名言，而今更是历久弥新。因此，以现今观之，忠恕之义与用，可再扩而大之。现代的忠恕之道实应含括三个进程：一是道德的自重；二是互助的服务；三是和谐的社会。唯有人们能发挥高度的爱心，忠恕之道方具时代之意义。

（一）政治方面

政治发展的健全与否，不仅有赖于政府，而且也需要人民的配合来推动。以台湾地区领导人选举为例。选举期间，时有候选人枉顾其他竞选者的权利，动则以言语攻讦他人的现象出现，抨击执政者，他们所谓之政见仅为谩骂他人之语而已，并无任何之建设性，此乃缺乏恕道精神者也。

通过选举选出领导人、民意代表是民主政治必然的产物，也是实行民主政治不可或缺的一环；人民借选举来行使主权，并以民意为依归。虽然"民主"的诠解不一，但最重要的就是要容忍不同意见，正如伏尔泰所说的：我不赞成你的意见，但抵死维护你的发言权。也就是允许反对者有说话表达意见的权利，一士之谔谔，往往胜过千士之诺诺。而服从多数、尊重少数，正是民主的真谛。

国家之政治，在推行民主化的过程中，政府应多为人民着想，而人民也应该体谅政府，将心比心。当我们在要求他人时，应先反求诸己的要求自己把分内的事做好，扮演好自己的角色；而政治理念的诉求，亦应在和平婉转且不侵犯他人之自由、权利的前提下进行。因此，我们如果每个人在行事之前都能设身处地地为他人着想，那么我们的民主之途必将走得更平顺、更稳健；因此，在国家政治民主化的过程中，忠恕之道的蹈厉实不可或缺。

（二）经济方面

当我们有了足够的经济能力后，更应该要"以仁存心"①，"仁"就是和谐的生命体，"仁"是一个真实、具体的生命存在情境，指涉了人性中的原始和谐，人先天本具的一种真诚朴实，不执着的生命本质。然人生在世，如何可以实现理想的人格，以透显"仁"的绝对永恒普遍的真实、整合的生命整体，那就需借仁心发用的工夫修养，方达生命圆满之境。王邦雄先生认为："仁是仁心，人生可以开出理想，可以修养德行，它可能的超越根据就在于人有仁心。仁心会呈现，故德行不仅是应然的价值，也是实然的存在，仁心一呈现，人就有不安而求安的道德感，就有应该不应该的价值自觉，仁心人人有，所以德行的路人人能走，人生的理想才会有它的源头。仁心自作主宰，不被世俗牵扯，也不被功利拆散，可以奠定生命的方向，所以说是道德理想的超越根据。"②要和谐自当以爱为出发点，本着"人饥己饥、人溺己溺"③与"己立立人、己达达人"的恕道精神去帮助需要帮助的人；而且要重新恢复中国人勤劳的传统美德，使每个人尽忠于自己的工作岗位，全力以赴，如此才能长期享有丰硕的经济果实。

（三）社会方面

孔子希望人类的社会能够"老者安之，朋友信之，少者怀之"④，能够

---

① 孟子曰："君子所以异于人者，以其存心也。君子以仁存心，以礼存心；仁者爱人，有礼者敬人。爱人者，人恒爱之；敬人者，人恒敬之。"朱子注曰："以仁礼存心，是存于心而不忘也。"（朱熹：《孟子·离娄下》，《四书章句集注》，中华书局1983年版，第9页）

② 王邦雄、曾昭旭、杨祖汉：《论语义理疏解》，台北鹅湖出版社1982年版，第5—6页。

③ 孟子曰："禹思天下有溺者，由己溺之也；稷思天下有饥者，由己饥之也，是以如是其急也。"（朱熹：《孟子·离娄下》，《四书章句集注》，中华书局1983年版，第299页）

④ 程树德撰，程俊英、蒋见元点校：《论语集释》第1册，中华书局1990年版，第353—354页。

"均无贫，和无寡，安无倾"①；尽管今日"自由竞争"是经济、社会发展的重要向度，然"均无贫"亦应是经济、社会发展的另一个重要向度；若能"均而不贫"，除了需要有一定的"自由竞争"外，又能在"自由竞争"下不致贫富悬殊，那么"均无贫"的政策与推行，就应为社会安定的良方之一；只有这两个向度"趋近于平衡"时，我们的社会、国家才有可能"安无倾"。同时，要能"均无贫，和无寡，安无倾"，那么在上位者就要能"视民如伤"，其真诚作为的表现是在"爱"与"恕"上，慈爱他们的百姓，开显并掌握一切真正美善的无限之爱的力量；倾听人民的声音，以引导他们形成共识，寻求安身立命的活路。孟子说："生于其心，害于其政；发于其政，害于其事。"②敬谨慎行是每位为政者当有的"不忍之心"，正视民众的需要，不做语言、逻辑的跳跃，务实地检视政事的运作，秉持为民公仆的理念，视照顾百姓为天职。而身为一位"视民如伤"的领导人，更当深切地体认人民的痛苦与需求，走出自我孤立的时光隧道，带领大家向前迈进，以期社会的安定，并提升国家整体的竞争力。

社会上暴力事件的发生，常常是因着彼此的口角纷争或意见不合所酿成的，如果每个人都能扬弃自我，多站在别人的立场着想，那么自然也就可以消弭纷争，化乖戾为祥和了。祥和是上天赐予的礼物，每一个人都应该感到受托付，投身为这伟大的祥和之"善"而贡献己力。借圣奥斯定形容和平为"秩序的和谐"③，他告诉我们：有了和谐的秩序，有关人的真理最后终能得到充分的尊重与实现。所以，唯有人人都能效法上天的秩序，以自己真诚的本心去对待别人，设身处地地为别人着想。"己所不欲，勿施于人"④，如此，社会才能维持永久的和平与安乐；而欲拨乱反正匡正社会之风气，亦唯行"忠恕"之道而已矣。

---

① 朱熹注："均则不患于贫而和，和则不患于寡而安，安则不相疑忌，而无倾覆之患。"（朱熹：《论语·季氏》，《四书章句集注》，中华书局1983年版，第170页）

② 焦循撰，沈文倬点校：《孟子正义》上册，中华书局1987年版，第212页。

③ 圣奥斯定著，王晓朝译：《上帝之城》下册，人民出版社2006年版，第923—926页。

④ 程树德撰，程俊英、蒋见元点校：《论语集释》第4册，中华书局1990年版，第1106页。

（四）环境方面

儒家的忠恕之道以"爱人"为核心，这对于保护生态环境有两方面的意义：就横的方面言，只有先处理好人与人之间的关系，才能最终处理好人与物的关系；因此，程颢言："仁者以天地万物为一体，莫非己也。"①就应为我们共有之理念。就纵的方面言，保护生态环境也要注意人类社会代际之间的伦理问题，如果我们对后代没有"恻隐之心"，不实行"忠恕之道"，只顾我们自己眼前的利益，那么也就难以做好环境保护和永续发展。②又《中庸·第三十章》述及"仲尼祖述尧舜，宪章文武；上律天时，下袭水土"③的环境生态观念，其中所谓的"上律天时，下袭水土"，就今日而言，是要人知道天文、地理两者与人的关系，并加以妥善适应与运用。如在天文方面，我们设有气象局；在地理方面，有农业机构、水利机构，都在做着律天时、袭水土的工作；倘能保有顺天时与应地利，方能拥有好的生存之道。

在儒家的普遍人类之爱中，最基本的就是处理好自己与自己、自己与他人的关系，而"忠恕"之道就是处理好自己与自己、自己与他人，以及与物、与自然的关系的基本准则。此所以为孔子"忠恕"思想的"一以贯之"之道。循此"一以贯之"之道，不仅可以处理好个人与个人之间的关系，而且"齐家、治国、平天下"亦可从中得以开展。因此，我们可以体会到传统思想的"忠恕"之道是可以历久而弥新的，唯有我们掌握"忠恕"的本质，以"忠"为经，以"恕"为纬，培养国人的"责任感"与"公德心"④，提升国民之素质，导正社会之风气，庶几百姓生活可臻于安乐之境也。

---

① 程颢、程颐：《二程集》，中华书局1981年版，第15页。

② 1991年国际生态学联合会（International Congress of Ecology，简称INTECOL）和国际生物科学联合会（International Union of Biological Sciences，简称IUBS）联合召开永续发展讨论会给予永续发展的定义，为环境属性上的定义是："保护和加强环境系统的生产和更新能力。"就此意义言，"永续发展"宜理解为"可以持续发展"的意思。

③ 郑玄注，孔颖达疏，龚抗云整理：《礼记正义》下册，北京大学出版社1999年版，第1459页。

④ "公德"两字，简单来讲就是公共的道德，也是团体或社会中，大家都必须遵循的合法行为。这种行为，都存在于每个人的心中，我们称它为"公德心"。"公德心"不但是一个人立身处世的基本条件，更是维护社会秩序及国家安定的基石。

从分工看孟子"士的自觉"

——以涂尔干为参照

王建宝*

涂尔干在其《社会分工论》中指出：分工的作用不仅仅限于改变和完善现有社会，而是使社会成为可能①，并提出了"有机团结"（Organic Solidarity）和"机械团结"（Mechanical Solidarity）的重要概念。② 对此前贤多有讨论，兹不赘述③。本文的目的是以杜维明先生的精神人文主义④为理论框架，以涂尔干的分工理论为参照，以充分豁显孟子之士的自觉，士的自觉使得人从生物学意义上个体之间的互相依赖升华为个体之间的相互信赖，从而建立起信赖社群（Fiduciary Community）⑤，庶几为儒家商业伦理寻找精神上的源头活水。

孟子的分工学说在自觉的层面塑造了华夏文明新的"有机团结"。说其自觉，是因为分工虽然古已有之，如《尚书》记载的羲和授时也许是有明确记载的第一份工作⑥、著名的后母戊大方鼎的制作需要300人以上的精密协

---

* 王建宝，长江商学院人文与商业伦理研究中心主任，北京大学高等人文研究院副研究员。

① 参见埃米尔·涂尔干（EmileDurkheim）著，渠敬东译：《社会分工论》，三联书店2000年版，第20页。

② 参见埃米尔·涂尔干（EmileDurkheim）著，渠敬东译：《社会分工论》，三联书店2000年版，第79页。

③ 参见王林平：《涂尔干社会学思想百年研究综述》，《学术交流》2008年第9期；渠敬东：《追寻神圣社会——纪念爱弥尔·涂尔干逝世一百周年》，《社会》2017年第6期。

④ 参见王建宝：《从精神人文主义看儒家生态伦理》，《船山学刊》2017年第3期。

⑤ 参见杜维明著，段德智译，林同奇校：《〈中庸〉洞见》，人民出版社2008年版。

⑥ 蔡沈：《书经集传》卷一，世界书局1936年版，第1页。

作①，但是孟子在与农家的辩难中明晰了分工以及士作为一种分工的必要性和重要性。在孟子看来，分工产生了士的自觉②，这是导致信赖社群得以建立的唯一原因。

鉴于篇幅所限，以下仅从分工与士的自觉、分工与个人、士的自觉与信赖社群三个方面来做论述。

一、分工与士的自觉——群

首先，分工使得"有机团结"得以形成的一个重要环节是"士"的自觉。孟子说"先觉觉后觉，先知觉后知"，士的自觉使得士在"有机团结"中承担传承文明、教化人民的责任，士即是自觉的个体，也是"有机团结"的重要创造者和维系者之一。士"无事"而食与梓匠轮舆看起来不一样，实际是从不同的方面为群道作出了自己的贡献，彼此之间无高低之分，因为"通功易事，以羡补不足"。孟子并非支持社会或政治精英主义，仅是想表明当时领袖与百姓之间已经确定了职能差异。③ 如"劳心者治人，劳力者治于人"，就不是精英主义，更不是阶级划分，而是基于分工理论的各得其分。④孟子指出，如果陶器不够，人都不能够正常的生活，何况没有创造价值的士。⑤ 士"食于人"，需要人民的供养。因此，士如果不能创造价值，给群带来意义，那么就会被人民抛弃，就没有了存在的价值。

其次，士的自觉使得分工既是自发的也是自愿的"沛然莫之能御"⑥ 的

---

① 参见北京大学历史系编：《商周考古》，新华书店 1979 年版，第 47 页。

② 参见杜维明：《孟子：士的自觉》，《杜维明文集》第五卷，武汉出版社 2002 年版，第28—56 页。

③ 参见狄百瑞（Wm.TheodoredeBary）著，黄水婴译：《儒家的困境》，北京大学出版社2010 年版，第 96 页。

④ 参见杜维明：《孟子：士的自觉》，《杜维明文集》第五卷，武汉出版社 2002 年版，第28—56 页。

⑤ "陶以寡，且不可以为国，况无君子乎?"（焦循撰，沈文倬点校：《孟子正义》下册，中华书局 1987 年版，第 858 页）

⑥ 孟子曰："舜之居深山之中，与木石居，与鹿豕游，其所以异于深山之野人者几希。及其闻一善言，见一善行，若决江河，沛然莫之能御也。"（焦循撰，沈文倬点校：《孟子正义》下册，中华书局 1987 年版，第 900 页）

大善流行。

马克思指出："只要分工还不是出于自愿，而是自然形成的，那么人本身的活动对人来说就成为异己的、同他对立的力量。"① 孟子认为分工既是自发的也是自愿的，并举了舜的例子。孟子曰：

> 禹闻善言则拜。大舜有大焉，善与人同。舍己从人，乐取于人以为善。耕、稼、陶、渔以至为帝，无非取于人者。取诸人以为善，是与人为善者也。故君子莫大乎与人为善。②

舜显然从事了多种工作，但他不以从事这些职业作为"异己的与他对立的力量"，而是"取诸人以为善，是与人为善者也"。个人通过自身的努力，可以提升自己，修身立己，为群道作出更大的贡献。从这个意义来讲，孟子也许并不认为"人本身的活动对人来说就成为异己的、同他对立的力量"，恰恰相反，孟子认为不同的分工对于人的成长都是有益的，其理论基础是人人皆可为尧舜的性善论。

另外，如何使得分工从自发的状态变成自愿的状态，孟子对孔子的职业进行的评价帮助我们略窥消息：

> 孔子尝为委吏矣，曰"会计当而已矣"。尝为乘田矣，曰"牛羊茁壮，长而已矣"。位卑而言高，罪也；立乎人之本朝，而道不行，耻也。③

孔子为委吏、为乘田，都是各得其分，"位卑而言高，罪也"，此为"小人之事"。当然，孟子也说，"立乎人之本朝，而道不行，耻也"。此为"大人之事"。最终，"各得其分"最为要紧。

再次，自发自愿的分工最终实现的是个人的善。

分工虽有不同，但是人格主体的建立是自愿的。从这个角度讲，个人

---

① 《马克思恩格斯选集》第 1 卷，人民出版社 2012 年版，第 165 页。

② 焦循撰，沈文倬点校：《孟子正义》上册，中华书局 1987 年版，第 240 页。

③ 焦循撰，沈文倬点校：《孟子正义》下册，中华书局 1987 年版，第 709 页。

通过分工以谋生或许是一种自发的状态，但是立志在己，成己也在己，成为一种自愿的状态。孟子曰：

> 舜发于畎亩之中，傅说举于版筑之间，胶鬲举于鱼盐之中，管夷吾举于士，孙叔敖举于海，百里奚举于市。[1]

在此，孟子连举了六个例子，以说明个人所处的地位不一样，分工也不一样。这些圣贤"动心忍性，增益其所不能"，最终都能己立立人，兼济天下。周濂溪教二程寻"孔颜之乐"[2]，或许所乐者就是这种自己立于天地之间并体知天德流行之乐。

如果有士的自觉，儒者在商则美其富，在工则美其技。从孟子始，"以道自任"的儒家从来没有放弃过自己的道统和学统，一直在孜孜努力构建一个由小康到大同世界的政统。"我们有理由相信，人民的福祉和苦难是压在儒家良知上的重担。"[3] 而"所有的重担最后都落在君子的自我培养和自我改造上"[4]。从这个意义上讲，为学与经商是一不是二，正如王阳明所说："士农工商，四民异业而同道。"[5]

二、士的自觉与个人平等

士的自觉不是精英主义，与个人平等没有矛盾。恰恰相反，孟子明分工说明二者之间是相辅相成的有机耦合。

首先，任何人不可能集百技于一身，这与个人需求的多样性之间的矛盾张力导致分工成为必然。

---

① 焦循撰，沈文倬点校：《孟子正义》下册，中华书局1987年版，第864页。
② 程颢：《河南程氏遗书》卷第二上《二先生语二上》，《二程集》，中华书局1981年版，第16页。
③ 狄百瑞（Wm.TheodoredeBary）著，黄水婴译：《儒家的困境》，北京大学出版社2010年版，第19页。
④ 狄百瑞（Wm.TheodoredeBary）著，黄水婴译：《儒家的困境》，北京大学出版社2010年版，第23页。
⑤ 吴光编：《王阳明全集》卷25《外集7》，上海古籍出版社1992年版，第941页。

作为个体的有限性和需求的多样性决定了分工的必然性。换一个角度理解，任何个体在一个有机团结（OrganicSolidarity）的群中都具有其应有的价值，找到其合适的地位，所谓各有所长，各得其分。职业的不一样是由于个人需求多样性和局限性决定的，无论士、农、工、商，每一个人都需要一个他者，反之亦然。

其次，按孟子所言，分工虽有不同，但人是平等的，这种平等是价值的平等，而不是外在社会地位的平等。

分工使得"贤者在位，能者在职"①。实际的分工不同以及社会地位的不一样，与价值上的平等是不矛盾的。正如涂尔干指出的，分工和专业化为我们创造了新的生存条件。② 从为群体创造价值的方面来说，从事不同职业者虽然专业不同，但是彼此之间是平等的。士的自觉使得士明确了自己的分工职能，就是为生存提供礼乐秩序这一条件。

或者可以进一步说，恰恰是由于分工，才产生了平等并使得平等得以可能。在此仅举儒家对待残疾人这一相对极端的例子做一佐证。任何对残疾人的轻视都不符合儒家的精神传统，无论是聋哑残疾还是肢体残疾的人，都能够在有机的群体中为团结提供价值。正如《礼记》所载：

喑、聋、跛、躃、断者、侏儒、百工，各以其器食之。③

反观有的文明传统，就没有这种对老弱病残的起码的尊重，更不必奢求将这些人视为整个共同体的有机组成部分。涂尔干说，有时候，法律竟然以某种方式怂恿和鼓励根据"物竞天择"的准则，将体弱多病的婴儿处死，就连亚里士多德本人也觉得这是自然而然的事情。④ 儒家连残疾人在分工中

① 焦循撰，沈文倬点校：《孟子正义》上册，中华书局1987年版，第223页。
② 参见埃米尔·涂尔干（EmileDurkheim）著，渠东译：《社会分工论》，三联书店2000年版，第232页。
③ 郑玄注，孔颖达疏，龚抗云整理：《礼记正义》上册，北京大学出版社1999年版，第429页。
④ 参见埃米尔·涂尔干（EmileDurkheim）著，渠东译：《社会分工论》，三联书店2000年版，第228页；亚里士多德著，吴寿彭译：《政治学》第4卷（及第7卷）第16章，商务印书馆1965年版。

的作用都予以重视并合理安排之，遑论其他如渔樵耕猎、士农工商者。明代李梦阳说："商与士，异术而同心。"① 所同之心就是人性的相同，而性由心显。②

三、士的自觉与信赖社群

综上所述，以大舜为标杆的人性本善和"而沛然莫之能御"的与人为善是分工的人性基础；个人能力的局限性、需求的多样性决定了分工的必要性；同时，分工使得人与人之间在彼此依赖的基础上的平等成为可能。如何从彼此依赖自觉地转变为彼此信赖从而形成信赖社群？以下讨论士的自觉与信赖社群。

孟子说：

> 夫君子所过者化，所存者神，上下与天地同流，岂曰小补之哉？③

士（君子）的这种"过化存神"的作用使得群道成为可能，换言之，士是文明共同体发端、建立和发展的需要。涂尔干认为，分工并不仅仅限于经济领域，申言之，分工是社会秩序得以建立的基础。这也是孟子的立意所在。质言之，分工也不仅仅是人类社会制度的产物，而且具有生物学上的意义，任何有机体作为个体和群体都需要分工，比如蚂蚁、蜂群，还有狩猎的猎狗。④

但是，人不是蚂蚁、蜜蜂或者猎狗，人具有自觉的精神价值，因此分工合作是人得以建立共同生活的群并形成有机团结的原因和基础。在此基础上，人不是原子型的个人，而是整个有机体的一部分。即使是网络时代的宅男宅女，他（她）也需要其他人提供的电力、网络和电脑、手机等设备，来

---

① 引自余英时：《中国近世宗教伦理与商人的精神》，九州出版社 2014 年版，第 197 页。

② 参见杜维明：《杜维明文集》第五卷，武汉出版社 2002 年版，第 63 页。

③ 焦循撰，沈文倬点校：《孟子正义》下册，中华书局 1987 年版，第 895 页。

④ 参见埃米尔·涂尔干（EmileDurkheim）著，渠敬东译：《社会分工论》，三联书店 2000 年版，第 1 页。

维护自己的物质生活，来找到自己个人意识的精神寄托。从生物性的彼此依赖到人性的彼此信赖，这是人类建立信任社群的一个质的飞跃，人群与鸟兽之群从此泾渭分明，否则人类社会就成了"率兽以食人"的人间地狱，人群比兽群更要残暴。

孔子希望建立共同的集体意识，当然不仅仅是通过权威或者法律，而是要通过自己的个体意识，所谓"先觉觉后觉"也。

> （孔）夫子怃然曰："鸟兽不可与同群，吾非斯人之徒与而谁与？天下有道，丘不与易也。"[1]

钱穆先生指出，孔子谓我自当与天下人同群[2]，"吾非斯人之徒与而谁与？"因为"鸟兽不可与同群"。按照孟子的理解，大人之事就是大人在群中承担的分工责任，是通过自己的个人意识来建立群道的集体共同意识。因为集体意识"他完全不同于个人意识，但是是通过个人来实现的"[3]。士或者知识分子的不断努力就是"通过维护一种充满活力的共同意识来维持社会的凝聚力"[4]。

一方面，儒家反对隐者"天下无道则须隐"的言行，虽然这是个人意识的一种选择与归宿，孔子的意思恰恰是，"正因为天下无道故不能隐"[5]。另一方面，儒家也反对纯粹用法律进行压制和惩罚的"商鞅社会"或者一个"机械团体"。正如孔子曰：

> 道之以政，齐之以刑，民免而无耻；道之以德，齐之以礼，有耻且格。[6]

---

[1] 程树德撰，程俊英、蒋见元点校：《论语集释》第4册，中华书局1990年版，第1270页。

[2] 参见钱穆：《论语新解》，三联书店2005年版，第441页。

[3] 埃米尔·涂尔干（EmileDurkheim）著，渠敬东译：《社会分工论》，三联书店2000年版，第43页。

[4] 埃米尔·涂尔干（EmileDurkheim）著，渠敬东译：《社会分工论》，三联书店2000年版，第70页。

[5] 钱穆：《论语新解》，三联书店2005年版，第441页。

[6] 程树德撰，程俊英、蒋见元点校：《论语集释》第1册，中华书局1990年版，第68页。

在一个"机械团体"中，集体意识通过法律乃至宗教来压制社会成员的自我意识，"如果一种行为触犯了强烈而明确的集体意识，那么这种行为就是犯罪"①。在一个有机团结的群中，如果仅仅依靠法律的负面压制作用，只会形成类似于通过军事征服而形成的罗马帝国，而不是靠文化认同而建立的"文化中国"②。这或许可以解释神圣罗马帝国在崩溃以后既不神圣、也不罗马、更不帝国。反之，中国在大秦帝国崩溃后，求统一的文化诉求就如犹太人每年都想回到耶路撒冷、穆斯林每人都想去麦加朝圣（Haji）一样强烈。因为文化中国已经是一个枝连气通的、生生不绝的、统一的有机体，任何器官（部分）的缺失都会给这个有机体带来遗憾、痛苦和折磨。

综上所述，孟子在与农家的辩难中提出的分工思想不仅有当时的历史意义，还有当代的现实价值。无论科技如何进步，无论商业模式如何创新，无论人类社群如何划分，无论政治制度如何不同，分工实现了个人价值，从而也体现了个人自由；由于分工，个体之间形成了互相依赖，使得平等成为可能；由于士的自觉，使得个体之间互相信赖，从而形成信赖社群。在这个社群中，无论是"大人"还是"小人"，无论是劳心者还是劳力者，无论是食于人者还是食人者，都是这一有机整体不可或缺的一部分。换言之，正是由于不同的角色分工，才形成了这一有机整体而生生不息。"大人"也就是具有自觉的士对于信赖社群的形成起到了不可替代的作用。

在信赖社群的基础上，基于共同意识的有机团结获得了巨大的凝聚力，整个文化共同体，比如"文化中国"不是基于法律权威或者宗教仪轨，才得以维系，而是在个体意识与集体意识取得动态平衡的基础上，不断地吸纳并整合外来的文明价值而生生不息。因为对于一个现有的共同体而言，外在的他者，无论是谁，都是广泛意义下分工的一种承担者。如此，孟子的分工理论不仅仅为儒家商业伦理找到一滴源头活水，也为人类命运共同体的建构找到了一个依据。

---

① 埃米尔·涂尔干（EmileDurkheim）著，渠敬东译：《社会分工论》，三联书店 2000 年版，第 43 页。

② 参见杜维明有关文化中国的论述。

责任儒学、新工业文明时代的
儒学与国家治理

吕　力*

杜维明认为，儒学在当代有没有进一步发展的可能性这个问题，是建构在一个基本设准上的，这个基本设准是，儒学是否能够对西方文化所提出的重大课题作出创建性的回应。杜维明指出了四个方面的问题：

一是科学精神的问题。杜认为，儒家传统代表强烈的道德性，又涵盖很大的人文思想，但面对科学主义的挑战，暴露很多缺陷。有些学人把儒家能否和科学精神相结合当作儒家能否进一步发展的前提，但结合起来的难度很大。本文试图通过责任这一纽带将道德与创造相连接，从而打通儒家与科学技术探索之间的进路。

二是民主运动的问题。传统儒家依靠所谓贤人政治，即以身作则的儒家型政治家。而杜维明认为，民主运动是建构在一个敌对抗衡的价值意识上，这意味着儒家道德理性的说服力将会越来越弱。本文认为，现代政治愈来愈强调责任，而与此同时，失败的民主制度在全球亦比比皆是。因而，民主制度只有与责任相结合才能形成较为完善的制度体系，这正是本文彰显责任儒学的政治意蕴。

三是宗教情操问题。杜维明认为，儒家传统虽然有内在超越，也有外在超越，但对很多在民主政治中很重要的基础，譬如法律、政治程序、人权等，却没有很充分的认识。现在有很多人认为，儒家的圣王，要么就是偏向理想主义，要么就是和权威主义混为一谈。在本文看来，基督教并非从一开

* 吕力，武汉工程大学管理学院副院长，教授。

始便具有民主的思想，只是在路德的宗教改革之后才逐渐向自由民主的方向发展，而反观儒学中的责任则自始就包含人格上的自由平等，责任儒学正是企图阐明并拓展这一论点，使之适应于新工业文明时代的要求。

四是心理学方面对人的理解。杜维明认为，如果我们认为人性本善，人可以通过自觉奋斗体现完美的价值；在程序政治方面，只要相互礼让就可以把我们这个社会带入更进一步的世界，面对复杂的现代文明，这种想法显得很幼稚。本文认为，责任既可以是内在的，也可以是外在的：外在的责任体系是法治的基础，而内在的责任则是德治的基础。面对复杂的现代文明，德治与法治缺一不可，而责任儒学的核心便是强调"内在责任与外在责任的统一"。我们并不纠缠于人性最初的善恶，但我们确实相信，人可以通过自觉奋斗体现完美的价值，这个世界的美好最终来自人心中内在的责任——这也是新工业文明时代儒学重建的基石。①

有关当代新儒家的得失，蒋庆认为，当代新儒家"本内圣心性之学开新外王"的路向已走不通，主要在于：一是儒家内圣心性之学只解决个体生命意义的安立问题，不解决社会政治制度的建构问题；二是当代新儒家把儒家的外王事业理解为开出由西方文化所揭橥的科学和民主，如此则儒学不能依其固有之理路开出具有中国文化特色的政治礼法制度。因而，蒋庆的主旨是在"心性儒学"之外另辟一"政治儒学"②。本文认为，当代新儒家确是着重于内圣心性之学，而拙于解决社会政治制度的建构问题，但这不意味着儒家不能由内圣之学开出外王。若将儒学发展为"心性儒学"与"政治儒学"两条路向，必然导致"新儒学"内在的逻辑缺陷，则必不复为"儒学"。

新儒家不能由内圣开出外王之枢纽在于新儒家错将民主作为西方现代政治的根基，将民主的形式即依据票数的多寡进行政治决策的表象以及无原则的"多元化"作为西方现代民主的核心标识。事实上，每一个公民人格上的自由、平等以及公民的责任意识才是西方民主社会的基石，而票数的多寡则是民主的表现形式之一。正如前文指出的那样，失败的民主在世界各地比比皆是，若仅论票数之多寡或提倡无原则的多元化，而缺乏每一个公民健全

---

① 参见杜维明：《现代精神与儒家传统》，三联书店 2013 年版。

② 参见蒋庆：《广论政治儒学》，东方出版社 2014 年版。

的人格，这样的民主终将是失败的。且民主具有多种形式，当代的代议制民主本身就体现一种"精英治国"的思想。据以上而言，当代新儒家对于政治哲学的认识仍然停留在20世纪前半期，由此自然不能由内圣开出外王。

一、责任是由内圣开出外王之核心枢纽

蒋庆将新儒家的主流归结于"心性儒学"传统大体上是准确的。"心性儒学"的基本特征是：从内在心性的角度自下而上地与天合德，以安顿人的精神生命，实现人生的终极意义与价值。

然纯任儒家心性之学，则西方外王之"法治"传统则势难开出。正如杜维明指出的那样，如果认为可以只通过自身的修养，在程序政治方面，只要相互礼让就可以把我们这个社会带入更进一步的世界，面对复杂的现代文明，这种想法显得很幼稚。由此，我们认为，儒家传统中的心性之学必须借助于一种沟通于"内心"与"外在制度"的中介，方能达成外王之目标。

在已有之文献中很大一部分对儒家与法治思想做了相互抵牾的解读。例如，陈云良就认为，儒家文化中的等级伦理、宗法伦理、和合伦理对法治精神格格不入，严重阻碍着法治所追求的公平、正义、自由、权利的实现。① 这种流传甚广的思想其实是将法治之法与"儒家之礼"简单对应，从而错失其根本。少量文献虽论及儒家与法治之关系，也多从道德与人文泛泛而言，虽无错误，但未切中肯綮。

在本文看来，责任是沟通内圣与外王的核心枢纽。其一，责任是内圣的必然结果。儒家之修养并非道家老庄之任由心灵漫游，而是一种致于良知的磨练，体现于外在便是一种责任。儒家所谓家国天下当然是一种情怀，但空谈情怀绝非儒家之宗旨，落实于行便是责任。极言之，儒家之"天理"就是责任，阳明所谓"知行合一"中的"行"便是将这种责任落到实处。其二，责任是法治的基石。责任是法的核心范畴，法治的目的便是明确个体之间以及个体与社会的责任。法当然是一种约束，但这种约束是建立在责任的基础之上，没有责任，便没有法，更没有法治。其三，好的民主建立在法治

---

① 参见陈云良：《儒家伦理与法治精神》，《中国法学》2000年第5期。

的基础之上。如前所述，现代社会的民主不能简单地被认为是票数的多寡，而是对每一个公民权利义务的尊重。如果没有责任的概念，仅凭票数的多寡，则可能造成多数的暴政或利益集团之操纵。好的民主依赖于每个公民的责任感，否则即令民主，也不能阻止社会精神之坠落。

二、仁义是责任的根基

与阳明心学不同，孔孟学说非常强调制度建构，而制度建构的根基便是"义"。孔子说："仁者人也……义者宜也。"① 此处的"宜"即公平合理。张汝伦认为，在孔子那里，"义"大致有五个意思：（1）应当、正当，如"见义不为，无勇也"；（2）合适、合理，如"义之与比"；（3）天理之宜，事之当然，如"君子喻于义"；（4）善，如"闻义不能徙"；（5）道理、意义，如"群居终日，言不及义"。张汝伦认为，义在孔子那里指的是一般的道德原则。② 这是因为，具体何时为宜，虽然需要主观的判断，但"义"从其表现形式来看，却体现了一种客观的行为准则。因而，"义"几近于现代责任之概念。明清之际，顾炎武说，"天下兴亡、匹夫有责"，已经完全是责任的内涵了。

孔子之后，董仲舒也说："夫仁人者，正其义不谋其利，明其道不计其功"。③ 董仲舒尤其强调"君臣父子夫妇之义"，显然，这里的"义"已进一步接近于责任的概念了。至宋明，理学家将义利问题提升到前所未有的高度，程颐说："天下之事惟义利而已。"④ 朱熹则说："义利之说，乃儒者第一义。"⑤ 但至王阳明，则为之一变，心学不再强调道德原则的客观性，转而纯任内心，因此难免坠入空疏以致近禅。新儒家独以心学为源，自然难以开出民主的制度化构建。

---

① 郑玄注，孔颖达疏，龚抗云整理：《礼记正义》下册，北京大学出版社 1999 年版，第 1440 页。

② 张汝伦：《义利之辨的若干问题》，《复旦学报》（社会科学版）2007 年第 3 期。

③ 班固撰，颜师古注：《汉书·董仲舒传》，中华书局 1962 年版，第 2524 页。

④ 程颢、程颐：《二程集》第一册，中华书局 1981 年版，第 124 页。

⑤ 朱熹：《与延平李先生书》，《朱子全书》第 21 册，上海古籍出版社、安徽教育出版社 2003 年版，第 1082 页。

然而，本文并非否定阳明心学。恰恰相反，我们认为，阳明虽未强调责任的客观性，但责任的来源却是"良知"或"仁爱"，它是一种内在责任。孟子就说："仁义礼智根于心"，"羞恶之心，义也；仁义礼智，非由外铄我也，我固有之也。"① 我们希望指出的是，正是由于阳明心学缺乏外在责任这一明确的概念范畴，导致心学可能坠入空疏，亦导致"由内圣而外王"进路上的逻辑断裂。责任儒学旨在填补这一疏漏，实现儒学在新工业时代的新的发展。

不仅如此，本文还需强调，责任来自于"良知"或"仁爱"正体现了儒家与西方责任论之根本区别，企业责任亦来自于企业的良知，所谓儒商即"君子务商"或"修身、齐商、治国、平天下"。孟子或阳明之"良知"根源于何处？以西方之语言，良心接近于一种道德情感。沙夫茨伯里和哈奇逊提出，道德义务来自于像爱与怜悯这样的"仁爱"。然而，仁并不完全是一种道德情感，在某种程度上也是一种宗教情感。不同于基督教的"普世之爱"，儒学的"仁爱"有其特定的内涵。

三、"五常"不可偏废

春秋末年，仁、义、礼三者已经并列。之后，孟子明确讲"四德"，即"仁义礼智"，同时，孟子又将"信"与孝、悌、忠并列，称"孝悌忠信"。将"五常"作为一套完整的道德规范体系，是由董仲舒提出来的，所谓"夫仁义礼智信五常之道，王者所当修饬也"②。

在"五常"中，"仁"是核心。如前所述，"义"近于现代道德学说中的责任。"礼"则属于外在的规范，《荀子·劝说》中说："礼者，法之大分，类之纲纪也。"因此，后世也常礼法并称。虽然当代常将礼、仪合用，但最广义的礼包括中国古代社会的全部上层建筑，因此礼的实质更近于法，可视为一种外在的责任。礼不仅是一种等级秩序，更是调整社会关系的准则，所谓"礼也者，贵者敬焉；长者弟焉；幼者慈焉；贱者惠焉"③，不仅包

① 焦循撰，沈文倬点校：《孟子正义》下册，中华书局 1987 年版，第 757 页。
② 班固撰，颜师古注：《汉书·董仲舒传》，中华书局 1962 年版，第 2505 页。
③ 王先谦著，沈啸寰、王星贤点校：《荀子集解》下册，中华书局 1988 年版，第 490 页。

含贱者对贵者之礼，亦包含贵者对贱者之礼，因而它是一种更广泛的社会责任。

"智"的原意是聪明、智慧，但儒家赋予其道德含义："智"表现为"明是非、别善恶"，同于"知"。善要求人们具有道德上的远见，其中一个重要方面是避免将具体的责任规范刻板化，使其能够适应于具体的环境和时代的发展。这是儒家道德体系作为一种"实质理性与形式理性兼备"的责任学说的重要内容。

"五常"中的"信"从狭义的角度而言，要求人们诚实不欺、遵守诺言；从广义的角度而言，要求人们恪守做人的基本原则，待人真诚、有信用。当前商业领域所强调的企业社会责任在很大程度上是"信"的内容。信守"义"的原则与方法是"信近于义"，由此，我们又可以得出"新工业文明时代企业最重要的责任是创造社会价值"的推论。因此，儒家道德学说体系完全符合并在一定程度上超越了现代西方社会责任体系。

综上所述，所谓"儒家内圣心性之学只解决个体生命意义的安立问题，不解决社会政治制度的建构问题"基本上是不成立的。上述情形之所以发生，根源在于新儒家之主流过于偏重理学与心学作为形而上之意义，在"五常"之中，一部分汉学家又过于重视"礼"甚至对其有所曲解，而忽视"义、智、信"，如果追本溯源，则以上问题当迎刃而解。总之，儒学在新工业文明时代之发展，不仅应当关注心灵世界，"五常"亦不可偏废。

四、新工业文明时代的儒学

儒学是"学"，还是"教"？如果是"教"，那么它是"教化"之"教"，还是"宗教"之"教"？如果是宗教，那么它是汤因比的"一种人生态度"的宗教，还是蒂利希的"就最基本的意义而论"、"是终极关切"的神学信仰体系呢？《文史哲》编辑部曾在 1998 年的"儒学是否宗教"中提出上述问题①。

季羡林说，宗教有四个条件：一是要有神；二是要有戒约；三是要有机

① 参见张岱年、季羡林等：《儒教是否宗教笔谈》，《文史哲》1998 年第 3 期。

构或组织；四要信徒崇拜信仰。然而，季羡林又说，原始佛教是无神论的，释迦牟尼活着的时候，弟子从未以神看待，他只是一个到处游行说教的游方僧，目的在于与印度西方的婆罗门教相对抗。一直到了相当晚的年代，特别是大乘佛教的发展，释迦牟尼才逐渐被神话，可见，佛教也经历了一个由佛学到佛教的过程。

相比而言，儒学如果存在，也经历了一个由儒学到儒学的过程。早期的儒学可能只是一种人生态度，用以指导生活，确立"安身立命之道"，然而到了宋代，理学家借鉴佛学的成果，将儒学中的"天"发展为"天理"的体系，使之具有了"人格神"的形象，尤其朱熹的"存天理、灭人欲"使得儒学有了类似于基督教的戒约。由此看来，自唐宋之后儒、道、佛并称，绝非虚妄。

另一方面，基督教在中世纪发展到极盛，到当代经历了一个世俗化的过程。今天基督教的机构或组织虽然存在，但其影响力降低到可以用"微弱"一词来加以描绘的程度。尤其是宗教改革更加使得基督教从外在的超越向内在超越的方向发展，而儒学自始至终强调的就是内在的超越，在超越性的信仰体系上儒学完全应归入宗教的范畴。

当然，儒学的历史发展也存在一些不足，其中一个重要的缺失就是其内在超越的对象流于空疏。朱熹发现了"天理"、阳明发展了"良知"，而天理与良知究竟为何却可以有各种解释。相比之下，基督教、伊斯兰教、佛教三大宗教则相对明确，其实宗教超越的对象无非是：爱、正义与公平。一些汉学家将天理解释为基于封建伦常之"礼"，显然是对儒学的极大误解，流弊深远。我们认为，儒学要重新建构其自身的信仰体系，必须基于"义"或"道义"。"义"就是正义、公平。孟子云："舍生取义"[1]，极好地阐释了儒者的信仰，这是儒学外在的超越。新工业文明时代，基督教由外在超越向内在超越的发展，以及儒学由内在超越向外在超越的发展，二者的上述趋向将会对人类文明产生深远的影响。

---

[1]　焦循撰，沈文倬点校：《孟子正义》下册，中华书局 1987 年版，第 783 页。

五、公民责任、儒家精英主义与国家治理

自"五四"之后，在德治与法治的关系的争论中，德治始终处于弱势的地位。如殷海光说：以道德作为民主政治的基础将不可避免地导致极权主义，因为道德并没有防止不道德因素出现之器用，所以道德丝毫不能作为民主政治的基础。退一步说，即令没有这些灾害，道德是在伦理界，它是制度之外的东西，因此与政治制度仍是两撅。[①] 稍缓和的一些学人认为，将德治与法治的关系比喻为马车上的两个轮子，尽管二者都非常重要，但鉴于中国在很长历史中都采取人治，只是最近才开始转向法治，因此，目前不宜过分夸大道德的作用。因此，安靖如认为，当代儒家还没有形成关于在法治与德治间关系的有力论述[②]。

基于责任儒学的观点，如果将儒学体系中的"仁爱"、"道义"在现实中以责任为落脚点，则似乎可以梳理出一条德治与法治相行不悖的线索。通常，法治的核心可归结为对公民权利义务的明确划分，而责任略同于义务，如果仅论责任，则公民权利必然落空，这是现代儒家在法治与权利解释上最大的问题。然而仔细考察权利与义务的关系，可以发现个人权利可以在对他人或社会的约束中得到保障。如"礼也者，贵者敬焉；长者弟焉；幼者慈焉；贱者惠焉"[③]，荀子在上述论断中不仅要求"贱者对贵者之敬"，也同时要求"贵者对贱者之惠"，显然这种双方的责任构成了权利的保障。若将以上理解扩展到整个社会范畴，则其非常类似于伯林"消极自由"之概念。这一理念在很大程度上亦符合中国古代所谓"太平时代"的治道实践。古代的太平时代，虽然名义上存君主的绝对权威，但普通平民终其一生，可能主要生活在村族的自组织体系中，这实际上是一种非常优越、自由、且人格平等的政治环境。

回到其学理，似乎可以得出如下的论断：如果对包括国家治理者在内的每一位公民的责任进行恰当地定义，则公民的权利是可以得到保障的。公民

---

① 参见殷海光：《殷海光文集》，湖北人民出版社 2009 年版。

② 参见安靖如：《当代儒家政治哲学》，江西人民出版社 2015 年版。

③ 王先谦著，沈啸寰、王星贤点校：《荀子集解》下册，中华书局 1988 年版，第 490 页。

权利的保障或者上述论断的关键就在于对社会每一成员的责任进行恰当地定义。与此同时，我们认为，儒家基于"仁爱"的"道义"与"责任"正是对责任进行定义的根本原则，这一原则是普世的。而那些从"所谓的"道德主义发展而成的极权，绝不可能是基于"仁爱"的道德主义。

由此，殷海光和现代学人批评儒学没有发展出一套制度体系当属非常偏颇的判断。这一套体系在孔孟时代表现为"礼"，且非常完善。当然，站在现代文明的视角来看，三千年前的"礼治"确实存在缺陷，但我们同时也不得不承认，这一套体系在当时历史条件下所具有的先进性。真正有可能使"道德与制度断为两撅"的也许是阳明心学。现代社会当然不可能恢复"礼治"，然而从"仁义"的角度却可以发掘出"公民责任"的概念。从更广泛的角度而言，国家治理者还要求对于国家、民族的责任，这便是儒家精英主义的来源，儒家精英主义是对一些学人所谓"当代完备的民主制度"的一个有效补充。要言之，从责任的角度，法治与德治是统一的。因而，我们认为"责任儒学"是新工业文明时代儒学复兴与国家治理的关键。

基于易学的整合式领导理论框架构建及简析

孙新波　　张大鹏*

中国的易学若从国学角度讲，其"国"则是国际化之国，非中国一国之国；若从易理角度讲，其"理"更是全球化之理，非中国一国之理，这与西方科学的所谓普适性是完全一样的。以《家人》卦为例，《序卦传》中《家人》卦在《明夷》卦之后出现①，这种排序可解释为在外面受到伤害和困扰的人必然会回到家中，这种现实古今中外皆如此。众所周知，萨达姆和卡扎菲最后都是在老家被"抓"的，这是对中国实践理性的实践证据，不是纯粹理性。在中国治国即是治家，治家也可治国，家国同构共在并存，追求大同和谐图景，正如庄子所言："其一也一，其不一也一。"② 所以，所谓中国国学乃国际之学，所谓中国易理乃世界之理。将国学理解为中国之学，说小了，实乃不自信的表现。

以《家人》卦为例。女主内男主外是中国人传统的分工理论，不是歧视，而是符合本性的，我认为也符合统计规律的，当然也有相反的情况，但那是小概率事件，总是存在的。这种分工是阴阳互补、刚柔相济的大原则的体现。中国的传统是从家开始一直到天下，逐渐扩大治理的范围，是一种由内而外的治理圈扩散规则，所以才有"一屋不扫何以扫天下"的传承。这种延续到了儒家就是"五伦"，即五种伦理关系：君臣有义、父子有亲、夫妇有别、长幼有序、朋友有信。这五种伦理关系的建立形成了中国式的秩序观

---

*　孙新波，东北大学工商管理学院教授、博士生导师；张大鹏，东北大学工商管理学院博士生。

① "晋者进也。进必有所伤，故受之以《明夷》；夷者伤也。伤于外者，必反其家，故受之以《家人》。"（黄寿祺、张善文译注：《周易译注》，上海古籍出版社 2001 年版，第 647 页）

② 郭庆潘撰，王孝鱼点校：《庄子集释》第 1 册，中华书局 1982 年版，第 234 页。

和契约观，跟西方单纯商业角度的契约不同，主要不同在于中国的商业契约加了道德因素，所以它是有温暖的，这是人性光辉照耀的结果，而西方的契约是纯粹商业契约，是没有温度的。总体来看，中国式的契约观比西方契约观内涵和外延都要宽广。现在在安徽、江浙一带，不都还讲究"事业从'五伦'做起，文章本'六经'得来"吗。所以事业的治理在东方是从家庭开始的，逐步扩展到国家天下，这就是儒家的理念：修身、齐家、治国、平天下。程颐认为："家人者，家内之道。父子之亲，夫妇之义，尊卑长幼之序，正伦理，笃恩义，家人之道也。"① 接下来让我们基于这种认识开始建构基于易学的整合式领导理论框架并解析之。

一、易学的组成

我们认为易学的构成有三个组成部分，分别是《易经》、《易传》和《易纬》。现解析如下：

先说《易经》。《周礼·春官》记载："太卜掌三易之法（太卜原著为标题），一曰《连山》，二曰《归藏》，三曰《周易》。其经卦皆八，其别皆六十有四。"② 也就是说易经有《连山易》、《归藏易》和《周易》三种，之所以现在都叫《周易》，是因为前两者留存资料极少，或者说湮没在历史长河中，也可以用"百姓日用而不知"来解释，实际上称呼《周易》是不确切的。《连山易》始于伏羲氏和神农氏时代，从《艮》卦开始第一卦，象征"山之出云，连绵不绝"，后天卦是东北方位。也有一种观点认为《连山易》是夏代之易，夏代崇尚忠贞，诸子百家的墨家思想来源于此；《归藏易》始于皇帝，从《坤》卦开始第一卦，象征"万物莫不归藏于其中"，表示万物皆生于地，终又归于地，据说是中国历法的理论基础。也有一种观点认为《归藏易》是商代之易，商代崇尚敬畏，诸子百家的道家思想来源于此；《周易》始于殷商末年，成于周文王。从《乾》、《坤》两卦开始，表示天地之间，天人之际。也有一种观点认为《周易》是周代之易，从卦辞和爻辞来看，其中

---

① 程颢、程颐：《二程集》，中华书局1981年版，第884页。

② 杨天宇撰：《周礼译注》，上海古籍出版社2016年版，第350页。

有很多夏代尤其是商代的故事，周代崇尚文饰，这种文饰到了孔子演化为礼，诸子百家的儒家思想来源于此。不管是《连山易》《归藏易》还是《周易》，都是由卦和爻组成其基本内容。什么是卦？孔子给出的答案是"卦者，挂也"，我又加了三句话"通天下之志、定天下之业、断天下之疑"，这就是卦，挂起来就是帮助认识自我！实际上还是在回答苏格拉底的"我是谁"！人看自己永远看不清楚，因此，就把自己的"相/像/象"挂起来看。什么是爻？爻者，交也，效也，言乎变者也，爻表示生命周期中的不同阶段。这就是《易经》的基本构成以及思想传承和演化。

再说《易传》。我们认为《易传》是孔子、孔门弟子及再传弟子在《易经》的基础上给出的哲学解释。用"哲学"这个词是为了跟现在沟通，实际上"哲学"一词出现太晚。《易传》包含《十翼》，分别是《系辞（上下）》、《象传（上下）》、《彖传（上下）》、《说卦传》、《序卦传》、《杂卦传》和《文言传》，加起来一共是十篇，称为"十翼"，比喻给《易经》从十个方面加上翅膀。《系辞（上下）》是《易经》的哲学总纲，学易必读之篇，解释卦和爻辞。如我们熟知的"一阴一阳之谓道""生生之谓易"[1]、"易则变，变则通，通则久"（易穷则变，变则通，通则久）[2]都来自于《系辞》。《象传（上下）》是对《易经》卦象和爻象所蕴含的道理做进一步阐释，《大象》解释卦辞，《小象》解释爻辞。《彖传（上下）》是对《易经》卦名和卦辞的注释，不解爻辞，是易经断卦义之文。《说卦传》是对八卦卦象的具体说明，研究术数的理论基础，揭开《易经》天人易理的钥匙。《序卦传》是六十四卦的一种排列次序。《杂卦传》是将六十四卦以相反或相错的形态排列成两两相对的综卦与错卦，从卦形看卦与卦的联系，"错综复杂"一词就来源于此。"文言传"是对《乾》、《坤》两卦的专门解释。

最后解释《易纬》。《易纬》一共有八种，依次是《易纬·乾凿度》二卷，《易纬·乾坤凿度》一卷，《易纬·稽览图》二卷，《易纬·辨终备》一卷，《易纬·通卦验》二卷，《易纬·是类谋》一卷，《易纬·坤灵图》一卷，《易纬·乾元序制记》一卷。由东汉郑玄作注，融道家、大易、数术于一体，

---

① 黄寿祺、张善文译注：《周易译注》，上海古籍出版社 2001 年版，第 538 页。
② 黄寿祺、张善文译注：《周易译注》，上海古籍出版社 2001 年版，第 572 页。

是发挥易学哲理的杂著。《易纬》以民间易学的特定形式，上承《易传》，下启孟、京易学，开魏晋易玄学先河，研究中国科学技术史，也应当参考《易纬》。道教的《周易参同契》直接取之《易纬》，所以研究古代思想史、科学史、《易》学史都具有研究《易纬》之必要。①《易纬》谋求从思维方式上改造旧有的思维方式，也就是将象数思维模式从模糊化走向具体化。②《易纬》分别用到了纬（注重释经）、谶（注重验应）、录（注重次第有别）、符（注重有信）、侯（注重司望占断）、表（注重告往知来）、图（注重兴亡授度）、书（同图）等方式来解释《易经》并具体化其运用，实际上目前仍然有一些方式在民间使用。《易纬》由民间走向官学，是在汉武帝前后完成的。这与当时的时代背景一脉相承，武帝前整体政策是用黄老之学与民休息，武帝时用"独尊儒术"奋发有为，这种社会需求导致《易纬》由民间走向官学。萧洪恩认为西汉初期《易纬》的集中出现不是偶然的而是必然的，原因有三：第一，为了维系宗族统治、维护族权、维系家规，维系整个社会统一体。《易纬》一方面通过卦象的形式确立了金字塔式的社会等级形式，另一方面，又把这种等级形式固定化、神圣化，使之成为社会和谐发展的根本支柱。第二，根据中国奴隶社会及其后社会对自然环境强依赖关系的传统，《易纬》提出了自己的天人关系论，提出了六位三才统一于《易》的思想。第三，根据汉初社会制度及社会思想变迁的大势，还可以大体上考见《易纬》是作为"民间暗流"而不断发展起来的。③

二、易学的思维

我们认为易学思维主要有六种，分别是取象思维、整体思维、模糊思维、权变思维和循环思维和象数思维。分别解析如下：

取象思维：取象思维是中国传统的思维方式之一，是指在思维过程中离不开物象，以想象为媒介，直接比附推论出一个抽象事理的思维方法。它是易学文化精神在现代思维方式中极具价值的部分。取象思维本质是一种比附

---

① 参见李零：《中国方术正考》，中华书局 2006 年版；《中国方术续考》，中华书局 2006 年版。
② 参见萧洪恩：《易纬文化揭秘》，中国书店出版社 2008 年版。
③ 参见萧洪恩：《易纬文化揭秘》，中国书店出版社 2008 年版。

推论的逻辑方法，与整体思维互补并具有模糊性等特点，它是归纳法得以产生的源头之一。

模糊思维①：模糊思维是处理模糊的或较精确的、不断变化和错综复杂联系中的各个因素时，以不确定发展趋势与现实状态来整体把握客观事物而进行的全息式、多维无定式思考的方式，是指思维主体在思维的过程中，以反映思维对象的模糊性为特征，通过使用模糊概念、判断和推理等非精确性的认识方法所进行的思维。模糊思维的内涵没有明确的界定，给人以很大的解释空间或联想余地，模糊思维里有分析，却不以分析为主，它讲究"悟"。

权变思维②：管理者在管理活动中会涉及许多因素，而每一个因素都经常处于动态之中。各种复杂的管理因素的联系和影响，决定了管理行为不存在一成不变的固定模式，也不可能一劳永逸。管理者的思维必须适应主客观各种要素发展变化的需要，适时调整和修正原来的行为。随着变化了的客观实际，快速应变，尽力在动态中寻找"最优解"。权变思维就是周密考虑管理诸要素的发展趋势及其相互关系，灵活巧妙地指导决策行为。

循环思维③：是一种注重事物的相互转化，认为事物发展变化呈现出一种循环状态的思维方式。易学认为自然界和人类的事物都具有循环性的特点：阴极要转向阳，阳极要转向阴，如此循环不已，如天体运行、四季更替、昼夜轮回等。易学的循环思维体现的是"物极必反"的矛盾转化规律，从八卦到六十四卦都反映出这一对立转化规律下的循环思维思想。循环思维在每一个卦上的具体表现是：初难知：无论是人生，还是事业，在刚刚开始的时候，将来到底会怎么样，往往很难看清楚；上易知：发展到最后，其结果和过程都容易看明白；二多誉：第二个阶段，将会得到很多的赞美、赞誉；五多功：第五个阶段会获得很多功劳。所有的功劳都集中在他的身上，被称为"九五之尊"；三多凶：第三个位阶到了下卦的顶点，是一个物极必反的关卡，这个阶段凶祸会随时发生；四多惧：这个阶段进入上卦，由下卦到上卦是一个质的飞跃，因此不免会多惧、恐慌，诚惶诚恐。这既是每个卦的阶段规律，也是人生大规律。

---

① MBA 智库百科：https://wiki.mbalib.com/wiki/模糊思维。

② 刘兴倍：《管理学原理》，清华大学出版社 2004 年版。

③ 陈树文：《周易中的领导智慧》，大连理工大学出版社 2008 年版。

整体思维：整体思维又称系统思维，它认为整体是由各个局部按照一定的秩序组织起来的，要求以整体和全面的视角把握对象。中国古人的整体思维主要有以下特点：它形成了八卦、五行生克等整体结构模式，这些模式反映了自然界乃至人类社会一切事物的共同性；宇宙整体和作为整体的具体事物具有统一的结构，遵从相同的演化法则，并由此导出天地一理，宇宙全息的结论。从整体思维出发会发现部分是整体的缩影，部分包含着整体的信息，并且有着整体的性质与功能，这样部分也就相当于整体了，从而实现了认识部分与整体关系的一次飞跃。

象数思维：如果用一种思维概括易学的思维，那么取象、整体、模糊、权变和循环思维可以概括为象数思维。张其成认为象数思维是中华传统思维方式的元点和代表，具有重整体和合、轻个体分析的整体性特征，重功能关系、轻形体结构的功能性特征，重感性形象、轻抽象本质的形象性特征，重循环变易，轻创新求异的变异性特征。[1] 那么象数是怎么来的呢？

人一旦创造了"象、数"，便使它们脱离于事物而获得其独立意义。待它们脱离事物获得独立意义之后，又反过来获得支配事物的地位，决定事物的生存和发展。这样，从事物自身中认识到的这种"象、数"特征便独立于事物，支配了事物，进而使"象、数"获得了自己的独立的具有决定事物样态的功能。其结果必然是人们创造了事物的"象、数"，因而也就与人自身对立起来，它们规定着人的一切活动，成了人的主宰。因此，不仅自然事物与"象、数"是对立的，而且人也和"象、数"是对立的。也就是说，人和事物一旦离开了"象、数"就都不存在。这就是象数的来源。

象数思维一共有四种话语体系，分别是：象，包括卦象和爻象；数，包括天地之数55、大衍之数50、爻数386、卦数64、《河图》和《洛书》之数；辞，包括卦辞和爻辞以及后来的系辞上下；序，包括多种卦序，如《序卦传》的卦序，京房八宫卦序等，几乎每种卦序都是中国古人认识宇宙的朴素的宇宙观。这四种话语体系形成了易学两派六宗的学术模式，就是义理派和象数派。

《四库全书总目·易类》记载：《易》之为书，推天道以明人事者也。

---

① 参见张其成：《张其成全解周易》，华夏出版社2017年版。

《左传》所记诸占卜，盖犹太卜之遗法。汉儒言象数，去古未远也；一变而为京、焦，入于禨祥；再变而为陈、邵，务穷造化。《易》遂不切于民用。王弼尽黜象数，说以老、庄；一变而胡瑗、程子，始阐明儒理；再变而李光、杨万里，又参证史事。《易》遂日启其论端，此两派六宗，已互相攻驳。又易道广大，无所不包，旁及天文、地理、乐律、兵法、韵学、算术，以逮方外之炉火，皆可援《易》以为说。而好异者又援以入《易》。故《易》说愈繁。夫六十四卦大象皆有"君子以"字，其爻象则多戒占者，圣人之情见乎词矣。其余皆《易》之一端，非其本也。

总结一下，象数思维及义理和象数两派的核心精神是什么呢？清代惠栋在《易汉学》中以"时中"来总结的，他说："易道深矣，一言以蔽之曰'时中'。孔子做《彖传》，言时者二十四卦，言中者三十五卦；《象传》言时者六卦，言中者三十八卦。其言时也，有所谓时者，待时者，时行者，时成者，时变者，时用者，时义、时发、时含、时极者。其言中也，有所谓中者，中正者，正中者，大中者，中道者，中行者，行中者，刚中、柔中者。子思作《中庸》，述孔子之言曰'君子而时中'。孟子亦曰'孔子圣之时也'。夫执中之训，肇于中天，时中之义，明于孔子，乃尧舜以来相传之心法也。知时中之义，其于《易》也，思过半矣！"[1]

我们对此的理解略有不同，认为其核心精神主要是"时、位、应、中"，"时"的含义如上，可以用与时俱进来概括；"位"的含义指的是空间位置，小到一隅，大到一宇都是位置的意思，可以用与市俱进来概括；"应"的含义指的是人的反应和行为，人在行动的时候除了参天地化育之外，最直接的就是向榜样，也就是老师（易讲到的大人、圣人、君子等的统称）学习，可以概括为与师俱进。所以我们认为象数思维的核心就是与时俱进、与市俱进和与师俱进。

三、易理的核心

易理的核心主要在于"易"之一字，什么是易？先看看象形字的易。

---

[1]　惠栋撰：《钦定〈四库全书〉·经部·易汉学卷》，第362—363页。

图易字变迁①

　　"易"是"锡"的本字。易，甲骨文像将一个有抓柄的器皿中的液体，倒入另一个没有抓柄的器皿中。简体甲骨文将带握柄的器皿简写成勺具形状，将倾注的液体形状简写成，表示用勺具将金属熔液浇铸到器皿坯模中。锡的熔点低，是铸器的好材料，古人发现"熔锡铸器"，好操作，不费事，遂以铸锡为易。金文像一个有手把的盛器里装着锡液（水），字形进一步简化。有的金文将盛器形状简化成了不知所云的，并误将抓柄形状写成了似"日"非"日"的形状。篆文则将金文字形中模糊不清的写成明确的"日"形，至此"易"的字形中，器皿、手把、熔液等形象特征消失，以致篆文、隶书字形费解。造字本义：动词，将容器中低熔点的锡注入模具，铸造新器皿。当"易"的"低熔点金属"本义消失后，篆文再加"金"另造"锡"代替。

　　《说文解字》：易象形字，模仿的蜥蝪，俗称变色龙，又叫蝘蜓、守宫，善于变化自身的颜色。《祕书》上说，日、月二字合成"易"②，日是太阳，最大的阳，月是月亮，最大的阴，古人用日月指代阴阳，象征阴阳的变易。另一种说法认为"易"采用"旗勿"的"勿"作边旁。所有与易相关的字，都采用"易"作边旁。

　　《乾凿度》："《易》一名而含三义：所谓易也，变易也，不易也。"又云："易者其德也，变易者其气也，不易者其位也。"③郑玄认为："《易》一名而含三义：易简，一也；变易，二也；不易，三也。"④成中英在此基础上又增加了"交易和和易"，从而变成了五易。变易：《易》谈论天、地、人三才

---

① 　象形字典，http://www.vividict.com/WordInfo.aspx？id＝3944。

② 　许慎撰，段玉裁注：《说文解字注》，上海古籍出版社1981年版，第820页。

③ 　郑康成注，林忠军校点：《〈易纬〉导读》，齐鲁书社2002年版，第31页。

④ 　郑康成注，林忠军校点：《〈易纬〉导读》，齐鲁书社2002年版，第31—32页。

之道，以天道之变易，定人道之变易；以人道之变易，合天道之变易。所以《系辞》云："天地变化，圣人效之。"子曰："知变化之道者，其知神之所为乎。"① 不易：《易》所阐释的哲理，是宇宙、天地、人生、事物的真理，它是永恒不变的。因为宇宙生化，虽然错综复杂、瞬息万变，但在变易之中，也含藏不变之理，如日月往来，寒暑相推这样的万古之常道是"不易"的。正如董仲舒所说："道之大原出于天，天不变，道亦不变。"② 自然万物的变化是不以人的意志为转移的。大道本自然。以天地自然现象来讲，如白昼与黑夜、阴晴与圆缺、春华秋实、沧海桑田等的变化都是本乎自然，人只能效法和适应这种自然，而不能随心所欲地改变自然。世界上的一切事物都在发展变化的这一永恒法则是永远不变的。变易是现象，不易是法则。简易：天地自然的法则，本来就是简朴而平易的，正如孔子所讲："乾以易知，坤以简能，易则易知，简则易从；易知则有亲，易从则有功；有亲则可久，有功则可大；可久则贤人之德，可大则贤人之业；易简而天下之理得矣，天下之理得，而成位乎其中矣。"③ 简的根源就是心诚。所以，简易就是效法天道，保持人性的纯正。《中孚》卦中的《象传》云："中孚以利贞，乃应乎天也。"④ 这句话讲的就是，诚信能保持人性的纯真，是合乎天之简朴而平易大道的。一切人世间化简为繁的事物，其本源都可归于心不诚，或者为了规制不诚心的行为而制定的各种规章制度、条例、守则。心不诚就必然要伪饰一些表面的东西以掩盖其本质，这种矫揉造作就把本来简单的问题复杂化了。大道至简，这是宇宙的普遍法则，也是《易》的精髓。八卦和六十四卦仅仅就是用了两个最简单的符号阴和阳，由阴阳而成乾坤，乾坤生六子为八卦，由八卦重之而成六十四卦、三百八十四爻。一卦备众象，一爻明众事，六十四卦、三百八十四爻就演绎出了宇宙、社会和人的无穷变化。《易》散之三百八十四爻，聚之六十四卦，约之仅八卦，再简之仅两卦，再简之仅两爻，故《系辞》云："一阴一阳之谓道"⑤，道者简易也。莱布尼兹领悟了二

---

① 黄寿祺、张善文译注：《周易译注》，上海古籍出版社 2001 年版，第 556 页。

② 班固撰，颜师古注：《汉书·董仲舒传》，中华书局 1962 年版，第 2518—2519 页。

③ 黄寿祺、张善文译注：《周易译注》，上海古籍出版社 2001 年版，第 527 页。

④ 黄寿祺、张善文译注：《周易译注》，上海古籍出版社 2001 年版，第 495 页。

⑤ 黄寿祺、张善文译注：《周易译注》，上海古籍出版社 2001 年版，第 538 页。

元对数，即阴为"0"，阳为"1"，演变出了无穷的信息数据，进而奠定了计算机运作的原理①。

《易》内涵中的"三易"的关系，可以具体理解为：由其生之原而论，是简易；由其生生不已而论，是变易；由其生之有秩序而论，是不易。简易者其德，不易者其体，变易者其用。所以，变易为《周易》中最重要者，也是最繁赜者。

四、领导及领导力理论研究综述

我们以领导力为关键词检索了国家自然基金委 30 种重要期刊，其中有 22 种涉及与领导力有关的主题，最早的文章从 1985 年开始，共检索出 494 篇涉及 51 种领导力类型。同时检索了近十年来 AMJ、AMR、ASQ、JAP、JM、JMS、LQ、OS、SMJ 等 16 种重要英文期刊发表的与领导力相关的论文，共检索出 988 篇涉及 65 种领导力类型。将中文期刊检索结果与英文期刊检索结果整合后，发现共涉及 86 种领导力类型。我们在进行共词分析的基础上给出了领导和领导力研究的知识图谱，限于篇幅，本文不再给出领导力研究知识图谱具体内容，感兴趣者可以查阅我们的相关论文。

通过文献分析发现，领导及领导力理论经过一百多年的发展，已经被大量的研究证实与组织成功之间存在着必然关系。伴随着领导和领导力理论的发展，领导和领导力类型呈现井喷之势和丛林之态。目前来看，领导和领导力研究逐渐形成了一个较为成熟的研究领域，我们在文献述评的基础上认为②，领导和领导力理论发展中的一些普遍性假设开始受到学者的质疑。如Dinhetal（2014）认为学者们在研究过程中对真实的领导行为和下属对领导行为的认知之间产生了混淆；Behrendtetal（2017）认为产生和加剧混淆的主要原因是由于有缺陷的测量造成的。而测量背后所呈现出的混乱研究状态由VanKnippenberg 和 Sitkin 总结为两点：其一是在领导力的研究中，不同领导力类型缺乏明确的概念定义，导致不同概念之间有相当大的重叠；其二是缺

---

① 参见《象》、数与文字——《周易·经》、毕达哥拉斯学派及莱布尼兹对中西哲理思维方式的影响：http://blog.sina.com.cn/u/2699265110。

② 张大鹏、孙新波：《整合型领导力研究综述及未来展望》，《领导科学》2018 年 9 月中期。

乏一个包含明确中介和调节过程的一致性因果关系模型，这导致领导力研究难以达成共识抑或是缺乏理论解释的一致性。

根据 VanKnippenberg 和 Sitkin（2013）的观点，领导和领导力研究领域中这种混乱状态已经非常严重，对现有领导力理论的微小修正已经无法解决这一问题，两位学者因此呼吁减少对现有领导力理论中一些相关概念的关注，要将注意力放到领导力的新概念研究上。大卫·V. 戴和约翰·安东纳基斯在其《领导力的本质》①一书中也指出领导力的本质十分复杂，到目前为止还没有形成一个被学者们广泛接受的定义。领导力难以被定义的原因：一方面是由于领导力本身涉及相关学科非常多，例如心理学、社会学、政治学、管理学、行为科学等，学者们难以将多种学科的认识进行整合；另一方面是由于学者们对情景因素的过度关注，不仅将情景因素加入到了领导力的研究中，甚至还将情景因素加入到了领导力的概念中，根据情景变化不断构造新的领导力类型。

接着 VanKnippenberg 和 Sitkin（2013）的观点分析，我们认为：领导和领导力研究一方面出现了整合的趋势和整合的行为，Leadership Quarterly 2010 年发表的 "Exploring the link between integrated leadership and public sector performance" 一文是较早的整合式领导力英文文章，孙新波从 2012 年开始关注整合式领导/领导力的研究，近 7 年的思考发现，利用中国的文化源头易学进行整合是很好的选择，易学背后的整体生成论思维是本文得以产生的一个原因；另一方面关于情境因素的加入导致大量的领导和领导力类型产生是原子还原思维下的产物，一个不争的事实是，世界的情境万万千千，任何一个学者终其一生不能谋全，但是又不得不从学术使命出发进行研究，正是在这样一种现实与理想的矛盾撕裂下产生了本文综述的 86 种领导力类型，这还仅仅是检索了所谓重要期刊的结果，如果考虑其他期刊，何止 86 种。

因此，本文基于长期的中国传统文化的坚守并结合西方领导力科学的研究现状提出"基于易学的整合式领导理论建构"这一命题，力争在相关研

---

① 安东纳基斯、茜安西奥罗、斯滕伯格著，柏学翥、刘宁、吴宝金译：《领导力本质》，世纪出版集团、上海人民出版社 2007 年版。

究的基础上按照"整分合"的逻辑呈现一种不同，以供同行参阅。

五、整合式领导理论框架设计及简析

2010 年，Crosby 和 Bryson 首次较为完善地提出了"整合型领导力"的概念，认为整合型领导力的主要作用是聚集多个团体或组织，实现公共价值。[1] 我们认为整合型领导力是一种以参与合作单元的领导要素整合为理论依托，以战略决策整合和关系整合为核心，通过制定达成共识的运行机制与保障机制，实现多方共同利益的网络式动态化的合作驱动力与保障力。[2] 随着时代的发展，互联网、大数据、人工智能等正在颠覆组织并重构人的认知，那么，上述关于整合型领导 / 领导力的定义足够吗？带着这样的质疑，基于长期研习易学的熏陶，我们开始考虑如何建构基于易学的整合式领导理论框架，这是一个非常困难的问题，最大的难点在于从何处起步？经过长期的思考，决定从易学整体象数思维特征出发，借助《道德经》"反者道之动，弱者道之用，天下万物生于有，有生于无"[3] 思想的引领，从"易"的对立面"难"出发建构整合式领导理论框架图（参见下图）。

下图是基于易学建构的整合式领导的示意图，该框架从"难"出发，可以演绎出《屯》、《困》、《蹇》、《坎》四大难卦，这四大难卦也可以归纳为"难"之一字，以"难"作为中宫，取易学中道的含义，整合式领导的中心是中道，非中道无以整合。四大难卦分别对应元、亨、利、贞卦之四德，这种设计取其相反相成、互相转化的含义，实际上每一组组合都是取的两个极点，因为只有两个极点是绝对的、确定的，过程都是相对的、不确定的，这恰好用来比喻和对应领导面临的各种情境。四种组合分别是：元与屯、亨与困、利与蹇、贞与坎对应的四对矛盾组合，其中元、亨、利、贞代表正向极点，屯、困、蹇、坎代表负向极点，领导的所有情境都落入这些组合中。元

---

[1] Barbara C.Crosby，John M.Bryson，Integrativeleadershipandthecreationandmaintenanceofcross-sectorcollaborations. The Leadership Quarterly，2010（21）：211-230.

[2] 参见张大鹏、孙新波、刘鹏程、张平：《整合型领导力对组织创新绩效的影响研究》，《管理学报》2017 年第 3 期。

[3] 饶尚宽译注：《老子》，中华书局 2006 年版，第 100 页。

屯组合位于东方，取春季生发之意，所以这时候的领导力用膨胀力表达；亨困组合位于南方，取夏季生长之意，所以这时候的领导力用发散力表达；利蹇组合位于西方，取秋季收缩之意，所以这时候的领导力用收缩力表达；贞坎组合位于北方，取冬季收藏之意，所以这时候的领导力用收敛力表达。

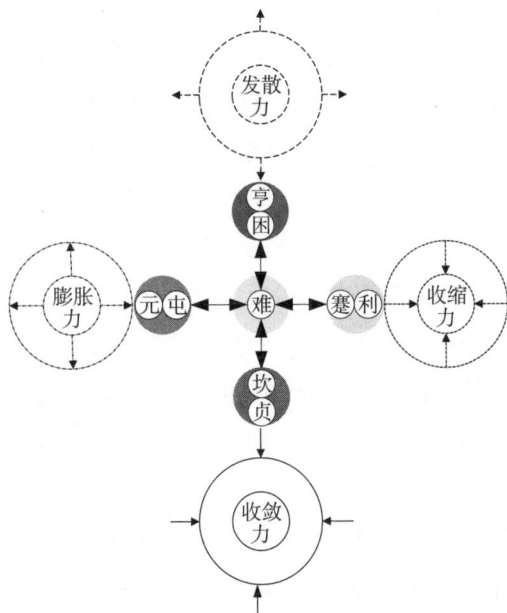

基于易学整合式领导理论框架图（第一作者自绘）

接下来解析整合式领导涵盖的"难、屯、困、蹇、坎、元、亨、利、贞"九种基本含义。

难：难（nán、nàn），从火从黄从隹（zhuī），会意字，临产前的喊痛。以母鸡孵蛋前的焦躁，以及孵化后的不能离窝，表示患难之意。在本文中用来建构整合式领导的源头，这是从领导的功能和效用出发，采取以终为始的方法首次提出的一种建构。

屯：代表领导刚开始和刚开始做领导时候的艰难，它要经历彷徨徘徊、提升耐力、等待时机、功劳共享和经纶天下等几个阶段。

困：代表领导自身处于困境和处于困境局面的领导的艰难，它要经历阳（有形）之困，如"酒食"（经济）、"金车"（道行）、"朱绂"（权位）等外在局势和客观环境造成的困境；它还要经历阴（无形）之困，如株木（刑杖）、木石（阻碍）、"蒺藜"（挫折）、"葛藟"（烦扰）等主要是内在思想和心灵层面的困境。

塞：代表领导带领团队前进道路上遇到同行背离的艰难，它要经历往塞来誉、王臣塞塞、往塞来反、往塞来连、大塞朋来、往塞来硕六个阶段的历练，渡过塞难需要时间、大人和位置的共同作用。

坎：代表领导和团队行为太过从而导致的艰难，坎为水，坎难只有低姿态高境界的水性思维① 才可以解决，这就是"能悦诸心，能研诸虑"，这就是"以此洗心"。

元：元者，善之长也，君子体仁足以长人。元是创造万事万物的开始和动力，统领着天道自然，是万事万物的本源，是第一位的。对领导者个人或企业来讲就是根本的价值观和人生目标。

亨：亨者，嘉之会也，嘉会足以合礼。要使自己的目标通达、顺利，需要"云行雨施"、"足以合礼"、"嘉之会也"，在公司就是要按照管理制度和规则运行，阴阳和合，上下交流、主顾沟通，整合资源，这样就能达成目标，万物化成。

利：利者，义之和也，利物足以和义。最大的"利"是精神和物质都能得到按需分配的满足，在不同时间、地点都能合乎道义，持盈保泰，维持一种高度的和谐状态，即人与自身、他人、社会、自然的和谐，在利益面前要考虑到义，符合义的就取，不义之财坚决不受。

贞：贞者，事之干也，贞固足以干事。贞是正固、坚定、诚信。做一时的"元亨利"容易，要长久的"元亨利"就有难度，只有持之以恒，坚定信念，保持诚信才能善始善终，领导应引导员工和管理员都要有诚信和持之以恒。

以上就是对基于易学整合式领导理论框架图的简单解释，限于篇幅，由其所演绎的整合式领导的情境，尤其是与剩余的六十卦的对应情境及解析另文阐述。

中国传统文化最大特征是文化的无疆（横向无边，纵向无涯）性，这

---

① 参见孙新波：《管理哲学》，机械工业出版社 2018 年版。

种特性对于人的单独个体而言，可以帮助其建立持续的终身追求性。实际上，文化的终身追求性与今日讲的终身学习是一致的，这种追求是一种发散性的生成式追求，它跟现代科学倡导的收敛性的还原式追求完全相反。这种文化的无疆性或可以从精神层面解决如抑郁、自杀、仇恨、膨胀、自大等巨量的社会问题。我们认为导致类似精神问题得以产生的原因之一，就是人类整体中的部分别有用心者过于追求现代科学，用所谓的彰显科学理性遮蔽了"自然人"生而有之的感性，从而使人丧失了作为人、成为人的基本特质。进一步讲，有些别有用心的人打着所谓创新的旗号，肆无忌惮地过度地开发和利用维系人类及他类生存的地球与太空，将人类置于至高无上的地位，这是严重违背"天施地生，其益无方"①的基本原则的。从东方文化无疆性来看，一方面违背损有余补不足的天道规律，另一方面违背无边无际的地道特征，因此而形成"损不足而奉有余"②的人道现实。从西方科学还原性来看，自从尼采讲过"上帝已死"和霍金讲过"哲学已死"之后，西方世界目前只剩下一味科学之药，还可能慢慢地变成了正在荼毒人类思维未来的毒药。所以，我们会看到类似后浪扑倒前浪一样的一项项的所谓科学创新，一项新的创新产生，用不了多久就会被更新的创新灭掉，科学的创新已经变得肆无忌惮和冷酷无情，早已经将文化的容民包疆和温暖宜居抛之脑后，因而，一方面感叹人工智能（AI）等的先进性，一方面后怕 AI 等的毁灭性。在我们看来，这些都是没有文化的具象表现。所以，是时候推出基于易学的整合式领导模式了，本文是这方面的一种尝试，从思想到落地还有很漫长的道路可走，我们希望本文能为此打开一扇窗，哪怕是一道封闭的墙也是可以的，因为凡墙皆是门。

一言以蔽之：易学启发领导者"从大往小看，从小往大做"，《易经》六十四卦每一个卦都要先看它整体所代表的时势，然后分六个（6）阶段采取行动，每一次行动都在整体时势下进行，每一次行动又被易学规划为变化、不变和随变的三种（3）情境下考虑，每种情境又会因为不同时空点的原因而错综复杂（4），所以每一卦至少有 $3 \times 4 \times 6 = 72$ 种行动或者变化，这

---

① 黄寿祺、张善文译注：《周易译注》，上海古籍出版社 2001 年版，第 344 页。
② 饶尚宽译注：《老子》，中华书局 2006 年版，第 184 页。

才是易学的智慧。概括来讲，易学就是思想无边疆，行动有界限，易学的思想性处于统帅地位，是世界性的、引领性的、未来性的，易学的实践性处于经验地位，是局部式的、借鉴性的、过去式的。当下人类站在这两者中间吸收智慧、采取行动，努力营建共赢式的未来，这就是易学的"无有师保，如临父母"①，我们希望基于易学的整合式领导力能如此。

---

① 黄寿祺、张善文译注：《周易译注》，上海古籍出版社 2001 年版，第 593 页。

"义财"与儒家经济伦理辨析

单江东 *

"经济危机"（economicalcrisis）往往是与"商业丑闻"（businessscandals）这个概念联系在一起的，其深意是：社会经济中出现的"危机"，特别是近些年暴露出来的世界金融中心的"华尔街丑闻"，并不仅仅是市场规则或金融体制方面的问题，往往是从事经济活动的人滥用规则、钻体制的空子、以"潜规则"操控市场、牟取暴利的行为。这些行为从体制和规则的层面上讲并无原则性的过错，但是从社会道德和职业伦理看却是负面的或邪恶的。所以，西方政治家或经济学家在谈论经济危机时有两个不同的角度，一个是关注其制度和规则方面出现的问题，欣赏中国文化中的"危机"意识，即"危险与机遇共存"，只要完善制度、改进规则，经济问题就会迎刃而解，经济繁荣亦因此而可期待；另一个是关注人们制定制度和运用规则时的伦理动机和道德意识，即实现经济增长和利益公平的"看不见的手"和企业家身上流淌的"道德血液"。这两个角度，在中国话语中是"食货"与"经济"："食货"是指产品的生产、流通和消费，即价值中立的消费产品和生产资料等，但也可能是"不义之财"；"经济"是指"经世济民"，是有道德意识的"货殖"，即"生财有道"，应该是"君子爱财，取之有道"的"义财"。所以，中国人在西方出版的第一本有广泛影响力的经济学专著，其英文意思是"孔子学派的经济学原则"（*The Economic Principles of Confuciusand and His School*），而中文则简洁地表述为"孔门理财学"，因为孔孟之道的内涵是"仁义道德"，故"孔门理财学"亦即中国经济活动中的"义财"思想。

＊ 单江东，德国柏林自由大学哲学所博士研究生。

一、儒家的"义财"思想

与西方人传统的"二元对立"（binaryopposition）思想方法不同，中国人的思想模式基本上是"天人合一"的，即主观与客观、神与人、必然与应然、工具理性与价值理性等并非出于"非此即彼"的泾渭分明的模式，而是"综合统一"的，在经济活动中就是"见利思义"①而不是"见利忘义"，从事经济活动的"货殖者"不能是"奸商"，而应该是"儒商"或"良贾"。由"儒商"或"良贾"引出了"仁义良知"与"游商坐贾"之间的密切关联性，即商人的买卖、企业法人的经营和国家的财经政策都是效益与公平相统一的，在经济活动由低至高的这三个层次上，效益与公平的统一平衡一旦被打破，必然导致经济、政治和社会的动乱和危机。处于世界文明"轴心时代"的中国春秋时期正好是这样一个"动乱和危机"的时间窗口：社会制度出现了因"礼坏乐崩"而致的"天下大乱"，"诸子百家"则迎来了"百花齐放、百家争鸣"的思想创新机遇，儒家的"义财"思想也正是在此刻应运而生的。

作为儒家思想的奠基人，孔子经历了春秋时期的社会动荡，特别是诸侯国之间频繁的战争，它既违反了政治道义，也破坏了社会道义，进而也腐蚀了经济和货殖道义。在政治和社会层面，对此，孔子的观察和评论充满了批判的精神：

> 天下有道，则礼乐征伐，自天子出；天下无道，则礼乐征伐，自诸侯出；自诸侯出，盖十世希不失矣；自大夫出，五世希不失矣；陪臣执国命，三世希不失矣。天下有道，则政不在大夫；天下有道，则庶人不议。②

诸侯为自己私利而发动的"征伐"显然是违反天下道义的，是所谓"师出无

---

① 程树德撰，程俊英、蒋见元点校：《论语集释》第 3 册，中华书局 1990 年版，第 972 页。
② 程树德撰，程俊英、蒋见元点校：《论语集释》第 4 册，中华书局 1990 年版，第 1141 页。

名"的"不义之战"，自然也就长不了，更低层次的"不义之举"更容易短命夭折；而且这些"不义之举"，还时刻受到平民百姓的监督和批评，这就是政治和社会层面的"天下公议"。中国近代变法运动中的"公车上书"和现代电视剧《水浒传》主题歌词中的"路见不平一声吼，该出手时就出手"等，就是对"天下道义"进行公共评论的思想传统。

既然生活在一个"天下无道"的社会中，孔子对政治和社会制度的批评"议论"是什么呢？这就是"人而不仁如礼何？人而不仁如乐何？"① 春秋时代政治和社会生活中"臣弑君"、"子弑父"、"陪臣执国命"的例子不胜枚举，礼乐制度约束不了这些"犯上作乱"的行为，原因在于运用礼乐制度的人缺乏"仁义"道德。

那么，经济政策和商业活动中缺乏"仁义"道德又会出现什么情况呢？那就会"利欲熏心"、"不知羞耻"或"伤天害理"而"无所不用其极"。

对此，司马迁对经济和商业活动做过点题性的说明："布衣匹夫之人，不害于政，不妨百姓，取与以时而息财富，智者有采焉。作《货殖列传》第六十九。"② 即，社会上一般人的经济和商业活动都会受到政治和伦理的制约，政治经济原则表现为"不害于政"，不违反政策和法令；商业伦理表现为"不妨百姓"，不以私利损害百姓公益；"取与以时而息财富"，这样才能按照随行就市的买卖规则以稳定增长财富；写作《货殖列传》就是智者所应遵循的经世济民的伦理原则。太史公作《货殖列传》的原则与近代社会的政治经济学颇有许多可以相互发明之处，不过，其所反映的政治经济观点则是先秦儒家一系的，特别是孔孟的经济伦理思想。

孔孟之道是对周公制礼作乐的政治经济传统进行批判性"损益"的结果，故其经济伦理思想亦是对《周礼》相关思想的继承和创新。《周礼》中云："农不出则乏其食，工不出则乏其事，商不出则三宝绝。"③ 这是表明社会经济活动中"农工商"所产生的经济效益，是经济社会的伦理基础，故

① 程树德撰，程俊英、蒋见元点校：《论语集释》第 1 册，中华书局 1990 年版，第 142 页。

② 司马迁撰，裴骃集解，司马贞索隐，张守节正义：《史记》第 10 册，中华书局 1983 年版，第 3319 页。

③ 司马迁撰，裴骃集解，司马贞索隐，张守节正义：《史记》第 10 册，中华书局 1983 年版，第 3255 页。

"'仓廪实而后知礼节，衣食足而知荣辱。'礼生于有而废于无。故君子富，好行其德；小人富，以适其力"[1]。礼虽然生于财富，伦理基于经济基础，但它们之间的关系不是自然而然的，而是人伦价值取舍的结果，有无伦理的价值取向，区别出了君子和小人；君子被视为见利思义的"圣贤"，小人则是见利忘义的"经济人"。孔子告诫自己的弟子子夏："女为君子儒，无为小人儒"[2]，其意亦可拓展为经济伦理对于经济效益的超越性追求。在《礼记·大学》中，儒家的人则明确表示了经济伦理与经济效益的"比较优势"：

> 生财有大道，生之者众，食之者寡，为之者疾，用之者舒，则财恒足矣。仁者以财发身，不仁者以身发财。未有上好仁，而下不好义者也，未有好义其事不终者也，未有府库财非其财者也。[3]

这是在财政经济学层面讲"勤劳"与"俭德"之间的正比例关系，近代德国经济社会学家韦伯阐释的基督新教经济伦理很像早期儒家所提倡的这种勤俭伦理，所以当代学者乐于将亚洲经济崛起中的韩国、新加坡、中国台湾和香港地区这"东亚四小龙"称为"儒家经济圈"，强调它们的经济活力和成效中有共同的"儒家伦理"。[4]

"富贵"是周代"礼乐"制度中的政治经济学议题，表达经济财富与社会地位之间的统一关系：贵为天子者必然享有天下的财富，所谓"溥天之下，莫非王土；率土之滨，莫非王臣"[5]。从礼乐制度讲，天子掌管了天下的人财物。但是，孔子、孟子所处的春秋战国时却出现了"挟天子以令诸侯"、"争地以战，杀人盈野；争城以战，杀人盈城"的社会混乱局面，这都是因

---

① 司马迁撰，裴骃集解，司马贞索隐，张守节正义：《史记》第10册，中华书局1983年版，第3255页。

② 程树德撰，程俊英、蒋见元点校：《论语集释》第2册，中华书局1990年版，第389页。

③ 郑玄撰，孔颖达疏，龚抗云整理：《礼记正义》下册，北京大学出版社1999年版，第1603页。

④ 美国已故的未来学家赫曼·康（Herman Kahn）说："经济发展并非西方独有的产物，亚洲的新儒文化（theneo-Confucianultures）事实上比传统西方文化更利于经济发展。"转引自孙震：《传统儒学与现代成长》，《孔孟月刊》第53卷第5、6期。

⑤ 王秀梅译注：《诗经》，中华书局2006年版，第299页。

为社会只有"经济效益"一个向度，即"唯利是图"，是孔子所深恶痛绝的政治经济情势："君不行仁政而富之，皆弃于孔子者也。"①面对"礼坏乐崩"、"天下大乱"的现实，孔子采取了"以述为作"的态度，而不是如他自己所谦虚的"述而不作"。"述"是他对当时社会政治经济情势的描述，"作"是他对这些社会政治经济情势的"现实批判"，即以自己标举的"仁义"道德批判社会政治经济的"富贵"现实。他说："鄙夫可与事君也哉？其未得之也，患得之。既得之，患失之。苟患失之，无所不至矣。"②政治经济上的逐利使人患得患失、不择手段，自然不在乎任何伦理代价和人格尊严。朱熹对此加以了发挥性的解释："小则吮痈舐痔，大则弑父与君，皆生于患失也。"③他同样引证别人观点对孔子的"道德"与"富贵"思想做进一步的阐发：

> 士之品大概有三。志于道德者，功名不足以累其心。志于功名者，富贵不足以累其心。志于富贵者，则亦无所不至矣。志于富贵，即孔子所谓鄙夫也。④

有了朱熹的解释，我们再读孔子对自己人生价值的选择就容易转入他的"义财"思想了。他说："饭疏食，饮水，曲肱而枕之，乐亦在其中矣。不义而富且贵，于我如浮云。"⑤在他看来，"富贵"不是简单的财富和地位，而是具有"道义"的社会责任，即"义财"；缺乏或违背道义责任的富贵，自然就是"不义之财"。

通过"义财"与"不义之财"的对比，我们还可以从孔子的相关思想中推导出"君子爱财，取之有道"。这句话未必出自孔子之口，但是与孔子的相关论述旨趣契合，故民间流传甚广，视为儒家经济伦理格言可也。例如，孔子就获取财富或保持富贵发表议论：

---

① 焦循撰，沈文倬点校：《孟子正义》下册，中华书局1987年版，第516页。

② 程树德撰，程俊英、蒋见元点校：《论语集释》第4册，中华书局1990年版，第1222页。

③ 朱熹撰：《四书章句集注》，中华书局1983年版，第179页。

④ 朱熹撰：《四书章句集注》，中华书局1983年版，第179页。

⑤ 程树德撰，程俊英、蒋见元点校：《论语集释》第2册，中华书局1990年版，第465页。

> 富与贵是人之所欲也，不以其道得之，不处也。贫与贱是人之所
> 恶也，不以其道得之（应为"去之"——引者），不去也。君子去仁，
> 恶乎成名？君子无终食之间违仁，造次必于是，颠沛必于是。①

而当他听到别人评论卫国贤大夫公叔文子"义然后取，人不厌其取"时，则
大加赞赏："其然，岂其然乎！"②对"君子"或"贤人"的赞赏，也是孔子
自己面对财富和地位时所自期的原则："富而可求也，虽执鞭之士，吾亦为
之。如不可求，从吾所好。"③"富贵"是否"可求"，并非在"执鞭"之类的
贱业，而在自己的追求"所好"，在于对财富的道义判断："邦有道，贫且
贱焉，耻也；邦无道，富且贵焉，耻也。"④孔子不是职业商人或现代企业家，
也不是经济部长，他不可能就具体的经济活动进行伦理阐述，却总是以一个
独立的、批判现实的思想家的身份对社会的政治经济进行"义财"判断，所
以在回答他的商人弟子子贡问政时，孔子说，如果发生利益冲突，军事、经
济这些强国富民的原则选项都应该从属于建构在"诚信"之上的道义选项，
这就是"民无信不立"；"诚信"不仅是市场运转的润滑剂，而且是维系社会
关系的稳定器，因为"失信于民"的市场和社会最终都会因"民"的流失或
反叛而归于崩溃。

孟子对于财富也保持着坚定的"道义"信念，而且大气魄地将之推广
至政治经济的一切方面。从他实际享受的物质财富和社会地位来看，已经超
过了当时大诸侯国的贵族或富豪，以至于引起了弟子对他道义价值观的疑
惑："后车数十乘，从者数百人，以传食于诸侯，不以泰乎？"可是孟子大不
以为然，回答说："非其道，则一箪食不可受于人；如其道，则舜受尧之天
下，不以为泰，子以为泰乎？"⑤他这是将"道义"看成高于一切政治经济利
益的原则标准，符合道义者，当仁不让；违反道义者，弃之如敝屣。他在讲
到国家增加财富与政治道义时说：

---

① 程树德撰，程俊英、蒋见元点校：《论语集释》第 1 册，中华书局 1990 年版，第 232 页。
② 程树德撰，程俊英、蒋见元点校：《论语集释》第 3 册，中华书局 1990 年版，第 975 页。
③ 程树德撰，程俊英、蒋见元点校：《论语集释》第 2 册，中华书局 1990 年版，第 452 页。
④ 程树德撰，程俊英、蒋见元点校：《论语集释》第 2 册，中华书局 1990 年版，第 540 页。
⑤ 焦循撰，沈文倬点校：《孟子正义》上册，中华书局 1987 年版，第 427—428 页。

今之事君者皆曰："我能为君辟土地，充府库。"今之所谓良臣，古之所谓民贼也。君不乡道，不志于仁，而求富之，是富桀也。"我能为君约与国，战必克。"今之所谓良臣，古之所谓民贼也。君不乡道，不志于仁，而求为之强战，是辅桀也。由今之道，无变今之俗，虽与之天下，不能一朝居也。[①]

富国强兵是战国时代的一个普遍政治经济议题，但是没有道义指引，很容易蜕变为缺失道义的政治经济政策，即"霸道暴政"，其以人民为耕战工具，必然会像夏桀那样，虽得天下，但天天惶恐不得终日，必将因"失道寡助"、"众叛亲离"而归于灭亡。这是从政治经济的高度来阐述儒家的"义财"思想，"乡道"（向往道义）和"志于仁"都是"义"的原则，以之求富强，富强可得而持久；无之求富强，富强或可得而必速败。

二、义利之辨

儒家"义财"观念的思想框架是建构在"义利之辨"基础之上的，即通过义利之间的界限和联系，最终确定其相互统一的关系，既反对"见利忘义"，也不死守"见义忘利"，而是"见利思义"[②]。假如没有责任伦理的义务约束，利欲熏心的人一定会不择手段地作奸犯科。中国社会话语从"无商不尖"中谐音字的"尖"演变成"无商不奸"的"奸"，就是指商业伦理中"添尖让利"的"义卖"，变成了"唯利是图"的"诈卖"；古人说经商是"做生意"，实际上也间接反映出儒家道义伦理的精神，即"天地之大德曰生"。对于这种关联性，兼通中西方经济学的儒者陈焕章解释说：

"economics"（经济学）这一术语在中文里的对应术语是"理财"（adminstratingwealth），这样一个术语是自明的，无需定义。但是，让我们探寻一下这个术语的起源吧。它最初出现于《易经·系辞》

① 焦循撰，沈文倬点校：《孟子正义》下册，中华书局1987年版，第854—855页。
② 程树德撰，程俊英、蒋见元点校：《论语集释》第3册，中华书局1990年版，第972页。

中："何以聚人曰财，理财正辞，禁民为非曰义。"自从《系辞》被写
就，中国人通常用"理财"这一术语称呼政治经济学，也用其称呼经
济学。①

按照他的逻辑，如果仅仅强调"理财"，则与之对应的西方术语就是"经济
学"；如果强调《系辞》中的"义财"，则与之对应的西方术语就是"政治经
济学"。而经济学与政治经济学的区别，就儒家"经世济民"的思维定式来
看，应该是社会经济活动的效益与伦理的区别。孔子自己在论述"义勇"之
间的辩证关系时说："君子有勇而无义为乱，小人有勇而无义为盗。"② 我想
据此可以推而论之：商人见利而忘义则为奸。

我们在中国思想史中所讨论的"义利之辨"通常是儒家一系的经济伦
理思想。孔子对此议题有过简单的提示："君子喻于义，小人喻于利。"③ 孟子
对此具体评论说："鸡鸣而起，孳孳为义者（孳孳为善者），舜之徒也；鸡鸣
而起，孳孳为利者，跖之徒也。欲知舜与跖之分，无他，利与善之间也。"④
圣贤者如舜之徒，其孳孳（孜孜）不倦的行动是求公利，那就是义举和善
行；而斗筲小人如跖盗之徒，其孳孳所为一己之私，虽名利双收，亦不为儒
家所推重："盗跖吟口，名声若日月，与舜禹俱传而不息；然而君子不贵者，
非礼义之中也。"⑤ 及至汉代董仲舒"正其谊（义）不谋其利，明其道不计其
功"⑥ 话出，儒家的"义利之辨"终成定型，但也引起不少误解，以为儒家
的定论是"见义忘利"。

其实，董仲舒作为盖棺论定的那句话是儒家关于"义利之辨"的价值
判断，其确解应该是"重义轻利"，而非"见义忘利"，是一种取向性的判
断，不宜作为事实性陈述的理解，即其主张为"应该"，而非"就是"。"就
是"是对一种事实的经验性描述，"应该"是一种理想的价值追求。如果混

---

① 陈焕章著，宋明礼译：《孔门理财学》，中国发展出版社 2009 年版，第 28 页。
② 程树德撰，程俊英、蒋见元点校：《论语集释》第 4 册，中华书局 1990 年版，第 1241 页。
③ 程树德撰，程俊英、蒋见元点校：《论语集释》第 1 册，中华书局 1990 年版，第 267 页。
④ 焦循撰，沈文倬点校：《孟子正义》下册，中华书局 1987 年版，第 914 页。
⑤ 王先谦著，沈啸寰、王星贤点校：《荀子集解》上册，中华书局 1988 年版，第 91 页。
⑥ 班固撰，颜师古注：《汉书·董仲舒传》，中华书局 1962 年版，第 2524 页。

淆了两者，我们则无法解释孔子自己的理财、授徒、行政、游说等经历，孔子"尝为委吏，会计当而已矣；尝为乘田，牛羊茁壮长而已矣"①，开门授徒，弟子三千，"自行束脩以上，吾未尝无诲焉"②，出仕鲁国中都宰，"制为养生送死之节，长幼异食，强弱异仕，男女别涂，路无拾遗，器不雕伪"③，治鲁三月，"鬻牛马者不储价，卖羊豚者不加饰"④，及至周游列国十四年，"干七十君"等，都涉及政治经济利益，而且有些效益还很不错。但是，这些事实并不能取代孔子"发愤忘食，乐以忘忧，不知老之将至"⑤的"仁义"道德追求。

当然，孔、孟、董对于"义利之辨"的价值取向性表述，后世儒家的人也不一定都能正确理解。如清初大儒颜习斋就提出了批评。他针对董仲舒的观点质疑说："世有耕种而不谋收获者乎？有荷网持钩，而不计得鱼者乎？这不谋不计两不字，便是老无释空之根。"他坚持说，如果既不谋利又不计功，那就流于道家的"无为"和佛家的"性空"，算不得"经世济民"的儒家，充其量只是"腐儒"。他是借批评董仲舒暗指孟子"舍生取义"的道德理想是"迂远而阔于事情"。因此，他提出的修改意见是"正其谊以谋其利，明其道而计其功"。其实，颜习斋的批评和修正本身也是对孟子和董仲舒"义利之辨"的误读，正像后来其他人对儒家"义财"思想的误读一样，把儒家"应然"性的价值追求误作为"实然"性的经验事实，这就是冯友兰说的批评者自身逻辑的混乱："（颜氏）此批评完全是无的放矢。既耕种当然谋收获，既荷网持钩当然谋得鱼。问题在于一个人为什么耕种，为什么谋得鱼。"⑥孔、孟、董本来的议题是针对"功利"提出的"道义"动机，而不是对结果和方法进行价值判断，因为结果和方法是属于事实描述的范围，只有动机才是价值评价的对象。

其实，我们对儒家"义利之辨"的一些通俗性讲法里面就蕴含了承认

① 焦循撰，沈文倬点校：《孟子正义》下册，中华书局 1987 年版，第 709 页。

② 程树德撰，程俊英、蒋见元点校：《论语集释》第 2 册，中华书局 1990 年版，第 445 页。

③ 王德明译注：《孔子家语译注》，广西师范大学出版社 1998 年版，第 2 页。

④ 王德明译注：《孔子家语译注》，广西师范大学出版社 1998 年版，第 10 页。

⑤ 程树德撰，程俊英、蒋见元点校：《论语集释》第 2 册，中华书局 1990 年版，第 479 页。

⑥ 冯友兰：《三松堂全集》（第五卷），河南人民出版社 2000 年版，第 13 页。

"财"、"利"之类的经验事实，但这种事实性陈述是隐秘的或间接的，一则是怕鄙夫陋儒"见财起意"，"唯利是图"；一则是忧"喧宾夺主"，"以财限义"。我们说"孔子不饮盗泉之水"、"孟子不食嗟来之食"、"曾子不入胜母之闾"，并非不知道"水"、"食"和"闾"对于生命体具有"食宿"的价值，而是以其中隐含的经验事实反衬"孔仁"、"孟义"、"曾孝"的伦理价值。这种从"义财"引申出的"义利之辨"其伦理意义董仲舒本人在其他场合的解释也是十分清晰的：

> 天之生人也，使人生义与利。利以养其体，义以养其心。心不得义不能乐，体不得利不能安。义者心之养也，利者体之养也。体莫贵于心，故养莫重于义。①

这就是说，儒家的重道义而轻财利是在各种价值中进行意向优选（valueorientation），而不是就两个平行价值体系进行事实取舍（factualchoice），否则孔子不可能尊享"遂心之年"的七十三岁，孟子亦不可能安度"杖朝之年"的八十四岁，因为远在这些事实生命之前，他们都碰到了太多的需要取舍的困境和挑战，他们都没有践行自己"杀身成仁"和"舍生取义"的价值取向，而中国人对于"七十三、八十四两道坎"的"大限安慰"就是来自圣人的生命启示。

冯友兰在解释对儒家"义利之辨"的质疑时说：

> 又有些人读《孟子》，见因为齐宣王问了一句"何以利吾国"，被孟子大加驳斥，而孟子却又发表了许多经济计划，叫人能衣帛食肉，养生送死无憾，他们即说：孟子所说底不是利吗？何以孟子只准百姓点灯，不许州官放火呢？他们不知梁惠王所谓利吾国者，是为自己求利，而孟子所讲经济计划，是为大众求利。利本身是可欲底。为自己求利，可以不是不道德底事。但为大众求利，则一定是道德底事，道德底事是义不是利。所以大学虽讲"理财"，而仍说："君子不以利为利，而

---

① 苏舆撰，钟哲点校：《春秋繁露义证》，中华书局1992年版，第263页。

以义为利。"以义为利，并不是不讲利，而是不为自己讲利，而为大众讲利。①

按照中国人的伦理，"大义灭亲"和"仗义疏财"都是一类性质的事，其中自然蕴含了"大公无私"。所以"义利之辨"也是"公私之辨"，"公利"即是"义"，如林则徐诗句"苟利国家生死以，岂因祸福避趋之"亦被视为"大义凛然"的气度，"私义"即是"利"，因此"春秋大义"讲究"大夫无私交"，恐其私谊害及公利也。宋儒程颐说："义与利，只是个公与私也。"②常人在一般情况下总是趋利避害，会本能地因私而害公，但是儒家理想的圣贤应当秉持公心，"仁不异远，义不辞难"③，其入世伦理就是要鼓励常人尽心知性，希贤希圣，进而希天立命，合天人之利，义则自在其中了。

儒家"义利之辨"的一个历史渊源是所谓"春秋三事"，即"正德、利用、厚生"，春秋追求富国强兵的晋楚齐等霸主的卿大夫都认同这三者的价值，"利用、厚生"显然与财富和功利都脱不了干系，也是"正德"的前提，反过来讲也一样，持续的"利用、厚生"也离不开"正德"。张岱年先生认为，在中国"义利之辨"的思想传统中，这三者之间的关系是超越时空的，具有恒久价值：

> 《左氏春秋》以正德、利用、厚生为三事，正德是提高精神生活，利用、厚生是改进物质生活，三事并重，兼精神生活与物质生活而无所偏废。今亦言三事：一御天，二革制，三化性。御天即改变自然，革制即改造社会，化性即改变人的本性。④

用现代化的话语讲，"义利之辨"是将物质文明和精神文明综合起来，以物质文明为基础，以精神文明为价值取向，二者是互补互促关系，而不是非此即彼的关系。与"义财"观念相比，"义利之辨"是在思维定式和文明

---

① 冯友兰：《三松堂全集》（第五卷），河南人民出版社 2000 年版，第 363—364 页。

② 程颢、程颐：《河南程氏遗书》卷十七，《二程集》，中华书局 2004 年版，第 176 页。

③ 班固撰，颜师古注：《汉书·武帝纪》，中华书局 1962 年版，第 2524 页。

④ 张岱年：《张岱年全集》第七卷，河北人民出版社 1996 年版，第 219 页。

架构方面阐明了"义财"的政治经济学奥义。

三、"心性"与"看不见的手"

通过对儒家"义利之辨"的分析，我们知道儒家围绕"义财"观念而形成的经济伦理是对经济效益的伦理价值评估和主体意识选择，并不像西方经济学家所想象的"纯粹的经济人"就能促进经济的平稳增长和社会繁荣，更不会因市场这只"看不见的手"将经济效益公平地分配给社会所有消费者。在中国几千年持续性的统一经济和社会共同体中，由"义财"观念衍生的"不义之财"和"仗义疏财"等社会经济意识已经成为一种中国特色的政治经济学，基于心性的伦理对于生产活动、市场交换和消费方式发挥着积极的干预作用，其目的是追求社会公平正义的结果，是人为政策对于市场之手的掣肘，其决策基础仍然是政治伦理，即最大多数人的最大利益的公平正义。

对于经济活动是否蕴含自然的社会伦理，近代西方市场经济学的鼻祖亚当·斯密曾给出一个经典的分析性说明：

> 每个社会的年收入，总是与其产业的全部年产物的交换价值恰好相等，或者毋宁说，和那种交换价值恰好是同一样东西。所以，由于每个个人都努力把他的资本尽可能用来支持国内产业，都努力管理国内产业，使其生产物的价值能达到最高程度，他就必然竭力使社会的年收入尽量增大起来。确实，他通常既不打算促进公共的利益，也不知道他自己是在什么程度上促进那种利益。由于宁愿投资支持国内产业而不支持国外产业，他只是盘算他自己的安全；由于他管理产业的方式目的在于使其生成物的价值能达到最大程度，他所盘算的也只是他自己的利益。在这场合，像在其他许多场合一样，他受着一只看不见的手的指导，去尽力达到一个并非他本人意想要达到的目的。也并不因为事非出于本意，就对社会有害。他追求他自己的利益，往往使他能比在真正出于本意的情况下更有效地促进社会的利益。[1]

---

① 亚当·斯密：《国民财富的性质和原因的研究》（下卷），商务印书馆 1974 年版，第 27 页。

这就是说由人的自然欲望，不是社会伦理意识，最初激发了社会的生产，而代表这种社会生产活力的资本，通过市场的自然调节机制，最终能使人的自然生产活动获得社会的平均效益，即生产、交换和消费过程中，人只需顺应自然的逐利欲望，每个个体只专心追求自己的利益，冥冥之中总有一只"看不见的手"，指引着社会实现整体的平均利益。"看不见的手"是基督教《圣经》里对上帝的"神迹"一种比喻性说法，意思是上帝有无限的神力实现他所造世界的公平正义，上帝的"义人"（justifiedperson）就是得到上帝平等保护的人。因此，"市场之中人人获益"是"上帝面前人人平等"的一个自然的逻辑延伸。

但是，亚当·斯密对"市场"的自然伦理构想则不断受到资本主义周期和社会动荡甚至阶级之间革命的冲击和挑战，当代西方经济学家把这种冲击和挑战解释为资本主义内在性质之间的不可调和的矛盾，即"贪婪"、"利己主义"、"生产力"和"缺乏远见"。① 在这四个特性之中，只有"生产力"是属于自然性因素，即近代科技革命导致的生产性要素包括生产过程中的人，特别是其物质性潜能不断被优化的体质、教育和管理刺激而释放的生产者、生产资料和工具等，这些都是具有激发性活力的生产性要素，其他三项则基本上是与人的价值取向或伦理有关的，所以，市场不可能是一只自然正义之手，它的高效率的"生产力"抵挡不住其他三个关涉伦理的因素的诱惑，进而形成损害经济正义的"垄断"，所以，"高税收"、"反垄断"以及"高福利"等政策和手段都是对市场自然正义的怀疑和否定。因为，按照亚当·斯密的名言，个人对利润的追求总是要推动整个国家的经济增长。但是，在实践上出现了一个问题。亚当·斯密的"看不见的手"往往成了扒手的手。不受干扰的自由市场只寻求非常获利的活动，但它们却是非生产性的。实践经验告诉我们，利润最大化并不必然导致产量的最大化。② 由于抵挡不住"缺乏道义"的利益的诱惑，"市场"这只"扒手"也经常面临被约束或斩断的危险，所以，它的高生产力并不总是产生高生产率。

---

① 参见莱斯特·瑟罗：《经济探险》，上海远东出版社1999年版，第29—40页。

② 参见莱斯特·瑟罗：《二十一世纪的角逐——行将到来的日欧美经济战》，社会科学文献出版社1992年版，第251页。

其实，斯密本人对于市场这只"看不见的手"也没有充分的信心，他只当其为一种理想的推断。既然如此，理想的结果也可能出现相反的情况，即市场出现了效益垄断而绝非公平，在这样的情形下，生产还能维系、社会还能稳定、利益还能公平吗？斯密自己也知道答案是否定的。所以，他在《国富论》中强调市场这只"看不见的手"的同时，也没有完全忘记"纯粹的经济人"之后还深藏着"直觉的道德人"。他说，如果一个英国商人听说遥远的中国有亿万生灵可能面临恐怖的天灾人祸，他可能会假惺惺地表示同情，然后就变得麻木不仁，甚至还想借此机会发一笔不义之财。但是，他这种商人的逐利思绪并不可能是一般人的秉性，他的秉性本质上还是伦理的，因此，任意一个逐利的经济人的心灵深处还矗立着一个道德之人，他能够在冥冥之中克服身上出现的逐利倾向：

> （道德人——引者）它是一种在这种情形下自我发挥作用的更为猛烈的力量，更加有力的动机。它是理性、道义、良心、内心中的那个居民、内心的那个人、判断我们行为的伟大法官和仲裁者。无论何时，当我们将要采取的行动会影响到他人的幸福时，他就会以一种足以威震我们心中最冲动的激情的声音向我们高喊：我们仅仅是芸芸众生中的一粒微尘，并不比任何人高贵一丝一毫；如果我们如此可耻地看重自己而盲目地看轻别人，就会成为愤恨、厌恶和诅咒的合宜对象。当他人的幸福或者痛苦在各方面都取决于我们的行为时，我们恐怕不敢按自爱的心的暗示来行动，不会把一个人的利益看得高过众人的利益。我们内心的那个人会马上提醒我们：太看重自己而过度轻视别人，就会把自己变成同胞们蔑视和愤慨的合宜对象。心胸宽厚和品德极为高尚的人不会受这种情感的支配。①

"我们内心的那个人"就是中国儒家常讲的"心性良知"。照儒家的哲学讲，"心"对应的是"智"，"智"是后天的、外在的、计较的、功利的，而"心"则是先天的、内在的、直觉的、公义的，所以孟子的一句"人贵有良知"成

---

① 亚当·斯密：《道德情操论》，上海三联书店 2008 年版，第 140 页。

了中国人直觉伦理的最简明的宣示。无论西方传统认为人是"政治动物"或"经济动物"，缺失了"心"或"良知"那就不配做人，就是动物。而动物只有"觅食"和"维生"的生物价值，而没有"工作"和"生活"的社会价值；动物实现其生物价值的活动只是生物现象，而人实现其社会价值的活动就是经世济民的"义财"，而不是数理性的"聚财"。

儒家的心性良知是其经世济民的伦理基础，它的特点是强调良知的主体性和自觉意识，因为"人皆有是心，心皆具是理，心即理也，所贵乎学者，为欲穷此理，尽此心也"①。人人尽心知性都可以通理，即"天理良知"，这个心性相通的理，就是社会的伦理。所以人在社会关系中的经世济民活动就是一种伦理活动，是人的良知良能的体现，是推动实现社会公平正义的"看不见的手"，与斯密不同的是，儒家认为这只"看不见的手"在每个人的心里，是可以通过直觉体验或推演的，是"市场"背后站着的那个真正触动社会实现公平正义的"道德人"。可见，真正能够实现经济利益"公平"的不是市场那只"看不见的手"，而是激发社会制定政策、利用市场工具来实现公平正义的"我们内心的那个人"。这个比喻在西方文化背景中就是"上帝"，因为人是按照他的"样子"造的，那个"样子"是一种宗教平等和博爱的伦理，是"imageship（精神形象）"而不是"image（生物相貌）"，这就是儒家的"心性"或者"天主"。

陈焕章曾经这样向西方人介绍儒家的经济学思想，他说："孔子思想体系中的一个特别之处在于，他将人的需求作为自己哲学的基础，将经济元素和道德元素融为一个原则。"② 我认为，他所讲的这个原则就是儒家的"义财"观，"义"所体现的伦理性即"生财"、"聚财"、"散财"和"理财"的原则，其性质就是现代政治经济学的基本原则，所以，根据儒家的"义财"观，我们才比较容易理解"经世济民"与"政治经济学"、"食货与货殖"与"贸易财政学"之间的关系。

其实，孔子本人在回答诸侯王和商人"问政"的时候，用不同的回答

---

① 《与李宰书》，《陆九渊集》卷十一，中华书局1980年版，第149页。
② 陈焕章著，宋明礼译：《孔门理财学》，中国发展出版社2009年版，第108页。

阐明了蕴含于"义财"观中的经济伦理。在齐景公问政时，孔子说："君君，臣臣，父父，子子"，齐景公会意地回应："善哉！信如君不君，臣不臣，父不父，子不字，虽有粟，吾得而食诸？"[1] 景公是天下诸侯国君，也是霸主，从政治经济地位讲是"衣食充裕"、"富可敌国"的，可是他听了孔子的答案之后，揣摩出了君臣父子之间的社会关系失序可能导致的严重恶果，即"有粟不得食，有国不能居"，"居国有道"与"义不食周粟"是一类的政治经济伦理。因为，君臣父子不能名实相符，即陷入"不伦不类"之谬，伦理就是同类的规范，失去规范也就破坏了君臣父子之义；破坏了君臣父子之义，必然导致名不副实，所以君臣父子的伦理道义是"为人君止于仁，为人臣止于敬，为人子止于孝，为人父止于慈，与国人交止于信"[2]。其中的伦理关系表现为君仁臣敬，父慈子孝，国人诚信。因为，这三者之间都蕴含有权力和责任、权利和义务之间的平衡关系，因此也可以用于理解社会中政治经济关系，是政治与经济互相协调的伦理。

对于自己的学生、善于理财的子贡，孔子与他的对答则更具体：

> 子贡问政，子曰："足食，足兵，民信之矣。"子贡曰："必不得已而去，于斯三者何先？"曰："去兵。"子贡曰："必不得已而去，于斯二者何先？"曰："去食。自古皆有死，民无信不立。"[3]

作为富国强兵的耕战之术是当时国家的主要理财形式，也是当时主要的政治议题，如果没有伦理的约束就会流于"不义之食"和"不义之战"，结果就是聚"不义之财"，而成"虎狼之国"，战国时代的强秦即是这样的暴政，其虽强而不能久立，似乎早已被孔子所预言，汉代贾谊在《过秦论》中所谓"仁义不施，而攻守之势异也"[4] 也是重复同一判断。"足食足兵"是可以从

---

[1] 程树德撰，程俊英、蒋见元点校：《论语集释》第3册，中华书局1990年版，第855—856页。

[2] 郑玄撰，孔颖达疏，龚抗云整理：《礼记正义》下册，北京大学出版社1999年版，第1594页。

[3] 程树德撰，程俊英、蒋见元点校：《论语集释》第3册，中华书局1990年版，第836页。

[4] 贾谊撰：《贾谊集》，人民出版社1976年版，第3页。

工具层面的意义将"富国强兵"的政治经济发展到极致，但是如果这种极致发展是以牺牲道义为代价的，那么它能恒久地立于不亡之地吗？答案当然是否定的。子贡货殖，亿则屡中，求仁于孔子，孔子则以"民信"贵于"足食足兵"的道义诲之，其深意即是以"己欲立而立人，己欲达而达人"① 的"仁义"原则建构治国理政的体系，弘扬儒家以"义财"为核心概念的、中国特色的政治经济学。

———————————

① 程树德撰，程俊英、蒋见元点校：《论语集释》第 2 册，中华书局 1990 年版，第 428 页。

儒家商道与经济效率

黎红雷　茅忠群　程　霖 [*]

2017 年 11 月 4 日，中山大学哲学系教授、中华孔子学会儒商会会长黎红雷做客第 113—3 期文汇讲堂暨"优秀传统文化接着讲"第三讲《传统文化与经济效率》。方太集团董事长、总裁茅忠群及上海财经大学经济学院史学系主任程霖分别担任对话及点评嘉宾。

中华优秀传统文化能否促进经济效率？这不仅是一个理论问题，也是一个实践问题。改革开放四十年来，中国迅速成为世界第二大经济体，企业作为中国经济发展的中坚力量，在创造物质财富的同时，也创造了精神财富，为国家振兴作出了巨大贡献。在国力上升、文化自信之时，我们就可以心平气和地回答这一问题了。

|嘉宾主讲| 黎红雷：传统文化如何看待效率？

"效率"是现代的概念，是指单位时间内完成的工作量，从管理学的角度看，效率是指特定时间内组织的各种投入与产出之间的比率关系。中国传统文化并未使用此概念，却讨论过与之相关的问题。

《韩非子·难一篇》中讲述：舜在历山、黄河边、东夷分别种田、打鱼和制陶一年，纠正了败坏的风气。孔子赞誉，圣人的道德能感化人啊！对此，韩非子反驳道：舜一年纠正一个过错，三年纠三错。但若下令"符合条

　＊　黎红雷，中山大学教授、博士生导师；茅忠群，宁波方太集团董事长；程霖，上海财经大学教授、博士生导师。

令的赏，不符合条令的罚"，晨传暮达，过错傍晚就纠正了，十天之后，全国都可以纠正完毕，何苦要等上一年？[①] 显然，在韩非子看来，儒家的道德教化比不上法家的法令赏罚更有"效率"、效果更明显。

但在儒家看来，道德教化不仅容易获得民心，也能取得迅速的治理效果。《孟子·公孙丑上》引孔子的话说："德之流行，速于置邮而传命。"[②] 法令之快，只是一种"欲速则不达"的"快"。与之相反，儒家所追求的治理效果，是积极稳妥的快，这就只能依靠"德治"。

儒家"德治"的人性论基础是"人性向善论"。孟子主"性善"，荀子主"性恶"，但其共同点都是主张通过道德教化扬善去恶。以往认为法家主张"性恶论"，其实是错误的。韩非子的理论从未谈及于此。法家"法治"的人性论基础是"人性自利说"，是一个事实判断；而善与恶是一种价值判断，这其实是儒家的专利。韩非子认为人生来就是自私自利、趋利避害的，只有"利"才是人们行为的唯一动力，并以此作为实行赏罚的可能性和必要性的理论依据。

依照法家的治国之道，战国时期地处西部边陲的秦国实行奖励耕战的政策，平时生产更多的粮食，战时砍下更多敌人的头颅，都可以获得奖励、升官进爵。由此，秦国造就了被称为"虎狼之师"的强大军队，迅速扫平六国，统一天下。从这个角度看，法家是中国传统文化中最讲"效率"也最有"效率"的学说。但是，迅速崛起的秦皇朝又迅速走向灭亡，使得后来的治国者对这套"效率"理论不得不保持一定的距离，在实施了一段黄老之道后，人们的目光转向追求积极稳妥效果的儒家治道。自汉代以来，中国传统社会的治国之道基本上都是儒家与法家融合，德治与法治并举，王道与霸道杂之。

在今天的企业治理中，比如华为，一方面提倡团体精神的"狼性"，效率为先；另一方面又在分配上兼顾公平，实行员工持股。华为总部刻碑树立的公司信条是"小胜靠智，大胜在德"，依然把"德"作为企业的最高追求。

西方市场经济是建立在"利己主义"的基础上的。按照亚当·斯密的

---

① 参见刘乾先、韩建立、张国防、刘坤：《韩非子译注》下册，人民出版社 2003 年版，第612—613 页。

② 焦循撰，沈文倬点校：《孟子正义》上册，中华书局 1987 年版，第 185 页。

设想，每一个理性经济人从"利己"的动机出发，为了实现自己的利益，就必须考虑他人的利益，从而实现社会利益的最大化，最终达到"利他"的结果。但是，两百多年来的西方市场经济实践证明，斯密的设想过于乐观了，"利己之心"并未得到必要的限制，2008 年的全球金融危机就是巨大财富将人引入歧途的典型例子。

2017 年诺贝尔经济学奖的获得者是美国行为经济学家理查德·塞勒。他将心理上的现实假设纳入经济决策分析之中，通过探索有限理性、社会偏好和缺乏自我控制之后的后果，展示了这些人格特质为何系统地影响各个决策以及市场的成果。

塞勒也曾研究"利他"对人们行为的影响，在他看来，市场经济中的"利己主义"并非完全有效，人们会通过合作产生共赢，获取更大的效率，甚至在某些情况下无私地牺牲自己的利益。因此，塞勒的结论是，人既不完全自利，也不完全自私，只是一个非完全理性的个体。这一结论是对亚当·斯密"利己主义是理性行为"理论的直接挑战。

关于"利他主义"与市场经济的关系问题，其实东方企业家早已在实践中解决了。日本企业家稻盛和夫提出"利他之心"的经营哲学，主张"在追求全体员工物质和精神两方面幸福的同时，为人类和社会的发展作出贡献"。2010 年，将近八十岁的稻盛和夫出任破产重建的日航董事长，仅用一年时间，就使日航做到了三个世界第一——利润第一，准点率第一，服务水平第一。其奥秘就是"以利他之心为本的经营"。稻盛和夫指出："也许大家会认为，'利他之心'是伦理道德范畴内的语言，与企业经营没有什么关系。但是我认为，经营者具备'利他之心'，与提升企业效益这两者之间绝不矛盾。"他分析，"利他之心"能够唤来超越自力的所谓"他力之风"来帮助自己。稻盛和夫"利他之心"经营哲学的理论和实践，是对以往西方主流经济学的拨乱反正，对当代世界市场经济的健康发展具有重要的典范作用。

2008 年全球金融危机发生时，马云前往日本拜访稻盛和夫。他对稻盛和夫说："我觉得我们可能看懂了人性。人都有善良和邪恶的一面，希望灵魂不断追求好的一面，但如果不能把自己不好的一面控制住，把美好的一面放大，那是不会成功的。"

2014 年阿里巴巴在纽约证交所挂牌上市前夕，马云给投资者发出了公开信，详细解释了他的"客户第一，员工第二，股东第三"的内在逻辑："在新经济时代，没有勤奋、快乐、激情敬业和富有才华能力的员工，给客户创造价值就是一句空话。没有满意的员工队伍就不可能有满意的客户，没有满意的客户绝对不可能有满意的股东。"

全面地看，"利己"与"利他"都是人类与生俱来的天性。早期的市场经济理论以"利己"为动机，鼓动人们从自己的利益与需求出发，努力工作，持续改进，确实推动了经济效率的不断提升。但是，如果过分强调"利己"，必然给社会治理和企业经营带来越来越大的额外成本，最终拖垮社会与企业，他们的成功绝不可能长期持续，经济效率也就无从谈起。

当前，世界正处于信息技术时代向数据处理技术时代的转型。表面看是技术上的不同，实际上则是思想观念层面的差异。其中最重要的是成功者必须有利他思想，只有让你的员工、客户、合作伙伴、竞争对手比你更强大，社会才会进步，你才有持续的成功。就此而言，"利他主义"有助于纠正"利己主义"的弊端，促进当代市场经济的健康发展，进而从根本上提升经济效率。目前，概念源于西方但正大量在东方尤其中国实践的"共享经济"的兴起，就是"利他主义"的体现。

说到儒家商道，就不能不提起被誉为"儒商鼻祖"的子贡。孔子与子贡之间就有过关于"利己"与"利他"的讨论。据《论语·雍也篇》记载，孔子不是片面地强调"利己"或者"利他"，而是将两者进行结合，主张"己欲立而立人，己欲达而达人"[1]。这种人己互利的仁爱思想，构成了传统儒家商道的底色。司马迁的《史记·货殖列传》，记载了包括端木赐子贡和陶朱公范蠡在内的几十位商人的事迹，其中所体现出来的核心精神便是"生财有道，富而好德"。在中国古代，商人们津津乐道的是："陶朱事业，端木生涯"、"经商不损陶朱义，货殖何妨子贡贤。"

在改革开放中成长起来的当代中国企业家，从以儒家思想为代表的中华优秀传统文化中汲取营养，包括"老人言"即家风家教，"圣人言"即国学经典，"前人言"即传统商道等。他们将中华优秀传统文化与现代西方管理科学技术相结合，形成了我称之为"儒家商道"的集体智慧，包括拟家庭

---

① 程树德撰，程俊英、蒋见元点校：《论语集释》第 2 册，中华书局 1990 年版，第 428 页。

化的企业组织形态、教以人伦的企业教化哲学、道之以德的企业管理文化、义以生利的企业经营理念、诚信为本的企业品牌观念、正己正人的企业领导方式、与时变化的企业战略智慧、善行天下的企业责任意识等。那么，儒家商道如何促进企业的经济效率呢？

第一，关爱经济效率的创造主体。员工是企业经济效率的创造主体。苏州固锝提出"建设幸福企业"的概念，即要把企业当作"家"来爱护和经营，把所有的员工当作"家人"。具体做法有：满足员工的归属感、尊重员工的人格尊严、提升员工的福利待遇、展现领导的亲和力、营造企业的人情味等，总体上就是"仁者爱人"。据公司报表显示，推行"幸福企业"五年来，苏州固锝的市值增加了115.57%，利润增长了458.81%。

第二，厚植经济效率的思想根基。效率是由人创造的，而人是需要教育的，只有通过教育，让员工学会做人做事，才有可能奠定企业经济效率的思想根基。在欧美社会，做人的教育责任基本上由教会承担，企业对员工的"教育"，仅限于专业技能的培训。但在中国，这种"教以人伦"的责任就需要由社会和企业来承担。东莞泰威电子有限公司，2002年管理层开始学习《论语》、《孙子兵法》、《了凡四训》等古代经典；2005年，组织员工学习《弟子规》；2012年内部成立泰威学院，提出"深信因果，践行弟子规"的核心价值观。公司不仅要求员工行孝践德，也组织全体员工参加国家高等自学考试，目的是为企业和社会培养德才兼备的人才。

第三，建立经济效率的保障机制。企业提升经济效率是一个持续不断的过程，必须有从思想到制度的全方位保障。现代企业制度来自西方，当代中国企业推行儒家商道，必然面临如何将二者结合的问题。方太集团提出的"中学明道，西学优术，中西合璧，以道御术"十六字方针，就是很好的思路。他们将"仁、义、礼、智、信"五常阐述为员工的行为规范，还借鉴传统晋商做法，推行按人头分配企业利润的"身股制"。近五年来，方太的年均销售增长率为28.8%，利润率增长14.33%。

总的来说，第一，中国传统文化是重视效率的，其中法家注重短期效率，儒家注重长期效率。第二，古典市场经济理论只将利己作为经济效率的推动力，而当代企业家的实践表明，利他同样是经济效率的推动力。第三，综合前面两点，儒家商道智慧，把人的利己与利他，企业的短期效率和长期效率相互结合起来，为保证企业经济效率持续、健康、稳定的发展，提供了有效的路径。

|嘉宾点评| 程霖：传统文化中涵化出企业效率

中国经济发展向效率驱动、创新驱动的转型中，除靠制度转型、技术变革外，还靠什么？答案是：靠文化传承创新。因此，今天的论题既有时代意义，也非常具有理论价值。

国际学界的文化经济学主要从两个维度考量文化作用：宏观经济绩效和微观个体行为。未来学家赫尔曼·卡恩在《1979 年及未来的世界经济发展》中，将东亚经济高速发展的地区称为"亚洲伦理工业区"，并指出其成功主要取决于当地系列文化价值观。卡恩挑战了马克斯·韦伯认为的"儒学不利于产生资本主义精神动力"的观点。

黎教授论述了利己和利他都是人类与生俱来的天性，行为与实验经济学已开始将利他行为纳入研究范畴，心理学、生物学中的"亲缘选择理论"和"互惠利他理论"等被用来分析经济问题。理论和实证研究表明，由于利他主义者会使得外部性内在化，增加团体互动的利益，这样内部有利他主义成员的家庭就会实现资源的有效配置。这或许是亚洲许多家族企业长盛不衰的原因。

改革开放以来，中国涌现的优秀企业家形成了丰富多彩的企业管理实践，其中蕴藏着构建中国式管理模式的丰富土壤。对这个命题，黎教授从理论层面，茅总从实践层面给出的答案是坚持义利合一、义以生利的儒家理念，以儒学之道驾驭现代管理科学之术，形成中外融通的中国式管理模式。我认为是一种文化自信。过去两千年中，中国传统经济管理思想曾对现代经济学形成影响，如日本式管理模式、美国罗斯福新政、里根主义经济思想，随着新时代的来临，中国人应该且有能力再度为世界提供新的具有中国智慧的方案！

| 嘉宾对话 | 如何做到"义以生利"？

茅忠群：对于企业经营者来说，既需要长期效率，也需要短期效率。从您三十多年的研究来看，这两者是否矛盾？如何结合？

黎红雷：这两种效率是客观存在的。短期效率是长期效率的基础，长期效率是由 N 个短期效率组成的。在企业发展的不同阶段，企业家关注的重点不一样。据我观察，中国民营企业家创业史基本上有三个阶段。第一阶段是个体工商户，在创业阶段，为了个人生存、家庭温饱，不少企业家无法不考虑短期效率；第二阶段是私营企业主，拥有了几百或上千雇员，就要考虑短、中、长期效率了；第三阶段，像你们方太有一万多员工时，就要考虑做"伟大的企业"了。而长期效率也要通过若干个中期、短期来分解和逐步完成，是吧？

茅忠群：是的。后人在总结古代国家管理经验时有"阳儒阴法"之说，我认为这可能是不太成功乃至失败的经验。微至企业的治理，巨及国家的治理，核心思想应该一以贯之；反之，在企业里会形成两张皮，难见长久效果。所以我的以儒御法其实就是儒家思想，完整的儒家管理包含了"德、礼、政、刑"，不仅有德治，还含有法治。

黎红雷：确实，孟子云"徒善不足以为政，徒法不能以自行"①。一个管理者只靠善心不能治理政治，尽管孟子很强调"以不忍人之心行不忍人之政"②。法律是拿来管人的，如果人的良心坏了，什么法都没用。所以儒家看透了这点。那你是怎么德法结合的呢？

茅忠群：方太把员工的错误行为分成了 ABC 三类。学习儒家文化在公司推广开后，我首先取消了 C 类错误比如迟到等的罚款，改为主管与其谈话。四年监测数据上看，C 类错误违反者每年下降一半，体现儒家的长期效率。但犯了最严重的 A 类错误，还是立即开除。既通过教育让员工不想犯错误，又通过严厉的处罚让员工不敢犯错误，把短期效率和长期效率有效结合了。

---

① 焦循撰，沈文倬点校：《孟子正义》下册，中华书局 1987 年版，第 484 页。

② 焦循撰，沈文倬点校：《孟子正义》上册，中华书局 1987 年版，第 232 页。

茅忠群：稻盛和夫在"利他之心"指导下取得了很大的成功。利他之心是否是解决市场经济问题的良药？斯密哲学中也有利他思想，但为何出现了危机？

黎红雷：斯密把人看成一个完全的理性人，这是理论的缺陷，2017年诺贝尔经济学奖的获得者塞勒已经指出："完全理性的经济人是不可能存在的"，塞勒试图堵上亚当·斯密的漏洞。

茅忠群：所以，不能仅靠市场经济这只"看不见的手"，必须要加上严格的法律去限制损人的行为，同时加强道德教化，再有政府的宏观调控加以合理的干预、调节，因此需要"四只手"协同发挥作用。

黎红雷：法律法规是政府调控的工具。对宏观的市场经济来说，第一是市场调节，第二是政府调控，第三是社会文化的调整。社会文化包括道德信仰，在西方由教会完成，我们引进市场经济，却无法引进其整体的文化，这方面在中国要由我们的社会和企业来承担。从微观来看，企业有三个发展驱动力——利益驱动、机制驱动、心性驱动，企业心性的体现就是愿景、使命、价值观，你怎么看？

茅忠群：企业的教化作用很重要，这也是我不遗余力连续近十年推动儒学熏化全覆盖的动力。如何用儒家商道促进经济效率？其实就是"义利合一"。义，对应传统文化，利，就是经济效率，内涵也非常丰富。一种是君子爱才取之有道，另一种"义以生利"更高一层，你尽管去做合乎道义之事，利就在其中。《大学》结尾云："国不以利为利，以义为利也。"[①]

方太之前的管理是非常西化的，在2008年开始导入传统文化，如何两者结合形成有中国特色的管理？我摸索出五个总纲，第一中西合璧，不能两张皮。第二是仁义经营，就是对顾客、员工要仁至义尽，假如产品和服务能够让顾客十二分地安心，还用每天去计算利润吗？第三是品德领导，"为政以德，譬如北辰，居其所而众星拱之"[②]。还有"其身正不令而行"不就含有效率吗？第四个是德法管理，教化不太可能对100%的人有效，对10%的无效就用后面的政和刑。第五个是领导修炼，对中国文化土壤上从事管理活

---

① 郑玄撰，孔颖达疏，龚抗云整理：《礼记正义》下册，北京大学出版社1999年版，第1603页。

② 程树德撰，程俊英、蒋见元点校：《论语集释》第1册，中华书局1990年版，第61页。

动的领导人要求必然比西方要高，就一定要修炼。

刚才黎教授肯定我要做"伟大的企业"，2014年，我就开始思考。西方认为企业只是一个经济组织，东方文化认为企业还是一个社会组织，作为前者当然要满足并创造顾客的需要，但作为后者就要积极承担社会责任，并且导人向善。所以，我得出伟大企业的四个特征叫"顾客得安心，员工得幸福，社会得正气，经营可持续"，这是公司未来十年的新愿景。

我将2007—2016年销售和利润的数据分成导入传统文化前后的两个五年，前五年年均销售增长率是20.3%，后五年是28.8%，增长了8.5个点；前五年的利润率是8.44%，后五年是14.33%，增加了将近6个点。所以，我深深地感受到古圣先贤说的"义利合一、义以生利"并没有骗我们，完全是正确的！

儒家的管理哲学及其当代价值

张　践*

中国当代社会的企业管理哲学多来自西方发达的老牌市场经济国家。但是西方的企业管理哲学是在西方的文化土壤上孕育形成的，到了中国还有一个"本土化"的过程，这就需要深入发掘中国本土自身的文化资源，做好两者的相互融合。儒家文化作为中华文化的主体成分，其中蕴含着丰富的管理思想。儒家的管理思想当时主要是从管理国家的角度出发建立的，在当代社会对于企业的宏观管理，依然具有不可替代的重要价值，这就是本文所要阐述的内容。

一、"为政以德"的企业理念

东西方管理学的主要差异，表现为西方的管理学主要强调技术性、科学性，其代表作就是泰勒科学管理理论，把人看成经济人，把对人的管理简化为对资金、技术的管理。西方管理学的主导思维方式是一种工具理性，而把价值理性的问题交给了宗教。所以西方重视制度化、规范化、标准化刚性管理。而中国自春秋战国宗教衰微后，价值理性的问题都交给世俗化的哲学来解决，在管理学中首先考虑的是人的问题。"以人为本"就成为中国管理学的突出特点，以道德教化、情绪感染、领袖魅力为特征的柔性管理是中国管理学的特色。那种纯粹的技术派，在中国式管理实践中根本走不通。简单地批判中国太重人情世故、办事讲情面容易，但是要改变这一现状几乎不可

---

* 张践，中国人民大学教授，国际儒学联合会教育传播普及委员会主任，中国统一战线理论研究会甘肃民族宗教研究基地研究员。

能，所以当代社会发展中国的管理学，在吸收西方管理学经验的同时，更需要注重中国的文化特色，汲取传统文化的精华，把东西方的优势"综合创新"，创造出一种既符合经济发展规律，又符合中国国情的新管理学。

（一）"道之以德"的价值导向

"德治"是儒家区别于其他各个学派管理思想最突出的标志。孔子说："为政以德，譬如北辰，居其所而众星共之。"① 道德本来意义是个人的修养问题，与治理国家，治理企业似乎无涉。但是我们知道，一个国家如果没有一个正确的价值导向，其运行就会发生混乱，官员、人民就不知所从，这就是政治的合理性问题。放在企业，也就是企业的经营理念问题。企业当然要以营利为重，但是如果一个企业只知营利，忘记了自己的社会责任，也就在发展中迷失方向，就会被公众所抛弃。

那么什么是"道之以德"，孔子说："道之以政，齐之以刑，民免而无耻；道之以德，齐之以礼，有耻且格。"② 仅仅以刑罚来管理人民，也许人民暂时可能不敢触动法律，但是他们心中却没有正义是非的观念，不知道羞耻，一旦社会监督不到位，什么坏事都敢干。所以孔子主张用道德教化民众，用礼乐规范行为，这样人民不仅不会作违反规则的事，而且会把这种规范内化为一种自觉。

我们现在生活的社会是一种市场经济社会，企业以营利为重，国家提倡以法治国，但是绝不能认为仅仅有市场和法律就可以放任社会自主运行了。市场经济更需要道德的规范。西方古典经济学的创始人亚当·斯密写了一本《国富论》探讨市场运行的规则，但是他还有一本书叫作《道德情操论》，专门研究市场经济环境中人们应当遵守的道德。正如斯密所指出："因此，正是那种顾及他人多于自己，既能自我克制，又能遍施仁慈的情操，才造就了完美的人性，爱邻居就像爱我们自己，这是基督教的伟大戒律。"③ 离开了基督的道德教化作用，人人只顾自己追求个人利益的最大化，西方的市场经济也是无法正常运转的。

---

① 程树德撰，程俊英、蒋见元点校：《论语集释》第 1 册，中华书局 1990 年版，第 61 页。
② 程树德撰，程俊英、蒋见元点校：《论语集释》第 1 册，中华书局 1990 年版，第 68 页。
③ 亚当·斯密著，宋德利译：《道德情操论》，译林出版社 2014 年版，第 20 页。

我们对西方现代社会有一种误解，以为近代通过启蒙运动，就把造成黑暗中世纪的基督教消灭了。其实情况完全不是这样，基督教经历了这次精神的洗礼，淘汰了不适应现代化社会的内容，仍然是西方社会的主要道德源泉。美国的总统要按着《圣经》宣誓就职，美元上写着我们信仰上帝，等等，可以说，信仰是美国人的核心价值。而我们近代中国对于自己的传统破坏有余，建设不足，导致了严重的信仰真空。2017 年中央两办文件指出："用中华优秀传统文化的精髓涵养企业精神，培育现代企业文化。"用中华文化涵养的企业精神，首先是一种道德精神。

（二）"齐之以礼"的组织文化建设

儒家文化的一大特色是重视礼乐制度的建设，儒家所说的"礼"，是西周政治制度、文化思想、宗教仪式、生活习俗的总和。在中国文化体系中，"礼"具有非常重要的意义，在古代发挥着调节社会生活的重要作用。孔子说："道之以德，齐之以礼，有耻且格。"儒家的德治主义光有教化还不行，还需要有一套礼乐制度作为半强制的规范。古代社会有很多行为，尚不足以受到法律惩罚，但是光有道德说教也不起作用，就可以动用"礼"的制度来进行调整。所以笔者曾经撰文称：礼是介于法和道德之间的中性调节系统。① "礼"既具有思想的劝化作用，也具有体制的约束作用，是一种具有人情、伦理、宗教色彩的不软不硬的约束系统。

当代中国人在社会交往中特别注重情面，就是由于古代中国人长期生活在乡土社会"齐之以礼"的社会环境中，很多事情是靠各种社会关系约束的。由于近代市场经济、城市化进程、西方文化等的冲击，传统的宗族关系、乡党关系、师生关系等社会关系几近消亡，因此情面反而成为社会法治的障碍。当代社会应当建立一种什么样的"礼乐"系统我们尚不得而知，但是起码我们企业内部可以探索建立一种具有自身特色的企业文化，用这种企业文化调节内部关系，约束员工行为。《论语·颜渊》记载：颜渊问仁。子曰："克己复礼为仁。一日克己复礼，天下归仁焉。为仁由己，而由人乎哉？"颜渊曰："请问其目。"子曰："非礼勿视，非礼勿听，非礼勿言，非礼

---

① 参见张践：《儒家的"德治"与"礼治"》，《光明日报》2001 年 6 月 5 日。

勿动。"① 人们把自己的视听言动都限制在企业文化规定的范围内，长期坚持并变成一种自觉，那么这个组织就会行为整齐划一，对内具有强大的凝聚力，对外具有强大的竞争力。

（三）"德主刑辅"的管理策略

儒家讲道德教化，提倡柔性管理，但并不是不要法治和刚性约束，对于那些不听教化之徒，刚性的管理手段也是必需的。孔子说："名不正，则言不顺；言不顺，则事不成；事不成，则礼乐不兴；礼乐不兴，则刑罚不中；刑罚不中，则民无所措手足。"② 这里所说的"名"，就是上文我们所说的"德"，名不正就是没有建立自己政治的合法性，自然会造成礼乐不兴，刑罚不中，如果刑罚不恰当，民众就会手足无措，社会就无法正常运转。

儒家管理讲究"德主刑辅"，即以道德教化为主，以刑法惩处为辅。孔子是伟大的教育家，特别重视教育的价值。关于治国，孔子更重视对百姓的教诲，"不教而杀谓之虐"③，"以不教民战，是谓之弃"④。对于人民不教诲就惩罚他们，是一种暴虐的行为，没有训练就把士兵拉上战场，是对他们的抛弃。反之，"善人教民七年，亦可以即戎矣"⑤。经过七年的教化，人民可以团结作战，勇猛无敌。孟子说："壮者以暇日修其孝悌忠信，入以事其父兄，出以事其长上，可使制梃以挞秦楚之坚甲利兵矣。"⑥ 只要经过教化，人民就可以为了正义而战，打败武器装备强大的敌人。

儒家与法家相比，非常重视道德教化，一般不主张轻易动用刑罚。但是儒家并不是完全不要刑罚，"刑"在儒家看来是"不得已而用之"的治国手段。儒家从来就没有反对，更不会将其轻易抛弃。"郑子产有疾。谓子大叔曰：'我死。子必为政。唯有德者。能以宽服民。其次莫如猛。夫火烈。

---

① 程树德撰，程俊英、蒋见元点校：《论语集释》第 3 册，中华书局 1990 年版，第 817—821 页。

② 程树德撰，程俊英、蒋见元点校：《论语集释》第 3 册，中华书局 1990 年版，第 892—893 页。

③ 程树德撰，程俊英、蒋见元点校：《论语集释》第 4 册，中华书局 1990 年版，第 1373 页。

④ 程树德撰，程俊英、蒋见元点校：《论语集释》第 3 册，中华书局 1990 年版，第 943 页。

⑤ 程树德撰，程俊英、蒋见元点校：《论语集释》第 3 册，中华书局 1990 年版，第 943 页。

⑥ 焦循撰，沈文倬点校：《孟子正义》上册，中华书局 1987 年版，第 67 页。

民望而畏之。故鲜死焉。水懦弱。民狎而玩之。则多死焉。故宽难。'疾数月而卒。大叔为政。不忍猛而宽。郑国多盗。取人于萑苻之泽。大叔悔之。曰：'吾早从夫子。不及此。'兴徒兵以攻萑苻之盗。尽杀之。盗少止。仲尼曰：'善哉。政宽则民慢。慢则纠之以猛。猛则民残。残则施之以宽。宽以济猛。猛以济宽。政是以和。'"① 孔子主张统治者不能放弃刑罚，如果放弃了刑罚，会使老百姓产生一种无所畏惧的感觉，会无所不为，强力纠正时就会造成更多伤亡，这其实是害了百姓。

现代企业家管理企业，更需要这种赏罚分明的精神。唐山豪门集团董事长陈世增先生管理企业有一句名言，叫作"兄长的心＋厂长的手"，即把对员工的慈爱与严厉相结合，是管好企业的有序办法。江苏春兰集团公司总经理陶建幸提出"无情的三铁"（铁条例、铁纪律、铁管理）和"友情的爱心"（优厚的职工福利）相结合的管理。海南航空公司以"严"著称。创建之初，两名到美国接受培训的飞行员，回国时已是大年二十九，他们就直接回家过年而没按规定先回公司报到。陈峰知道后，立即将他们开除。当时送他们培训耗资 10 万美元，这次开除，代价不小。他说："我不是为了惩罚而惩罚，而是教育，教育本人、教育大家。海航'以德治企'，是把做人的规则作为第一条防线。我们不是不要制度，而是要以制度为最后一道防线。"

二、"修己安人"的领导方式

（一）"修己以敬"的自我管理

儒家文化是一种重视道德修养的文化，《大学》说："自天子以至于庶人，壹是皆以修身为本。"② 特别是对于领导者，个人的修养就显得更为重要。《论语·宪问》记载子路问君子。子曰："修己以敬。"曰："如斯而已乎？"曰："修己以安人。"曰："如斯而已乎？"曰："修己以安百姓。修己以

---

① 杨伯峻：《春秋左传注》，中华书局 1981 年版，第 1421 页。

② 郑玄撰，孔颖达疏，龚抗云整理：《礼记正义》下册，北京大学出版社 1999 年版，第 1592 页。

安百姓，尧舜其犹病诸！"① 修身从修炼自己道德行为开始，是指心存敬畏。但仅此还不够，一个君子不仅要自己修身，还需要把修养的工夫用于其他人，首先是自己的家人。再向外推，就是修己以安百姓。

儒家文化的体系结构是"内圣外王"，即从自己的道德修养开始，逐渐外推为社会的管理行为。《大学》称之为"修身、齐家、治国、平天下"。一个有道德的人，首先要把自己管好，儒家关于君子修养的条目很多，如"三戒"、"三乐"、"四绝"、"五行"、"五美"、"九思"等。如"君子有三戒：少之时，血气未定，戒之在色；及其壮也，血气方刚，戒之在斗；及其老也，血气既衰，戒之在得"②，"益者三乐，损者三乐。乐节礼乐，乐道人之善，乐多贤友，益矣。乐骄乐，乐佚游，乐宴乐，损矣"③，"子绝四：毋意，毋必，毋固，毋我"④，"孔子曰：'能行五者于天下，为仁矣。'请问之。曰：'恭、宽、信、敏、惠。恭则不侮，宽则得众，信则人任焉，敏则有功，惠则足以使人'"⑤。

然后是把自己的家管理好。齐家又首先从行孝开始。孔子说："孝悌也者，（孝弟也者）其为仁之本与？"⑥ 也就是说一个人如果连自己的父亲都不孝顺，连为自己的父母尽一点义务都不愿意，那很难相信他是一个大公无私的人，一个愿意为社会奉献的人。在家里孝敬父母，出门也不会变成违法乱纪的人，"其为人也孝弟，而好犯上者，鲜矣；不好犯上，而好作乱者，未之有也"⑦。所以儒家提出了一个"移孝作忠"的理念，即"所谓治国必先齐其家者，其家不可教而能教人者，无之。故君子不出家而成教于国。孝者，所以事君也；弟者，所以事长也；慈者，所以使众也"⑧。家庭就是培养忠诚的最好场所。儒家把国家看成是家庭的放大，把父亲看成家庭的君主，这种

① 程树德撰，程俊英、蒋见元点校：《论语集释》第 3 册，中华书局 1990 年版，第 1041 页。
② 程树德撰，程俊英、蒋见元点校：《论语集释》第 4 册，中华书局 1990 年版，第 1154 页。
③ 程树德撰，程俊英、蒋见元点校：《论语集释》第 4 册，中华书局 1990 年版，第 1152 页。
④ 程树德撰，程俊英、蒋见元点校：《论语集释》第 2 册，中华书局 1990 年版，第 573 页。
⑤ 程树德撰，程俊英、蒋见元点校：《论语集释》第 4 册，中华书局 1990 年版，第 1199 页。
⑥ 程树德撰，程俊英、蒋见元点校：《论语集释》第 1 册，中华书局 1990 年版，第 13 页。
⑦ 程树德撰，程俊英、蒋见元点校：《论语集释》第 1 册，中华书局 1990 年版，第 10 页。
⑧ 郑玄撰，孔颖达疏，龚抗云整理：《礼记正义》下册，北京大学出版社 1999 年版，第 1599 页。

家国同构的思维方式，成为封建国家最好的理论证明。

把自己国家治理好以后，进一步就是治理天下。"古之欲明明德于天下者，先治齐国。"孔子说："君子务本，本立而道生"①，"孝者，（夫孝）德之本也，教之所由生也"②，孝为仁爱之本，将孝道推广于天下，就会出现"老吾老以及人之老，幼吾幼以及人之幼"③的大同世界。因此中国古代一直提倡"以孝治天下"。对于企业家来说，就是"以孝治企业"，很多践行中华优秀传统文化的企业家，都在自己的企业中实践这一原则，例如苏州锢得集团、东莞泰威电子集团等。他们将企业看成一个大家庭，企业家将员工看成自己的子女，员工将企业家视为"大家长"，企业上下齐心，创造了很多管理奇迹，充分说明中国管理智慧的威力。

（二）"帅之以正"的组织管理

"帅之以正"首先要求管理者自身作出榜样。一个社会、一个企业道德的养成，仅仅靠提倡是不够的，更重要的是依靠领导者的以身作则，以实际行动感召下属和民众实行道德教化，正所谓"身教胜于言教"。孔子说："其身正，不令而行；其身不正，虽令不从。"④领导者个人的言行，具有巨大的表率作用，一个实际行动胜过一打子纲领。子路问政。子曰："先之，劳之。"请益。曰："无倦。"⑤在孔子看来，"于正之速行也者，莫若以身先之也"⑥。要想把一个好的制度、政策、道德推行下去，领导干部的带头示范作用极为重要，即所谓身教胜于言教。领导干部决不能"只许州官放火，不许百姓点灯"，那样的话部下决不会真正信服。

汉代名将李广，就是一个"身正令行"的典范。他历任七郡太守，前后四十余年，每次一得到朝廷的赏赐，立即分赏给其部下，同士卒一起吃喝。他带兵打仗，每次长途跋涉、口干舌燥之时，遇到水源，总是先让士卒

---

① 程树德撰，程俊英、蒋见元点校：《论语集释》第 1 册，中华书局 1990 年版，第 13 页。

② 胡平生、陈美兰译注：《礼记孝经》，中华书局 2007 年版，第 221 页。

③ 焦循撰，沈文倬点校：《孟子正义》上册，中华书局 1987 年版，第 86 页。

④ 程树德撰，程俊英、蒋见元点校：《论语集释》第 3 册，中华书局 1990 年版，第 901 页。

⑤ 程树德撰，程俊英、蒋见元点校：《论语集释》第 3 册，中华书局 1990 年版，第 880—882 页。

⑥ 王聘珍撰：《大戴礼记解诂》，中华书局 1983 年版，第 141 页。

喝。如果全部士卒没有饮够，他就决不喝水；如果士卒不全部吃饱，他决不进食。再加上他平时对下属和蔼、宽厚、不苛求，所以士卒们都爱戴他，很乐意为他效劳。

现代美国管理学家德鲁克在 1985 年为其专著《有效的管理者》一书再版作序时指出："一般的管理学著作谈的都是如何管理别人，本书的目标则是如何有效地管理自己。一个有能力管好别人的人不一定是一个好的管理者，而只有那些有能力管好自己的人才能成为好的管理者。从很大意义上说，管理是树立榜样。"德鲁克的论述，与孔子"正己正人"的思想在本质上是一致的，只不过后者早了两千多年。

另外，"帅之以正"要求企业家以"正道"管理企业，而不能用"邪道"管理。有一副对联曰："是非说善恶说真伪说得失说众说乱耳，黑白道官匪道正邪道人鬼道天道酬勤。"其中就包含着不分是非，只要实干就行的思想，儒家是反对这样管理的。季康子问政于孔子。孔子对曰："政者，正也。子帅以正，孰敢不正？"① 中文很有意思，政治的"政"字，表意的一半就是一个"正"字，指统治者自身的表率作用，要坚持正义的原则。当代的企业管理，也要以"正道"管理企业，不能靠歪门邪道。君子当行之"正道"内容很多，这里主要介绍"尊五美，屏四恶"。子张问于孔子曰："何如斯可以从政矣？"子曰："尊五美，屏四恶，斯可以从政矣。"② 所谓"五美"就是五种"正道"，而"四恶"则是四条"邪路"。

子张曰："何谓五美？"子曰："君子惠而不费，劳而不怨，欲而不贪，泰而不骄，威而不猛。"子张曰："何谓惠而不费？"子曰："因民之所利而利之，斯不亦惠而不费乎？择可劳而劳之，又谁怨？欲仁而得仁，又焉贪？君子无众寡，无小大，无敢慢，斯不亦泰而不骄乎？君子正其衣冠，尊其瞻视，俨然人望而畏之，斯不亦威而不猛乎？"③ 这是关于五美的内容，所谓"惠而不费"，就是因民之利而利之，给百姓以实惠，又不破费国家的资财。好的政策，就是要努力开源节流，创造财富，使上下都得到利益。"劳而不

---

① 程树德撰，程俊英、蒋见元点校：《论语集释》第 3 册，中华书局 1990 年版，第 864 页。

② 程树德撰，程俊英、蒋见元点校：《论语集释》第 4 册，中华书局 1990 年版，第 1370 页。

③ 程树德撰，程俊英、蒋见元点校：《论语集释》第 4 册，中华书局 1990 年版，第 1370—1371 页。

怨"是指，让群众干他们想干的事，这样他们即使很累也心甘情愿。"欲而不贪"是指大力提倡正当的欲望，反对限制污浊之欲，而百姓欲仁而得仁，他们就不会贪得无厌了。例如一个企业，制度设计的合理，按劳分配，多劳多得，也就没有人想多吃多占了。"泰而不骄"是君子应当具有的一种良好品德，不论人数多少，地位高低，对谁都不怠慢，自然也就在人群中树立了"泰而不骄"的形象。"威而不猛"是说君子在任何时候都要行为端正，衣冠整齐，在群众面前树立一种凛然正气，这种凛然正气就是一种"威而不猛"的形象，让群众敬仰而不害怕。

子张曰："何谓四恶？"子曰："不教而杀谓之虐；不戒视成谓之暴；慢令致期谓之贼；犹之与人也，出纳之吝，谓之有司。"① 这四种管理方式，属于应当绝对禁止的。"不教而诛谓之虐"，即没有对法律、政策进行充分地解释就仓足执行，被惩罚的人不会服气，会认为统治者暴虐。"不戒视成谓之暴"，即不劝戒、不告知、不帮助，就要求下属成功，这是很粗暴的。"慢令致期谓之贼"，即部下在执行命令的过程中，上级前期没有进行必要的督促，致使下级完成任务误期，这是上级的错误（贼）。"犹之与人也，出纳之吝，谓之有司。"这是说该给部下的东西就要大大方方地给，不能到了该支付的时候舍不得。"有司"只是一些管理具体事务的"小吏"往往贪吝刻薄，君子不能如此。

（三）"博施济众"的社会管理

儒家一向坚持"以人为本"的观念。以人为本的观念出现很早，西周时期周公就曾说过："民惟邦本。本固邦宁。"②《管子·霸言》则提出："以人为本，本理则国固，本乱则国危。"③ 孔子更是坚持了这一方向。《论语·乡党》记载："厩焚。子退朝，曰：'伤人乎？'不问马。"④ 孟子则发展为"民为贵，社社稷次之，君为轻"⑤，把百姓和国家的利益，放在了君主之上。

---

① 程树德撰，程俊英、蒋见元点校：《论语集释》第4册，中华书局1990年版，第1373页。

② 孔安国撰，孔颖达正义：《尚书正义》，上海古籍出版社2007年版，第264页。

③ 谢浩范、张迎萍译注：《管子全译》，贵州人民出版社1990年版，第357页。

④ 程树德撰，程俊英、蒋见元点校：《论语集释》第2册，中华书局1990年版，第712页。

⑤ 焦循撰，沈文倬点校：《孟子正义》下册，中华书局1987年版，第973页。

从以人为本的观念出发，在治国方略上，孔子把"博施济众"当成管理的最高纲领。子贡曰："如有博施于民而能济众，何如？可谓仁乎？"子曰："何事于仁，必也圣乎！尧舜其犹病诸！"① 尧舜等圣王所完成的伟大事业，就在于他们能够做到博施济众，达到天下太平的境界。这里说的"博施济众"不仅仅是物质的，更是精神的。儒家讲"德治"，孔子解释说："德者，得也"，德政就是让大多数民众得到好处，就是要"利民"、"惠民"，"惠足以使人也"。《礼运·大同》说："大道之行也，天下为公。选贤与能，讲信修睦。故人不独亲其亲，不独子其子。使老有所终，壮有所用，幼有所长。鳏寡孤独废疾者，皆有所养。男有分，女有归。货恶其弃于地也，不必藏于己。力恶其不出于身也，不必为己。是故谋闭而不兴，盗窃乱贼而不作。故外户而不闭。是谓大同。"② 博施济众的世界，也就是儒家所梦寐以求的大同世界。修身、齐家、治国、平天下不是说通过武力征服世界，而是通过宣扬王道教化世界，是世界成为一个公平、正义的世界。

无论古代社会还是现代社会，"博施济众"不仅仅是国家的事情，也是每一个社会贤达的责任，特别是企业家。明代休宁米商刘淮，"客于嘉、湖，时岁饥，有困廪米，或言可乘时获利，而淮不以为可。曰：'孰若使斯土之民得苏利大也。'乃与、减价以贸，又为粥以食饥者"。这就是儒商博施济众的良好实践，获得了社会的好评，为今后自己的兴旺发达奠定了基础。

三、"重义轻利"的经营哲学

（一）"先义后利"的是非标准

无论是国家管理还是企业管理，处理好个人的物质利益和社会的整体利益之间的关系，都是一个必须考虑的大问题。儒家从"德治主义"的原则出发，提出了"义利之辨"，让人们学会处理好个人利益与社会整体利益的关系问题。

在儒家文化中，"义"是一个很高的概念，孔子说："君子义以为质，礼

---

① 程树德撰，程俊英、蒋见元点校：《论语集释》第 2 册，中华书局 1990 年版，第 427 页。

② 郑玄撰，孔颖达疏，龚抗云整理：《礼记正义》下册，北京大学出版社 1999 年版，第 658—659 页。

以行之。"① 也就是说君子应当以"义"为自己的人生本质，然后按照"礼"的原则去贯彻"义"的本质。孔子又说："君子义以为上"②，即君子的行为首先要考虑道义的原则。孟子把仁、义、礼、智、信作为儒家的"五常"，看成一种永恒的道德。在春秋战国，"义"有很多的解释，但一般认为"义者，宜也"，即适合于人伦关系的道义行为。如"君义臣行"、"母义子爱"、"父义母慈"、"夫和而义"、"信近于义"等。

"利"泛指物质利益，广义地讲可以包括群体利益和个人利益，而在孔孟的原典上，则以讲个人利益为多。孔子说："君子喻于义，小人喻于利"③，明确把义与利对立起来。这里所说的利就主要是指个人的利益，而义既是道德原则，也代表了社会的整体利益。对于小人，只能用个人利益打动他，而对于君子，则要对他们晓以国家、社会的大义、大利。不仅伤害社会的私利不能取，而且仁人志士还需要时刻准备着为社会公利而献身。《大学》说："此谓国不以利为利，以义为利也。长国家而务财用者，必自小人矣。"④ 群体利益至上是儒家文化的一大特色，反对追求个人功利。

（二）"取之有道"的行为准则

儒家提倡群体利益至上，所以在义利关系上主张"见利思义"⑤、"见得思义"，即考虑个人的所得是否合乎道义的原则。当两者不能兼顾时，则舍利取义。孔子说："饭疏食饮水，曲肱而枕之，乐亦在其中矣。不义而富且贵，于我如浮云。"⑥ 孔子的一生就是为正义和道义孜孜以求的一生，颠沛流离，险象环生，但是并不为之感到痛苦，而是乐在其中。因为孔子从年轻时代就树立了远大的志愿，"朝闻道，夕死可矣"⑦，追求道义才是生命的意义。

孔子承认："富与贵是人之所欲也，不以其道得之，不处也；贫与贱是

---

① 程树德撰，程俊英、蒋见元点校：《论语集释》第 4 册，中华书局 1990 年版，第 1100 页。
② 程树德撰，程俊英、蒋见元点校：《论语集释》第 4 册，中华书局 1990 年版，第 1241 页。
③ 程树德撰，程俊英、蒋见元点校：《论语集释》第 1 册，中华书局 1990 年版，第 267 页。
④ 郑玄撰，孔颖达疏，龚抗云整理：《礼记正义》下册，北京大学出版社 1999 年版，第 1603 页。
⑤ 程树德撰，程俊英、蒋见元点校：《论语集释》第 3 册，中华书局 1990 年版，第 972 页。
⑥ 程树德撰，程俊英、蒋见元点校：《论语集释》第 2 册，中华书局 1990 年版，第 465 页。
⑦ 程树德撰，程俊英、蒋见元点校：《论语集释》第 1 册，中华书局 1990 年版，第 244 页。

人之所恶也，不以其道得之，不去也。"①孔子生活在私有制社会里，追求财富与权贵是普遍的社会现象。儒家认为财富应当取之有道，不义之财不可取，以不义的手段脱离贫困也不可行。为了财富和势力不择手段，将会造成整个社会的紊乱。孟子说："非其道，则一箪食不可受于人；如其道，则舜受尧之天下，不以为泰。"②这就是"君子爱财取之以道"，不在所取钱财多少，而在于所得之道是否合乎道义。

中国人把诚信经商，取之有道的人称为"儒商"。历史上虽没有"儒商"这个词，但是却有类似的概念，如《管子·乘马》："非诚贾不得食于贾"③，即认为没有诚信品质的商人不得从事贸易活动。《战国策·赵策》："夫良商不与人争买卖之贾，而谨司时。"④即认为品德高尚的商人不在于争一时一处买卖价格的高低，而在于把握买卖的时机。《史记·货殖列传》：范蠡善治生，"能择人而任时，十九年之中三致千金，再分散与贫交疏昆弟。此所谓富好行其德者也"⑤。孔门弟子子贡，"赐不受命，而货殖焉，亿则屡中"⑥。范蠡、子贡都是历史上著名的儒商，甚至从某种角度说，孔子的成功也得利于子贡的支持，"夫使孔子名扬天下者，子贡先后之也"。所以儒商也就是有道德的商人，也可以称为"德商"。

（三）以义生财的价值观念

对于增加社会的物质利益，儒家不仅不反对，更是大力提倡。《论语·子路》记载：子适卫，冉有仆。子曰："庶矣哉！"冉有曰："既庶矣。又何加焉？"曰："富之。"曰："既富矣，又何加焉？"曰："教之。"⑦孔子看到卫国的人口很多，他认为下一步就是增加人民的财富，使他们富起来，再

---

① 树德撰，程俊英、蒋见元点校：《论语集释》第1册，中华书局1990年版，第232页。

② 焦循撰，沈文倬点校：《孟子正义》上册，中华书局1987年版，第427—428页。

③ 谢浩范、张迎萍译注：《管子全译》，贵州人民出版社1990年版，第357页。

④ 王守谦、喻芳葵、王凤春、李烨译注：《战国策全译》，贵州人民出版社1990年版，第613页。

⑤ 司马迁撰，裴骃集解，司马贞索隐，张守节正义：《史记》第10册，中华书局1983年版，第3257页。

⑥ 程树德撰，程俊英、蒋见元点校：《论语集释》第3册，中华书局1990年版，第779页。

⑦ 程树德撰，程俊英、蒋见元点校：《论语集释》第3册，中华书局1990年版，第905页。

下一步则是加强教化，是他们成为有知识、有道德的人。这反映了儒家一般的财富观，儒家是一种入世的哲学学说，不可能把社会上人民群众提高生活水平看成罪恶。孔子说："天下有道则见，无道则隐。邦有道，贫且贱焉，耻也；邦无道，富且贵焉，耻也。"① 一个士大夫什么时候才出来与统治者合作呢？关键看统治者是否推行仁政的主张。一个国家有道，就积极与之合作，国家无道则归隐山林，保持自己的信仰。如果在一个丧失了正义原则的政权下奔走效命，并且发财致富，这是个人的耻辱；可是如果国家发展的方针政策正确，一个人仍然处于贫困状态，那就是你个人的耻辱了。

进而儒家设计了一套以义生财的方法。孔子说："富而可求也，虽执鞭之士，吾亦为之。如不可求，从吾所好。"② 用正确的方法追求财富，即使是被人视为低贱的劳动，也是光荣的、可行的。孔子幼年出身贫寒，他说："吾少也贱，故多能鄙事"③，孔子本人并不把劳动看成卑贱的。《大学》说："是故君子先慎乎德。有德此有人，有人此有土，有土此有财，有财此有用。德者本也，财者末也。外本内末，争民施夺。是故财聚则民散，财散则民聚。是故言悖而出者，亦悖而入；货悖而入者，亦悖而出。"④ 生财首先要尚德，只有具有道德的人，才能够聚拢财富。德是本，财是末，应当以德生财，反之则会人财两空。《大学》又说："生财有大道，生之者众，食之者寡，为之者疾，用之者舒，则财恒足矣。"⑤ 中国古代属于自然经济社会，以农耕为本，主张先生产后分配，量入为出，国用自足。到了荀子，其《富国》篇专门讨论经济问题，设计了一套"节用裕民"、"计利畜民"、"轻田野之税"⑥的具体富民措施，奉劝政府开源节流、合理规划、轻徭薄赋，使国富民强。可见，儒家之重义主张与百姓的整体利益息息相关。从管理的角度看，如何

---

① 程树德撰，程俊英、蒋见元点校：《论语集释》第 2 册，中华书局 1990 年版，第 540 页。
② 程树德撰，程俊英、蒋见元点校：《论语集释》第 2 册，中华书局 1990 年版，第 452 页。
③ 程树德撰，程俊英、蒋见元点校：《论语集释》第 2 册，中华书局 1990 年版，第 583 页。
④ 郑玄撰，孔颖达疏，龚抗云整理：《礼记正义》下册，北京大学出版社 1999 年版，第 1601 页。
⑤ 郑玄撰，孔颖达疏，龚抗云整理：《礼记正义》下册，北京大学出版社 1999 年版，第 1603 页。
⑥ 王先谦著，沈啸寰、王星贤点校：《荀子集解》上册，中华书局 1988 年版，第 177—178 页。

才能调动社会上所有成员劳动的积极性，使每个人都把自己的思想和力量都用到合理生财的轨道上来？关键是要有一套好的制度，使获得财富的人心安理得，没有得到的人心平气服，这就是"以义生财"。实践证明，只有那些"以义生财"的企业家，才能真正把企业做大。

（四）诚信为本的经营策略

以义生财的企业家，就要做到诚信经营。在中国历史上，儒家提倡以德治国，一向把诚信放在头等重要的地位。《论语·颜渊》记载：子贡问政。子曰："足食、足兵、民信之矣。"子贡曰："必不得已而去，于斯三者何先？"曰："去兵。"子贡曰："必不得已而去，于斯二者何先？"曰："去食。自古皆有死，民无信不立。"① 对于一个国家来讲，信誉是最重要的。可以暂时没有武装，没有粮食，但是只要统治者取信于民，面包会有的，枪炮也会有的。可是如果失去了人民群众的信任，那这个政权也就必然垮台。孔子说："上好信，则民莫敢不用情。"② 只要对人民讲信用，人民自然会全力支持你。

诚信第一个字是"诚"字，"诚"讲的是诚实、真诚，"信"讲的是信誉、信用，"诚"与"信"相比，"诚"更根本。孔子直接没有讲到"诚"字，但是说到"言忠信，行笃敬"③，"弟子入则孝，出则弟，谨而信，泛爱众，而亲仁"④，已经有了"诚"的内涵。孟子则大力发展孔子关于诚信的思想，他说："诚者，天之道也；思诚者，人之道也。"⑤ 他把"诚"说成是"天之道"，即宇宙之间的普遍规律。天又把这种普遍的规律赋予了人心，成为人心中"仁、义、礼、智、信"先验的善良意识。战国时期另一个大儒荀子也说："夫诚者，君子之所守也，而政事之本也"⑥，也就是说诚乃君子的立身之道，办事之本。

---

① 程树德撰，程俊英、蒋见元点校：《论语集释》第 3 册，中华书局 1990 年版，第 836 页。

② 程树德撰，程俊英、蒋见元点校：《论语集释》第 3 册，中华书局 1990 年版，第 897 页。

③ 程树德撰，程俊英、蒋见元点校：《论语集释》第 4 册，中华书局 1990 年版，第 1065 页。

④ 程树德撰，程俊英、蒋见元点校：《论语集释》第 1 册，中华书局 1990 年版，第 27 页。

⑤ 焦循撰，沈文倬点校：《孟子正义》下册，中华书局 1987 年版，第 509 页。

⑥ 王先谦著，沈啸寰、王星贤点校：《荀子集解》上册，中华书局 1988 年版，第 48 页。

古今中外，诚信故事比比皆是。凡成大事者，莫不以诚信为先。中国古代有"尾生抱柱"、"曾子杀猪"、商鞅"徙木立信"、季布"一诺千金"等故事。现代企业如"同仁堂"古训说："品物虽贵必不敢省物力，炮制虽烦必不敢减人工"，重视产生质量。香港李嘉诚说："诚信是一张永恒的存折"，是企业经营非常宝贵的无形资产，甚至胜过亿万资金。

中外儒商研究

当代儒商的宗旨与使命

黎红雷

"儒商"自古有之。孔子弟子三千，其中就有一位成功的商人子贡，他既聪明伶俐、善于经营，又有家国情怀、儒者风范，因而被公认为"儒商的鼻祖"。在当代中国社会主义市场经济的时代背景下，人们怀念儒商，敬仰儒商，呼唤儒商，学习和践行儒商精神，不少企业家以"儒商"作为自己的人生追求。在笔者主持的"博鳌儒商论坛 2017 年年会"上，就有来自海内外的 1800 多位企业家参加，并公开表彰了 453 位当代儒商人物。目前，全国乃至全球各地纷纷筹建儒商会，越来越多的儒商站出来，不断谱写当代企业家精神的新篇章。笔者在总结上述儒商人物事迹的基础上，正式提出"道创财富，德济天下"的宗旨和"以儒促商，以商兴儒"的使命，得到学界和儒商同仁的认可。

一、道创财富

所谓"道创财富"，就是一般人都耳熟能详的"君子爱财，取之有道"。这句话来源于儒家的创始人孔子。孔子说过："富与贵，是人之所欲也；不以其道得之，不处也。"① 一方面，承认对物质利益的追求是合乎人情的；另一方面，又认为这一追求必须符合社会公认的道德准则，做到"取之有道"，既合情又合理。

现在有些学了一点传统文化皮毛的人，不敢讲"富贵"，不敢讲"对物质利益的追求"，这实际上是对儒家思想的误解。孔子说得好："邦有道，贫

---

① 程树德撰，程俊英、蒋见元点校：《论语集释》第 1 册，中华书局 1990 年版，第 232 页。

且贱焉，耻也；邦无道，富且贵焉，耻也。"① 如果天下无道，你通过发不义之财而获得富贵，这当然是可耻的；但是如果天下有道，你循道而行获得富贵，这当然是光荣的。相反，如果天下有道，你不循道而行去创造财富，却自甘贫贱，这在孔子看来是可耻的。

与此相关，现在还有一些人十分鄙视"商人"，甚至是很多企业家也不敢承认自己是"商人"。实际上，"商人"只是一种社会职业的分工。古代社会有所谓"士、农、工、商"，"商人"是四民之一；现代社会有人讲"工农商学兵"，"商人"也是不可或缺的社会成员之一。质言之，商人是一种身份，本身并没有褒贬之分。

当然，与任何社会阶层一样，"商人"本身也是分层次的。除唯利是图、不择手段的"奸商"之外，从创造财富的动机与手段来看，商人起码可以分为三个层次：生意人、企业家、儒商。生意人有"三会"：会计算、会经营、会赚钱；企业家在生意人"三会"的基础上增加了"三有"：有勇气、有抱负、有情怀；儒商则在生意人"三会"和企业家"三有"的基础上增加了"三讲"：讲仁爱、讲诚信、讲担当。儒商与一般商人的区别，不是不追求财富，而是"君子爱财，取之有道"。儒商就是商界的"君子"，其职责就是运用儒家商道智慧为社会创造更多的财富。

那么，儒商如何"道创财富"呢？在这里重点介绍"博鳌儒商卓越人物"茅忠群在其企业宁波方太集团的实践经验。笔者总结为两点。首先是培育创造财富的主体。方太提出"三品合一"，就是培育高品行的人品，形成高品位的企品，进而生产出高品质的产品。方太通过教育熏化、关爱感化、制度固化、专业强化、领导垂范的途径，特别是制订"价值观行为手册"，将儒家的核心价值观"仁、义、礼、智、信"细化为现代企业员工的行为准则，以及提倡"五个一"：立一个志、读一本经、改一个过、行一次孝、日行一善，养成员工的自律意识，从而培育出企业创造财富的强大主体。其次是激发企业创新的动力。儒家主张"仁者爱人"②，方太将"仁爱之心"作为企业创新的最大源泉，视顾客为亲人，让亿万家庭幸福安心，用仁爱之心创

---

① 程树德撰，程俊英、蒋见元点校：《论语集释》第 2 册，中华书局 1990 年版，第 540 页。
② 焦循撰，沈文倬点校：《孟子正义》下册，中华书局 1987 年版，第 595 页。

美善产品，用仁爱之心造中国精品，用仁爱之心铸国家名片，用仁爱之心为顾客造立幸福生命，因而使企业获得了源源不断、生生不息的创新动力。

关于"创新"，方太提出三个观点。第一，创新的源泉是仁爱。例如，2010年中央电视台一则《厨房油烟加剧家庭主妇肺癌风险》的新闻报道，就让方太将吸油烟机研发方向从关注量化指标调整为"最佳吸油烟效果"和"不跑烟"等定性指标。于是，方太推出一款新产品"风魔方"，以前所未见的吸油烟效果，保护了家人的美丽和健康。又如，为了解决中国人的洗碗烦恼，方太发明了全球首台三合一水槽洗碗机，开创性地将水槽、果蔬净化和洗碗这三大功能融合于一身，解决了中国人的洗碗难题，把健康和陪伴留给了家人。第二，创新的原则是有度。方太力图为用户创造"恰到好处"的智能厨电体验，让产品与用户相处有度、与空间相融有度、与自然相谐有度，达到相互间的和谐统一。最近推出的智能升降油烟机，更是实现了随油烟大小智能升降，将油烟机一举带入"无人驾驶"时代，为用户带来了"恰到好处"的智能体验。第三，创新的目标是幸福。创新是企业发展的第一动力，没有创新企业就难以发展甚至难以生存，所以全世界的企业都很重视创新。然而综观创新的现状存在诸多问题，如急功近利、危害健康、搅乱是非、丧失底线等。究其根源，就是很多人把"贪欲"作为创新的源泉、把"无度"作为创新的原则、把"市场或流量"作为创新的唯一目标。为此，方太明确提出，所有的创新都是要去实现"为了亿万家庭的幸福"这一使命。[①]

坚持以儒治企、道创财富，促进了方太的不断发展。最近五年来，方太的年均销售增长率为28.8%，利润率为14.33%。2017年，方太集团在中国专业厨电领域率先成为第一家营收破百亿的企业。

二、德济天下

所谓"德济天下"，来自儒家的"穷则独善其身，达则兼济天下"[②]。在

---

① 茅忠群：《为了亿万家庭的幸福》，方太2018年度发布会主题演讲，2018年6月20日，上海。

② 焦循撰，沈文倬点校：《孟子正义》下册，中华书局1987年版，第891页。

孟子看来，真正的有志之士在失意时，能独自修养自己的身心；得志时，则使天下的民众都得到好处。从"独善其身"到"兼善天下"，实际上包括了对自己、对他人、对社会、对自然四个方面的责任。在儒家思想的影响下，中国商人逐步形成了自己的"责任观"。例如，被称为"儒商始祖"的子贡，就曾经问过孔子："如果能够广泛地给人民施予恩惠，又能救济大众，怎么样？这可以说是仁了吧？"尽管孔子回答说这是"圣人"的行为而希望子贡从自己身边更切实的事情做起，但是，这种"博施于民而能济众"①的观念，却切切实实成为中国古代商人"责任观"的思想基因，而发挥着积极的影响。司马迁在《史记·货殖列传》中，就表彰了子贡和陶朱公范蠡等儒商先贤"生财有道，富而好德"的事迹。在明清时期，深受儒家思想影响的商人，已经"具有社会责任感"，形成了"诚信中和，礼义仁德，注重文化，利用厚生，热心社会公益之事"的儒商责任伦理。②

遗憾的是，不知从什么时候起，人们仅仅把"热心社会公益之事"作为儒商的唯一标准，而忽略了作为一位成功企业家诸多方面的社会责任。其实，企业的社会责任就是对"利益相关者"的责任，包括客户、员工、股东、政府、社区、社会大众乃至自然环境，等等。当代儒商主张"德济天下"，秉承的是儒家志士"穷则独善其身，达则兼济天下"③的精神。儒商就是商界的"志士"，平时要修养品德立身于世；经营企业则要担负起兼顾所有"利益相关者"的全面的社会责任。

"博鳌儒商卓越人物"吴念博及其企业苏州固锝电子股份有限公司，就是以"德济天下"的大格局来理解和践行企业社会责任的。他们用中国传统的"家"文化构建幸福企业，探索出幸福企业八大模块的系统化推进模式。第一是"人文关怀"。固锝在公司内部倡导"家"的氛围，从新员工入职第一天起，即有专人对其进行爱的呵护，不仅在工作、学习、生活给予最大的帮助，更通过陪伴志工的言传身教，在思想、行动、情感上帮助他们尽早融入公司的大家庭。针对困难员工以及有特别需要照顾的员工家庭进行特别照

---

① 程树德撰，程俊英、蒋见元点校：《论语集释》第2册，中华书局1990年版，第427页。
② 参见周生春、杨缨：《历史上的儒商与儒商精神》，原载《中国经济史研究》2010年第4期；收入黎红雷主编：《治道新诠》，中山大学出版社2011年版，第506页。
③ 焦循撰，沈文倬点校：《孟子正义》下册，中华书局1987年版，第509页。

顾，包含离职员工也是自己的家人。公司的关怀举措不仅关爱员工本人，包括员工的父母子女家庭等都是公司关注的对象。第二是"人文教育"。全体员工每天早晨工作前晨读中华文化的经典，并分享对经句的心得体会，传递正能量。职能部门人员每天午间半小时学习传统文化视频课程。成立明德书院，全体员工轮班脱产带薪进行 5.5 天圣贤教育的学习，每天有 5% 的员工在明德书院学习。公司高管及重要的管理干部每周集中共修 4 小时。每年开展祭孔、祭祖活动，重视孝道教育。每月开展升国旗活动，对员工进行爱国主义教育。举办儿童夏令营，为员工子女的成长提供帮助。第三是"绿色环保"。公司秉持 4G 理念：绿色设计、绿色采购、绿色销售、绿色制造；在经营生产中践行绿色低碳，同时更注重生态环境的保护；专辟土地，种植幸福林场、农场、果园，为地球增绿、让员工吃到无污染的绿色蔬菜。第四是"健康促进"。开展各种主题的健康讲座，提升员工健康意识；倡导健康、文明、低碳的生活习惯，鼓励员工戒烟，形成良好的生活饮食习惯；建立员工健康档案，设立养生馆，让员工享受健康护理和中医养生理念；美化厂区环境，逐步改善工作环境。第五是"慈善公益"。持续开展净山、净街、净社区活动，带动市民的环保理念；定期进行敬老院、儿童福利院的关怀陪伴；关爱空巢老人、关心社区残疾人及弱势群体；与贫困地区政府协作，建设幸福校园与幸福乡村。第六是"志工拓展"。精心设计志工培训课程，透过内求、利他的志工精神，让所有志工有心灵上的成长。第七是"人文记录"。持续记录爱的足迹，多角度记录固锝在幸福企业典范创建中的成长历程；用心呵护人文记录的有形及无形资产，落实真善美的主题活动。第八是"敦伦尽分"。开展"我爱我设备"、"群策群力金点子"活动、倡导"人人都是君亲师"的理念。①

秉承"德济天下"的理念，苏州固锝全面履行企业的社会责任，持续推动了企业的良性发展。据上市公司报表显示，全面推行"幸福企业"最近五年来，苏州固锝的市值增加了 115.57%，利润增长了 458.81%。

---

① 《2017 年社会责任报告》，苏州固锝电子股份有限公司 2018 年版。

三、以儒促商

所谓"以儒促商"，就是将传统的儒家治国之道转化成现代企业的治理智慧，促进企业的持续发展、长治久安。在笔者看来，儒学本质上是治理哲学，所谓"尧舜禹汤文武周公之治，集于孔子，孔子之道，著于孟子"，这就表明，儒家思想从一开始就与治理结下了不解之缘。[①] 汉武帝"罢黜百家，独尊儒术"，将儒家思想作为官方的统治思想。历代政治家和思想家对于治国理政的实践与思考，形成了极其丰富的治理智慧。治理国家与治理企业，其共同点都是对人类群体的组织、管理、经营和领导。现在不少企业，把儒家经典作为企业管理的教科书，把儒学称为"世界上最牛的管理思想"，把传统儒家的治国之道，转化成现代管理的智慧，并运用到企业管理的实践中去，这对于提升当代企业家的管理水平，创立既有民族性又有时代性的中国管理模式，具有十分重要的意义。

关于当代儒商，学界至今没有统一的定义。学者各抒己见，但大多数都是强调其伦理道德属性。这其实关系到我们如何全面而准确地理解儒家思想的问题。我们知道，儒学发展两千多年，北宋是个转折点。在此之前，儒学主要是以"周（公）孔（子）之政"的面貌出现，人们看重的更多是其中的治国理政之道。从汉代历史学家司马谈的"夫阴阳、儒、墨、名、法、道德，此务为治者也"[②]，到北宋初年宰相赵普的"半部《论语》治天下"[③]（该句不是原句，而是"臣平生所知，诚不出此。昔以其半辅太祖定天下，今欲以其半辅陛下致太平"），就体现了当时人们的看法。在此之后，从宋初三先生（胡瑗、孙复、石介），到程朱理学、陆王心学，儒学则主要是以"孔（子）孟（子）之道"的面貌出现，人们看重的更多是其中的修身养性之理。"治国理政之道"相当于我们今天讲的治理智慧，"修身养性之理"则相当于我们今天讲的伦理智慧。"治理"还是"伦理"，哪个才是儒学的本来面貌？

---

① 参见黎红雷：《儒家管理哲学》，广东省高等教育出版社 2010 年版，第 16 页。

② 司马迁撰，裴骃集解，司马贞索隐，张守节正义：《史记》第 7 册，中华书局 1983 年版，第 3288 页。

③ 罗大经撰：《鹤林玉露》，中华书局 1983 年版，第 128 页。

我们今天纠缠这个问题，既没有必要也没有意义。因为在经典儒学那里，修身养性与治国理政本来就是并行不悖的。儒家经典《大学》提出："格物、致知、正心、诚意、修身、齐家、治国、平天下。"其实从现代管理学的立场来看，"修身"可以理解为管理者的"自我管理"。在这个意义上，说儒学本质上是"管理哲学"或曰"治理哲学"，应该是可以成立的。

当代儒商将传统的儒家治国之道转化成现代企业的治理智慧，走的也正是从"自我管理"到"企业治理"的路子。"博鳌儒商论坛卓越人物"、广东东莞泰威电子有限公司董事长李文良的故事，恰好可以作为一个例证。

泰威公司成立于1997年，2005年公司管理遇到瓶颈，李文良面临"九死一生"的困局——"累死了、吓死了、气死了、苦死了"，于是写下了《文良的反省》。其中，一方面是"深深的羞愧"："作为一位所谓功成名就的企业家，实际是大盗盗国（偷税漏税、行贿）、骄奢淫逸，污染人心、环境，不忠不孝、不仁不义、目中无人、傲慢无礼、得意忘形等"；另一方面是"深深的明白"："企业内发生所有的过错，都是自己造成的，如是因，如是果！深深理解并相信《大学》上讲的'修身、齐家、治国'的道理。身不修则家不能齐，家不齐则企业不能治。"最终，李文良为自己找到了出路："中华民族五千年的治国安邦的智慧，半部《论语》治天下，格物、致知、诚意、正心、修身、齐家、治国、平天下的光明大道，只要深入祖先留给我们的宝山，就一定可以逢凶化吉、遇难呈祥！"

在李文良的组织引导下，泰威公司管理层2002年开始学习《论语》、《孙子兵法》、《了凡四训》等中国古代经典。2005年，开始组织全体员工诵读并实践中国文化的经典教材《弟子规》。2008年全球金融危机，很多企业陷入经营困境，而泰威却生机盎然，从而坚定了管理层对中华优秀传统文化的信心。2012在内部成立泰威学院，提出"深信因果，践行弟子规"的核心价值观，构建学校型企业的愿景，以及为社会培养德才兼备的栋梁人才、浩然正气的谦谦君子作为自己的使命。

结合企业治理的实际，李文良在泰威公司提出并实践了颇具特色的"51：25：24企业长治久安之道"。在他们看来，没有天地万物，则没有人类，没有人类，则没有企业员工，没有企业员工，何来股东？可以这样比喻：天地万物是企业的大父母，全体员工是创始股东的小父母。因此，如果企业的原始所有者拿出企业所有股权的一半以上来回馈天地万物，同时，拿出剩余的一半以上来回馈企业的全体员工，那么，则天下大同矣！

所谓"天地人和股权改革"具体是这样操作的：51%企业股权由创始股东捐出成立公益基金，以促进社会大众、天地万物的和谐共生，实现天人合一、大同理想的生活，随着企业的发展，社会越来越和谐。剩余之49%的51%，即25%，由创始股东捐出成立全员绩效分红股份，让全体员工分享企业的成长。最后剩余的24%（49%的49%）为企业原始股东持有。

这样的股权安排，导致企业所有者舍掉76%的股权，会换来企业的长治久安吗？51%的股权公益做利益天地万物的事业，就是孝敬天地大父母，就是让天做大老板，来掌控企业的大命运。25%的股权成为全体员工的绩效分红股份，就是让全体员工做二老板，人心齐，泰山移，让员工来掌控企业的中命运。24%的股权为原始股东持有，让原始股东成为企业的三老板，来掌控企业的小命运。常言道：和气生财。51%得天和、25%得地和、24%得人和，天和、地和、人和，与万事万物和，则与日月同辉，与世界同在，企业长治久安之道也！①

泰威公司从领导到普通员工，真诚笃信中华优秀传统文化，坚持运用儒家思想管理自己、治理企业，使公司焕发出勃勃生机。最近五年来，泰威公司年均销售增长率为12.25%，利润率为10%。

四、以商兴儒

所谓"以商兴儒"，就是深入探索"企业儒学"的实践应用与理论升华，反哺儒学，推动儒家思想在当代的创造性转化和创新性发展。

回顾近百年来儒学在中国的遭遇，可以说是命运多舛。在20世纪初的"新文化运动"中，人们提出"打倒孔家店"，把中国近代以来落后的原因一股脑儿推到两千多年前的孔子身上。在20世纪六七十年代的"文化大革命"中，孔子和儒学再次被押上时代的审判台，遭受到几乎是挫骨扬灰的灭顶之

---

① 李文良：《东莞泰威"天地人和"股权改革的探索》，在国际儒联企业委"儒学文化与社会主义社会企业经营管理研讨会"上的发言，2018年7月8日。

灾。直至今天，一些被西方文化洗脑的人，提到孔子和儒家，依然是满脸不屑，冷嘲热讽，甚至是口诛笔伐。

令人称幸的是，儒家思想作为中国人的"文化资本"①，自有其顽强的生命力。在中国古代社会，儒家"文化资本"的积累，一方面是通过官学、私学的教育，并通过科举考试的形式，而获得社会的认可和制度化；另一方面是通过家风、家教、家训等形式的家庭教育，由前辈（包括父母、祖父母和家族中的其他长辈）经过言传身教而代代延续。前者可称为"大传统"，后者可称为"小传统"。进入近代以来，中国 1905 年废除科举考试制度，1912 年民国政府教育部明令取消读经，就制度层面而言，现代中国人与"大传统"已经暌违一个世纪。但是作为"小传统"，儒家思想为代表的中国传统文化却依然默默地影响着当代中国人的思维方式和行为方式。在当代中国学者李泽厚看来，由孔子所创立的儒家思想文化，"已无孔不入地渗透在人们的观念、行为、习俗、信仰、思维方式、情感状态之中，自觉或不自觉地成为人们处理各种事务、关系和生活的指导原则和基本方针，亦即构成了这个民族的某种共同的心理状态和性格特征"②。换句话说，儒家思想在中国绵延两千多年，已经成为中国人生生不息、代代相传的内在文化基因，融化在中国人的文化血液之中，成为所有中国人观事明理、待人接物的思维方式和行为方式。近百年来，尽管其中的"大传统"中断了，但其"小传统"却依旧以口口相传、代代延续的形式顽强地存在，持续地发挥着影响。

"礼失而求诸野。"③ 在中国四十年改革开放中成长起来的企业家，特别是民营企业家，他们很多来自于社会底层，早期没有接受过什么现代企业管理科学的训练，其成功的秘密，恰恰就是将这些蕴藏于社会底层之中的"小传统"，转化为自己开拓事业的"文化资本"。"小传统"连接着"大传统"，当代儒商将儒家的治国理念转化为现代企业的治理哲学，以儒学之道驾驭现代管理科学之术，不但解决了企业自身的经营管理问题，而且为儒学在当代

---

① "文化资本"（capitalculture）是当代法国社会学家皮埃尔·布迪厄（PierreBourdieu）提出的概念，指的是对一定类型和一定数量的文化资源的排他性占有。

② 李泽厚：《中国古代思想史论》，人民出版社 1985 年版，第 34 页。

③ 班固撰，颜师古注：《汉书·艺文志》，中华书局 1962 年版，第 1746 页。

的复兴开拓了新的途径。①

"博鳌儒商标杆人物"——广东蓝态幸福文化公益基金会秘书长张华的故事，就是一个生动的案例。

张华是山东人，2000年来到广州创业，做碱性还原水机项目，从一开始销售国外产品到后来自己从事生产，遇到的管理问题越来越多。为了解决这些问题，张华也上了一些国内外的总裁班、EMBA等，虽然收获很多，但落实到具体的经营中，总还是感觉到事是事，人是人，走不到深处去。2010年10月，一位同事介绍张华参加了一个有关人生幸福的传统文化课程，听后非常震撼。原来，管理就是要管理人心，而要想影响别人的心，首先要管好自己的心，收获太大了！当时张华就想，这么好的事情，一定带回到企业，于是2010年年底，就开办了第一期幸福课堂，五天封闭式、体验式学习，食宿全免，最初只是想让员工、顾客能受益，没想到参加的人越来越多，有时一公布开班的消息竟会有四五百人来报名，传统文化带给大家的收获与改变，也远远超出人们想象。

为了让这件好事情能够持续下来，2012年10月，成立了广东省蓝态幸福文化公益基金会。这是由广东省民政厅批准的首家专门弘扬中华优秀传统文化的慈善组织。截至2017年年底，已举办了300多期传统文化课堂，让500多个家庭重归于好；3000多个孩子懂得了孝顺感恩；7000多公务人员学习了为政之道；2万多人找到了幸福的方向。很多学员学习后，又重新回到课堂做义工，累计向社会提供7500多人次服务，总计22万以上服务时。目前，这个弘扬传统文化的公益平台已经发展成由单一的入门课到培养传统文化志愿者老师的师资提升班、从经典学习再到太极、书法，企业家论坛等，形成了一个既有宽度、又有深度的多维度公益教育体系，最难得的是影响了一大批企业家，很多企业家在这里学习了传统文化后，又将课堂带回企业，形成良性的循环。②

---

① 参见黎红雷：《儒家商道智慧》，人民出版社2017年版，第18页。
② 参见张华：《最究竟的慈善，莫过于拯救心灵——蓝态公益基金会介绍》，2018年6月26日。

五、创造财富与回报社会

将儒商的宗旨与使命综合起来，可以分为两组概念：一组是"以儒促商，道创财富"，说的是儒商为社会创造财富的责任；另一组是"以商兴儒，德济天下"，说的是儒商回报社会的责任。

实践总是走在理论的前头，在指导儒商事业的过程中，最近笔者发现了两个典型。一个是中华孔子学会儒商会副会长、"博鳌儒商精英人物"金辉女士创办的山东儒源文化集团。该集团的前身是孔子礼仪文化学校，自2002年成立以来，以全力弘扬中华优秀传统文化、传承儒家思想为己任，以提高公民道德素质、发展文化产业和教育事业为方向，以实现中华文化伟大复兴为目标，成就卓著，在国内外产生了广泛影响，受到习近平总书记的接见和表彰。另一个是中华孔子学会儒商会副会长、"博鳌儒商标杆人物"王锦锋创办的西安雅森研学教育科技有限公司。该公司2007年成立，2013年作为教育部研学旅行试点单位以来，在实践中摸索出以"快乐担当"为目的、以"中华传统"为根基、以"寓教于乐"为形式、以"情景教具"为特色、以"军事管理"为助力、以"听看做悟"为体系、以"全域研学"为平台的"西安雅森模式"，受到教育部的肯定与推广。中华孔子学会儒商会与2018年7月26日在山东曲阜召开"中华儒商研学旅行工作会议"，授予以上两个典型为"中华儒商研学旅行示范基地"，作为全国儒商投入研学旅行工作的样板。

笔者在会上发表了题为《牢记儒商使命，推进研学旅行》的主题演讲，指出：研学旅行是一项"伟大的事业，巨大的产业"。说它是"伟大的事业"，是因为我们从事的是培养下一代、引领未来的崇高事业；说它是"巨大的产业"，是因为全国数亿中小学生的刚性需求，蕴藏着文化旅游教育方面的巨大商机。而对于从事研学旅行产业的儒商企业家来说，研学旅行既然是一个"伟大的事业"，我们就要怀抱着崇高的理想去奉献；研学旅行既然是一个"巨大的产业"，我们就要按照经济的规律去投入。这实际上就体现了本文所论述的当代儒商的宗旨与使命。

北宋儒者张载有四句振聋发聩的话："为天地立心，为生民立命，为往圣继绝学，为万世开天平"，为社会确立精神信仰，为民众确立生命意义，为前圣继承已绝之学统，为万世开拓太平之基业——这是一代代儒者包括儒商在内所必需履行的宗旨和承担的历史使命。当代儒商，任重而道远！

现代儒商论

马 涛[*]

"现代儒商"是比较热的一个话题。但何为儒商？现代儒商的概念应如何界定？现代儒商的风范及产生的过程、发展的趋势如何？现代儒商在现代市场经济中又具有怎样的地位和发挥着怎样的作用？这都是需要进一步探讨的问题。

一、现代儒商的界定

何为"儒商"？就儒商的概念而言，可界定为是"儒"与"商"的结合体，既有儒者的道德和才智，又有商家的财富和成功。新加坡周颖南先生就认为："'儒'指文化人。那么，文化人从商，则称儒商。"周先生还认为，中国经济改革开放后，许多文化人改行做生意，这些文人经商或办工厂，都可以称作是"儒商"。[①] 马来西亚的陈春德先生认为："所谓儒商，顾名思义，是指一个人既是文人，又是商人。"[②] 菲律宾的林健民先生也持相同的见解，认为："'儒商'这两个字，顾名思义，就是学者或读书人，从事商业活动之称谓。换言之，一个有书生本质的人，接受现实生活的需要，变为亦商亦文了。"[③] 类似的看法还可以举出许多。如陈公仲先生认为："儒商，可谓亦文

---

[*] 马涛，复旦大学经济学院教授、博士生导师。

[①] 周颖南：《儒商的光荣任务》，载《儒商大趋势——首届儒商文学国际研讨会论文集》，暨南大学出版社 1996 年版，第 27 页。

[②] 陈春德：《漫谈"儒商文学"》，载《儒商大趋势——首届儒商文学国际研讨会论文集》，暨南大学出版社 1996 年版，第 33 页。

[③] 林健民：《现代儒商的任务》，载《儒商大趋势——首届儒商文学国际研讨会论文集》，暨南大学出版社 1996 年版，第 38 页。

亦商者。或商人从文，或文人从商。"① 周毅先生也认为："儒商，即兼有经商与学者之才者，是受到社会敬重之人；亦儒亦商者是，先儒后商或先商后儒者是，商而好儒者亦是。"② 这些关于儒商概念界定的看法，其核心是认为儒商应是"从文"和"经商"集于一身的两栖人，也即是我们所俗称的"从商的文人"或"从文的商人"。这一界定虽然也把握住了儒商的某些特征，如儒商都具有较高的文化素质和修养，经商的同时，都不忘关注或从事于社会文化的工作。但笔者认为它并未把握住儒商的核心本质，不妨把上述界定看作是广义的儒商定义。

还有一种关于儒商的界定，笔者认为较前者要深入一步。如大陆学者黎红雷认为，所谓当代儒商，"就是践行儒家商道的当代企业家，其行为包括：尊敬儒家先师孔子、承当儒家历史使命、履行儒家管理理念、秉承儒家经营哲学、弘扬儒家伦理精神、履行儒家社会责任等"。因此，他认为，"儒商不是一种身份，而是一种行为；不是一种荣誉，而是一种责任；不是一种境界，而是一种承担"③。笔者认同黎红雷的看法，认为"儒商"决不是一般意义上的商人，而是深受儒家思想的影响，具有商业道德和文化素养的商人。这一定义，我们不妨称之为是狭义的"儒商"定义。笔者在这里所要探讨的现代"儒商"，就是指这种狭义的"儒商"而言。

儒家传统价值观念的核心是仁义道德，儒者也就特别强调仁、义、礼、智、信的伦理观念。这种强调以伦理道德为本，讲究仁义、信誉的精神，也就构成了儒者的人格风范。儒商就深受儒家这一思想的影响，强调以德为本，重义守德，仁、义、礼、智、信的伦理观念也就成了他们经营理念的核心。美籍华人学者杜维明教授给"儒商"下了一个界定，他认为："儒商就是企业界关切文化、关心社会，而且要通过他的资源，除了自己的利益，他的集团的利益以外，要对更广大的社群的福祉作出贡献的这些人。"④ 因此，

---

① 陈公仲：《儒商——社会进步的标志》，载《儒商大趋势——首届儒商文学国际研讨会论文集》，暨南大学出版社 1996 年版，第 58 页。

② 周毅：《时代呼唤儒商》，载《儒商大趋势——首届儒商文学国际研讨会论文集》，暨南大学出版社 1996 年版，第 102 页。

③ 黎红雷：《儒家商道智慧》，人民出版社 2017 年版，第 8、12 页。

④ 转引自邢中邦：《什么样的人才称为"儒商"?》，载《儒商大趋势——首届儒商文学国际研讨会论文集》，暨南大学出版社 1996 年版，第 114 页。

作为一个儒商，应能效法子贡"博济众生，利己利人，生财有道，富而好礼"的精神内涵，在企业经营管理理念、作风、手段等方面，都应具有儒商的风范，这种风范概括起来讲主要有以下几点：

第一，具有"人本主义"的经营观念。孔子强调"仁者爱人"，就是要以人为本。这种人本主义，表现在商业经营管理上，就是要既能遵守市场经济和现代社会的规则，借鉴西方先进的管理方式；又能坚持传统儒家所强调的"以人为本"的人本主义精神，具有仁爱之心，关爱客户；同时又能创造条件满足职工物质上和精神上的需要，在企业中产生一种感情上和精神上的凝聚力，进而激发出生产上的积极性和创造力。在现代市场经济中"人本主义"的经营管理观念非常重要。一个现代企业运作的成功，首先要依靠企业内全体成员的相互信任、合作。如果在企业全体员工中能够建立良好、和谐的人际关系，这个企业必定是一个富有效率的现代企业。而建立良好、和谐的人际关系，又必须从尊重他人开始，凡事都能够互相信任、合作，以诚信相待，不以自己为中心，这样才能尊重他人的意见，集思广益。总之，"人本主义"的观念是现代儒商所应具备的经营观念。这种以人为中心的经营观念，也是现代企业文化的核心，它是无形的，却是企业经营的原动力。一个企业家有了这种经营观念，不论是公司采取的行政管理方式或所拟定的员工福利制度，都能合情合理，为公司内全体成员所接受。

第二，崇尚"见利思义"的商业美德。孔子曰："君子喻于义，小人喻于利。"[1]"见利思义"[2]，过去很多人认为这是一种根植于落后的自然经济基础上的道德价值观念，与今天的市场经济的发展不相适应。这种看法并不正确。关键在于要搞清孔子所说的"义"和"利"所指的是什么。孔子所说的"利"，指的是一种属于个人的私利；而所提倡的"义"，指的是一种符合社会行业公利的道德规范。自然"义"要重于"利"。这种价值观念的核心是推崇社会的整体本位，看重道义的原则，主张在个人利益和社会整体利益发生矛盾冲突时，要克制个人的私利和物欲，将自己的营利行为限制在社会道德规范允许的范围内，反对那种自私自利、见小利而忘大义、唯利是图的行

---

[1] 程树德撰，程俊英、蒋见元点校：《论语集释》第 2 册，中华书局 1990 年版，第 267 页。

[2] 程树德撰，程俊英、蒋见元点校：《论语集释》第 3 册，中华书局 1990 年版，第 972 页。

为。如日本的企业家松下幸之助就强调企业经营的最终目的"不单纯是为了利益，而只是将寄托在我们肩上的大众的希望通过数字表现出来，完成我们对社会的义务"。① 具体言之，对于松下公司来说，企业的责任就是把大众需要的东西，变得像自来水一样方便和便宜。中国古代的商业伦理，中华民族崇尚节操、尊重道义、顾全大局的民族精神，就是由此发展而来的。同时应强调，孔子主张义重于利，但不排斥个人对利益的追求。他明确地说过："富与贵，是人之所欲也，不以其道得之，不处也；贫与贱，是人之所恶也，不以其道却之，不去也。"② 在孔子看来，追求私利是人的一种普遍欲望，不应否定。但一个人在追求私利的同时，还要考虑一下他的这一行为是否有损于社会的公利和道德，即要"义然后取利"（原文："义然后取"③）。儒商之所以称为儒商，就在于他们受儒家这一思想的影响，具有"见利思义"，不取不义之财的商业道德。儒商在处理义利的关系时，强调要取之有道。对那种"见利忘义"的"奸商"行为，儒商是鄙视的。在今天建立和发展社会主义市场经济的时代，它并未过时，仍具有着十分积极的现实意义。

第三，建立服务社会的人生观，追求用户安心。儒商所追求的理想目标是强调成德建业，服务社会，创造价值。"太上有立德，其次有立功，其次有立言"④ 是儒者的基本信念。儒者认为，成德和立业是联系在一起的，二者都十分重要，所以孔子强调要"修己以安百姓"⑤。《大学》强调儒者要"修身、齐家、治国、平天下"，结合儒商而言，就是要建立一种以服务社会为目标的人生观，追求用户安心。当方太的董事长茅忠群被问及为什么要确立"成为一家伟大的企业"这一远景时，他回答说这不是心血来潮的结果，而是和追求的境界有关。他说在德国、日本的企业界，有许多隐形冠军，它们都是中小企业，都做得非常卓越，有的甚至可以称得上伟大。他特别提及日本的一家医院，"那家医院，做得多好，我忘记了，但我始终记得一个结果，日本很多人，甚至住处距离医院很远的人都想生一场病，只为了在这家

---

① 松下幸之助：《自来水哲学：松下幸之助自传》，南海出版公司 2008 年版，第 77 页。

② 树德撰，程俊英、蒋见元点校：《论语集释》第 1 册，中华书局 1990 年版，第 232 页。

③ 树德撰，程俊英、蒋见元点校：《论语集释》第 3 册，中华书局 1990 年版，第 975 页。

④ 杨伯峻：《春秋左传注》，中华书局 1981 年版，第 1088 页。

⑤ 程树德撰，程俊英、蒋见元点校：《论语集释》第 3 册，中华书局 1990 年版，第 1041 页。

医院住上一段时间。医院做到了这样，真的了不起。所以，我觉得，企业不在大小，而在于是否卓越，卓越就是做到用户安心"①。儒商在创办企业和经营企业的过程中，要明确创办企业和经营企业的目的，不是唯利是图，而是要服务于社会。具体到经营方针上来说，就是以顾客至上作为服务的准则，真诚地为社会人群服务，创造价值。赢利之后，不忘回报社会。同时在员工中，也不忘提醒、确立企业员工的社会责任感。

第四，重视提升文化的涵养。儒商要具备一定程度的文化涵养。儒者，古代的读书人之谓也。现代儒商应具有一定程度的文化涵养，熟悉中国优秀传统文化，具有温文儒雅的风度，在他们的身上能体现出一种深厚的人文气息。菲律宾儒商林健民先生在谈到儒商的任务时，曾论及儒商应具备的文化素养，他说："儒商在经营事业中，不忘自己是一个学者。而作为一个亦商亦文的学者，做事应格外小心与认真，把作业时时检讨，以求日日进步，一切须追随和争取现代化，尤应懂得现代的组织与管理法，不然就会导致失败。特别是在国际贸易上，今日世界上所发生的大事，无论是政治、经济，或国际间的纠纷，或某地区的动乱，你不但要关心，亦要随时随刻研究其后果，是否会影响或牵连到你的事业。一言以蔽之，身为一个儒商，处于今日一切以速度为进步的世界中，应谦虚地无所不学，与无所不知！一个亦商亦文的人，在数十年之中，每天有了以上这些增进知识的资料来参考与学习，直接间接皆有益于他的事业。起码，他能体会到自己是在跟时代跑，一切不落人后。上述之经验实例，并非本人对一个儒商的过分苛求，而是及时提供给亦商亦文的友好，认真来面对不能避免的现代工商业之自由竞争下，所应急起直追的科技与资讯的种种学习准备。必须清楚认识，儒商比一个普通贸易者处境不同，前者是对国家社会，有道义上的重要任务，何况，像上面所说的，事业的自由竞争的结果，是由优胜劣败来决定的，儒商在资格上，应胜普通人一等，却不能不格外警诫自己和格外虚心来面对现实！"

总之，儒商的风范就表现为深受儒家传统思想的熏陶，在激烈的市场竞争中，既追求高效率又追求合理性，讲道德，尊法规，从而树立起了良好的商业道德形象。他们学贯中西，勇于探索和实践，努力推进传统文化的现

---

① 周永亮、孙虹纲：《方太儒道》，机械工业出版社 2016 年版，第 XVI 页。

代化，注重企业文化和商业文化的建设，强调企业的价值在于员工的幸福和客户的感动，从而使得儒商精神更加光大。因此，儒商应是全球华商的典范，展现了东方商业文明独具魅力的高尚境界和人文情怀。儒商的价值观具有普遍的价值，是现代企业发展中不可或缺的一种精神动力。

二、现代儒商的形成与发展理念

现代儒商首先兴起于东南亚的华人地区。在南洋华侨华人的身上，儒和商何以会结合在一起？这有着历史的原因。

鸦片战争以后，中国进入了半封建和半殖民地的社会。中国日益衰弱，帝国主义的列强用炮舰打开了中国的大门，国人沦落到任人宰割的地步。在上海租界的公园大门上，甚至出现了"华人与狗不许入内"的字样。中国人在世界上被讥为"东亚病夫"，被西方人视为是劣等民族。在帝国主义铁蹄的蹂躏之下，神州大地满目疮痍，哀鸿遍地，人民生活在水深火热之中。在这种情况下，有许多人为求生存冒险去闯南洋，有的则是被当作"猪崽"贩卖到南洋去做苦工。这些华人离乡背井，经过几代人的努力和牺牲，在新的土地上筚路蓝缕，开拓创业。许多人在第二次世界大战后由以前的"猪崽"变为"富豪"，成了大商人或企业家。他们发家不忘祖国，一方面继承了民族传统的儒家文化，同时又吸纳西方文化的精华，取长补短，古为今用，洋为中用，形成了自己独特的"以仁统法、纳法于仁，讲信用、重道义，在商不唯商、求利不唯利，取之社会、用之社会"的经营理念和原则。另一方面，在中国大陆，自鸦片战争以来也发生了"数千年未有之变局"，即自以农业社会为主逐渐走向工商业为主的市场经济，随着这一变局的到来，中国的士阶层、儒学文化与工商阶层的结合就成为了时代的要求。

就现代儒商在南洋最初形成发展至今的历史过程来看，主要由以下几部分形成：

第一，华工。19世纪中期鸦片战争后，清朝的门户被帝国主义的炮舰打开，西方殖民主义国家为了解决本国劳动力的不足，开始从中国沿海地区招募大批"契约华工"，分送回国从事奴役性的劳动。这些契约性华工的处境与黑奴相仿，故又有"黄奴"的贬称，许多人因被虐待、过度劳累和疾病而死亡。契约期满而仍然幸存者，多数被遣送回国，一部分则留在当地开设小杂货铺、务农或当工匠，后来有些人比较走运，发了财，成为富商。这些出身的华商深受祖国传统文化的影响，所以发财后十分重视子孙后代的教育，特别希望他们能够接受中华文化的熏陶，永不忘本，并光宗耀祖。这批人就形成了新的儒商。

第二，华侨或侨民。华侨这个名称，最早出现于19世纪80年代，到了1911年辛亥革命以后，广为流行。在这批华侨之中，有相当一部分是商人。对于在海外事业有所成就的华侨富商，当时的中国政府也十分尊重，称之为是"商董"、"商绅"。20世纪初，中国的改良主义（以康有为、梁启超为代表）和革命派（以孙中山为代表）在海外广泛展开活动，使得华侨的民族意识大为增强，华侨社团剧增，华文教育迅速发展，造就了一支颇为庞大的受过华文教育的华侨知识分子。抗日战争时期，他们为维护中华民族的尊严和赢得抗战的胜利作出了很大贡献。50年代中期以后，很多华侨加入了当地国籍，绝大多数的华侨都变成了华人，即具有中国血统的外国公民。这批华人中有许多是富有的商人或企业家，他们也构成了现代儒商的一个来源。

第三，华裔和再移民。随着世界各地华人的普遍土生化，华裔（即土生华人，包括众多的混血华人）在华人人口中的比例越来越大，逐渐构成了华人人口的大多数。随着时间的推移，不少华裔在文化上同祖籍国的联系逐渐淡薄。为了保持新一代华裔与祖籍国的联系，台湾地区往往通过赞助华文学校、举办华文函授班和"空中书院"（电视台、广播电台特别节目）等方式，以加强他们与祖国文化的联系。中国政府则采取吸引他们来大陆学习汉语、举办夏令营、提供华文教科书、在个别地方派遣华语教师以加强华文学校的师资力量等方法来加强他们同祖国文化的联系。老一辈的华侨、华人也为了防止自己的子孙"数祖忘典"、淡薄与祖国文化的联系，因而也千方百计地维持华文学校，创办各种奖助学金，鼓励华裔子女学习华文。这批人中有的从事商业和企业经营，也构成了现代儒商的一个来源。这些现代儒商的一个鲜明特点，是他们大都受过较高的文化教育。他们具有一定的华文传统的素养，并成了在海外保持和发扬了中华文化传统的一支主要的生力军，发挥着愈来愈重要的作用。

第四，深受儒家文化影响的东亚商人，这可以日本、韩国、新加坡等地深受儒学影响并自觉以儒学思想作为经营原则的商人为代表。如日本在明治维新时期涩泽荣一就发表了《〈论语〉与算盘》一书，阐述他主张以儒家思想作为工商业者应遵循的经营理念，这一思想对之后日本商人的伦理价值观产生了深远的影响。在日本近现代的发展中，一大批知名企业家如松下幸之助等深受儒家价值观的影响，并成为践行儒家价值观进行经营的楷模并获得了巨大的成功。在今天的日本、韩国、新加坡等地深受儒家思想影响的国家和地区，无论是社会治理还是企业治理，儒家思想都在熠熠生辉。在他们的企业社训或家训中，都能看到这些东亚商人深受儒学影响，并自觉以儒家价值观作为经营的指导思想。这些东亚商人自然也应归入现代儒商的范围。

第五，随着中国大陆经济改革的开放，儒商精神开始从海外回流，影响到了内地的商人和企业家，大陆地区的儒商群体也开始崛起，并成为现代儒商的主体。大陆儒商的特点，是强调产业报国，为社会服务，与用户和其他社会公众共同发展，自觉地把个人价值与社会价值融为一体。大陆地区的现代儒商在市场经济的大潮中不断地认识自我，随着对祖国传统文化的重视和弘扬，儒家文化重道德和信用的精神也在逐渐被大陆商人、企业家所认同。随着大陆经济的迅速发展，大陆儒商正迅速壮大。这样，现代儒商作为一种社会现象和文化现象，从先盛行于海外南洋，到向中土发展，再由东南沿海向中西部地区辐射，然后从中国走向西方，走向世界。因为现代儒商的经营理念，代表了人类商业文化发展的一个方向。在新的21世纪里，现代儒商在中国乃至世界必将会有一个大的发展和兴盛。

为什么这样自信？这可从现代企业经营管理理论的发展过程来加以认识。现代企业经营管理理论的发展，大体上可以划分为四个阶段：第一阶段是19世纪末到20世纪初形成的"古典管理理论"，其特点是重视工作定额，把工人使用的工具和作业环境等标准化，强调计件工资的作用；第二阶段是从20世纪20年代开始的"行为科学"理论，它注重对工人生产中行为的研究，以便调节企业文化中的人际关系；第三阶段是第二次世界大战后出现的西方管理理论的一些学派，如决策理论学派等；第四阶段是从20世纪80年代后从日本兴起的企业文化理论，它一方面深受儒家文化的影响，一方面是现代市场经济发展的内在要求，也是市场经济中激烈竞争的产物，它体现了现代经济与文化融合发展的趋势与客观要求。在现代市场经济中，企业的"文化力"，就是企业前进的导向力、发展的推动力、内部的凝聚力、精神的鼓舞力。这种企业文化建设的核心，有各种各样的说法，但都深受儒家价值观的影响，同时也接受西方科学管理的成分，如方太的"中学明道，西学优术，中西合璧，以道御术"就是一种成功的模式。

三、儒商在现代市场经济中的地位和作用

现代企业已进入了一个非常重要的转型发展阶段，在这个过程中，既能够发展自我，又能使得社会更和谐，关爱地球的发展，已经成为现代企业家不可推卸的责任和义务。因此，提倡"天人合一"价值观的现代儒商在市场经济中的地位和所发挥的作用越来越突出和明显，因而也更加受到世人的注目。这是因为现代儒商的经营理念有补于西方价值观念影响下的西方企业家经营理念的不足。

詹姆士·罗伯逊在其《美国神话美国现实》一书中对现代西方企业家精神曾作有如下的论述："美国人心目中的'工业'意味着高效率，庞大而复杂的组织，严密的集中控制，这些都是大企业在人们心目中的形象。公司成了神话：这部多产的超级机器，由天才的人创造，由一个不具人格的中心来控制和进行精明的指挥，其触角伸向每一个角落，生产的商品如河流源源不绝、价格更便宜、质量更高、数量更多。""在美国人的这一神话观念中，一个公司就是一个个人，其活动具有全国规模，甚至世界规模，势力强大，冷酷无情，效率高，贪得无厌，野心勃勃。个人是公司活生生的隐喻，而且，在神话特殊的方式作用下，公司已经成为个人的隐喻。""这些庞大的企业组织的创造者们，具有美国神话中出类拔萃的民族英雄的品质，他们一如华盛顿、杰克逊或兰特将军。"通过詹姆士对西方企业的个性和企业家精神的描述，可以对西方企业家的精神特质作如下的概括：

第一，以个人主义为其精神的内核。个人主义是西方文化的核心。早在古希腊时期，西方文化就强调个人的平等、自由，社会对人的个性的承认和尊重精神。这种以个人为核心的西方文化，在资本主义发展初期，渗透到经济和企业经营领域，对西方企业家精神产生了深刻的影响，造成了西方企

业家在经营中有着十分鲜明的个性、强烈的自信心和权力控制欲望。他们"冷酷无情"、"野心勃勃",个人大权在握,就能作出影响深远、涉及面广泛的决策。像机器一样的组织则会不折不扣地、绝对地实施这些决策。个人因此获得超乎想象的财富和成功。

第二,富有开拓、创新和冒险精神。古希腊人的航海贸易与海洋文明,孕育了西方人开拓、冒险的精神,美国人长达三个世纪的"西部开发"运动,又使这种冒险精神深入地根植到美国人的精神品质之中。西方文化中的这种开拓创新精神,在西方企业家身上得到了非常鲜明的体现,他们不安于现状,着眼于未来,对未知领域和未来世界充满着神奇和向往,并且有强烈的开拓和征服欲望。

第三,强调经营中的科学和理性精神。制度是西方企业的精髓,也是西方企业家在精神上首要的价值取向。不论做什么,一定要先建立好制度及标准化的作业流程,一旦有问题,先考虑的是制度问题,然后再考虑人文因素。这种源于泰勒的科学管理模式,虽然已经不很适应于今天的经济—文化环境,但仍有许多企业家奉为圭臬。这种精神具体表现在以下几个方面:一是善于把所有的业务数据化,并依据大量数据化的材料做定量分析和决策;二是任何事情都要严格控制,视员工为生产要素的一环;三是崇尚经济手段的管理作用,淘汰不理想的员工,认为只要加薪,生产效率就会提高。

西方企业家的这种以技术—经济为单面指向的精神,是在个人主义的文化传统、崇尚科学与理性精神的环境中孕育而成的。毫无疑问,它极大地推动了自18世纪以来世界范围内科学技术的提高、经济的发展和社会的进步。然而,西方企业家的这种精神,是在当时人类生存所需的生活资料普遍匮乏、人类对自然的利用和征服能力还未受到限制的特定条件下形成的。在这种特定的科技—经济—人文的社会环境中,西方企业家精神,如鱼得水,淋漓尽致地发挥了它所具有的价值和作用。然而,随着社会的变革和这些特定的社会前提的消失,以技术与经济为单面指向的西方企业家精神,容易造成人类发展目标的偏离(即误以为人类存在的意义与价值在于物质的富饶和科技的发展)而使人类生活出现许多问题,例如工业心理疾病、生活节奏的加快、人际关系的表面化、能源的枯竭、生态平衡的破坏等,以致一些西方的有识之士如马克斯·韦伯、汤因比、弗洛姆等人认为西方发达国家的精神价值已陷入了空前危险的泥沼，如不重建人类的人文精神和道德规范，人类将无法避免因片面追求技术和经济发展而引起的无妄灾难。同时他们也抨击因不断发展的"过分自由主义"、公民道德败坏、不讲价值观、公平交易意识不断削弱等不正之风。他们认为这种个人主义文化最后必将自己毁灭自己。德国人已在痛惜普鲁士商业美德的丧失；英国人认为自己丧失商德的原因，在于许多人把自由市场机制的到来理解为允许抛弃应该遵守的规则。而现代儒商的崛起，东方文化和现代企业精神的有机结合，则有利于纠正上述在西方价值观念影响下所形成的诸多弊端，同时又为现代全新企业家精神的孕育和形成，开辟了一个新的发展方向和境界。

笔者认为，儒家思想孕育下的儒商经营理念有补于上述西方经营理念的不足：

第一，儒家所倡导的"天人合一"的精神，有益于现代企业家树立正确的经营意识，减少对资源的滥发，从而有助于解决西方社会因科技发展而带来大量的社会—经济—生态环境的问题，有利于环境的保护。儒家把研修伦理精义视为自己的第一要务，重视道德教化。儒家认为，作为一个人，除了必须和家人、邻居、周围的人群以及民族、国家相联系外，还应将其道德实践行为延伸人类世界之外，与自然界建立某种联系。儒家认为人是自然的一部分，故人和自然应该和谐相处。儒家的一个基本命题就是"泛爱众生"。如孔子热爱自然、热爱生命，从来都是"不时不食"[1]，即没有成熟的动植物，便不去吃它。他尤为痛恨那种竭泽而渔、覆巢毁卵的残暴行为。他说过："刳胎杀夭，则麒麟不至郊；竭泽而渔，则蛟龙不合阴阳；覆巢毁卵，则凤凰不翔。"[2] 又云："伐一木，杀一兽，不以其时，非孝也。（出自礼记，上面出自孔子世家，原文：断一树）"[3]，即把滥伐林木、任意狩猎视为不道德的行为。孟子也强调说："斧斤以时入山林，材木不可胜用也。"[4] 换言之，孔

---

[1] 程树德撰，程俊英、蒋见元点校：《论语集释》第 2 册，中华书局 1990 年版，第 690 页。

[2] 司马迁撰，裴骃集解，司马贞索隐，张守节正义：《史记》第 7 册，中华书局 1983 年版，第 1926 页。

[3] 郑玄撰，孔颖达疏，龚抗云整理：《礼记正义》下册，北京大学出版社 1999 年版，第 1333 页。

[4] 焦循撰，沈文倬点校：《孟子正义》上册，中华书局 1987 年版，第 55 页。

孟把道德关怀扩张到人之外的各种非人的生物身上，力图维护生物的生存权利，把对待生物的态度视为道德问题，强调的都是仁者民胞物与、万物一体的爱心，如天之高明、地之博厚，天无私覆、地无私载。一个现代企业家，也应该具备这种精神，这样才会有广阔的胸襟，确认企业经营的目的是为了整个社会战胜贫穷，创造财富，使人类生活得更加美好，又能保护好人类与万物的生存环境，使人与自然和谐相处。儒家的这一"天人合一"的精神，能够纠正西方文化熏陶下的西方企业家所认为的人是主体，自然是客体，人与自然的关系是主体和客体的关系、是征服与被征服的关系的认识误区，从而有助于减少目前世界范围内的能源枯竭、环境污染等问题，因而更富有时代意义。

第二，现代儒商所倡导的情、礼、法相融相生的精神，应成为现代企业的经营管理理念，它有补于西方将人物化管理的弊端。现代企业的一切经营管理，务求以"法"为基础，做到任何事情，有章可依，有章可循，有法可依，严格执行规章制度，在此基础上，向上升进，摄法于理，以理定法，使"法"合情合理，最后，纳法于仁，以仁统帅法理。因为无论是法是理，都是为人所定立、为人所执行、为人所控制的。所以，无论如何强调法制，最终还需要人的分析和判断。有"法"无"仁"，制度（法）就会被人们钻空子。因此，企业的经营活动中，企业家要以"修身"为本，严格要求自己，以法为基础，以仁（价值观）为统帅，培养情、礼、法相融生的精神，使商业企业的经营既有严格的制度、法规保证，又使企业员工在这种情、礼、法相融生的氛围中得到良好的精神价值关怀和心理满足。随着西方企业一味推行物化经营管理而带来的弊端（如庞大的官僚机构、人际关系的疏离与对抗、烦琐的规章制度等），西方学者也越来越认识到儒家所倡导的情、礼、法相融相生精神的重要，强调管理越能利用社会的传统、价值与信念，则管理的成就越大。麦格雷戈则提出了现代企业经营管理中的"Y理论"，即以性善论为出发点，从"不忍人之心"推出"不忍人之政"，强调发挥个人内在具有的善性，充分发挥每个人的创造性，"人为了达到自己承诺的目标，自然会坚持自我指导与自我实现"。无论是在港、澳、台地区，还是在中国大陆，凡是成功的儒商都比较注重情、礼、法相融相生的"人情味经营"。他们根据儒家的"老吾老以及人之老，幼吾幼以及人之幼"①的原则，把家庭中的骨肉之情推广于企业内的所有职工，使企业员工之间亲如兄弟，充满人间真情与至爱。中国大陆许多企业家所提倡的以"服务与奉献"为内涵的"一团火"企业精神，以及所实施的情系用户、情系商家、情系同行、情系职工的"情感工程"等，都是中国企业家注重情感经营管理的具体体现。这种强调亲亲之情、实行情感经营的方式，使企业内充满至爱，职工也就会无限忠于企业，乐于献出自己的青春与智慧，形成真正的企业共同命运体。这样的企业在市场竞争中必会无往而不胜。

第三，现代儒商讲信用的经营精神，也应成为现代企业的经营理念。儒家重"诚"、守"信"，以"诚"为"实"。要求人们在相互交往中，待人以"诚"，不欺诈，不虚伪。中华民族是重"信"的民族，《诗经》中对"信"已有涉及："信誓旦旦，不思其反。"②孔子对信更作了深入和全面地阐述："与朋友交，言而有信"③；"信则人任焉"④。孔子毕生致力于"信"的传授，"信"贯穿着孔子的整个思想体系，他推崇的四教："文、行、忠、信"，构成了儒商的基本经营理念。现代儒商充分认识到，诚实信用是人际交往的法则，也是文明经商的要求。"诚招天下客，誉从信中来"，这是我国经商的古训，也是市场经济中契约经济的要求。诚实信用就是要言而有信。商业活动涉及各方面的切实利益，不讲信用就是一个严重的商誉问题。契约、合同规定了双方当事人的权力与义务，要恪守而不能违背。商人的诚信，就是要"去伪除诈"。诚实是儒家所提倡的最基本的道德规范，也是大多数商人总结的成功之道。反观今天的市场经济中，获得成功的"名牌"、"信誉"、"回头客"，没有一个不是依靠"诚信"而获得成功的。因此，现代儒商都普遍认识到，恪守信义的古训，在今日并未过时。在商言商无可厚非，但一味奸诈、行骗，在商界是绝对长久不了的。随着信用关系的发展，企业的资产并不像古代商品经济那样，仅仅表现为有形资产，而是由有形资产和无形资产共同组成。在无形资产中，处于核心地位的便是商业的信誉。信誉好的企业在与其他企业打交道时，其崇高的信誉会使其他企业产生心理上的安全感，

---

① 焦循撰，沈文倬点校：《孟子正义》上册，中华书局1987年版，第86页。

② 王秀梅译注：《诗经》，中华书局2006年版，第86页。

③ 程树德撰，程俊英、蒋见元点校：《论语集释》第1册，中华书局1990年版，第30页。

④ 程树德撰，程俊英、蒋见元点校：《论语集释》第4册，中华书局1990年版，第1199页。

也就使其在订货、销售等牟取商业信用方面拥有很多优惠或便利。因此，许多儒商在经营中，当信义与其利益发生冲突时，他们宁可放弃其利益，也要维护信义。深受儒家思想影响的日本的企业之父涩泽荣一先生就认为，"美好未来的根本在于信"，"所谓的商业道德，说到最根本的就是一个字——信。如果没有了诚信，实业界就没有坚实的基础"。企业靠着信誉，才能一代一代延续下去。

第四，儒商所强调的服务社会的精神，理应成为现代企业家经营的最终目标。西方企业家在经营中，把以利润为核心作为企业经营的最终目标。尽管目前有不少西方企业家也重视经营中的伦理道德，注重员工的价值关怀和消费者的利益保护等，但这样做的目的不过是为了获取更大利润而已。而现代儒商的基本精神，则是从纯企业经营的思维定式中跳出来，把自觉地服务于社会作为企业经营的出发点和最终目的，因而热心致力于"公益化的经营"，并且在"公益化的经营"中为企业又赢得更多的经济效益。对于一个富有社会责任感的现代儒商来说，企业赚钱只是一种手段而不是目的。他们必须自觉地把企业赚钱与国家兴旺和民族利益联系起来，服从于国家和民族利益这一崇高目的。虽然儒商也追求经营中的利润，以利润为其企业的安身立命之根本，但利润不是儒商经营的唯一目标和最终目标。如万达集团的企业使命是："共创财富，公益社会。"华侨陈家庚先生就是一位现代儒商的典型。他在《陈家庚公司分行章程》第一章第一条对他办公司的宗旨做了如下的说明："本公司以挽回利权、推销出品、发展营业、流通经济、利益民生为目的。"他反复强调，"人身之健康在精血，国之富强在实业"，企业家应以振兴中国为己任。他生前曾宣布："本人生意即产业逐年所得之利，除花红以外，或留一部分添入资本，其余所剩之额，虽至数百万元，亦以尽数寄归祖国，以充教育费用。"这种倾其所有以回报社会、"教育救国"的精神，就是现代儒商经商成功不忘回报社会人生观的集中体现，也典型地体现了儒商的精神境界。

第五，儒商所强调的礼让互尊也应成为现代企业的精神。礼让互尊是人际关系的基本要求，也是处理好商商关系和商群关系的根本要求。商业人员在日常业务工作中的一买一卖、一迎一送、一言一语、一举一动，都直接影响着人民群众的物质生活和精神生活以及社会的风气。礼让互尊不是一个抽象的概念，它是通过人的思想、语言、态度、行为等方面表现出来的。在商业行为中的具体表现就是主动、热情、耐心、周到。儒家文化的重要特征之一，就是强调人之相处应以礼为准则。孔子说过："君子不失足于人，不失色于人，不失口于人。"[①] 这是儒家文化中对礼的基本要求。此处所说的三个"不失"，"足"是指行为，"口"是指语言。其意思是说，待人接物，在行为、态度和语言上不能失礼。商业、服务业在人际交往中属于"高接触"行业，在言谈、举止、态度上，都应做到不失礼，这就是儒商的风度，尽管其中包含着有促销和讨好顾客的动机，但也体现了人际之间的亲情与礼貌关系。

在当代中国研究儒商、提倡儒商精神，有着十分重要的意义。儒家所强调的礼让互尊、诚实信用、重义守德的文化观念，有利于中国现代企业形象的树立，应是现代市场经济的基本观念。

---

① 郑玄撰，孔颖达疏，龚抗云整理：《礼记正义》下册，北京大学出版社 1999 年版，第1468 页。

新马泰政经领袖传家宝

——儒商治理哲学与经营理念：以李光耀、郭鹤年、谢国民为例

许福吉 *

一、亚洲地区涌现的现代政经领袖

20 世纪 80 年代至今，亚洲地区涌现了许多"立己立人，达己达人"的政经领袖，例如新加坡李光耀、泰国谢国民、马来西亚郭鹤年、印度尼西亚陈江河、日本稻盛和夫、中国香港地区李嘉诚和台湾地区张忠谋等，他们的事业都以儒家理念为指导，从事政经"儒"和"商"相结合，有较高的经营理念，高尚的文化素养、道德观和价值取向，包括了自强不息、与时俱进、勇于创新的精神，不断推动包括儒家思想在内的中国优秀传统文化的发展，把儒家的价值理想与市场运行本身的法则相结合，遵循指导市场活动行为法则，坚持创造性转化、不断铸就企业文化新辉煌。事实证明，博大精深源远流长的儒家思想，完全可以适应工业化和信息化社会的需求，企业儒学的形成证明了古老儒学的现代生命力。

本文通过李光耀、郭鹤年、谢国民三位亚洲政经领袖儒道的治理哲学，探讨企业和儒道的结合，如何将儒家修齐治平转化为现代企业的治理哲学，以道御术（以儒道驾驭现代管理经营科学之术），为儒学复兴开拓了新领域，政经儒道的治理哲学与经营理念是企业的根本。儒商从广义说，是指具有中国传统文化兼收儒、道、释、法、兵家之长的大商人。从狭义说，是指以儒家学说：仁、智、礼、义、信作为行为准则的大商人。现代大儒商是把"内

---

* 许福吉，新加坡南洋理工大学教授。

圣"和"外王"有机结合起来，做到以人为本，实行人格化管理，尊重人的价值，强调诚信、创新、利他和回馈社会。这里所谓的经营哲学重要任务是帮助企业家在经营企业盈利的同时，也达到哲学境界，包括道德和天地境界。只有通过哲学，获得对宇宙的某些了解，才能达到天地境界，道德境界，也是哲学的产物。道德境界并不单纯是遵循道德律的行为；有道德的人也不单纯是养成某些道德习惯的人。行动和生活，都必须觉解其中的道德原理，哲学的任务正是给予他这种觉解。儒商者，既有儒者的道德和才智，又有商人的财富与成功，是儒者的楷模，商界的精英。古有陶朱公、子贡等一代儒商，后有浙商、徽商、晋商、淮商、潮商等儒商商帮。

二、李光耀的传家宝：儒商思维治理哲学

新加坡已故领导人李光耀先生（1923—2015）对亚洲经济发展的卓著贡献举世公认，他留给新加坡的传家宝就是结合孔子与荀子的政经儒家精神，特别是通过自律、克制、协商、谈判和战略规划，以独到的儒家智慧和深远的战略思维，成就了"和而不同"的中庸之道。李光耀对新加坡最大的贡献是积极推动经济改革与发展，使新加坡在短短的三十年内，从一个小渔村发展成为亚洲富裕繁荣的国家，在其任内开发了裕廊工业园区，创立公积金制度，成立廉政公署，进行双语政策与儒家思想等教育改革政策。今天的新加坡政府，以高效率廉洁而闻名，人民生活水平较其他亚洲国家高出许多，这与李光耀推广儒家思想关系密切。他高瞻远瞩看到中国三十年后的发展，为中新发展做出顶层设计，20世纪80年代与中国邓小平老一辈领导人合作，奠定了两国快速发展的坚实基础。如果说新加坡是一家企业公司，李光耀就是这家企业公司的创始人兼首席行政官，新加坡的企业文化以儒家经世济民的理念为核心，它不但推进了新加坡经济腾飞，也创造了现代化建设的奇迹，使新加坡在20世纪80年代一跃成为"亚洲四小龙"之一。

李光耀的政经谈判之道是以儒家的智、仁、勇为底线：智者不惑、仁者不忧、勇者不惧。他认为谈判是一种心态和思维模式，即使你在谈判时相信对方说错了，你也要优雅地提出你的看法，给对手留点面子，不要惹怒对方，谈判是一种协商和共赢。2018年全球引起国际重视的谈判会议不少在

新加坡举行，新加坡幅员小，又完全生存在国际贸易和经政的空间中，对新加坡来说，没有什么比维持和平稳定来得重要，所以新加坡的谈判前提都是设法维持和平稳定的局面。2018 年 11 月 14 日在新加坡会展中心主办的第二次"区域全面经济伙伴关系协定"（RCEP）领导人会议，也是探讨政经伙伴关系协定谈判会议。东盟十国领导人以及韩国、日本、澳大利亚、新西兰、印度领导人与会，在东盟轮值主席国新加坡推动下，谈判任务完成度迅速提升到百分之八十，2019 年可达成多样协定，提高贸易投资自由化、便利化水平，促进区域经济一体化，使各地区各国人民受益。

新加坡于 1982 年开始倡导儒家思想，李光耀认为其是刻不容缓的当务之急，其中一个原因是为了追赶日本。日本为什么成功？李光耀认为日本企业成功的秘诀与儒商思维有关，日本杰出的企业家如松下幸之助、本田宗一郎、稻盛和夫等，都是采用中国传统的儒家思想，靠的就是孔孟之道。1994 年 10 月 15 日，李光耀当选为国际儒学联合会名誉理事长，他在致词中说："从治理新加坡的经验，特别是 1959 年到 1969 年那段艰辛的日子，使我深深地相信，要不是新加坡大部分的人民，都受过儒家价值的熏陶，我们是无法克服那些困难和挫折的。新加坡人民有群体的凝聚力，能够以务实的态度，来看待治理国家和解决社会的问题。"又说："我在想，如果只有富裕的物质生活和高超精密的科学技术，而缺乏一股精神的凝聚力，那我们的国家是很危险的。"新加坡和日本不少优秀的企业家，必须遵奉企业的使命与愿景，实际上就是儒家思想的五个美德：忠诚、礼义、勇敢、信义、节俭。李光耀说："任何国家吸收外来优秀文化传统，都不可能照搬套用，总是根据本国国情，为我所用。我们倡导儒家思想，也要从新加坡的实际出发，才能引发真正的效益。"

三、郭鹤年的企业治理与经营哲学

郭鹤年纵横商场数十年，足迹遍布全球，为马来西亚首富，全球富豪，他的经历在当世企业家中没有几个人能比。郭鹤年出生在马来亚，从殖民时期到独立后，都一直笼罩在种族不公平情结中，最早是英国人带着种族歧视的心态统治殖民地，而后来是日殖时期，最后是令之痛心的马来西亚在独立后，进一步走向种族保护主义。然而郭鹤年还是以马来西亚华人为傲，他给马来西亚华人的传家宝就是融合了儒商治理精神与经营理念，例如诚信、谦虚、果断、坚持、慈孝、利他、富而好礼等儒家智慧，成就了儒商"深谋远虑、济众博施"之道。

郭鹤年于 2017 年出版了万众期待已久的《郭鹤年自传》，他在自传中阐述自己人生心路历程，透露商场上熙熙攘攘皆为利来利往，以及人心的千变万化与阴险狡诈，但他不因此随波逐流，寡情寡义，反而光明磊落地以诚信办事，常常化险为夷。我们可以从这本书中归纳出郭鹤年正确的价值观，了解他的经商哲学、中国情怀与做生意的方法。郭鹤年是一个长袖善舞的儒商，特别擅长于谈判和行销，他在书中抛开了富豪身份地位，公开自己经历过的各种商业谈判过程，实属难得。郭鹤年 1923 年生于马来西亚柔佛州新山，中学时与李光耀同读于新加坡莱佛士书院，这对他的影响很大，因为这所名校的毕业生有不少后来成为新、马的政经领袖，也奠定了他的语言文化基础。1949 年他的家族在马来西亚成立郭氏兄弟集团，从事米粮及糖生意起家，20 世纪 60 年代郭鹤年在伦敦糖期货市场，赚到了人生的第一桶金。

20 世纪 70 年代在香港成立嘉里集团，从事酒店、房地产和贸易，80 年代因邓小平的看重和引领而进入中国市场，扩大了旗下投资的香格里拉酒店、嘉里地产、丰益国际等，都是几项成就及荣誉非凡的成果。郭鹤年的集团也经营商品贸易、油棕种植及食用油生产等企业，在中国和东南亚鼎鼎有名，他也从所谓的亚洲糖王跃升为酒店大王、食用油大王。

郭鹤年从小受母亲影响很大，特别是不忘本和饮水思源，母亲传给他的传家宝就是中华文化的谦逊与慈悲。郭鹤年有两次人生的重大决定都向母亲请示，说明了他的慈孝之心。郭鹤年一生对母亲敬爱有加，他将这本自传献给母亲郑格如女士，并认定母亲是"郭氏集团的真正创始人"。郑格如出生自福州一个殷实家庭，从小就有很强的反帝国主义、反殖民主义情绪，她一辈子默默付出，引领郭氏家族在企业的大海中航行。《郭鹤年自传》开篇就叙述了母亲的种种事迹，他在书中也把营商生涯中备受守护，归功于有母亲相伴及母亲的虔诚祈福。母亲总是提醒他，要公平而正当行事，不可自私，在生活中要常怀感恩之心。他坦然回忆母亲曾经告诫他不能过河拆桥的倾向，希望他无论在任何情况下，千万不要对不起朋友。郭鹤年说母亲对他们严厉到几乎苛刻的管教，对他一生的影响很大，他们小时候做错事母亲会拿藤条鞭打，垂老之年回忆母亲的鞭子，他坦承自己虽然痛恨体罚，但后来却也渐渐明白到母亲的用心，因为体罚虽带来痛楚，但当中蕴含着智慧。

郭鹤年是一位将文化理念与经营哲学相结合的智慧型儒商，他70多年的宝贵经验、理念、行销与谈判方法，成为马来西亚华人企业家精神与物质财富累积的传家宝典。94岁高龄的郭鹤年历经动荡不安的年代，他从英国殖民地到日军占领，再到后殖民时代的东南亚他都经历过，还经历过亚洲经济起飞、几次金融危机、"非典"、中国改革开放等历史大事件，见证了近一个世纪亚洲历史的风云变化，特别是近几十年中国与东南亚的发展。

《郭鹤年自传》这本书阐述了很多马来西亚成立初期的历史状况，包括马航的商业史、国际船运、马来西亚面粉厂、钢铁厂等。这些产业对国家初期建设真的很重要，如果没有像郭鹤年这样的企业家的冒险和创新，也许今天马来西亚仍需要大量的外汇去买这些原料。郭鹤年的企业治理与商务谈判都蕴含着儒商经营理念，20世纪60年代他私下在全球食糖市场调兵遣将，以谈判技巧解决问题，还为中国赚取了一笔外汇。

1990年9月15日对儒商郭鹤年来说是人生重要的一年，这一年他在北京与邓小平会面，这也是邓小平最后一次的公开正式会晤，邓小平当时对他说："三十年后，中国将会成为亚洲最重要、最强大的国家，而亚洲将成为全球最强大的地区。"这句话对郭鹤年的人生规划、事业发展与企业再创高峰影响很大，在他印象中，邓小平低调谦虚，友好无私，韬光养晦，蓄势待发，是一位高瞻远瞩的政治家。郭鹤年的性格儒雅谦虚谨慎，但具有非常浓厚的商人性格，经商手段快、准、狠，做事专心一致，勤奋果断，对下属异常严厉，但愿意与下属共享成果的方式，赢得下属的忠心。

郭鹤年长袖善舞，做事勤奋，谈判果断，选择明确，他的致富之道其实就是谈判成功之道，他一生通过谈判思索出大量对政治、经济的见解，有不少成功心得，也包含了失败、挫折与教训。综合而言，郭鹤年有六大儒商特质：诚信、热爱工作、创新、低调儒雅、有隐者风范、大格局，东西方文化兼容并蓄，接受中西方文化熏陶。郭鹤年经商谈判原则：诚信是信条，谈判时永远靠道德走正路，不走斜路。

四、泰国儒商谢国民的传家宝：富而好礼

凡是第一次接触泰国华裔儒商谢国民先生的人都会赞同，谢先生给人最深刻的印象是：儒雅、慈祥、谦逊、随和与好学不倦。当你有机会第二次再与他接触时，你会被他那诚挚、包容、创新、细腻、重视科技、与时俱进的精神状态所折服。当你第三次再见到他，有机会和他交流，你就会对他那心怀感激、饮水思源、热爱传统文化、念旧感恩的诚信气质深深吸引。从谢先生的言谈举止表现出来的真挚、好学、坚持、果断、正直和勇于承担责任的精神，我们可以认定他就是大家要找的"大儒商"！

谢国民（1939 年— ）是泰国华商巨子，正大集团掌舵者，他曾担任中国侨商投资企业协会会长，《财富》杂志评选的全球最具影响力的 50 位商界领袖和亚洲商界领袖 25 强之一，他从年轻创业时就具备儒商精神，好学不倦，与时俱进，不断探索经营企业的模式和理念，经历了金融危机与互联网时代，不断接受挑战、转型与整合。他是海外华裔赤子，邓小平南方谈话后他就积极投身中国改革开放事业，坚信企业是共赢、双赢、利他利己之道。在"2018 全球华侨华人年度评选"颁奖典礼上，已是耄耋的谢国民，荣获"改革开放特别致敬人物"奖。

谢国民成功的因素除了天时地利人和的发展条件之外，更重要的是他在经营哲学理念上有过人之处，他为公司制订了一系列的发展战略和经营策略。谢国民曾说："有资本还不足，尚须晓得引进现代技术为用，否则钱亦会输光的。"重视科技、重视人才，把企业经营和科学研究、人才使用结合起来，这是他成功的保证。

谢国民出生在一个深受中华文化熏陶的家庭。其父亲谢易初有很深的爱国情怀，不仅给自己的 4 个儿子分别取名为谢正民、谢大民、谢中民、谢国民，意为"正大中国"，还将他的儿子们送回中国接受教育。谢国民在内地念到初二，再到香港继续读书，补习英文。他 19 岁回到泰国后，先后在家族企业和其他公司任职。1964 年谢国民开始接手正大的业务，将家禽养殖作为企业发展的新领域，逐渐垄断了泰国国内的饲料市场，并将市场延伸到东南亚、中国、美国、欧洲及大洋洲。1979 年，正大集团在深圳设立中

国首家外资企业，注册号码 001，随后又相继在珠海、汕头领取了"001 号"外商营业执照。1989 年，正大冠名央视《正大综艺》，成为国内家喻户晓的品牌。谢国民坦言母亲对自己做人影响很大。"我母亲做人很有原则，她学问虽然不高，但有一个原则，就是不会轻穷重富。还有，对穷人特别照顾，有时候我跟她一起吃饭，她筷子一拿，就对所有的佣人说我肚子饿了，你们也饿了，你们去吃饭，这里没有你们的事情了。她处处都像这样，不仅对上显得很周到，对下也照顾得很周到。"

2014 年谢国民先生以"卜蜂集团"主席兼总裁的身份，入选亚洲最慈善富豪之一，他捐献给中国的款额超过一亿元人民币，作为教育、社会公益、医疗保健、赈灾用途。谢国民先生好几次蝉联泰国首富地位，并也多次荣膺《福布斯》亚洲年度商人称号。其实 20 世纪 90 年代，"正大集团"已经是家喻户晓，主要原因是中国中央电视台有一个崭新的节目"正大综艺"，它的主题曲《爱的奉献》由主演过《爱的天地》的女主角翁倩玉主唱，很多人因为这个节目，知道泰国有这样一个由华裔家族控制的企业。"正大集团"曾跻身世界 500 强行列，在谢氏家族二、三代成员的领导下，集团业务进一步扩展到制药、机车、房地产、金融、传媒等领域。

家庭环境的教养与中华文化儒学的熏陶，如何影响谢先生的气质？很多人都聆听过谢国民先生对父母、长辈孝顺的故事，他对几个一起合作的兄长十分尊敬，对子孙晚辈也勉励有加。可以肯定的是，家庭环境的影响与父母身教言教所传授的价值观，造就了这位大儒商的成功！谢国民先生的父亲曾在他年轻时送给他一台珍贵的照相机，这台照相机改变了他的人生轨迹，也改变了他的处事方式。通过相机的镜头，他看到了、做到了许多改变他一生的事情，包括"为人服务"、追求到贤惠的妻子等。这个照相机犹如今天的自媒体与交流平台，让他有机会观察细微、为人服务、具体操作，拍摄、筛洗、选择等都是一个学习和交流的过程，加上他的随和、诚信与勤奋，他得到了许多贵人相助，包括他的父母和兄长。他在很多场合都说过父母兄长对他的影响，特别是妈妈对下属的宽容和尊敬，影响了他的一生，母亲的行为让他佩服和感动，并成为他的榜样。谢家兄友弟恭，兄弟同心，知恩达理，家和万事兴，这使公司的业务蒸蒸日上，不断开创出新局面。

谢国民先生从小就是个戏剧迷，最爱看粤剧、潮剧。谢国民先生曾让下属四处寻找他少年时代热烈崇拜过的两位粤剧演员。那是20世纪50年代，他在汕头二中念书，和同学一起去看《梁山伯与祝英台》，剧中人在台上哭，谢国民在台下哭。三十多年过去了，谢国民依然记着那两位演员，并到处寻找当年的"梁山伯"与"祝英台"，当年的演员根本就不记得有过这样两位台下的小戏迷。在谢国民的盛情邀请下，两位沉寂多年的女演员终于在厦门与谢先生见面。据说，当时谢国民始终用既高兴又伤感的目光望着她们，望着她们的满头白发。没想到，那么好的演员也会变老的。当她们用沙哑的声音唱起《梁祝》感谢痴情的戏迷时，她们哭了，谢国民也哭了。

谢国民先生具备大儒商哪些与时俱进、开拓创新的特质？

谢国民先生是一位具有现代人文精神品格的大儒商，他有社会责任感，又具有现代管理能力，对企业的创新意识和科技工具很重视，他具备以德为立身之本的特质，同时坚持实践"利"与"义"相统一的价值观，勇于竞争和善于竞争，实行以人为本的管理，具有开拓创新的意识，充分认识到科学技术的重要性，真正实践了《论语》"工欲善其事，必先利其器"的精神。

谢国民先生曾担任中国侨商投资企业协会会长，他领导的正大集团，一直跑在世界的前列，跟随科技的脚步跨步向前发展。正大集团在中国投资额近60亿美元，设立企业213家，员工人数超过80万人，年销售额超过500亿元人民币。在竞争激烈的中国，正大集团却一直保持企业自身的核心竞争力，走出自己的成功之道。他曾经说过："做最高科技的农业，这是正大的成功之道。"他强调唯有不断吸收新的科学技术经验，才能保持竞争力。高科技研发困难，但是其使用方法却是最简单的，在缺乏技术的地方用最成功的科技一步到位的投资，利国、利民又利于企业，这就是正大集团把握机遇的成功方法。他说："我从来不为项目的成功而高兴超过一天，因为明天就将有新科技超越你。"谢国民表示，科技不断在进步，只有不断吸收高科技的经验技术，才能取得成功。

天时、地利、人和如何影响大儒商和他家族的前程？正大集团在中国以外称作"卜蜂集团"，由华裔实业家谢易初在泰国曼谷创建。公司从农作物种子的销售开始，逐步发展壮大，形成了由种子改良、种植业到饲料业、养殖业，到农牧产品加工、食品销售、进出口贸易等完整的现代农牧产业链。谢国民先生的父亲谢易初老先生1922年到泰国曼谷谋求生路，在同宗的帮助下，靠仅8个银圆做起了菜籽生意，后来还成立正大庄菜籽行，亲自到各地调查种子的销售市场、开辟了样板田让客户选购种子。谢老先生认为像这样看得见、摸得着的种子销售，才能深受大家的信任，这成就了他在南洋开创出一番事业。但好景不长，日军于1941年开进曼谷，蒸蒸日上的正大庄只好关门停业。1945年谢易初再次回到曼谷，使正大庄重获新生。1950年，谢易初将步入正轨的正大庄交给弟弟管理，自己回到新中国，先后担任国营澄海农场技术员、副厂长、县侨联主席、省政府委员、全国侨联委员等职。1953年，在家乡读完中学的谢易初之子谢正民、谢大民回到曼谷，协助叔叔谢少飞打理正大庄的事务。两个侄儿的加盟，让正大庄如虎添翼。一段时间后，谢正民和谢大民提议说，泰国是一个农业大国，正大应该大规模地全面发展，成立一个农业企业集团。经营多年的叔叔谢少飞深有同感，于是，叔侄三人拍板决定建立一个集团公司，这就是"卜蜂集团"。此后，在东南亚和欧美市场，公司一直沿用"卜蜂"名号，在中国才称为"正大集团"。

1968年，谢易初老先生经过反复考虑，决定将集团的大权移交给29岁的小儿子谢国民。谢国民没有辜负父亲的信任，很快显示出一个成熟且有战略眼光的企业家特质。他以世界的原料为原料，以世界的市场为市场，打开了企业的更大空间。

1979年，中国改革开放的帷幕刚刚拉开，深受父亲教诲的谢国民兄弟便做出了到中国投资这一令世界经济人士震动的决定。第一次来到故土，谢国民正好40岁。正大集团选择在刚辟为经济特区的深圳投资，取得了深圳市"001号"中外合资企业营业执照，还拉来了世界知名的农牧企业——美国大陆谷物公司合资建厂。之后，又相继在珠海、汕头领取了"001号"外商营业执照，成为改革开放后第一个在华投资的外商集团。谢国民的这种积极姿态，赢得了中国政府的赞扬。此后，正大集团在中国的发展一度迅猛，在短短几年内，扩展到农牧、水产、石化、房地产、医药、零售、摩托车、电信、金融等领域。

如何在逆境中百折不挠？他的家族如何打破富不过三代的魔咒？

在企业经营中，风险总是不期而至，1997年亚洲金融风暴，泰国成了风暴中心，泰铢贬值 66%，谢国民迎来了一生中最艰难的时期。他不得不卖掉泰国境内"莲花超市"80% 的股份，以还清债务，同时全面收缩战线，退守其核心业务。老本行食品生意救了正大一命。风暴中，不少竞争者倒下，但食品需求没有减少，正大的市场份额相应扩大，利润率也从以前的 5% 提升到 15%。

谢国民先生也考虑企业的传承问题，他认为对子女要不计长幼，能者继承家族事业，他认为华人挑选长子作为继承人的文化，是造成许多华裔富不过三代的主因。

反观欧洲家族企业，则是能者居之，甚至能传承十多代。在正大集团里，谢国民的子女，没有一个在集团的核心产业服务。长子涉足房地产业、传媒业；次子涉足连锁超市业；小儿子从事电信业。他们都凭自己的实力做得非常出色。谢国民一开始先给每个儿子聘请一位强有力的专业人才当董事长，使儿子有高度的压力。"应当把孩子放在师傅的脚边，而不是立刻让他们做老板。"至于选择谁做自己的接班人，谢国民表示，不一定交给一个人，可以交给三个人、四个人，不同行业交给不同本领的人。

目前，正大在中国的投资项目包括农产品种植、畜牧养殖、食品加工和物流配送等诸多领域。曾经有人就沃尔玛等业界巨头竞争力的问题请教正大集团有哪些优势，谢国民先生认为优势有很多，最关键是他们更了解中国市场，他们懂中国人。的确，已经进入中国市场多年的正大集团，以及从小在广东接受中学教育又喜欢中华古典文化的谢国民先生，对中国市场更加了解，对中国人的思维和心理把握得更加准确。此外，正大集团也允许中国人在其公司的发展，一直做到公司管理的最高层，这在西方公司很难见到。谢国民相信，中国人才济济，千里马需要驰骋的空间，人才需要权力，只有自己做主，才能充分发挥其聪明才智，成就大事。

五、儒商哲学与孔子思想的创新价值

日本"企业之父"涩泽荣一的《论语与算盘：人生·道德·财富》和余英时教授的《儒家伦理与商人精神》是两本最早结合儒家伦理与企业经商哲学的书。他们的论述，为经商的儒商找到了崇高的动机与理想。经商不是为了个人，而是为了家庭、社会和国家，这不仅和理想人格及社会利益没有矛盾冲突，还是实现理想人格的最佳途径，所谓"商而优则仕"、"公益即私利，私利能生公益"，这些解释赋予了商业活动新的意义，也改变了大家对"无商不奸"的看法。儒商秉承着中华民族与生俱来的天然信念：为天地立心、为生民立命、为往圣继绝学、为万世开太平，儒家的经典思想指引着其百折不挠，艰苦创业，创造了在其专业领域出类拔萃的成绩，其坚毅不拔与永不放弃的奋斗精神令人敬佩。

亚洲儒商对孔子的思想与现代价值有深刻的体会与认识，他们的成功验证了"孔子思想"是科学的、务实的、有实际用途的。为了世界、公司、企业文化，儒商秉承孔子思想的"仁义诚信"的精髓，使企业的发展欣欣向荣。据《论语·雍也》记载，孔子不是片面地强调"利己"或者"利他"，而是将两者进行结合，主张"己欲立而立人，己欲达而达人"。这种人己互利的仁爱思想，构成了传统儒家商道的底色。司马迁的《史记·货殖列传》，记载了包括端木赐子贡和陶朱公范蠡在内的几十位商人的事迹，其中所体现出来的核心精神便是"生财有道，富而好德"。在中国古代，商人们津津乐道的是："陶朱事业，端木生涯"、"经商不损陶朱义，货殖何妨子贡贤"。

孔子的思想是世界文化遗产和宝库，他留下许多具有现代意义与价值的经典名篇，跨越了时空的阻隔，他的许多理念与名言，比过去更适用于今天。孔子的核心思想是仁，所谓"己所不欲，勿施于人"、"己欲立而立人，己欲达而达人"、"克己复礼为仁"等，都一再说明仁的思想价值，在今天这个自私自利的功利社会，仁义与诚信是多么重要！孔子周游列国十四年，推广仁政，希望以仁来完成他的政治理想，虽然他的理想始终没有实现，但他始终如一，不断追求崇高至上人生的理想。他一辈子的坚持与献身精神，赢得了大家的尊重，以及千百年来志同道合者的追随、信任与肯定。

孔子推行仁政的学说，虽然没有被当时国家接纳成为政策，但他在周游列国时所传授的智慧，却影响巨大而深远。孔子学说最关心的是当下、现实的世界，探讨的大部分都和人性有关，这些见解与21世纪的现实、现状紧密连接结合，对人类有永恒的价值。孔子的思想是儒家的核心和基础，包含仁义、诚信、勇、孝等观念，这些思想深入浅出，影响至深，在这个物欲横流的现代社会里，这些修养与智慧更加重要，所谓"学而时习之"、"温故而知新"、"先行其言，而后从之"、"学而不思则罔，思而不学则殆"等，都是孔子和大家讨论关于如何提高文化修养的内容。

孔子很重视家庭人际关系，强调家庭和谐，社会和而不同，高度重视培养人的内在精神力量和独立的理想人格。孔子在谈到自己的人生志向时说："老者安之，朋友信之，少者怀之。"他希望通过自己的行为和努力，使老人过得安定，朋友信任他，少年人怀念他。在与人的交往中，儒家认为对待上司，要豁出性命；对待朋友，要讲信用。《论语·学而》说："事君，能致其身；与朋友交，言而有信。"又说："谨而信，泛爱众，而亲仁。"

人生最重要的是待人诚恳，讲信用，用亲仁的态度去对待朋友。曾子曰"夫子之道，忠恕而已矣"。与人交往，要宽恕待人。《论语·卫灵公》云：子曰"躬自厚而薄责于人，则远怨矣"。在一切问题上，都要多责备自己，而少责备别人，就不会招致怨恨。孔子主张，对自己严格要求，如果别人对自己不能理解，也不要去怨恨别人，应以自己的行为去改变别人的看法。《学而》云："人不知而不愠，不亦君子乎？"如果别人不了解自己或误会自己，也不去怨恨别人，不也是君子所为吗？"不患人之不己知，患不知人也。"别人不了解我，我不着急，着急的是我不了解别人。孔子把"忠恕"当作终身信用的格言，要宽恕待人，自己不愿做的，也不要强加于人；自己所希望达到的，也要替别人考虑，所谓"君子成人之美，不成人之恶，小人反是"。君子要成人之美，不破坏别人的事，而小人则相反。

不少亚洲杰出的儒商是孔子思想的追随者与实践者，孔子是我们大家的老师，也是儒商的老师。儒商做生意以仁义、诚信为主，特别是孔子学说的和而不同与中庸思想。许多企业家驰骋商场数十年，把孔子的智慧与思想应用到他们的事业和人生中，增加了企业效益，丰富了人生意义。孔子的思想是科学的、务实的、有创意的，坚信孔子的思想不但不受时空限制，同时放诸四海皆准，还能不断创造新价值。

迈进新儒商时代

胡志明 *

一、儒商是新时代最可爱的人

众所周知，在我国20世纪50年代初抗美援朝时，著名作家魏巍写了一篇轰动一时的纪实文学《谁是最可爱的人》，他把为保家卫国在朝鲜战场浴血奋战的志愿军战士描写成最可爱的人。然而，随着岁月的流逝，社会的发展，人们也在探究在新的历史时期，谁是我们当今最可爱的人？也许会有人认为"在当今中国企业家是最可爱的人"。对此，笔者基本上认同这个观点，不过更准确地说，笔者认为"在当今中国儒商才是真正最可爱的人"。对此说法会有人问：何出此言？因为企业家依法纳税，解决就业问题固然可爱和功不可没，但新时期的儒商更加诚信守法，有文化品位和社会责任感。仅仅是依法纳税和解决就业还不算最可爱的人，原因在于企业家中也有奸商。世风日下与他们不无关系。

一个成功的儒商就是一分正能量，但奸商的破坏性更大。因此要实现企业家的产业报国梦，就必须多一些儒商，少一些奸商。所以我始终认为，有良心的儒商，才是我们新时期最可爱的人，也是一股推动世界商业文明的正能量！

---

* 胡志明，中国传统文化促进会儒商文化发展委员会会长，中国儒商研究院院长，《当代儒商》杂志主编，博鳌儒商论坛监事长。

二、"儒"是商界最美丽的语言

笔者认为，"儒"不只是针对孔子的学说，也不是单指某一种教派，它是集包括孔学在内的诸子百家及儒、道、释各种学说的中国优秀传统文化的总和。"儒雅"标志着一种境界，一种格局。以儒为代表的国学文化是几千年构成的中华民族的风骨和魂魄，这也是我们能够屹立在世界民族之林的基石。"儒"是从古到今的中国人民追求真善美的代名词。

儒商是指一个成功商人的综合指数，含品行、修为和仪表，也就是一个商人不但要"口袋好"，更要"脑袋好"。曾有个老板自我调侃道："现在我什么都不缺，就缺德"，"现在我什么都好，就是心不好"，由此可见尽快建立新的儒商标准，正确引导企业家们唾弃奸商，奔向儒商已经刻不容缓。

因为我们坚信，在改革开放后的中国，20世纪80年代是乡镇企业家时代，90年代是企业家年代，到现在的21世纪，已经成为一个新儒商时代，很多企业家的文化意识、品位意识、社会责任意识都得到增强。我们立足于关注企业家人生的下半场，他们由穷到富之后，如何由富到贵，然后由贵到雅，使自己的品格更加高尚。我们给企业家们提出了"三看"的建议：有空到老少边穷地区看看穷人的衣食住行，我们会感悟到人生幸福的意义；有空到监狱里看看囚犯，我们会感悟到人身自由的意义；有空到火葬场看看死人，我们会感悟到人生生死的意义。通过这三看，人生的境界和感悟会得到提升，金钱就再也不是企业家人生唯一的追求了。

三、新儒商现象风起云涌

从企业家的新儒商现象来看，自21世纪以来，不少企业家注重自身精神文明建设，他们的个人素养和品位在不断提升。企业家读EMBA、参加各种总裁高级研修班……"充电热"成为在精神层掀起的一个新热潮，与企业家练字画搞收藏等现象共同构筑成新世纪一道靓丽壮观的新儒商风景线。从世界大环境看，全球和平与发展成为了主旋律，随着中国的强大，世界渴望与我国交流，于是孔子学院在全球开办500多所；从国内大环境来看，习近平总书记提出"人类命运共同体"施政思路，与孔子的"和为贵"、"和而不同"理念一脉相承。

2006 年前，当我们中国儒商研究院的会刊《当代儒商》杂志创刊时，笔者专访过时任中共中央统战部副部长、中华全国工商联联合会第一副主席的胡德平先生，他认为 21 世纪是新儒商时代，《当代儒商》创刊适逢其时，十分必要，他说："儒商似乎是个时髦的概念，如果在商字前加个儒字，就显得高雅了。'儒商'这两个字不仅是为了表示一种优越感，表示老板有高修养，表示一种高阶层的经济地位。我还必须说明一个问题，现代民营企业家必须要有丰厚的知识积累，包括专业、社会、政治、法律、财务、营销甚至文学艺术等各门各类的知识。我认为想做一个守法守德的、懂点艺术、充满同情心的商人当然是一个比较完美的商人。"他认为："新儒商的标志起码有两个：一是有深刻的思想和文化底蕴，二是能够建立一个完善的经营管理制度。"

四、企业界呼唤儒商

习近平总书记十分重视传统文化，近年来曾多次谈到传统文化对当今中国的现实意义。那么儒商文化承担着发展社会主义市场经济、重振儒家文化、复兴中华传统文化的历史重任。我们为什么要如此执着地传播儒商文化呢？因为孔子是能让炎黄子孙天下归心的集结号，是中华儿女血气相通的文化脐带，是中华民族的"床前明月"。如果把孔子思想从我们的血管、骨骼中抽空，中华民族就会思想贫血、精神缺钙，中华文明就没有了生命的底色。同时，它也是净化企业家灵魂，重塑中国商业文明的需要。

笔者认为，养活一个人或一家人并不难，但要肩负历史使命，承载社会责任会更加任重道远，也更有人生的附加值。我们坚信：21 世纪是新儒商时代！因为儒商是中国企业家的良心和方向标，也是中国企业家精神上的钙。中国优秀的传统文化和儒商文化是中国人民最大的正资产和软实力。

如果说西方国家的现代管理是"西医"，那么儒家思想则从道德层面上教人如何处世为人，好比是"中医"，所以必须中西结合、标本兼治，才能够使企业家们修炼成为一个诚信守法、有文化品位、有社会责任感的当代儒商。

在时下，食品安全对人们来说是十分纠结的一块心病。在这市场经济的大潮中，不少奸商见利忘义，他们可能什么都不缺，就是"缺德"了。在如今，企业家不仅要在发展产业上转型升级，更要在思想境界和道德层面上转型升级。企业界呼唤儒商。

时值中国进入由"中国制造"到"中国创造"的转型之际，我们将以"新儒商、新经济、新生活"作为宗旨，聚焦诚信守法、有文化品位、有社会责任感的企业家，聚焦节能减排、低碳环保的产业，比如动漫经济产业、高新技术产业、创意经济产业、IT经济产业等，聚焦为企业家配套的高品位的生活。

五、当代新儒商"十字信典"

忠——忠爱祖国，福惠民生。国家利益至上，民生福祉为先；政策执行规范，法律信守严格；税费稽查过硬，信贷往来良好。

仁——仁厚固本，万众一心。爱财取之有道，发展方向正确；职工视如己亲，顾客即是家人；内外口碑良好，社会形象优秀。

孝——孝道为先，睦邻友亲。企业文化重孝，教育知情感恩；内同兄弟姐妹，外如同胞手足；以孝为先促善，以善润化心灵。

节——节流开源，保护环境。开源切勿滥用，节流不可隐患；利益只在当前，环保惠及子孙；暴发必有暴失，细水长流为本。

俭——俭约朴实，体恤物力。一粥一饭当思来之不易，半丝半缕恒念物力维艰；有时当思无日，以俭养德修性；历览前贤国与家，成由勤俭败由奢。

和——和衷共济，求同存异。明理方能知和，通情方能达理；多元彼此宽容，刚柔相得益彰；图利旨在双赢，大局和衷共济。

义——义举慈善，广施公益。义者心之养也，利者体之养也；乐善扬名立万，广施扶困济危；大善功德无量，泽及万物若水。

礼——礼德弘扬，良知待人。爱人者，人恒爱之；敬人者，人恒敬之；人有礼则安，人无礼则危。唯宽可以宽人，唯厚可以载物；君子以厚德载物。

智——智慧发展，科学创新。小处着眼大局，一品支撑龙头；论证从细从严，投入戒急戒滥；发展立足创新，创新推动发展。

信——信守章法，诚达天下。宁轻千乘之国，而重一言之信；诚信造就成功，失信酿成败局；诚信皆是品牌，天下望而归心。

六、新儒商文化的"三康"理念

社会是网，一张无边无际笼罩着众生的大网，每个人都是其中的一个结点，每个人都是与整体密切联系，息息相关。人在社会，在互动中求得生存、发展，无论从求学、求职、求上进、图通达，还是从家事、政事、财事、谋圆满，无不需要借助各种关系支持、指导、帮扶。那么，我们儒商会搭建的就是一个人不坑蒙拐骗、产品不伪劣假冒的正能量的诚信友爱平台。我们的儒商平台倡导的"三康"理念：心灵健康、身体健康、生活小康！

七、批判中继承的新儒商

所谓儒商也就是指作为商人而要有儒的精神、儒的气度、儒的道德规范，以儒家的道德理想和道德追求为准则去从商、经商，在商业行为中渗透儒家所倡导和躬行的"仁、义、礼、智、信"。那么，新儒商呢？既为"新"，当然就是对"旧"的反叛，但这种反叛是继承基础上的，其精髓还是儒家精神。

20世纪游移于"儒"、"商"间的企业家们，有抓住救命稻草而不放松的，也有随便抓住机遇的木板漂流而去的。于是乎出现了以"儒商"形象来修饰自己或以对文化的附庸风雅来支撑自己的商人们。他们一是怕被说成是大老粗、暴发户，没文化，又怕戴不正文化的帽子，或被两千余年文化的积淀压趴下，所以，这些"儒商"们往往是犹抱琵琶半遮面，说低调实则是逃避，字画满堂却腹中空也，像那个著名的叶公，爱龙爱得了不得，真见了龙颜又害怕得了不得。

而现在新儒商们更多的是信奉"我就是优秀的，没什么可回避的"，活得真实、率真，有品位、有素质。他们能更多地面对自己的心理和生理的需求，而不是用清规戒律扼杀人本性；他们把生意作为一种正当的职业，把金钱作为光明的追求，而且只是追求的众多目标之一；他们不爱称自己为"儒商"，但是，他们更自我，更率真，更接近商人的状态，表现出一种"新儒商"的气质。

在继承和发扬传统儒商精神的同时，作为新世纪的新儒商，还应该具备这样的素质：第一是有崇高的爱国主义精神和强烈的社会责任感，常怀民族忧患意识，他们通过赞助文化、教育、体育卫生事业为国分忧，通过扶贫救灾为民解难，这正是儒学所提倡的以天下为己任的思想。第二是具有积极进取，勇于开拓的竞争意识，为了事业的成功，他们不怕挫折，始终如一，不达目的决不罢休，儒家自强不息的精神在他们身上得到体现。第三是他们遵循儒家以诚信为本的道德规范，注重树立企业的良好形象，鄙视假冒伪劣，坚持以信取胜，视名誉为生命，力求做到名与利的统一。第四是他们注重自身素质的修养，以人格魅力影响部下，以儒家"仁者爱人"的人性观增强全体员工的凝聚力。第五是具有高层次的文化程度，广博的知识结构，熟悉政治、经济、法律和现代科技，有较高的驾驭市场的能力，善于审时度势作出正确的决策，把孟子学说的天时、地利、人和三要素运用得得心应手。

从以上特征也是现代人对"新儒商"普遍认同的基本特征，即受儒家伦理思想直接或间接影响，具有现代经营意识的工商业者。人与人、义与利、富裕与奉献、竞争与服务、合作与竞争、自强与自律和谐统一的商业伦理精神已成为人心所向，大势所趋。

儒商精神将成为全球华商的一面旗帜。儒家文化是影响了中国的本土文明，儒商精神也是根植于本土的优秀商业文化。儒家思想深刻地影响着国人的思想方式和行为方式。全球华商有同一种文化思想背景，那就是儒商文化和儒家精神。社会实践业已证明，儒家文化已经推动了"亚洲四小龙"的经济腾飞，也使得世界华商在全球经济格局中扮演越来越重要的角色。我们有理由相信，新儒商精神作为一种进步商德，在今天，将对经济秩序的稳定、经济繁荣和发展起到越来越重要的作用。我们凝聚全球儒商的力量，倡导"首善"、"首德"思想。儒商兴，则国兴；儒商强，则国强。儒商精神是中国对世界人类商业文明的巨大贡献，我们必将逐步迈进"新儒商"时代！

论儒商精神的实质

周北辰

一、何谓儒商精神？

改革开放40年来，中国的经济建设取得了长足的发展，中国已成长为世界第二大经济实体。然而，由于近代反传统文化激进主义的影响，中国人抛弃了自身的传统文化。文化激进主义掏空了中国现代商业文明建构的文化价值基础，使中国现代商业文明模式建构没有了文化软实力资源，成为无源之水，无本之木。致使中国在现代化进程中，在中华文明由传统农耕文明形态向现代商业文明形态转型的过程中严重缺失商业精神。

商业精神作为现代商业文明的文化软实力资源必须植根于自身民族传统文化，必须具有历史文化的合法性。商业制度、市场机制、管理模式可以学习西方并从西方移植过来。但由于文化的隔膜，商业精神不能完全照搬。

40年来中国有高速的经济发展却没有严格意义上的商业文明建构。当前存在的诚信危机、商业伦理危机以及各种制假贩假和商业腐败，这一切都与现代商业精神缺失有关。没有商业精神的导引就不会有正确的商业价值观、商业伦理和道德规范，也不可能有理想的商业人格。

中国传统文化是以儒家为主流的文化，因此中国的商业精神必须包含"儒商精神"。返本方能开新，要挺立中国现代的商业精神就必须从儒家传统中汲取营养。只有在孔子的思想和儒家经典义理及文化精神的基础上，才能培育出现代儒商精神，并以此确立中国现代商业价值体系及伦理道德规范和人格模式。

---

* 周北辰，中华孔圣会主事，深圳孔圣堂主事。

要了解儒商精神必须对"儒商"这个概念有正确的认识，要首先了解什么是"儒商"？儒商是儒家人格的一种特殊类型，在传统中国儒家士大夫阶层多有弃仕入商者。尤其是 16 世纪以后，由于社会工商业的繁荣，商业由"末"变"本"，在社会生产中的地位增强，传统"士农工商"的等级被打破。在各地形成了大型儒士商帮团体，如徽商、粤商、晋商等。作为儒家特殊人格类型，儒商有其自身的本质和内涵，儒商是一种复合型的人格，既是儒者又是商人，亦儒亦商。时下流行的"好学上进"、"气质儒雅"、"热爱国学"的所谓文化型商人，并非严格意义上的儒商。

儒商是特指信仰儒家圣人之道，坚守儒家"修齐治平、兼济天下"的价值观，遵循儒家道德规范，有儒家文化精神及价值关怀，同时以儒家的圣贤之道作为安身立命之本和经营理念的成功商人或企业家。儒商一手拿《论语》，一手拿算盘，士魂商才，既有儒家士大夫的信仰与价值关怀，同时又有经商的才干，这样的人才能称为儒商。

儒商精神就是儒商理想人格身上所体现出来的商业精神，是儒家传统价值在现代商业社会的具体体现，是儒家文化精神现代转化的结果。儒商精神是中国现代商业文明的文化软实力与价值之源，中国现代商业文明建构过程中其商业伦理的确定、商业道德规范的建构、商业人格的培育都要从儒商精神这一价值源头发用出来，它是中国现代商业文明的形上根基与价值源头。

二、儒商精神的实质

作为形上价值存在的精神，它有其自身独特的内涵和实质。儒商精神的实质就是指儒商精神的根本和本质及其实在内涵以及这一精神所呈现出来的本质特征。儒商精神的实质很丰富，概括起来有以下三个方面。

（一）笃信圣道，归儒宗孔

圣道就是圣人之道，先王之道。圣人代天立言，所以圣人之道也是天道。天人相通，天道也是人道。在儒教传统文化的语境中，圣人之道就代表中国文化的最高精神价值，是中国文化及儒家传统的形上根基和价值之源。

在中国五千年的文明史上，有一个最重要的传统就是"道统"。"道统"就历代先圣先王代代相传，中国文化一以贯之的精神传统和价值传统。这一传统自三皇五帝，经尧、舜、禹、汤、文、武、周公，由孔子集其大成。再经孟子、荀子、董子、文中子、朱子以及阳明先生到康有为先生，五千年薪火不断。笃信圣道，就是要坚定不移地虔诚地信仰天道性理及先圣先王之道，把圣王之道作为自己安身立命的根本，以此建构自己的信仰和精神家园。

程子曰："信道笃，则行之果；行之果，则守之固。"[1] 对于先圣先王之道、天道性理、人伦大道我们只有坚定不移地虔诚地信仰，才能始终不渝地坚守这一价值。只有达至信仰的高度，我们才能去践行这一精神价值，也只有做到了矢志不渝地践行圣人之道，我们才能坚守这一精神价值。正所谓知行合一，信履不二。

子曰："民无信不立。"[2] 一个人没有坚定不移的信仰和价值关怀，他就不能在人格上及精神上挺立起来，不能够真正立身做人。人不仅是物质的存在，也是精神的存在；不仅是肉体的存在，也是灵魂的存在。人不仅需要物质家园也需要精神家园，人的肉体需要安顿，灵魂也需要安顿。只有信仰能够给我们带来精神上的力量，一个企业、一个团体，甚至一个国家、一个民族都必须要有信仰。有了信仰才能够形成强大的凝聚力和执行力，精神的力量、信仰的力量是任何物质性的力量都不能比拟的。作为一个儒商，必须要有自己独立的信仰体系，这个信仰体系就是儒家圣人之道与先王之道。他必须心归儒门，尊孔崇儒，以儒家先圣先王之道作为自己安身立命的根本，用儒家的文化精神建构自己的精神家园。敬天法祖，尊礼圣贤，把圣人之道作为自己修身的准则，把儒家的伦理道德规范作为自己生活工作和经营的准则。自觉接受圣贤教化，同时也用圣贤之道去教化自己的员工和管理层。真正做到笃信圣道，归儒宗孔，才能成为真正的儒商，拥有儒商的精神。

要建构中国现代工商业文明模式，培育儒商精神，就必须要确立儒商的信仰体系。把对圣贤之道的信仰，对敬天法祖的信仰作为儒商精神培育的重要内容。笃信圣道，归儒宗孔，一个商人就会成为有道的商人，一个企业

---

[1] 程颢、程颐：《二程集》，中华书局1981年版，第615页。

[2] 程树德撰，程俊英、蒋见元点校：《论语集释》第3册，中华书局1990年版，第836页。

就会成为有道的企业，这样的商业文明商业规范就会成为有道的商业文明商业规范。

《诗》云："上帝临汝，无贰尔心。"① 昊天上帝时时刻刻都在注视着我们，我们必须怀虔诚之心，小心翼翼，笃信圣道，敬畏天命。信仰就是"择其善而固执之者也"，对于圣人之道只有执着地坚守、遵循、践行，我们才能够在圣贤的光芒照耀下成就自己儒商的生命道德人格。

（二）义利合一，以儒行商

"义利合一"是儒家的基本义法，是儒商的核心价值观，也是儒商精神的重要实质内容。朱子曰："义利之说儒者第一义"，儒家非常强调"义利之辨"，即辨明义和利的关系。义是儒家的一个基本道德条目，其重要性仅次于"仁"，在儒家文化的语境当中常常是仁义并称。

《中庸》曰："义者，宜也。"朱子视"义"为"天理之所宜"，孟子把"义"视为"人之正路"，即符合天理人情的、正当的手段和途径。义是一种行为规范和取舍标准，强调人的行为的合理性、合法性、规范性。凡是符合天理人情的则为义，反之则为不义。

"利"在这里指物质财富和利益，对于人对于社会而言，谋利、趋利、营利都有其正当性，都符合天理人情。

子曰："既庶矣，则富之；既富矣，则教之"②；"富而可求，虽执鞭之士，吾亦为之"③。在儒家看来对于百姓必先富之而后教之，要藏富于民。治国之道以富民为本，要为民治"恒产"。人们经商谋利符合天理人情，是天经地义的正当行为。但是另一方面，"利"对于人的精神和道德具有腐蚀性，对于社会有负面的影响，因为"利"会激发人的贪欲之心，会腐蚀人的精神和灵魂，在利益面前人心的阴暗面会充分地彰显出来，所以利会"害义"、"害道"。必须要对利进行制约，要"以义制利"，强调义利合一。

所以儒家在肯定人们追求物质利益合理性的前提下同时又十分重视追求物质利益的手段的正当性。善的目的只能通过善的手段来实现。人们经商

---

① 王秀梅译注：《诗经》，中华书局 2006 年版，第 169 页。

② 程树德撰，程俊英、蒋见元点校：《论语集释》第 3 册，中华书局 1990 年版，第 905 页。

③ 程树德撰，程俊英、蒋见元点校：《论语集释》第 2 册，中华书局 1990 年版，第 452 页。

谋利不能违背天理天道，不能违背根本的精神价值，不能违背儒家的伦理道德规范。

子曰："富与贵是人之所欲也，不以其道得之不处也；贫与贱是人之所恶也，不以其道得之，不去也。"① 君子有所取有所不取，合于义则取，不合于义则不取。见利忘义，绝仁害义，不忠不义，背信弃义都不可为之。一定要注意义利兼顾，义利合一，这是儒商的核心价值观，也是判断一个商人是不是儒商的重要标志。

尤其是经商行为本身就以利益诉求为目的，时时刻刻都在与利益进行纠缠和计较。经商以利益的实现为目标，一不小心就会堕落唯利是图、见利忘义、背信弃义的泥潭当中。所以在经商的过程中，在经营的过程中就必须时刻警觉，把义字摆中间，做到"义以为质"，处理好义与利的关系。时刻反省自己，在追求利益的过程中有没有违背天道性理，违背人伦大义的行为。要做到以儒行商，义利合一。

要把儒家的根本价值与文化精神落实到商业生活中，要通过自己的为学功夫进行自我修身，完善自身的道德人格。同时，又通过自己的商业行为经营活动去成就一番事业，从而为社会、为国家、为人类的幸福作出自己的贡献。我们每一个行商之人都要正其义，要用儒家义的精神和理念确立商业行为的大根大本，以"义利合一"的原则作为企业经营的核心价值观，真正地做到以儒治企，以道御商，并以此创造出中国式的商业规范和商业文明模式。

（三）以财发身，兼济天下

子贡问曰："若有博施于民而能济众，可谓仁乎？"子曰："何事于仁，必也圣乎！"② 在孔子看来，一个博施于民，兼济天下的人已经达到了圣人的高度和境界。这就是说，一个人如果能够广泛地散财于民，做公益，把自己的财富用于社会，用于百姓，用于崇高伟大的事业当中，让天下人受益，那么他就是圣人。子贡是孔子的学生，是儒商始祖。《论语》记载："子贡货殖，

---

① 程树德撰，程俊英、蒋见元点校：《论语集释》第 1 册，中华书局 1990 年版，第 232 页。
② 程树德撰，程俊英、蒋见元点校：《论语集释》第 2 册，中华书局 1990 年版，第 427 页。

臆则屡中。"子贡是个非常会做生意的人，因此积累了大量的财富，可以说富可敌国。子贡的智慧不仅仅在于他有经营头脑，很会赚钱，更重要的是他会"用钱"。赚钱体现一个人的能力，怎么用钱，可以看出一个人的格局，看出一个人的境界、德行和智慧。

子贡富可敌国，他的财富都用到哪里去了呢？孔子周游列国十四年，带着大批弟子，人员车马每天花费多少？十四年的时间，这么庞大的开支，大部分是学生子贡提供的。子贡把他的财富用到了孔子身上，用到了一个文明复兴的伟大事业上，他的财富发挥出了最大的作用和意义。子贡也因此而被后世奉为"行圣"，行就是行动，子贡是一个行动的圣人，不仅学问高，有德行，而且善于做事。没有子贡在经济上的支持，孔子周游列国是不可想象的。后来归鲁删《诗》、《书》，订《礼》、《乐》，赞《周易》，作《春秋》，开出华夏文明的一个崭新格局，这也需要一个庞大的研发团队和项目班子，需要很多顶级的专业人才。这些人才需要薪水，他们需要养家糊口。而孔子办的是私学，国家财政不提供支持。从这个意义上说，子贡为儒家文化传承，为华夏文明的复兴，为两千年中华盛世的开启作出了重大的贡献，他也作为横空出世的一代儒商而流芳千古。

《大学》云："仁者以财发身，不仁者以身发财。"以财发身是儒商的又一核心价值观，是儒商精神的又一重要实质内容。发身就是让人的生命得到升华，让人的生命价值得到放大并实现永恒。所谓"以财发身"就是把自己手中掌握的财富作为手段和资源，用于公益事业，用于天下百姓，去做一些具有崇高意义和价值的事情，让天下人受益。从政的人要通过权力的运用造福百姓，这叫以"权"发身；作学问的人要通过自己的思考和文化创造惠及天下，这叫以"学"发身；科技工作者通过自己的科研活动把科技成果运用到社会生产当中提高社会生产力，从而让百姓受益，惠及天下，这叫以"技"发身。

由于职业的分殊，每一个人都可以根据自身的情况，根据自己的所学所长，根据自己所掌握的社会资源，在兼济天下的伟大崇高事业当中去实现自我的生命价值，提升自我的生命人格。商人就是要通过自身的商业行为，通过自身的经营活动，把自己所积累的财富投入到社会公益事业当中，而不是只满足个人及家人的消费欲望。乐善好施，博施于民，兼济天下，在这个过程中通过这样一种特殊的方式去提升自己的生命人格，实现自己的生命价值，这就是"以财发身"。

从一个商人赚钱的能力、经营的好坏、效率的高低、盈利的多少可以看出一个商人的能力和才智。怎么赚钱，赚多少钱，这是评判他经营活动和商业才干的标准。而怎么使用自己的财富，这是评判一个商人的道德人格和生命境界的标准，是衡量他生命价值和存在意义的标准。如果他赚了钱只是用于个人和家人的消费，那么他就只是一个普普通通的商人，如果他把自己的财富用于公益，投身于公共事业，投身到治国平天下的外王事业当中，那么他就会在为天下百姓为国家民族谋取福利的过程当中，让自己从小生命变成大生命，从一个普通人变成"大人"。

儒家把人分成大人和小人两种人格，小人就是自私自利只为自己活着的人，大人就是兼济天下的君子圣贤。如果一个商人只为自己活着，赚钱只是为满足自己和家人的物质需求，这样的人，他的企业做得再大、盈利再多也只是个小人。如果他不仅为自己活着，也能够兼济天下，能够心忧天下，把自己的财富投入到崇高的公益事业当中去，那么他就是一个大人，他的生命就更加光大，更加光辉，他就不是一个小财主一个小老板。所以，"以财发身"是一个企业家实现生命人格的最有效的途径和方式。

博施于民，兼济天下，勘破财富，超越自我，不为物欲所累，散财于民，倾心慈善，做出一番利国利民的外王事功。同时努力学习，修身向道，明理尽性，以内圣功夫成就商界君子的人格风范。这样，才能最终达至内圣外王的境界，从而实现儒商的最高理想人格，达至生命的光辉境界。

"圣者尽伦，王者尽制"，圣者尽伦是生命的实践，其目标是成就儒商的理想人格，希贤希圣以希天，最终优入圣域。王者尽制是通过社会实践，通过改制立法来创建王道社会的制度体系，创造具有王道精神的儒商管理模式和制度体系，从而形成良好的中国式的商业文明模式及其治理结构。

要建构中国的商业模式、制度体系和治理结构，就必须要培育出中国的商业精神——儒商精神。儒商精神就是中国的商业精神，儒商精神的培育对于建构中国的商业文明模式具有重大的意义。它是中国商业文明模式的形上根基和价值源头，也是中国式管理模式和制度体系的义法原则。

与传统农耕社会相比，现代工商业社会的生产方式和社会结构都发生了重大的变化，商业的力量无处不在。在市场经济和科学技术高度发达的背景下，农耕已经不再是主要的社会生产方式，商业进而成为人类社会最重要的生产方式，成为型构现代社会的主导性力量。追求利润、追求效率已经不仅仅是商业行为的根本动机，同时也是社会发展的内在动因。

传统"士农工商"四民的社会格局已经不复存在，取而代之的是市场经济背景下复杂的社会结构，商业由"末"变"本"，成为重要的社会生产方式和社会生活方式，物质利益、经济利益也成为人们社会生活的重要决定力量。在一定程度上我们可以说现代工商业社会就是一个物欲横流、利益宰制的社会。面对这样一个社会，如果没有强大的商业精神，就不能以道御商，就不能为高度发达的工商业及其市场经济这匹野马套上笼头。这就是儒商精神对于中国现代工商业文明模式建设的意义所在。

"君亲师": 儒商在现代企业中的三重角色

徐平华 *

儒商，即为"儒"与"商"的结合体，既有儒者的道德和才智，又有商人的财富与成功，是儒者的楷模，商界的精英。一般认为，儒商应有如下特征：注重个人修养、诚信经营、有较高的文化素质、注重合作、具有较强责任感。

"君亲师"发端于《国语》："民性于三，事之如一。父生之，师教之，君食之。非父不生，非食不长，非教不知生之族也，故壹事之。"[①] 在这里，《国语》着重说明了"君亲师"三者的意义，正所谓"民性于三，事之如一"。后荀子增加"天"和"地"，并对五者作了阐述："天地者，生之本也；先祖者，类之本也；君师者，治之本也。无天地恶生，无先祖恶出，无君师恶治，三者偏亡，则无安人。故礼，上事天，下事地，（原文：三者偏亡焉，无安人）尊先祖而隆君师，是礼之三本也。"[②] 雍正初年，第一次以帝王和国家名义，确定"天地君亲师"的次序，并特别突出了"师"的地位和作用。从此，"天地君亲师"就成为风行全国的祭祀对象，体现传统敬天法祖、孝亲顺长、忠君爱国、尊师重教的价值取向。

挖掘传统的"君亲师"思想，进行"创造性转化、创新性发展"，对重新定义儒商在现代企业中的角色有重要意义。

---

* 徐平华，广州美术学院教授。

① 徐元浩撰，王树明、沈长云点校：《国语集结》，中华书局 2002 年版，第 248 页。

② 王先谦著，沈啸寰、王星贤点校：《荀子集解》上册，中华书局 1988 年版，第 319 页。

一、"君"：儒商在现代企业中的首重角色

何谓"君"？左丘明说："赏庆刑威曰君。"①董仲舒云："君也者，掌令者也。"②许慎说："君，尊也。"③可见，"君"原是对掌控权力的统治者的尊称，亦即"君王"。后引申为对道德品行良好的人的尊称，亦即"君子"。

儒家历来认为：先为"君子"，方可为"君王"。周公思考小邦周何以取代大邦殷，根源就在商纣王自认为有天命，不修德；反之，周的祖先修德，故天命由大邦殷转移到小邦周。最终周公提出"以德配天"，亦即周王朝要想江山永续，统治者就须加强道德修养，实行德治。说白了，即先为有道德的"君子"，方可成为拥有天下的"君王"。周公的德治主张后被孔子继承与发展，孔子明确提出："修己以敬"、"修己以安人"、"修己以安百姓"④。亦即要"安人"、"安百姓"，成为合格的"君王"，首先要从"修己"加强道德修养，做一个道德高尚的"君子"开始。

儒家认为：伏羲、炎帝、黄帝、尧、舜、禹、汤、文、武、周公等之所以成为圣王，都在其实现"君子"与"君王"合体，对人类社会发展作出重要贡献。春秋以降，礼崩乐坏，"君子"与"君王"，或者说"圣"与"王"出现分裂，出现了"圣"而不"王"者，亦即是"君子"而非"君王"者，如孔子等；或"王"而不"圣"者，亦即是"君王"而非"君子"者，如梁惠王等。

秦亡汉兴，以秦为鉴成时代课题，陆贾一再论证"君子"与"君王"，或者说"圣"与"王"再次合体之重要性。所谓"圣"即"内圣"，亦即对内修身，提高道德修养，成为"君子"；"王"即"外王"，拥有最高权力，成为"君王"。陆贾说："德盛者威广，力盛者骄众。齐桓公尚德以霸，秦二世尚刑而亡。"⑤可见，秦二世虽是"君王"，最终却"尚刑而亡"，原因就在

---

① 杨伯峻：《春秋左传注》，中华书局 1981 年版，第 1495 页。

② 苏舆撰，钟哲点校：《春秋繁露义证》，中华书局 1992 年版，第 221 页。

③ 许慎撰，段玉裁注：《说文解字注》，上海古籍出版社 1981 年版，第 119 页。

④ 程树德撰，程俊英、蒋见元点校：《论语集释》第 3 册，中华书局 1990 年版，第 1041 页。

⑤ 王利器撰：《新语校注》，中华书局 1986 年版，第 29 页。

"道德不存乎身"，并非"君子"，亦即只"王"而不"圣"；反之，齐桓公"尚德"是"君子"，且拥有君位亦即是"君王"，既"圣"且"王"，故能称霸天下，创造历史。可见"君子"与"君王"合体何等重要。

"君子"与"君王"合体对现代企业管理仍然有重要启示：要想成为一个成功的企业家，首先要加强道德修养，成为抱道的"君子"，如此方能"道之以德"，以自己的德行感召员工，成为众望所归企业领袖，亦即"君王"，最终带领企业走向辉煌，亦即"王天下"。可见"君"是儒商在现代企业中的首要角色。

那么儒商如何在现代企业中扮演"君"的角色呢？

首先，应加强自身道德修养，这是成为"君子"的必要条件。陆贾一再强调君王"功不能自存"，治国失败，原因就在"道德不存乎身，仁义不加于下也"[1]，亦即对内没有加强道德修养，成为"君子"以致对外未能实施"仁政"，成为合格的"君王"。鸦片战争以来，国家在现代转型中举步维艰，某些人将其归根于传统文化，故五四时有人提出"打倒孔家店"，到"文化大革命"时又进一步提出"批林要批孔"，这直接导致传统文化在几代人中断层，其精华之一："内圣"功夫对许多人来说简直是天方夜谭。现在不少企业家虽然乘改革开放之风成为企业家，但个人修养却一直是短板，亦即难以成为"君子"。这是为什么当今社会会出现那么多为富不仁、暴发户式的企业家的根本原因。故企业家应系统学习传统文化，加强道德修养，尤其要学会"慎独"、"诚"、"敬"等儒家修养方法。唯如此，方能提高其自身领导素养，成为"君子"，最终实现由富到贵的转变；也唯如此，方能基业长青，企业不断做大做强。一句话，加强个人修养，成为抱道"君子"，方能成为"君王"：企业领袖，实现"王天下"，将企业做大做强的梦想。

其次，应成为员工楷模，教化、引导员工上行下效、移风易俗，最终无为而治，这是使企业走向辉煌的重要条件。孔子说："君子之德风，小人之德草。草上之风，必偃。"[2]陆贾说："故上之化下，犹风之靡草也。故君子之御下也，民奢应之以俭，骄淫者统之以理；未有上仁而下贼、让行而争

---

① 王利器撰：《新语校注》，中华书局 1986 年版，第 146 页。

② 程树德撰，程俊英、蒋见元点校：《论语集释》第 3 册，中华书局 1990 年版，第 866 页。

路者也。"① 可见，君王是"风"，臣民是"草"；"草"随"风"而动，臣民是跟随效法君王而动。可见，君王加强道德修养，做臣民榜样，至关重要。由于无传统文化根基，当今许多企业家连孔子所倡导的"修己安人"、"其身正，不令而行，其身不正，虽令不从"等基本道理都不懂，常严格要求部下与员工，自己却没有率先做到，即所谓"宽于律己，严于待人"，结果员工口服心不服，领导公信力大打折扣，管理效果更是难以令人满意。故企业家要认真学习传统文化，不但"修己"，而且做部下、员工的楷模，要求员工做到的，自己首先做到，这样才能"君子德风，小人德草"，"不令而行"，"移风易俗"，取得良好管理效果。唯如此，企业才能做大做强，实现"王天下"的梦想。

唯特偶新材料股份有限公司老总廖高兵先生便是这样一位"君子"与"君王"合体，最终企业做大做强的企业家。廖高兵出身贫寒，1989 年，17 岁只读一年中专便辍学的他到深圳打工。与一般打工者不同，其虽读书不多，但从小却从父亲那有意无意受到《三字经》、《增广贤文》等经典熏陶，如"钱财如粪土，仁义值千金"、"君子爱财，取之有道"、"但行好事，莫问前程"、"平生不做亏心事，半夜不怕鬼敲门"、"万般皆下品，唯有读书高"等经典名言便无形之中影响到其做人做事。由于人品好、做事又认真负责，其很快便得到提拔。正如他所说："不管做什么工作，我都以老板的心态去工作，很快就得到了回报，19 岁就当上了厂长。"1992 年，其在深圳开办第一家工厂，但好景不长，创业失败，不得不四处借钱结清工人工资。当时有人劝他：你工厂都破产了，工人工资何必全付？廖高兵明确表示：做人要讲良心。不但借债全额结清工人工资，而且将所有工人介绍到其他工厂工作。当时是需每人付 100 元介绍费的，为此，穷困潦倒的他为 21 名工人支付了 2100 元介绍费。但善有善报，工人们后来凑了 2100 元一起来看廖高兵。在聊天中，廖高兵得知他们工厂有一批化工产品滞销，便抓住机会，做起威信化工，这便是唯特偶的前身。与许多草根企业家一旦有钱便奢靡堕落不同，廖高兵一直不忘初心，头脑清醒，并在夫人陈女士的引导下开始学习传统文化，提高道德修养，并最终与夫人一道吃素，加强修行，践行"诚信文化、

---

① 王利器撰：《新语校注》，中华书局 1986 年版，第 67 页。

善文化"。而唯特偶的事业也越做越大、越做越强。现其已成长为国内最大的集生产、研发、销售、技术咨询为一体的微电子焊接材料提供商。总之,实现"君子"与"君王"合体,这是廖高兵企业不断做大做强的根本保障。

二、"亲":儒商在现代企业中的第二重角色

何谓"亲"?《说文解字》:"亲:至也。从见亲声。"① 儒家历来倡导"亲亲"。"亲亲"即亲爱自己的亲人。孔子说:"仁者,人也,亲亲为大。"② 可见,仁的第一层含义是"亲亲"。孔子又说:"凡为天下国家有九经,曰:修身也、尊贤也、亲亲也、敬大臣也、体群臣也、子庶民也、来百工也、柔远人也、怀诸侯也。"③ "亲亲"又上升到根本的治国之道。

而儒家的"亲亲"实源自东方传统的"家国同构"。所谓"家国同构"即家庭、家族与国家在组织结构相通,均以血亲——宗法关系来统领。它是宗法社会的重要特征。父为家君,君为国父,君父同伦,家国同构,宗法制度因而渗透于社会整体。

儒家"亲亲"思想在现代企业管理中依然有重要价值。它要求企业家将企业当作家来经营,企业家乃家长,员工即子弟。大家是命运共同体,一荣俱荣,一损俱损。须指出:"亲亲"思想对日本社会产生深远影响,如日本企业文化强调"以社为家"便是明证,这导致日本员工对企业的认同度与归属感大大强化,这也是与他国相比,其跳槽率偏低的重要原因。

那么如何在现代企业管理中落实"亲亲"思想呢?它要求儒商扮演"亲"的角色,将员工、顾客当亲人。此即其第二重角色。

首先,企业家须"亲亲",将员工当亲人。当前很多员工将公司当作谋生场所,而非有归属感的家,故对公司发展漠不关心,甚至有的将老板当作剥削者,憎恨对象;将同事当作竞争者,排挤对象;一旦有更好的去处便毫

---

① 许慎撰,段玉裁注:《说文解字注》,上海古籍出版社 1981 年版,第 734 页。
② 郑玄注,孔颖达疏,龚抗云整理:《礼记正义》下册,北京大学出版社 1999 年版,第 1440 页。
③ 郑玄注,孔颖达疏,龚抗云整理:《礼记正义》下册,北京大学出版社 1999 年版,第 1442 页。

不留情地跳槽。为此企业也不愿花力气和成本培养员工，担心培养人才最终是为他人做嫁妆，甚至想方设法压低员工工资，如此又进一步造成双方的不信任与仇视。造成这种恶果原因是多方面的，但根本原因在公司或者说企业家没做到"亲亲"。为此公司及企业家首先要"亲亲"，将员工当亲人，急员工之所急，想员工之所想。同时企业家还要扮演好家长的角色，教育员工将公司当作家，将老板及其他同事当亲人。其实公司乃我家，发展靠大家。老板乃家长，员工乃兄弟姐妹。且老板与员工朝夕相处，利益与共。正是有员工，公司才能做大做强；同样，正是有公司与老板，员工才不会失业，才能维持生计并在此基础上实现职业发展。故公司上下乃我亲。而日本企业文化强调"以社为家、以和为贵、以义为上、以利为善"，其中"以社为家"尤其值得学习，它为日本企业员工打造有归属感的家，使许多人终其一生在一家企业工作，并以跳槽为耻，而公司也多实行终身雇用制，鲜有解雇员工。这其实就是在企业管理中借鉴、落实儒家"亲亲"思想，将员工当亲人的重要体现。

其次，企业家须"亲亲"，将客户当亲人。客户是企业的衣食父母，是其亲，故"亲亲"就须"推爱"到关爱客户，而关爱用户就须关爱其需求。因此，要创造突破性产品，就必须以客户为中心，了解并满足其需要、要求和愿望，维护其权益。但是否关注其需求就是用户需要什么，就设计生产什么呢？显然不是。儒家"亲亲"含义之一是："事父母几谏。"[①] 即父母有过，儿女应劝谏其改过。故对于客户的不正当合理需求，要敢于说不，并一定要对客户进行正确的引导教育，使之确立绿色、环保、健康的消费观。遗憾的是，当今企业界很少有"事父母几谏"的"亲亲"精神，而更多的是迎合、放纵甚至引诱客户从事不良消费，以便获得更大利益，这其实是最大的不仁，反映我们在将客户当亲人方面尚有很大的改善空间。

"博鳌儒商卓越人物"苏州固锝电子股份有限公司老总吴念博，秉承儒家"亲亲"思想，将员工当亲人，将企业当作"家"，探索出幸福企业八大模块的系统化推进模式。比如第一是"人文关怀"。固锝让爱衍生出无穷的力量，化为对父母最真的祝福，对准妈妈无微不至的关怀，对孩子成长殷切

---

① 程树德撰，程俊英、蒋见元点校：《论语集释》第 1 册，中华书局 1990 年版，第 270 页。

的期盼。同时开展各类关怀活动和沟通会，以父母之心来关爱固铻员工。他们还效仿苏州先贤范仲淹的"义田"举措，拿出 5000 万成立"义田大家庭基金"，涵盖员工的结婚关怀、生育关怀、入学关怀、家庭关怀、急难关怀等，"让每个小家都感受到固铻大家庭的温暖和依靠"。再比如第二是"人文教育"，具体措施有：《常礼举要》干部学习班，旨在寻根、连根、养根的"祭祖大典"，培养慈悲懂礼孩子的"蒙学班"以及孝亲尊师夏令营、书法学习班、明德书院专题学习等。[①] 正是秉承"亲亲"思想，将员工当亲人，固铻公司才形成独特的管理风格，企业也日新月异，迅速做大做强。

三、"师"：儒商在现代企业中的第三重角色

何谓"师"？《说文解字》："二千五百人为师。"[②] 可见，"师"本指军队编制；后逐渐发展为"教导所有人的人"，即"教师"。"师"的名称，在夏、商、周时就有。而"师"字则最早出现在甲骨文中，甲骨文中便有"文师"之称；西汉时董仲舒用"师"，司马迁用"师表"，都强调其表率作用。而唐代儒者韩愈在《师说》中说："师者，所以传道授业解惑也"，明确指出"师"的功能是传道、授业、解惑。

必须指出，在儒家看来，"尊师"是与"重道"结合在一起的。韩愈《师说》指出："生乎吾前，其闻道也固先乎吾，吾从而师之；生乎吾后，其闻道也亦先乎吾，吾从而师之。吾师道也，夫庸知其年之先后生于吾乎？是故无贵无贱，无长无少，道之所存，师之所存也。"亦即早于我出生的人，他懂得道理本来就比我早，我拜他为师；晚于我出生的人，他懂得道理如果也比我早，我也以其为师，我学习的是道理，哪管他年龄比我大还是比我小呢？"道之所存，师之所存也。"不难看出，"尊师"的实质在于"重道"，"重道"才是"尊师"的核心价值所在。

"道"本义是道路，后逐渐扩展为方法、技艺、规律、事理、学说、道德等多种含义，合而言之，即"道理"。在儒家看来，"道"既是最高学问，

---

① 《2017 年社会责任报告》，苏州固铻电子股份有限公司，2018 年 3 月 30 日。

② 许慎撰，段玉裁注：《说文解字注》，上海古籍出版社 1981 年版，第 500 页。

也是最终追求目标。故孔子说："朝闻道，夕死可矣"①，并多次强调："吾道一以贯之"②。可见，"道"又是文化象征，"传道"就是对文化的传续。

传统师道在现代企业管理中依然有重要价值，可以说"师"是儒商在现代企业的第三重角色，它要求企业家在现代企业中起到"传道、授业、解惑"作用。

首先，企业家要"传道"，亦即要借鉴传统文化，言传身教，传授"内圣外道"之道，培养员工的君子人格。"君子德风，小人德草"，对于员工来说，老板的一言一行都会影响到其职业道德及人生价值。这就要求企业家用自己良好的道德情操与精神气质去引导、感化员工，逐渐培养其高尚的道德品质、人格修养，亦即君子人格，最终形成正确的世界观、人生观、价值观。须指出，企业家"传道"当前主要指传中华传统文化之道。中华传统文化是中华民族在生息繁衍中创造、发展的，具有鲜明民族特色、历史传统并深远影响整个民族的共同心理状态、思维方式和价值取向等精神成果的总和，其扎根民族文化土壤，对后人有潜移默化的深远影响，其"内圣外王"之道恰是提高员工道德修养，培养"君子"人格的绝佳素材。而"己所不欲，勿施于人"③、"穷则独善其身，达则兼济天下"④等浅显道理也易为员工所接受。故借鉴传统文化，传授其"内圣外王"之道，对员工树立正确的价值观、人生观有重要帮助。

其次，企业家要"授业"，传授员工基本的职业知识与职业技能。身为企业家，在其成长过程中，多会积累一定的职业知识与职业技能，如将其教授给员工，将对员工快速成才有重要帮助。故企业家不能只将自己定位为领导者，还须将自己定位为职业教授，要想方设法将其职业知识与职业技能传授给员工。比如：在设计企业，老板除应言传身教，教会下属、年轻设计师设计方面专业技能，还应传授包括与设计有关的人文知识等基本职业知识，使其在实践中尽快积累和掌握与设计有关的知识与经验，这是其用最低成本，迅速成才的捷径。

① 程树德撰，程俊英、蒋见元点校：《论语集释》第1册，中华书局1990年版，第244页。
② 程树德撰，程俊英、蒋见元点校：《论语集释》第1册，中华书局1990年版，第257页。
③ 程树德撰，程俊英、蒋见元点校：《论语集释》第4册，中华书局1990年版，第1106页。
④ 焦循撰，沈文倬点校：《孟子正义》下册，中华书局1987年版，第509页。

再次，企业家要"解惑"，有效解决员工的困惑。员工在生活与工作中难免会有各种困惑，采用恰当的方式解除其困惑是其成长的重要环节。为此，企业家不能只关注员工的工作问题，还须关心其生活问题，并在必要时给出建议，使其尽快走出困惑。比如当唯特偶公司一员工对学习传统文化有什么用有疑惑、对倡导素食有意见时，廖高兵及其夫人及时找该员工谈心，以自己的成长经历说明为什么要学习传统文化、为什么要倡导素食，及时解除该员工的困惑，最终使其成为传统文化及素食的忠实"信徒"，事业与家庭最终也都很美满。

近当代以来，越来越多有儒商情怀的企业家，有意或无意地扮演"师"者角色：如松下幸之助创办松下政经塾，旨在于培养日本政经领袖，改造日本社会。正如松下幸之助所说："希望从这个政经塾里能走出通晓政治、经济、教育并秉承日本传统精神，拥有强烈的信念、责任感、行动力和国际视野的人才。"而柳传志、马云等商界精英创办湖畔大学，则旨在培养坚守底线、完善社会，拥有新商业文明时代企业家精神的新一代企业家。无论是松下还是柳传志、马云，其创新私塾或学校，其目的在"传道"，其实质是扮演"师"的角色。

又如：李文良在泰威公司大力倡导推广传统文化。2002年其开始组织管理层学习《论语》、《孙子兵法》、《了凡四训》等中国古代经典。2005年又开始组织全体员工诵读并实践《弟子规》。2012年内部成立泰威学院，提出"深信因果，践行弟子规"的核心价值观，等等，其使命皆为培养有浩然正气的谦谦君子，德才兼备的栋梁人才。不难看出，李文良倡导推广传统文化其目的也在"传道"，事实上也扮演着"师"的角色。

总之，儒商在现代企业中的角色定位是亟待探讨的问题。而传统的"君亲师"思想对此有重要启示：首先，儒商须扮演"君"的角色，亦即加强道德修养，成为抱道"君子"，方能成为"君王"——企业领袖，实现"王天下"，将企业做大做强梦想；其次，须扮演"亲"的角色，将员工、顾客当亲人；最后，须扮演"师"的角色，起到"传道、授业、解惑"作用。"君亲师"的三重角色定位对如何发挥儒商在现代企业管理中的作用有一定的启迪。

儒家文化与企业经营

——以涩泽荣一的经营理念为例

细沼蔼芳 *

儒家文化是中国文化的精髓，它在公元 5 世纪左右正式传入了日本，经过上千年的发展，儒家文化已经深深地渗透到了日本的整个社会。尤其是到了近代，儒家文化迎来了全盛期，上至皇室贵族、官僚武士阶层，下至一般民众，儒家文化已经家喻户晓，为日本的伦理道德观的形成起到了巨大的作用。不仅如此，进入近代社会后，儒家文化得到了很好的传承和进一步的发展，不但成为社会伦理观的基础，还对日本经济、日本企业的经营发展起到了推动和平衡的作用。

一、儒家文化在日本的影响力

（一）儒家文化传入日本

儒家文化是中国的传统文化。春秋时期孔子创立了儒家文化，经过了数千年的争论、实践与升华，儒家文化逐渐确定了它在社会中的稳固地位。儒家文化不仅在中国得到壮大和发展，而且早在公元 5 世纪时就经由朝鲜半岛传入了日本。根据中日学者们长年的研究，大家基本上共同认为儒家文化应是在公元 5—8 世纪期间正式传入日本的。① 儒家文化进入日本后，其发

＊ 细沼蔼芳，日本 SBI 大学院大学教授。

① 参见瞿莎蔚、邓亚婷、王冰菁：《古代以来〈论语〉在日本的接受、传播与研究史述》，《燕山大学学报》（哲学社会科学版）2015 年第 2 期。

展可划分为三个阶段。①

首先是"传入期"（公元 710 年，上古—飞鸟奈良时代）。从这个时期起，日本国内学界开始正式的讲习儒家经典。比如说早期日本会邀请来自朝鲜半岛的儒学士来讲学，到了 7 世纪以后，日本则开始往中国直接派遣"遣隋使"、"遣唐使"去学习儒家文化。当时的皇室贵族，僧侣都纷纷开始学习《论语》。朝廷还模仿唐朝，开设了大学寮，而《论语》和《孝经》是大学里的必修课。不过这个时期儒家文化的推广仅限于皇室贵族以及僧侣等身份尊贵的人。

其次是"发展期"（794—1603 年，平安时代）。飞鸟奈良时代以后，日本还是继续派遣学者来中国研究儒家文化。到了平安时代，学习儒家文化的风气更甚。据说当时朝廷设了一个叫"明经道博士"的专职部门来教授儒家文化。在这个时期朱子学也传到了日本，儒家文化的传播对象也从贵族扩大到了武士阶层。学习的科目也有《论语》和《孝经》扩展到《易经》等。

最后是"兴盛期"（1603—1867 年，江户幕府时代）。德川家康在统一了日本，成立江户幕府后，他开始把儒学定为学术的正统，开始提倡德治主义。到了第五代将军德川纲吉的时代，德川纲吉提倡文治，日本国内开设了孔庙以及很多的学堂来讲授儒家文化。当时《论语》已变得家喻户晓，无人不知、无人不读了。

（二）儒学古为今用——推动日本近代化的形成②

日本的近代化是从 1868 年的明治维新开始的。虽然当时大量的西方文化涌入了日本，可是日本人并没有因此而丢弃自己一千多年来形成的儒家文化。他们提倡的是"和魂洋才"，也就是在保存自己民族独立的伦理文化的同时，吸取了西洋的先进技术。并且在引入儒家文化时，不是照搬理论，而是结合当地的实际，按照现实需要加以取舍和注释，把理论和实践结合在一起。把儒家文化运用到了实现近代化的进程中。比如说，他们吸取了《孔

---

① 参见瞿莎蔚、邓亚婷、王冰菁：《古代以来〈论语〉在日本的接受、传播与研究史述》，《燕山大学学报》（哲学社会科学版）2015 年第 2 期。

② 参见孙正：《儒家文化在日本近代化过程中的地位与作用》，《日本研究》1996 年第 4 期。

子·里仁》里的"富与贵是人之所欲也"①的观点，而并不主张西方式把利益视为行为道德的基础和目的。而且特别强调《礼记·礼运》中"天下为公"②的思想，认为在谋取个人利益之前，要以天下的利益为重。在这样的社会伦理基础上，日本迈进了近代社会。

（三）儒家文化在现代企业经营管理中的运用

在现代社会里，儒家文化更是被运用到了企业经营管理的实践中。例如，把儒家文化里的"修己安人"的理念运用到人事管理中。《论语宪问》里有这么一段孔子和子路的对话：子路问君子。子曰："修己以敬。"曰："如斯而已乎?"曰："修己以安人。"③孔子的学生子路问孔子怎样才能成为一个君子。孔子告诉他说："修己以敬。"好好修炼自己。孔子还说，"修己以安百姓"，也就是说修炼自己并让百姓过上幸福的生活。日本企业把孔子的理论运用到人力资源管理上，主张人本主义管理，强调员工的教育培训，并且强调诚以待人、和以待人，培养员工"以厂为家"的爱社精神。日本企业凭借着这样的企业文化、精湛的技术和管理水平，成功地跃入了世界先进企业的行列中。

二、近代企业家涩泽荣一的经营理念——《论语》和算盘的融合

（一）涩泽荣一的生涯④

根据涩泽财团的传记资料，津本阳所写的《涩泽荣一》（上、下），以及笔者走访涩泽荣一纪念馆以及家乡时的记录，涩泽荣一的生涯可以简单地归纳如下。

---

① 树德撰，程俊英、蒋见元点校：《论语集释》第 1 册，中华书局 1990 年版，第 232 页。

② 郑玄撰，孔颖达疏，龚抗云整理：《礼记正义》下册，北京大学出版社 1999 年版，第 658 页。

③ 程树德撰，程俊英、蒋见元点校：《论语集释》第 3 册，中华书局 1990 年版，第 1041 页。

④ 涩泽荣一纪念财团资料（https://www.shibusawa.or.jp/eiichi/）；津本阳：《涩泽荣一》（上、下），幻冬社文库 2007 年版。

1. 少年时代

涩泽荣一1840年出生于琦玉北部的血洗岛（现在的琦玉县深谷市）一富有的农家。他的家族主要是种植小麦，养蚕，并种植一种叫蓼蓝的植物。蓼蓝是一种可以做染料的植物。涩泽家把蓼蓝的叶子捣碎做成一种叫蓝玉的球状形染料，然后把蓝玉卖到各地。

涩泽荣一从6岁开始就受到父亲的影响对汉文化有了兴趣。7岁时他正式拜到当时有名的汉学者——表兄尾高惇忠的门下开始学习四书五经。他从10岁开始就帮家族经营。他先是在蓼蓝种植农家之间导入了激励机制，发挥了农家的积极性种植了大量优质的蓼蓝。从17岁起开始翻山越岭把制作好的蓝玉销售到信州（现在的长野县）一带。当时在一次缴纳赋税时由于自己的商人身份而被衙门的官员羞辱，从那时起少年涩泽荣一就非常反感"官尊民卑"的社会体制。

2. 青年涩泽荣一

1863年，青年涩泽荣一参加了当地的"尊皇攘夷"运动，在一次要夺取高崎城和烧毁横滨洋人驻地的行动中，由于走漏了风声而行动失败。青年涩泽荣一为了逃避追捕逃到了京都。经友人推荐，青年涩泽荣一进了一桥庆喜的府邸（日后江户幕府第十五代将军，也是最后一代将军）成为其家臣，并于1866年一桥庆喜继任江户幕府第十五代将军时成为其幕僚。青年涩泽荣一27岁时陪同一桥庆喜的弟弟德川昭武一行同去了巴黎国际博览会。在巴黎，青年涩泽荣一接触了西洋文化，看到了一个实业家备受尊敬没有"官尊民卑"社会。国际博览会后的青年涩泽荣一留在了巴黎开始学习西洋的金融和管理等知识。1868年，由于江户幕府败退，明治新政府掌权。涩泽荣一等被新政府从巴黎召回了日本。

回国后的涩泽荣一在静冈藩（现在的静冈县）任职。当时他把从法国学到的株式会社制度（有限责任公司制度）运用到实践中，创立了"共力合本法"制度，把地方的零散资金合并起来，实行股份制，搞活了当地经济。1869年涩泽荣一被举荐到了中央政府的大藏省[①]，主管度量衡的制定以及国

[①] 大藏省是从明治维新起至2001年为止的国家行政机构，主要职责是调度政府运营资金，2001年改编为现在的财务省和金融厅。

立银行条例的制定。1873年建立了第一国立银行（现在的瑞穗银行），这是日本第一家银行。同年，青年涩泽荣一辞去了大藏省的官职开始投身于发展实业。

3. 中年涩泽荣一

33岁的涩泽荣一在辞官后先是出任了第一国立银行的董事长。后来又陆续在日本各地建立了七十七国立银行以及一些地方银行，并办了东京瓦斯、东京海上保险、日本邮船、王子制纸、东京急行电铁、帝国饭店等500多家企业。现在很多日本的代表性企业都和涩泽荣一当年建立的这些企业相关。涩泽荣一和很多财阀不一样，他虽然建立了这么多企业，但是在每个企业里涩泽荣一都只保留一小部分的股份，而没有借势建立"涩泽财阀"。涩泽荣一不为钻营私欲，而是希望通过办实业来推动社会的繁荣和发展。后人把涩泽荣一誉为"日本资本主义之父"。

4. 晚年涩泽荣一

晚年的涩泽荣一热心于教育和公益事业，先后创办和协办了商法讲习所（现在的一桥大学）、大仓商业学校（现在的东京经济大学）。而且涩泽荣一为了改变日本当时男尊女卑的社会观念，他设立了女子教育奖励会，并协办了日本女子大学和东京女学馆。在慈善公益事业上，涩泽荣一创办了东京养育院，照顾生活贫困者、孤儿和残疾人士。涩泽荣一享年91岁。在他长眠之前，他一直还坚持经营这些慈善机构。

（二）涩泽荣一经营理念的形成背景

1. 巴黎国际博览会的意义

青少年时代的涩泽荣一是一位"尊皇攘夷"的志士，幕府末期，西方豪强的轮船频繁出现在日本海，他们要求江户幕府实行开国政策。当时对西洋还不了解的一部分人对这样的外国势力非常的反感，他们主张用武力把外国人赶走，维持锁国政策。涩泽荣一就是他们其中的一员，但这位原本的"尊皇攘夷"志士在参加完了巴黎国际博览会后发生了很大的变化。

首先，在他们刚抵达巴黎的时候，涩泽荣一才开始认识到日本与世界的差距。尤其是以下两点对涩泽荣一经营理念的形成产生了很大的影响。

其一是了解了日本与法国等西方国家工商业的差距。首先让涩泽荣一惊讶的是巴黎的城市建设，尤其是巴黎的上下水道的建设、地下瓦斯管道等。而且在博览会上，涩泽荣一最感兴趣的是美国企业生产的农耕机械和纺织机械。他深深地感觉到发展实业才是一个国家的富国之道。在巴黎期间，涩泽荣一努力学习了西方各国的经济发展特点、经济制度、生产技术以及金融制度。为日后涩泽荣一在日本发展实业奠定了基础。

其二是见识了没有"官尊民卑"的社会。当时日本是个"士、农、工、商"的等级社会。社会地位最高的是武士（官吏），其次是农民、手工业者，地位最低的是商人。商人是个完全得不到尊重的职业。而在法国，涩泽荣一看到的是实业家备受社会的尊重、军官（官吏）与实业家平等的社会。这一切使他深深地意识到发展实业以及打破日本的贱商意识的重要性。

涩泽荣一在《青渊百话》里有这样的一段话，"在法国的实地见闻令我十分的振奋，这是我投身实业界的最大动力。"①

2. 重新研究《论语》

为了打破当时的贱商意识，使更多的人投身于实业界，从巴黎回到日本后的涩泽荣一开始重新研究《论语》。在《论语》中他找到了仁义道德和生产殖利的相生相容的答案。

《论语·里仁》篇曰："君子喻于义，小人喻于利。"② 意思是君子看重的是道义，小人看重的是眼前的利益。当时的日本社会在讨论商人的问题时，片面地运用了孔子的这句话，认为商人就是眼中只有利益，唯利是图的小人。但是，涩泽荣一做了如下的反驳："孔子强调的并不是君子厌恶盈利，而是强调万事要以道义为衡量标准。而小人则是指那些万事以利益为标准来衡量，为了盈利不择手段之人。"③

另外，子曰："富与贵，是人之所欲也，不以其道得之，不处也；贫与贱，是人之所恶也，不以其道得之，不去也。"④ 意思是，富裕的生活和显贵的地位是每个人的欲望，但是如果是通过不正当手段来得到的话，君子是不会接受的。贫穷的生活和卑贱的地位是每个人所厌恶的。但是如果为了脱贫

---

① 涩泽荣一：《青渊百话》，国书刊行社 1986 年版，第 261 页。

② 程树德撰，程俊英、蒋见元点校：《论语集释》第 2 册，中华书局 1990 年版，第 267 页。

③ 涩泽荣一：《论语和算盘》，角川ソフィア文库。

④ 程树德撰，程俊英、蒋见元点校：《论语集释》第 1 册，中华书局 1990 年版，第 232 页。

而使用一些不正当的手段的话，君子是不屑一顾的。对此，涩泽荣一做了如下的评注："孔子提倡的不是不允许追求赢利，而是强调要通过正当的途径来盈利。"① 涩泽荣一认为，商人如果想改变世俗的偏见得到社会的认同与尊敬的话，必须不违背道义，用正当的途径来赢利。这是提高商人的身份和推动社会发展的关键。《论语》的研究为涩泽荣一的经营理念的形成打下了理论基础。

（三）"论语和算盘合一说"的精髓

任何的经济制度在推行与发展时都需要一定的伦理观的配合。比如在欧洲社会里，资本主义的产生，发展也依赖于一定的伦理观。德国学者马克斯·韦伯提出的"经济合理化"就是这样一种伦理观。经济制度如果缺乏了伦理观，那么在推行制度时就会发生偏差。涩泽荣一认为经营实业也是如此。只有坚持伦理价值观和科学性经营的并重才能实现企业的持续性发展。

在这样的历史背景与理论基础的支持下，涩泽荣一推出了"《论语》和算盘合一说"。笔者认为"《论语》和算盘合一说"里包括了以下三个主要的内容。

一是关于真正的利殖法。

"利殖"在日语里是通过投资等赢利而使财富增值的意思。涩泽荣一指出，真正的利殖法，就是财富增值的方法要以遵从"仁义道德"为前提。② 通过不正当的手法而获得的财富是不会持久不衰的。

二是"经济"与"道德"的合一。

有人会认为在经济社会里，"经济"与"道德"是不相容的两个概念，也就是说要追求"经济"的话，就会有不得不舍弃"道德"的一幕。但是涩泽荣一指出，"经济"与"道德"是两个可以相容的概念。理由就是上述的"真正的利殖法"——要实现可持续性经营，就必须以"仁义道德"为前提。所以涩泽荣一认为"经济"与"道德"是两个不可切分的概念。在这里"经

---

① 涩泽荣一：《论语和算盘》，角川ソフィア文库，第124页。

② 涩泽荣一：《论语和算盘》，角川ソフィア文库，第22页。

济"可理解为"利","道德"则可理解为"义","经济"与"道德"的合一也就是"利"和"义"的合一。这是涩泽荣一经营理论的精髓所在。

三是"智"、"情"、"意"的合一。

涩泽荣一在他的"《论语》和算盘合一说"里提到了"士魂"和"商才"这个概念。这里的"士魂"指的是日本的传统的伦理文化，指的是具有"正义"、"廉直"、"侠义"、"敢为"、"礼让"的高风亮节之士。[①]"商才"是指具有行商魄力的人才。作为实业家只具备"士魂"或是"商才"中的一点是不够的，必须做到"士魂"和"商才"的合一才是一名真正的实业家。

涩泽荣一具体地指出，作为一名合格的实业家，他需要做到"智"、"情"、"意"的合一。[②]"智"指的是"智慧"。实业家只有充分发挥智慧才可以在经营上作出最妥善的决策，但是作为实业家只具备"智慧"是不够的。"情"（情爱）是另一个重要的因素。因为只具备"智慧"而没有"情爱"的实业家，他在经营时容易走上不顾及左右而只追求利益，甚至会为了达到自己的目的而作出损人之事。在此，"情"犹如缓和剂，对防止"智"走向不顾及左右的极端，起了平衡的作用。但是，"情"也有它的弱点。人所具备的"情"里包括了喜怒哀乐爱憎欲等感情要素，这些要素一般都具有较大的起伏性，有时候也会出现偏激的现象，为了控制不使"情"走向偏激，最后一个重要的因素就是"意"（意志）了。因为"意志"是控制"情"的最有效的要素，有了坚强的意志，人就会变得强大。但是"意志"过强，而又缺乏"智"和"情"的话，那么这个人就只是一个固执的人而已，无强大可言。

作为一个实业家，他只有做到同时具备"智"、"情"、"意"的三要素，而且要掌握好三者的平衡关系。

（四）涩泽荣一的管理方式

涩泽荣一把《论语》中的知识运用到了实践管理中。

1. 竞争的原则——善意的竞争和恶意的竞争

涩泽荣一在《论语和算盘》里有这么一段话："任何事物想要激励它发

---

① 涩泽荣一：《论语和算盘》，角川ソフィア文库，第245页。
② 涩泽荣一：《论语和算盘》，角川ソフィア文库，第1245页。

展的时候，竞争是不可缺少的要素。有了竞争就等于有了好的激励机制，竞争可以说是进步之母。"① 同时，涩泽荣一指出了，竞争有善意的竞争和恶意的竞争之分。善意的竞争指的是，"每天早起，刻苦钻研技术，用自己的智慧和努力来取胜于对方，这就是善意的竞争"。相反，恶意的竞争指的是："对于别人创造的受到社会好评的技术和成果，只会去抄袭，或是从旁打击损害对方而达到自己的目的，这就是恶意的竞争"。

在国际经营问题上，涩泽荣一尤其强调了这一点。他认为要使日本企业得到国际同行的尊重和认同，必须放弃只会抄袭别人技术和成果的做法，像这样恶意的竞争只会让自己在商界的地位更低下。在经营里，最重要的是不做违心的决策。

2. 合理经营的原则——适才适所

涩泽荣一所追求的合理经营的模式里，人才的配置是一个非常重要的环节。据说涩泽荣一自 20 世纪初，进入了自己实业家的顶峰阶段，当时据说他同时兼任了近三十家企业的董事和社长。② 在处理各家企业具体业务的时候，涩泽荣一在各家企业里安排了适当的人才，通过这些人才来管理企业。涩泽荣一曾这样说过："做大事业的企业家，比起注重自己的能力更为重要的事情是具备鉴别人才的慧眼。"③

而在鉴别人才方面，涩泽荣一遵循的是《论语》里"视"、"观"、"察"的理论。《论语·为政》曰："视其所以，观其所由，察其所安。人焉廋哉？人焉廋哉？"④ 在考察一个人的品行和才干时，涩泽荣一遵循了孔子所强调的"视其所以"看他所做的事情；"观其所由"，看他的来源、考察他的经历；"察其所安"，再看看他平常的为人是安于什么。涩泽荣一就是以这三点来观察人，再把选拔出的人才安排到适当的岗位，这就是涩泽荣一的合理经营的原则。

3. 经营决策的原则——以《论语》为原则

涩泽荣一在他的一生里建立了五百余家企业，多家企业在走上了正常

---

① 涩泽荣一：《论语和算盘》，角川ソフィア文库，第 234 页
② 笔者走访涩泽荣一纪念馆以及家乡时的记录。
③ 《涩泽荣一传记资料》，涩泽青渊纪念财团 1955 年版，第 204 页。
④ 程树德撰，程俊英、蒋见元点校：《论语集释》第 1 册，中华书局 1990 年版，第 92 页。

的运营轨道后，涩泽荣一就会隐退到经营的第二线。涩泽荣一在隐退前总是给企业留下两句话："企业在制定经营规范和准则时要以《论语》为标准。在经营决策时遇到难以决策的问题要以《论语》为尺度来做最后的决策。"①

三、现代日本企业家如何吸收儒家文化的精华

在涩泽荣一的周围还有很多的日本企业家也吸收了儒家文化的精华，并把它运用到企业管理中。

（一）松下幸之助②

松下幸之助（1894—1989）是日本松下电器产业的创始者，被誉为日本的实业家和发明家。松下幸之助出生于和歌山县的地主之家。由于家道中落，他小学4年级就退了学，9岁时单身一人到了大阪的一家作坊当学徒谋生。1918年在他23岁的时候创立了松下电器器具制作所（于1935年改名为松下电器产业）。

在他的经营哲学里提到了企业与社会的共荣共存问题。松下幸之助强调企业是社会的公器（社会的公共机关），企业要伴随着社会的发展而发展，没有社会的发展也就没有了企业的发展。如果不顾社会的发展只追求企业自身的独自繁荣的话，这种繁荣也不会长久。企业只有和社会之间形成相互依存相互繁荣的关系，才可以实现真正的繁荣。

另外，松下幸之助强调，实业家的使命是社会贡献，"利润"和"道德"的共存是松下的经营之本。

（二）北尾吉孝③

北尾吉孝1951年生于日本兵库县，毕业于庆应大学经济系和剑桥大学经济系。1974年大学毕业后进入野村证券就职，1995年接受了孙正义的邀

---

① 笔者走访涩泽荣一纪念馆以及家乡时的记录。

② 境新一：《近代日本におけるプロデューサーとしての渋沢栄一》，《成城·经济研究》第201号、2013年7月，第72—73页。

③ 北尾吉孝：《从中国古籍获得不可思议的力量》，北京大学出版社2006年版，第10—13页。

请加入了微软集团。1999 年创办了 SBI 控股集团。

北尾吉孝称："我的伦理价值观是从《论语》中学到的'信'、'义'、仁三个字。所谓'信',就是绝不反悔已承诺的事情,我的言行不能让他人和社会失去对我的信赖。所谓'义',就是做正确的事情。所谓'仁',就是指凡事要多站在对方的立场上去考虑。我所经营的集团公司也是依赖这个才得以生存和发展的。"

儒家文化已在日本社会里深深地扎了根,为日本传统文化的发挥起了重大的作用。不仅如此,日本在其近代资本主义的发展中,还在实践中发扬了儒家文化的理论精华。正如被誉为"日本资本主义之父"的涩泽荣一,他就在日本各地设立了"论语讲习所",把《论语》等儒家的思维方式和企业经营相结合。另外,在现代的企业经营里,日本的企业家和学术界再次把儒家文化的精华融入管理中,构筑了具有自己特色的"日本式管理"模式。

近年,日本的经济步入低成长期,有一些企业在经营时光顾着追究眼前的利益,而抛却了伦理道德,也就是说现在的日本社会存在着物质文明和精神文明不一致的问题。现在,中国的儒家文化再次被社会所重视。一百多年前涩泽荣一提倡的"经济与道德合一"说仍然具有其不灭的生命力,而如何实现"经济与道德合一",将是现代企业经营的一个不变的课题。

经济和伦理的协同：从《论语与算盘》谈起

王中江*

在 19 世纪之前日本一直受到中国的影响，但从 19 世纪末开始这一局面迅速发生逆转，中国越来越多地受到日本的影响。这种影响可分为两个时期，第一个时期是从清末到民国初期，这一时期日本对中国的影响，是借鉴日本的强盛和通过日本这一桥梁学习西学；第二个时期是从 20 世纪 80 年代开始的中国改革开放新时期，这一时期日本对中国的影响集中表现在技术和经济层面，如在十几年中日本的电器成了中国人的最爱。文化"软实力"的影响没有技术和经济方面强烈，但也在不同程度地起着作用，我想以我翻译涩泽荣一的《论语与算盘》（中国青年出版社 1996 年版）为例来谈谈这方面的影响。

一、走向"经济之路"与"伦理真空"

当中国从 20 世纪 80 年代开始从计划经济转向市场经济的时候，它实际上是展开了一场全新的试验。市场经济不仅需要一整套与之相适应的相互配合的制度特别是法律规范，而且也需要一套新的价值观和伦理道德基础。

从贫穷革命的价值观转变为富裕光荣的价值观并不难，难的是大家如何走向富裕之路。这当中非常重要的一个方面是，如何把经济、市场与伦理和道德结合起来。但我们遇到了严重的困境，这种困境之一是，误认为"经济"与伦理和道德是彼此不相干的，有人甚至提出了"经济学不讲道德"这种容易引起混乱的论题；另一个困境是，市场经济所需要的伦理差不多变成

---

* 王中江，北京大学教授、博士生导师，中华孔子学会会长。

了真空，因为以斗争为中心的革命道德不能用之于市场经济，传统的儒家道德又被认为是阻碍经济和利益发展的过时之物，这正是 20 世纪 80 年代强烈反传统的表现之一。结果，市场经济同伦理道德之间就出现了严重的脱节和分裂。这是理论上的，更是实践上的。规范经济活动和市场的法律不健全，伦理道德又不能起到应有的作用，中国市场经济充斥着为了利益而不择手段的现象，自然不难理解。

就像现代中国人广泛接受西方近代科学时以遗憾和相见恨晚的心态追问中国为什么不能产生近代科学那样，当资本、富裕和市场经济成为新时期中国人新的理念的时候，中国人也以悔意同样开始追问为什么中国没有自发诞生资本主义，虽然有人一直坚持认为明清之际中国已经有了资本主义的萌芽。实际上，20 世纪初，韦伯已通过"新教伦理"与"资本主义精神"的论题回答了这个问题（中译本《新教伦理与资本主义精神》，三联书店 1987年版）。当"经济"被看成是整个社会具有决定性的东西时，韦伯则从宗教改革产生的"新教伦理"这一侧面来揭示西方资本主义诞生的奥秘。韦伯的基本立论是，西方近代资本主义经济生活的精神同新教的惩忿禁欲、天职（职业）、勤奋、忠诚等伦理之间存在着相应关系，而其他文明如中国（见韦伯的《儒学与道教》，江苏人民出版社 1993 年版）、印度（见韦伯的《印度的宗教：印度教与佛教》，广西师范大学出版社 2006 年版）等，由于缺少这种伦理而没有产生出资本主义精神。对"韦伯论式"中"儒学"与中国经济生活的关系，中国有两种不同的反应，一种反应是质疑韦伯的看法，并从东亚受儒学影响的一些国家和地区——如日本、韩国、新加坡以及中国台湾地区等资本主义来论证儒学对资本主义和经济的发展起着类似于新教伦理的作用；与之相反的另一种反应是，认为儒学对资本主义精神或者广义的经济生活精神是相抵触的，并诘问作为儒学大本营的中国为什么在经济生活上严重滞后了。

二、"士魂商才"与《论语》

日本在从传统社会向近代化的转变中，曾经是日本精神传统之一的儒学也经历了以启蒙理性进行批判和创造性转化的两重立场，启蒙思想家福泽谕吉代表了前者，实业家涩泽荣一则代表了后者。涩泽荣一原走的是仕途，已经升任到了财政部的高级官员，但他不顾朋友们的劝阻，果断辞别政界，投身于实业和商业之中。他回忆说："明治六年（1873年），我辞去官职开始从事多年来所希望的实业，从此，就同《论语》有了特别的关系。这是由于我开始成为商人的时候，心里突然感到，从此之后，我必须以铢锱必较的方式来处世，在这种情况下，应该抱一种什么态度呢？我想起了之前学过的《论语》。《论语》所讲的是修身待人的普通道理，是一种缺点最少的处世箴言。但能不能用在经商方面呢？我觉得，遵循《论语》的箴言进行商业活动，能够生财致富。"①

在涩泽看来，日本作为近代文明国家需要具有强大的物质和经济力量，为此就必须改变日本传统社会轻视商业的官本位价值观，改变"无商不奸"、"为富不仁"的劣根性。如何才能做到这一点呢？他根据日本过去提出的"和魂汉才"，提出了"士魂商才"，探寻日本武士精神同商业才智的结合，认为孔子的《论语》是培养武士精神的根基，商业才智也必须以道德为根本。人们一般不会把《论语》与算盘相提并论，这两者看上去似乎风马牛不相极，但涩泽坚信，"算盘要靠《论语》来拨动；同时《论语》也要靠算盘才能从事真正的致富活动"②。他认为，孔子决不轻视财富和利益，孔子说的"富而可求也，虽执鞭之士，吾亦为之。如不可求，从吾所好"③最能说明这一点。后儒视财富与正义不相容，主张"正其谊不谋其利，明其道不计其功"④，这是对孔子的误解。孔子要反对的只是"为富不仁"、"见利忘义"等卑劣行为和做法。涩泽一直强调，《论语》与算盘是完全一致的，商业与道德必须统一起来。真正的生财之道，真正的商业精神，就是为富而仁、为利而义。任何商业和经营，如果不以仁义和道德为基础，都将是短命的。在涩泽的眼里，《论语》不啻是一部商业圣典。涩泽以他自己的实践和巨大成功，亲证了《论语》与算盘、商业与道德的神奇结合，亲证了东方资本主义与孔子儒学之间的相应关系。他被誉为"日本近代化之父"、"日本近代实业界之

---

① 涩泽荣一撰，王中江译注：《论语与算盘》，中国青年出版社1996年版，第10页。

② 涩泽荣一撰，王中江译注：《论语与算盘》，中国青年出版社1996年版，第3页。

③ 程树德撰，程俊英、蒋见元点校：《论语集释》第2册，中华书局1990年版，第452页。

④ 班固撰，颜师古注：《汉书·董仲舒传》，中华书局1962年版，第2524页。

父"。在日本，把《论语》同算盘结合起来，当然不限于涩泽荣一，但涩泽荣一是其中的典型代表。

三、竞相翻译《论语与算盘》

中国改革开放新时期遇到的最大问题之一，就是一些人为了追求财富和利益而失德丧伦。市场经济是以诚信和法律为基础的经济，交易如果没有诚信，而法律又不健全，市场就会变得不可预期，人们的经营状况可想而知。如何解决这一问题，除了改革政治和健全法律之外，就是如何培养人们的经济伦理和商业道德。正是为了解决中国市场经济的失德失范，寻求伦理、道德与市场和经济的结合，涩泽荣一的《论语与算盘》就进入到了中国人的视野中。

以北京大学与东京大学联合培养博士的身份，1986年年底我到了日本东京大学。在日本学习期间，我一直想买这本书。也许对于当时已高度现代化的日本来说，这本书已不怎么流行，我也没有太费力去找，在新旧书店我始终也没有看到此书，后来干脆放弃购买的念头，从图书馆借出复印了这本书，这是1988年3月回国时我从日本带回的文献之一。回国后，我并没有很快翻译这部书，主要原因是我的精力用在了专业上。一直到1993年我才着手翻译此书，机缘是中国青年出版社的潘平先生肯定了翻译此书的意义，把它列入到了中国青年出版社的出版计划之中。1996年，中国青年出版社出版了此书（据日本国书刊行会1985年版译出），也了却了我的一个心愿。

在此书的"译者序"中，我重点介绍了内容之后，强调此书"对健全地发展中国的市场经济，改变现在的无道德状态大有裨益"。我为此书加的副标题是"人生·道德·财富"，并且为了帮助读者理解，加了许多注释。我希望通过此书在中国传播涩泽荣一的"仁富合一"、"义利合一"、"德财合一"的经营理念，以使对中国市场经济的健康发展起到一定的促进作用。知识界谈到"经济伦理"和经营理念，常常会说到《论语与算盘》，它同我们提出的"儒商"观念有一定的关系。人们逐渐认识到商业道德和经济伦理的重要性，国内不时召开有关儒商的学术和实践讨论会，也开始产生了一些把儒家伦理道德与自己的经营和致富结合起来的企业家。2007年年初，我翻译的《论语与算盘》由江西人民出版社重印，我在"《论语与算盘》再版说明"中强调："读者从此书中不仅能够得到使用算盘的高明智慧，而且还能够得到超乎此的人生智慧。"

我的译本出版不久，我得知此前已经有了宋文、永庆先生的译本，这一译本1994年由九州图书出版社出版。我想他翻译此书应该同我抱有类似的愿望，即建立中国的"经济伦理"。在我的译本《论语与算盘》重印半年之后，江西人民出版社告诉我哈尔滨出版社也出版了《论语与算盘》（2007年5月），让我注意一下。我注意的结果是，这个译本未经我授权几乎百分之百地照搬了我为译本（1996年中国青年出版社版）所加的所有注释，这件事让我有些伤感。这是向大众传播经济伦理和道德的书，竟还有如此不负责任的做法（后我与该社处理了这一问题）。但他们出版这本书，客观上也是要促进中国的商业道德和经济伦理。这一译本的正封上以醒目的大字，印着"日本商人的'行动指南'，日本崛起的'商务胜经'"，还印着"以《论语》经商，一手握《论语》，一手握算盘，是日本崛起的秘诀，也是中国崛起的出路"。

这个译本出版两个月之后的2007年7月，中国言实出版社出版了戴璐璐的译本，题名为《右手论语左手算盘》。此译本的内容简介说："作者作为日本历史上最伟大的儒商，涩泽荣一一生崇拜孔子，并积极地致力于将《论语》思想运用到经商实践中。中央电视台《大国崛起》称，涩泽'一手握《论语》，一手握算盘'的经商思想是'日本崛起的秘诀'；《对话》节目更是把涩泽的儒商思想称为'日本的商道'。毫无疑问，对正在探求将儒家文化和西方管理科学相融合的中国企业界来说，涩泽荣一的思想是最应该学习和借鉴的！"杨叔子先生推荐此书说："《论语》就是企业的基础，一个人最大的义就是对国家对民族最大的利！"

两年前，北京大学出版社一位女士同我联系，说有一位人士对她说，中国的企业家应该人手一册《论语与算盘》，她希望我授权在北京大学出版社刊印此书。但由于江西人民出版社出版后的时间不长，也就以容后来做暂时搁置。2009年8月，李建忠的《论语与算盘》译本，由武汉出版社出版。这个译本的正封上印有"现代儒商第一读本"、"日本企业之父的商务圣经，现代儒商必备的经营理念"、"义利合一＋士魂商才：儒商精神和人格的基石"等引人注目的口号。

可以毫不夸张地说，涩泽荣一的《论语与算盘》这本小书，伴随着中国市场经济的大进程。这也正印证着一个真理，虚心向他者学习总会有福的。

四、《论语与算盘》带来的助力

改革开放新时期，中国经济、社会、价值观等各方面的转型和发展，整体上是"合力"作用的结果，其中的每一个分力哪怕是小的分力，都有其积极的意义，就像所有的小河、小溪都加强了大河的洪流那样。说起来，《论语与算盘》不过是一部小书，但它伴随着当代中国的变迁和进程，是对当代中国产生了一定影响的一部书。

当代中国发展的焦点是经济的发展，如何建立现代商业、企业，首先需要的是商才和合理的经营。所有的商业和经营活动都需要精打细算，以最小的成本获得最大的利润，这是韦伯所说的经济的"合理性"。涩泽荣一用"算盘"形象地概括这一点。他强调一个国家要富强必须发展商业和财富，这一点非常适用中国改革新时期的发展目标；他强调"商才"和经营智慧在经济发展中的作用，使经济还处在逐步上升阶段的中国人越来越认识到，商业和企业越发展，经营者的知识、管理水准就越重要，他就越需要提高自己。涩泽荣一的提倡，强化了中国人的"商才"观念。

《论语与算盘》给予中国人的最大影响，是它在中国经济伦理和商业道德的建立过程中起到了类似于"现身说法"的作用。当代中国经济发展过程中遇到的最大问题之一，就是不少商业和企业在经营中充斥着为了利益不择手段、见利忘义、富而不仁的"失德"现象。涩泽荣一信守孔子的"义利义合一"和"富仁合一"的理念，结合自己的经营经验和实践，反复强调真正的长远的商业利益，都要以"仁义"为原则；一位真正的企业家，需要把自己的经营和商业活动建立在伦理和道德的基础之上。在涩泽看来，经营的"商才"非常重要，但"商道"更是经营和企业的灵魂。这是《论语与算盘》这部书的精义，它促进了中国"儒商"和"商道"观念的发展。

20世纪80年代的中国，还有强烈的反传统特别是反儒家的倾向，这种倾向整体上把儒家看成是"现代化"的障碍。当代中国文化的发展，经历了从这种简单的反传统中走出来、重新认识传统和儒家价值的过程。一位外国人，重新评价孔子和《论语》，从孔子那里、从《论语》那里找到了商业和经营之道，这对儒家的故土来说，具有明显的示范性。《论语与算盘》成了我们认识传统和儒家重要精神资源和价值的媒介之一。对于我们认同传统和儒家，对于我们把现代与传统良好地结合起来，它确实起到了一定的潜移默化的作用。

宋明新儒学与中国传统儒商精神的形成

徐国利 *

在中国历史上，个别和小群体儒商的出现可以追溯到先秦儒家形成的春秋战国时期。然而，那时儒家思想既未成为社会的统治思想，也未成为商人普遍接受的职业伦理观，以儒家思想为职业操守的商人只占其中一部分。西汉采取"罢黜百家，独尊儒术"的统治政策后，儒家思想成为统治者的意识形态和社会主流思想，但是由于长时间推行"重农抑商"的政策和社会上的"贱商"观念，儒与商未能很好地合流。儒商作为广泛的社会群体出现并成为四民阶层的重要成员，是在明清时期。[①] 主要原因有两个：一是明清时

---

* 徐国利，上海财经大学人文学院历史系主任，教授、博导。

① 关于传统儒商形成的时间主要有四种观点。第一，儒商形成于先秦时期。宋长琨说，春秋战国时自由商人第一次出现在中国历史舞台上，"富商大贾，周流天下"，他们常常"志气高扬，结骊联骑"，所到之处无不与国君分庭抗礼。"他们或由士人、或由卸职官僚和下级贵族转化而成，成为中国历史上第一批出身知识分子的商人——儒商。"（宋长琨：《儒商文化概论》，高等教育出版社 2010 年版，第 65 页）戢斗勇说："战国时期百家争鸣中的儒家与商家合流，形成了儒商。在先秦以后的漫长岁月中，儒商发展出徽商、晋商、江右商、临清商等商帮，由个体成长为群体。"古代儒商发展分两个阶段：（一）先秦儒商——儒商的产生阶段；（二）中古儒商——儒商的成长阶段。（戢斗勇：《儒商精神》，经济日报出版社 2001 年版，第 1—2 页）第二，先秦是孕育和酝酿期，明清时期才形成儒商群体。施炎平说："先秦是儒商的孕育和酝酿时期，到明清两代形成儒商群体，属儒商的概念的确立时期。"（施炎平：《儒商精神的现代转化》，《探索与争鸣》1996 年第 10 期）第三，儒商出现于明清时期。唐凯麟、罗能生说："就我们所知，最早把儒与商概念结合起来应该是在明清之际。我们知道，明中叶以后，随着商品经济的发展，社会上经商之风盛行，大批儒士或因世俗经商之风的诱惑，或因仕途无望以求出路，纷纷'下海'经商。他们'亦儒亦商'，'左儒右贾'。形成了一个儒士商人群体。当时把这些儒士出身的商人称为'士商'或'儒贾'即以儒家的思想观念来进行经营。"（唐凯麟、罗能生：《传统儒商精神与现代中国市场理性建构》，《湖南师范大学学报》1998 年第 1 期）唐任伍

期商品经济的极大发展，促成了中国各地出现了大规模的地域性商人群，形成了大批地域商帮。有学者说，中国商人活动的历史虽然源远流长，不过明代以前"多是单个的、分散的，没有出现具有特色的商人群体"；明代中期以后，由于商品经济的发展，传统"抑商"政策的削弱，商人地位逐渐提高，从商观念不断转变，商人队伍日益壮大，"在全国各地先后出现了不少商人群体——商帮"。① 二是宋明以来所形成的新儒学（宋明理学）特别是其中的朱子学与阳明心学对儒商伦理观和儒商精神的建构发挥了决定性作用。宋明新儒学是适应宋明以来君主专制强化、商品经济发展和社会平民化等需求，以儒学为主，兼融释家和道家所形成的儒家新思想。它既是明清时期的政治意识形态，也是社会主流意识形态。其重要特征是伦理观的世俗化，主张为社会各阶层提供安身立命的伦理准则。面对宋代以来特别是明清时期社会和思想变动中出现的重商观念和士商与儒贾关系的新变动，宋明新儒学适时为之提供儒家伦理正当性和价值合理性的思想解释。同时，明清时期的商人积极参与到这场商人伦理思想转换的运动中去，以宋明新儒家的商人伦理作为人生和职业规范，塑造儒商精神。宋明新儒学与明清商人的这种思想互动，为儒商真正成为中国传统社会的重要阶层和儒商精神的建构产生了决定性的作用。德国的社会学家马克斯·韦伯在讨论近代资本主义形成时曾说："近代资本主义扩张的动力首先并不是用于资本主义活动的资本额的

说："'儒商'一词最初见于明清时一批徽州商人的言论和著述，当时多称'儒贾'，又称'德商'，就是儒与商结合、亦儒亦商，实际上是指受儒家思想影响、运用儒家思想作为经营理念来进行经商、管理及各种经济活动的人，或者说是怀抱儒家价值的商人或企业家。"（唐任伍：《论儒商精神的塑造》，《中国企业文化年鉴 2011—2012》，吉林人民出版社 2012 年版，第 222 页）第四，儒商是近代的产物。刘凌说："'儒商'现象，是中国近代历史的产物，出现于由自给自足的小农生产向现代企业大生产转制过程中。许多兴办产业的'洋务派'人士，也许就是中国最早的'儒商'。在这一意义上，它又是资本主义'西风东渐'的结果。但它仍有本土历史依据，那就是宋元之后，伴随着城市商品经济发展而出现的'士而商'、'商而士'社会状况。"（刘凌：《反思传统重识泰山》，线装书局 2010 年版，第 85—86 页）

① 张海鹏、王廷元等：《翰墨儒商——徽州商帮》，（香港）中华书局有限公司 1995 年版，第 1 页。关于明清中国商帮，可参见张海鹏、张海瀛：《中国十大商帮》，黄山书社 1993年版；杨涌泉编著：《中国十大商帮探秘》，企业管理出版社 2005 年版；陈阿兴主编：《中国商帮》，上海财经大学出版社 2015 年版。

来源问题，更重要的是资本主义精神的发展问题。"① 借用韦伯的观点，亦可说正是由于宋明新儒学所提供的思想资源和精神价值，才最终促成了明清儒商阶层的形成及儒商精神的建构。不过，学术界对宋明新儒学与传统儒商及其精神的形成缺乏专门和深入的研究，大多是在研究明清新四民观的转型和新士商儒贾观时涉及这一问题。② 本文结合相关研究成果，对此问题做进一步探讨。

一、理欲之辨的新阐释与以商"治生"伦理的新论证

中国古人所说的"治生"即经营家业以谋生计，是人最基本的需要和行为。在中国传统社会，士、农、工、商在某种意义上说，即是指从事这些不同的职业以"治生"。宋明以来伴随着社会的新发展，四民特别是商人的社会地位和商业作用不断提升，这就需要作为主流意识形态的宋明新儒学对此作出新的理论解释。

面对宋代社会的变化和四民"治生"出现的新问题，朱子通过对"理欲"关系的新解释对此予以回应。作为理学的最高伦理范畴天理，即是以仁

---

① 马克斯·韦伯：《新教伦理与资本主义精神》，三联书店 1987 年版，第 49 页。

② 这方面的代表作是余英时的《中国近世宗教伦理与商人精神》（安徽教育出版社 2001 年版），此书从宋明以来宗教伦理尤其是新儒家的伦理世俗化角度，深入考察了明清中国商人精神的形成及其特征。唐力行的《商人与中国近世社会》（商务印书馆 2006 年版）对此问题亦有探讨。陈学文的《明中叶以来"士农工商"四民观的演化：明清恤商厚商思潮探析》（《天中学刊》2011 年第 3 期）、张明富的《论明清商人商业观的二重性》（《史学集刊》1999 年第 3 期）、高建立的《明清之际士商观念的转变与商人伦理道德精神的塑造》（《中州学刊》1999 年第 5 期）、蒋文玲的《明汪士商渗透现象探析》（《江海学刊》1995 年第 1 期）等文均对明清商业观和商人伦理作了探讨。同时，诸多明清徽州四民观和士商观转变的研究也涉及该问题。如张海鹏、王廷元主编的《徽商研究》（安徽人民出版社 1995 年版）、叶显恩的《儒家传统文化与徽州商人》（《安徽师范大学学报》1998 年第 4 期）、李琳琦的《传统文化与徽商心理变迁》（《学术月刊》1999 年第 10 期）、胡中生的《明清徽州商业观的兴起及其局限》（《中国社会历史评论》第 6 卷 2006 年）。笔者的三篇论文《明清徽州新儒贾观内涵与核心价值取向的再探讨》（《安徽大学学报》2013 年第 5 期）、《阳明心学的世俗化伦理观与明清徽商伦理思想的转换和建构》（《安徽史学》2009 年第 4 期）、《朱子伦理思想与明清徽州商业伦理观的转换和建构》（《安徽史学》2011 年第 5 期），对该问题从不同角度做了一定的探讨。

为本的儒家纲常伦理，由此形成的理欲之辨成为宋明新儒学的核心问题。朱子高度重视理欲之辨，主张"明（存）天理，灭人欲"，将其作为伦理观和道德修养的根本。他说："圣贤千言万语，只是教人明天理，灭人欲。"[1] "人之一心，天理存，则人欲亡；人欲胜，则天理灭，未有天理人欲夹杂者。学者须要于此体认省察之。"[2] 理欲之分即是非之分，"同是事，是者便是天理，非者便是人欲。"[3] 朱子强调伦理道德在个人和社会发展中的根本地位和决定作用，重视道德主体的自觉修养，体现了道德理性精神。然而，将天理视为绝对的、先验的伦理大法，不仅忽视了伦理的社会历史性，而且对人的生活欲求（欲）也是一种压制。朱子意识到禁欲主义压抑了人的正常生活需要，难以在现实中持久实行，因此修正了二程将理欲完全对立的思想。首先，指出理欲同一，人欲出于性，为天理所固有，否定人欲就是恶。"饮食男女，固出于性。"[4] "天理本多，人欲便也是天理里面做出来。虽是人欲，人欲中自有天理。"[5] "盖钟鼓、苑囿、游观之乐，与夫好勇、好货、好色之心，皆天理之所有，而人情之所不能无者。然天理人欲，同行异情。循理而公于天下者，圣贤之所以尽其性也；纵欲而私于一己者，众人之所以灭其天也。"[6] 其次，将欲分为正当和不正当的，"好底"或"不好底"，正当的或好的欲望即是天理："饮食者，天理也；要求美味，人欲也。"[7] "欲是情发出来底。心如水，性犹水之静，情则水之流，欲则水之波澜。但波澜有好底，有不好底。欲之好底，如'我欲仁'之类；不好底，则一向奔驰出去，若波涛翻浪；大段不好底欲则灭却天理，如水之壅决，无所不害。"[8] 可见，人欲只要循天理或明理欲之辨即可。朱子指出理欲同一，人欲中自有天理，肯定人的正当欲望，摒除绝对禁欲主义的理欲观，在理论上并不完善，存在诸多矛盾之处，但为人们追求正当的生活欲望和财富提供了伦理依据。

---

[1] 黎靖德编，王星贤点校：《朱子语类》第 1 册，中华书局 1986 年版，第 207 页。

[2] 黎靖德编，王星贤点校：《朱子语类》第 1 册，中华书局 1986 年版，第 224 页。

[3] 黎靖德编，王星贤点校：《朱子语类》第 3 册，中华书局 1986 年版，第 1031 页。

[4] 朱熹撰：《朱子全书》修订本，第 6 册，上海古籍出版社 1996 年版，第 91 页。

[5] 黎靖德编，王星贤点校：《朱子语类》第 1 册，中华书局 1986 年版，第 224 页。

[6] 朱熹撰：《四书章句集注》，中华书局 1983 年版，第 219 页。

[7] 黎靖德编，王星贤点校：《朱子语类》第 1 册，中华书局 1986 年版，第 224 页。

[8] 黎靖德编，王星贤点校：《朱子语类》第 1 册，中华书局 1986 年版，第 93—94 页。

朱子肯定人的正当欲求的原因之一，便是回答宋代商品经济发展和普遍出现的经商"治生"现象。余英时说："宋代商业已经相当发达，士商之间的界限有时已不能划分得太严格。因此，新儒家也不得不有条件地承认'经营衣食'的合法性了。早在南宋时代，新儒家的伦理已避不开商人问题的困扰了。"① 为此，朱子一方面强调国家要以农为本，认为唯有这样才能建立理想的道德社会，"契勘生民之本，足食为先。是以国家务农重谷，使凡州县守皆以劝农为职（中间少了一段：每岁二月，载酒出郊，延见父老，喻以课督子弟、竭力耕田之意）盖欲吾民衣食足而知荣辱，仓廪实而知礼节，以共趋于富庶仁寿之域，德至渥也。"② 同时，又认为只要符合天理，经商谋利是合理的，"夫营为谋虑，非皆不善也。便谓之私欲者，盖只一毫发不从天理上自然发出，便是私欲"③。可见，从事"营为谋虑"的商业治生，只要谨守天理而去私欲，亦是"善"，因此他主张维护商人的正当利益。他任提举浙东常平茶盐公事时，"凡丁钱、和买、役法、榷酤之政，有不便于民者，悉厘而革之"④。他承认为了"治生"可以经商。有次学生问，贫穷而不能学的子弟能否经商，他以同时代的心学家陆九渊开药店为例予以肯定回答："止经营衣食亦无甚害，陆家亦作铺买卖。"⑤ 他自己也开过书肆。朱子的理欲观对明清商人伦理观的转换和建构产生了重要影响。有学者谈到朱子理欲观对明清徽商文化形成的影响时说："朱熹的理学虽不是商人文化，但是他对'人欲'的两重解释，却为徽州商人将理学熔铸入商人文化提供了可能。"⑥ 不过，朱子"理欲之辨"的新解释对商人"治生"伦理的论证还不够充分和有力。

明代中叶以来，随着苛捐杂税的增加和地主剥削的加重，越来越多的农民无法完全依靠农业生产来维持生计；同时，教育及科举的平民化促生了大量读书业儒群体，使得大多数儒生无法依靠读书和科举来求生；再者，明

---

① 余英时：《中国近世宗教伦理与商人精神》，安徽教育出版社 2001 年版。
② 朱熹撰：《晦庵先生朱文公文集》第 6 册，上海古籍出版社 2010 年版，第 4625 页。
③ 朱熹撰：《晦庵先生朱文公文集》第 2 册，上海古籍出版社 2010 年版，第 1396 页。
④ 脱脱等撰：《宋史》朱熹列传，中华书局 1985 年版，第 12756 页。
⑤ 黎靖德编，王星贤点校：《朱子语类》第 6 册，中华书局 1986 年版，第 2752 页。
⑥ 唐力行：《商人与中国近世社会》，商务印书馆 2006 年版，第 204 页。

中叶以后，伴随着商品经济的迅速发展，全国性市场开始形成并不断完善，这给大量的无以为生的农民和士人等提供了"治生"的土壤。为适应社会发展的这种新变化，明代中叶兴起的心学特别是阳明心学对儒学世俗化伦理加以发展，为人们以商业"治生"提供了更充分有力的论证。

王阳明与朱子一样主张"存天理，灭人欲"，说"去得人欲，便识天理"①。"吾辈用功只求日减，不求日增。减得一分人欲，便是复得分人理，何等轻快脱洒，何等简易！"②他认为人欲是对天理的遮蔽，一切私心杂念都源于人欲，因此，"须是平日好色、好利、好名等项一应私心扫除荡涤，无复纤毫留滞，而此心全体廓然，纯是天理"③。不过，其理欲观又与朱子存在很大差异。他是从心学立场来讨论理欲的，他以心之本体为天理（良知），以心之所发为意，认为意有正与不正之分，意之正者为天理（良知），反之，为人欲，因此须通过"正心诚意"，从一念发动处去克服人欲。这与朱子以格物致知来"存天理、灭人欲"不同，更加强调道德主体意识的决定作用，简易可行，故王阳明称其"何等轻快脱洒，何等简易！"这种存理灭欲方法很符合那些没有时间大量读书来穷理、却需逐利的商贾的需要。

在理欲观上对包括商人在内的民众产生更大影响的是其弟子王畿的人性"天则"论。王畿直接从自然与物质方面解释人欲，提出以欲为性、欲为自然法则的重要观点。他说："天地间，一气而已。其气之灵，谓之良知。"④他又从身心的生理、心理基础来说明良知（心）是自然生机之理，"性是心之生机，命是心之天则。口之欲味，耳之欲声，目之欲色（原文：目之欲色，耳之欲声），鼻之欲臭，四肢之欲安逸，五者，性之不容已者也"⑤，"人之所欲是性，却有个自然之则在（原文：然却有个自然天则在）"⑥。这即是说，灵明的良知（心）不能离开血肉之躯而存在，两者"一也"，良知作为

① 王阳明撰：《传习录上》，《王阳明全集》卷1，上海古籍出版社1992年版，第23页。
② 王阳明撰：《传习录上》，《王阳明全集》卷1，上海古籍出版社1992年版，第28页。
③ 王阳明撰：《传习录上》，《王阳明全集》卷1，上海古籍出版社1992年版，第23页。
④ 王畿撰：《易与天地准一章大旨》，《王畿集》卷8，江苏凤凰出版集团2007年版，第182页。
⑤ 王畿撰：《书累语简端录》，《王畿集》卷3，江苏凤凰出版集团2007年版，第77页。
⑥ 王畿撰：《性命合一说》，《王畿集》卷8，江苏凤凰出版集团2007年版，第187页。

天理（天则）的凝聚成为身，显示出其自然生机；而人性具有之欲是"不容已者"，则说明了人的欲望与天理是合而为一的，所以，"真性流行，自见天则"①。王畿力图把理和欲统一起来，以人欲为天理存在基础，充分肯定欲的合理性，这便彻底否定了传统的理欲对立观。它所蕴含的生活伦理尤其能为商人追求物质财富和生活欲求的行为提供合法性的证明。

二、"体用一原"、"百姓日用即道"与商人治生伦理的建构

余英时说："新儒家伦理在向社会下层渗透的过程中，首先碰到的便是商人阶层，因为16世纪已是商人非常活跃的时代了。'士'可不可以从事商业活动？到了明代，'治生'问题在士阶层中已成了一严重问题。"② 因此，宋明新儒学不仅从理欲之辨的新阐释为百姓经商等提供理论支持，阳明学还适应明代以来"治生"问题愈益突出的社会现象，从"体用一原"和"百姓日用即道"对此作进一步的论证，建构起一种新的儒家治生伦理观。这种新治生伦理观为商人追求财富和物质生活提供了强有力的伦理支持。

王阳明极为推崇宋明新儒学的"体用一原"，他说："即体而言，用在体；即用而言，体在用；是谓体用一原。"③ 他认为心（良知）与物无间，是不可分割的统一体，即，良知本体是通过发用流行所做之事来体现的，良知存在于事功之中，必须即事求取良知，故而，"心外无物"，"心外无理"。其"体用一原"说对于道德修养与追求事功的统一作了阐释。他说："致知必在于格物。物者，事也，凡意之所发必有其事，意所在之事谓之物。格者，正也，正其不正以归于正之谓也。正其不正者，去恶之谓也；归于正者，为善谓也。"④ 又说："盖日用之间，见闻酬酢，虽千头万绪，莫非良知之发用流行，除却见闻酬酢，亦无良知可致矣。故只是一事。"⑤ 所以，良知"不离日

---

① 黄宗羲撰，沈善洪编：《明儒学案》上册，浙江古籍出版社1985年版，第8270页。

② 余英时：《中国近世宗教伦理与商人精神》，安徽教育出版社2001年版，第177页。

③ 王阳明撰：《传习录上》，《王阳明全集》卷1，上海古籍出版社1992年版，第31页。

④ 王阳明撰：《续编一·大学问》，《王阳明全集》卷26，上海古籍出版社1992年版，第972页。

⑤ 王阳明撰：《传习录中》，《王阳明全集》卷2，上海古籍出版社1992年版，第71页。

用常行内"①。在他看来，不能空谈天理和性命，将致知与行事分为二橛，而应当在日用见闻酬酢中致良知，以实现儒家的理想道德人格。这种思想不仅克服了程朱理学将致知与事功相对立的观点，在现实生活中也有积极意义，使人们可以从日常行事来尽心养性进而获得天理，从而实现自我道德理想和人生价值。

王阳明的"体用一原"论对于商人具有的伦理意义是：以经商治生同样可以实现儒家人伦价值。王阳明在与弟子讨论如何处理业儒与治生的关系时，提出了"学何贰于治生"的命题。他说："但言学者治生上，尽有工夫则可。若以治生为首务，使学者汲汲营利，断不可也。且天下首务，孰有急于讲学耶？虽治生亦是讲学中事，但不可以之为首务，徒启营利之心。果能于此处调停得心体无累，虽终日做买卖，不害其为圣为贤。何妨于学？学何贰于治生？"② 治生包括各种谋生方式，不过，王阳明此处所言"汲汲营利"和"徒启营利之心"显然是将治生的重心放在经商上。在他看来，学者应当以治学为首务，但若能调停得"心体无累"，那么虽"终日做买卖"，也"不害其为圣为贤"。此言意在说明要正确处理业儒与事贾的关系，其实质则是要人们正确看待致良知与经商治生的关系。余英时说："阳明教人致吾心之良知于事事物物。'作买卖'既是百姓日用中之一事，它自然也是'良知'所当'致'的领域。阳明的说法实际是合乎他的'致良知'之教的。"③ 关于经商治生与致良知的同一关系，王阳明还说过更具思想解放性的话，他说："良知只在声色货利上用功，能致得良知，精精明明，毫发无蔽，则声色货利之交，无非天则流行矣。"④ 可见，针对当时大量士人经商的现象，王阳明指出经商如能尽心修身"致良知"，那么与业儒并无本质区别，这种思想无疑为人们从事长期被贱视的商业提供了正当的伦理依据。

阳明的弟子王艮"百姓日用即道"⑤ 的思想更进一步，是彻头彻尾的

---

① 王阳明撰：《外集二·别诸生》，《王阳明全集》卷20，上海古籍出版社1992年版，第791页。

② 王阳明撰：《补录·传习录拾遗》，《王阳明全集》卷32，上海古籍出版社1992年版，第1171页。

③ 余英时：《中国近世宗教伦理与商人精神》，安徽教育出版社2001年版，第178页。

④ 王阳明撰：《传习录下》，《王阳明全集》卷1，上海古籍出版社1992年版，第122页。

⑤ 黄宗羲撰，沈善洪编：《明儒学案》上册，浙江古籍出版社1985年版，第830页。

治生伦理观。王艮说："良知天性，往古来今人人具足，人伦日用之间举措之耳。"① 也就是说，良知（道）的流行发用即是人们的日常生活，良知（道）仅存于日用之间，故"即事是学，即事是道。人有困于贫而冻馁其身者，则亦失其本而非学也"②。也就是说，人们应以治生为本，以治学为次，这和王阳明的治学为本、治生为次的思想大相径庭。在王艮看来，圣人之道即在百姓的日常生活中，"圣人经世，只是家常事"，"圣人之道，无异于'百姓日用'。凡有异者，皆谓之'异端'。"③ 这实际是否定了程朱理学先验的"理"或"道"外于经验之"事"的理（道）事观。可见，王艮把有关性命义理的"道"视为日用衣食之类的思想，使"道"的内涵发生了根本变化，满足生活欲望成了"道"的本质和内容。这一思想具有极大的颠覆性，无怪乎王艮及其泰州学派在当时被视为"异端"！可以说，王艮的"百姓日用即道"蕴含的治生伦理思想无疑会受到农工商阶层、特别是商人的欢迎，为无法以儒业为生的士人和其他阶层经商治生提供了更充分的伦理说明。在这种治生伦理观中，经商不仅不是末业和贱业，而且是道之所存的光明正大的职业，商人的社会地位因此有了儒家伦理的有力支撑。

三、天理、良知的新阐释与士商、儒贾关系的新意蕴

朱子的理欲观认为，天理，即以仁为本的儒家纲常伦理，是最高的伦理范畴，是绝对和先验的伦理大法；同时，理和欲又有同一性，人欲出于性，为天理所固有；人欲只要循天理，即是正当的。因此，人们从事"营为谋虑"和"经营衣食"的营生经商活动只要符合天理，便具有儒家伦理的合法性；商人如果谨守天理的道德规范，也应得到肯定甚至称颂，这就提升了

---

① 王艮撰：《明儒王心斋先生遗集卷二·答朱思斋明府》，《王心斋全集》，江苏教育出版社2001年版，第47页。

② 王艮撰：《明儒王心斋先生遗集卷一·语录》，《王心斋全集》，江苏教育出版社2001年版，第13页。

③ 王艮撰：《明儒王心斋先生遗集卷一·语录》，《王心斋全集》，江苏教育出版社2001年版，第90页。

商人的社会职业地位，改善了商人的社会职业形象。在朱子眼中，商与士、农一样是人们可以选择的职业，他本人就开过书肆。他对外家祝氏的经商成就和品德赞誉有加。祝氏是新安名族，宋代二人中进士。祝氏善于经商，朱子说："外家新安祝氏，世以资力顺善闻于乡州。其邸肆生业，几有郡城之半，因号'半州祝家'。"又称外祖父"特淳厚孝谨"，"乡人高其行，学试又多占上列，君博士请录其学事"。① 在他眼中，外祖父俨然是谨行天理的亦商亦儒者。对于子孙，朱子教导他们无论从事何种四民之业，只要各尽其职，便可"于身不弃，于人无愧祖父"，"士其业者，必至于登名；农其业者，必至于积粟；工其业者，必至于作巧；商其业者，必至于盈赀。若是则于身不弃，于人无愧祖父，不失其贻谋。"② 可见，"四民"只是职业不同，并无道德高下之分。

但是，这并不意味着朱子将商人与士、农完全平等看待。宋明新儒学倡导"人伦日用"的世俗化儒学，以求最终建立以儒家伦理为本位的理想社会。那么，通过什么途径才能做到这点呢？朱子明确主张只有读书才能穷理，"盖为学之道莫先于穷理，穷理之要必在于读书"③。这表明他将士视为建立儒家理想社会最重要的职业和阶层。再者，他对士、商的职业职责所做的规定是："士其业者必至于登名"和"商其业者必至于盈赀"，即是说，士求名，商求利，求名自然要高于求利。朱子称颂外祖父的事迹，着眼点不是其经商成就，而是其处理家庭内外事务表现出的"淳厚孝谨"儒者风范和科举上的成就："时三舍法行，士无不由痒序以进，公从容其间，若无所为，而后生得所矜式，咸敬服焉。"④

宋明儒学倡导"人伦日用"的儒学，目标是使儒家伦理世俗化，力求在人世间建立一个可超越的价值世界，这是一种"内在超越"型的伦理文化。朱子学为儒学世俗化开辟了道路，但是做的并不彻底。朱子讲天理存于日常生活，通过办书院和宗族教育等社会化教育给人读书明"理"提供良好

---

① 朱熹撰：《晦庵先生朱文公文集》第 6 册，上海古籍出版社 2010 年版，第 4572 页。

② 朱熹撰：《不弃自文》，石成金编：《传家宝全集》，北京师范大学出版社 1992 年版，第 353 页。

③ 朱熹撰：《晦庵先生朱文公文集》第 1 册，上海古籍出版社 2010 年版，第 668 页。

④ 朱熹撰：《晦庵先生朱文公文集》第 6 册，上海古籍出版社 2010 年版，第 4572 页。

环境，并制定《朱子家礼》使儒家伦理成为宗族伦理生活准则，以求儒学的世俗化和生活化。但是，朱子主张走格物致知、读书明理来实现人生道德理想，实际上只能为或者说主要为读书人指明了途径，却难以满足包括商人等普通阶层的需要。因为，商人等普通百姓虽然也可以读书明理，然而，在现实中他们难以像士人那样有大量时间读书，那么商人等普通阶层也就难以真正获得与士人平等的社会地位。

与朱子学不同，阳明心学看待四民的职业伦理特别是商人时思想更为解放。"良知说"是阳明心学的根本，其蕴涵的思想更有利于四民平等地位的实现。王阳明说，良知即心，而"心即性，性即理"①；"夫心之本体，即天理也。天理之昭明灵觉，所谓良知也"②。"夫在物为理，处物为义，在性为善，因所指而异其名，实皆吾之心也。心外无物，心外无事，心外无理，心外无义，心外无善。"③良知即心，心即性，心即理，这是阳明心学的核心，是与朱子学的根本区别所在。由于良知存于每人心中，是与生俱来的，所以圣贤与普通人同具此心，他说："是非之心，不虑而知，不学而能，所谓良知也。良知之在人心，无间于圣愚，天下古今之所同也"④，"良知良能，愚夫愚妇与圣人同"⑤。既然如此，那么商人亦具良知，不待外求，只要能除却私欲，便可以为贤为圣。

其弟子王畿和王艮继承和发展了这一思想。王畿说："良知在人，不学不虑，爽然由于固有，神感神应，盎然出于天成，本来真头面，固不待修证而后全。"⑥由此出发，他将先儒"人人皆可为尧舜"的思想改造为人人与圣人在道德上同一的思想，说："良知不学不虑，本来具足，众人之心与尧舜同。"⑦王艮则说："'天理'者，天然自有之理也，'良知'者，不虑而知、不学而能也。惟其不虑而知、不学而能，所以为天然自有之理；惟其天然自有

---

① 王阳明撰：《传习录上》，《王阳明全集》卷1，上海古籍出版社1992年版，第15页。

② 王阳明撰：《文录二》，《王阳明全集》卷5，上海古籍出版社1992年版，第190页。

③ 王阳明撰：《文录一》，《王阳明全集》卷4，上海古籍出版社1992年版，第156页。

④ 王阳明撰：《传习录中》，《王阳明全集》卷2，上海古籍出版社1992年版，第79页。

⑤ 王阳明撰：《传习录中》，《王阳明全集》卷2，上海古籍出版社1992年版，第49页。

⑥ 王艮撰：《书同心册卷》，《王畿集》卷5，江苏凤凰出版集团2007年版，第121页。

⑦ 王畿撰：《与阳和张子问答》，《王畿集》卷5，江苏凤凰出版集团2007年版，第127页。

之理，所以不虑而知、不学而能也。"① 很显然，阳明学的"良知说"为商贾等普通民众获得与士人平等地位提供了更充分的依据。因为，既然良知（天理）是天然自有之理，是与生俱来的，人人与圣贤皆有良知，普通人与圣人在道德人格上是天然平等的，那么，在政治伦理一体化的中国传统社会，商贾农工等为何不能与儒士拥有平等的社会地位与政治地位呢?!

不仅如此，阳明心学还为商贾农工实现理想道德人格提供了"简易便捷"之法，极大地推进了儒家伦理的世俗化和社会化。天理是新儒学最高的伦理道德准则，在现实中即三纲五常。阳明学主张良知即天理，而良知即心，那么，人心就是三纲五常，人的伦理行为只是人心道德本体的外显，"心之体，性也，性即理也。是理也，发之于亲则为孝，发之于君则为忠，发之于朋友则为信。"② 所以，良知"不假外求"。王阳明反对朱子的格物读书"致良知"，说："后世不知作圣之本是纯乎天理，却专去知识才能上求圣人。故不务去天理上着工夫，徒弊精竭力，从册子上钻研，名物上考索，形迹上比拟。"③ 在他看来，致良知只需要每个人实现其道德主体的自觉就可以了，简易便捷，因此，致知成圣是上自圣贤、下至农工商贾等都能做到的。这样一来，便把"致良知"的圣贤功夫从庙堂书斋推向市井村落，从儒士推向大众，使大众也能实现道德理想的超越以成圣贤，其结果便是，"唯阳明先生从游者最众。然阳明之学自足耸动人。"④ 在这些从游者中，原来比较地位比较卑贱、却最具开拓精神和一定文化的商贾阶层尤其欢迎这种伦理为自己的经商行为提供合法性证明。

四、阳明学与"贾服儒行"儒商观的构建

阳明学的世俗伦理观还力求对传统的四民观，尤其对士商关系做新的阐释，并且高度颂扬商人的经商及其儒行，这无疑促进了商人伦理的转换和

---

① 王艮撰：《明儒王心斋先生遗集·卷一语录》，《王心斋全集》，江苏教育出版社 2001 年版，第 31—32 页。

② 王阳明撰：《文录五·书诸阳伯卷》，《王阳明全集》卷 8，上海古籍出版社 1992 年版，第 277 页。

③ 王阳明撰：《传习录上》，《王阳明全集》卷 1，上海古籍出版社 1992 年版，第 28 页。

④ 何良俊撰：《四友斋丛说》卷 4，中华书局 1959 年版，第 32 页。

"贾服儒行"士商观和儒贾观即明清儒商观的构建。

王阳明提出了"四民异业而同道"的重要思想，充分肯定商人及其职业伦理价值。明嘉靖四年（1525），他在《节庵方公墓表》中叙述了苏州昆山的方麟为士、经商、力农和课子的事迹。方麟开始时为士业举，后弃士业和妻家朱氏一起居住。朱氏原本业贾，方麟之友问："子乃去士而从商乎？"他笑答："子乌知士之不为商，而商之不为士乎？'"遂去经商。友又问："子又去士而从从事乎？"他又笑答："子又乌知士之不为从事，而从事之不为士乎？"最终，他不屑于碌碌为刀锥利禄之业。有一次适逢乡里灾歉，他尽出其财赈饥。朝廷嘉奖其义行，遥授建宁州吏目，他淡然视之未去任职，而是与妻朱氏竭力农耕。他又以士业传授二子，二子皆中进士为官。方麟的行谊得到乡里称颂。王阳明不胜感慨地说："古者四民异业而同道，其尽心焉，一也。士以修治，农以具养，工以利器，商以通货，各就其资之所近，力之所及者而业焉，以求尽其心。其归要在于有益于生人之道，则一而已。士农以其尽心于修治具养者，而利器通货，犹其士与农也；工商以其尽心于利器通货者，而修治具养，犹其工与商也。故曰：四民异业而同道。自王道熄而学术乖，人失其心，交骛于利以相驱轶，于是始有歆士而卑农，荣宦游而耻工贾。夷考其实，射时罔利有甚焉，特异其名耳。吾观方翁士商从事之喻，隐然有当于古四民之义，若有激而云然者。呜呼！期义之亡也，久矣，翁殆有所闻欤？抑其天质之美而默然有契也。吾于是而重有感也。"[①]

王阳明在此明确提出士农工商"其归要在于有益于生人之道，则一而已"，并以托古方式提出了"古者四民异业而同道，其尽心焉一也"的新命题，把传统观念中视为贱业的工商提升到与士同"道"的高度，认为商人与士农是完全平等的。首先，既然经商也能尽心（致良知）以实现道德的自我完善，那么就不存在职业的高低贵贱，故"古者四民异业而同道"。后来，社会上出现"歆士而卑农，荣宦游而耻工贾"的现象完全是因"王道熄而学术乖，人失其心"所致。其次，王阳明虽然说"四民异业而同道"，然而他是在给亦商亦儒亦农的方麟树碑立传，其意图是要说明为商、为士、为

---

① 王阳明撰：《节庵方公墓表》，《王阳明全集》卷25，上海古籍出版社1992年版，第940—941页。

农只要"尽心"致良知，那么人们从事不同的职业一样能够实现儒家的道德理想。至此，王阳明为商人所作的伦理正名表露无遗。对于王阳明的这种言行，余英时这样评价说："王阳明以儒学宗师的身份对商人的社会价值给予明确的肯定，这真不能不说是新儒家伦理史上一件大事了。"①需要指出的是，王阳明是反对商人一味求利的，认为商人的本分是"通货"，这样才能尽其心，即符合儒家伦理精神，其进步思想在此又显示保守色彩。这也是明清商人伦理建构面临的一个难题，即如何正确看待理欲关系、义利关系及其蕴涵的公私关系。王阳明以托古的形式对这个难题予以新的回答，同时，又不离儒家伦理的正道。

王畿以贾服儒行之文为徽商扬名显世，则从另一角度证明了儒贾同道，贾若能儒行，那么与真儒无异。他在赠徽商黄君的序文中说："世有沾沾挟策，猥云经史之儒，而中无特操，甚或窃饵钓以媒青紫，及践阰华，辄乾没于铢两，举生平而弁髦之，谓经术何率使士人以此相诋訾？耻吾儒之无当于实用，而却走不前矣。夫其人之不敢步趾儒也，岂诚儒足耻哉！亦谓心不纯夫儒耳，若迹与射赢牟息者伍，而其心皭然。不淄于出入，不悖于人伦，若南山黄君，斯非赤帜夫儒林者耶！"接着，他叙述了黄君以儒业贾的行谊，说，黄君祖辈世业儒，其少时业儒，未成遂行游江淮为贾，然不操利权，"听收责者握筭，未尝责奇羡，即负之不大较。辞貌整雅，时挟书出游。尝闻法施财施之说，击节称善，曰：'此吾志哉！'用是仗义周贫，虽倾床头阿睹，弗惜也。"他不仅抚恤兄长的儿子各有所立，还捐金筑邑城，应采木役。他业贾不忘以经史课子弟，说："若辈毋以贾故，废业也！"王畿最后赞叹道："若黄君者，宁可与射赢牟息者例耶！噫嘻，此诚伪之辨也。昔有儒而隐于屠者、渔者、耕牧者，要其质行，较然与古为徒，其骨迄于今不朽。黄君盖辨此矣。慕义植伦咸儒者之实蹰也。然则君之托迹称质，安知不犹夫屠耶、渔耶、耕牧耶！彼沾沾以儒自名，媒青紫而乾没铢两者，黄君且臣虏之矣。计今束装归新安，是将并融其贾之迹。后有传黄君者，即谓其以儒终始焉可也。"②可见，王畿一方面抨击当时许多儒士无儒家操守、心术不正的

---

① 余英时：《中国近世宗教伦理与商人精神》，安徽教育出版社 2001 年版，第 200 页。

② 王畿撰：《赠南山黄君归休序》，《王畿集》卷 13，江苏凤凰出版集团 2007 年版，第 372—373 页。

伪劣行径；另一方面极力赞扬黄君虽用刀布起、却遍行义举的儒士风范。在他看来，区分贾与儒的标准并非是职业区别和社会名分，而要看他们能否以儒家伦理作为行事准则，即"慕义植伦咸儒者之实蹈也"。像黄君这样的商人能以儒行事，实际上胜过那些俗儒和陋儒，可谓是真正的儒者！这简直就是旗帜鲜明地为商人唱赞歌了。在他看来，这种儒商已超越了俗儒之上，俨然成为社会的道德楷模。那么，这样的儒商与儒士又有何区别呢?!

阳明学的传人李贽则对传统贱商观念加以猛烈批判，为商人辛勤经商却受到不公正待遇和公卿大夫的盘剥鸣冤喊屈。他说："且商贾亦何可鄙之有？挟数万之赀，经风涛之险，受辱于关吏，忍诟于市易，辛勤万状，所挟者重，所得者末。然必交结于卿大夫之门，然后可以收其利而远其害，安能傲然而坐于公卿大夫之上哉!"① 他将商贾描绘为了不起的人物，称那些能经商致富的商人是天才："今子但见世人挟其诈力者，唾手即可立致，便谓富贵可求，天与之以致富之才，又借以致富之势，畀以强忍之力，赋以趋时之识，如陶朱、猗顿辈，程郑、卓王孙辈，亦天与之以富厚之资也。是亦天也，非人也。若非天之所与，则一邑之内，谁是不欲求富贵者，而独此一两人也耶。"② 这种观念极大提升了商人的社会地位。

王阳明及其弟子和传人对士商和儒贾关系的新解读以及对商人的肯定和颂扬产生了广泛的社会影响。他们的这种观念固然是适应明中叶以来商品经济迅猛发展、经商事贾愈多的社会风气形成的，然而它反过来扭转了重儒轻商的陈腐传统观念，使人们认识到商贾可不负闳儒，在社会上建构起"贾服儒行"的儒商观，确立了商贾的儒家价值精神追求。

五、朱子学与传统儒商精神的确立

纵观明清时期儒商阶层及儒商精神的形成和发展，可以看出，朱子学和阳明学的世俗化伦理观均作出了思想贡献，为明清儒商伦理形成提供了思想依据。不过，两者在其中所发挥的作用和影响是不同的。明清社会发展所导致的重商观念的出现和儒商阶层的形成，主要是从明中叶以后开始的。对

---

① 李贽：《书答·与焦弱侯》，《焚书·续焚书》卷1，岳麓书社1990年版，第48页。

② 李贽：《道古录》卷上，《李贽文集》第7卷，社会科学文献出版社2000年版，第357页。

此直接作出理论回应和阐释的是阳明学，而且，从明中叶到明末对社会观念影响最直接和最大的也是阳明学。阳明学世俗化伦理观蕴含着大量有助于新儒贾士商伦理建构的因素，特别是其对儒贾士商关系伦理的新解读，对儒商及其伦理价值观的形成产生了直接影响。它既包括治生层面的个人与家族的生存伦理，也包括道德层面的修身尽性的德性伦理。

然而，如从整个明清时期和更深理论层次来看，对明清儒贾士商观特别是儒商精神的最终建构产生更根本作用的则是朱子学的世俗化伦理观。唐力行论及明清徽商的群体心理整合时说："宗族观念和'理学第一'成为徽州社会的普遍心理特征。这就使徽商群体心理的整合具有不同于其他商人的准备心理状态，从而影响并决定了徽商心理的形成和趋势。"① 此言说的虽是徽商的心理整合，即明清徽州士商提出的"儒贾相通"、"士商异术而同志"、"良贾何负闳儒"等新士商儒贾观使商人心理价值实现了转换，"理学第一"则是指程朱理学特别是朱子学在其中所起的决定性作用。笔者认为，用这种观点来解释整个明清儒贾士商观的转型与儒商精神的建构也是合适的，因为徽商是明清商帮中最具典型性和最有成就的，雄居明清商界三百年，创造了"无徽不成镇"的商业奇迹。② 因此，下文便以明清徽商为例，从历史和理论的角度，即从儒商阶层及其精神的历史形成和思想建构两个角度和层面来分别阐述这一问题。

首先，从历史的角度看，儒商阶层及儒商精神的形成经历了明代中后期开始形成到清代最后确立的过程。明中后期徽州社会对四民主要是士商儒贾职业地位和价值的认识发生了重大变化，不仅形成了儒贾相通、士商同道、士商合一的新观念，甚至出现了左儒右贾、薄名喜利的观念和风气，如"休、歙右贾左儒，直以九章当六籍。"③"吾乡左儒右贾，喜厚利而薄名高。"④"古者右儒而左贾，吾郡或右贾而左儒。"⑤ 显然，这种职业观的转向已

---

① 唐力行：《商人与文化的双重变奏——徽商与宗族社会的历史考察》，华中理工大学出版社1997年版，第18页。

② 参见张海鹏、王廷元等：《翰墨儒商——徽州商帮》，（香港）中华书局有限公司1995年版。

③ 汪道昆：《荆园记》，《太函集》卷77，黄山书社2004年版，第1578页。

④ 汪道昆：《蒲江黄公七十寿序》，《太函集》卷18，黄山书社2004年版，第381页。

⑤ 汪道昆：《明故处士溪阳吴长公墓志铭》，《太函集》卷54，黄山书社2004年版，第1142页。

突破了朱子的儒贾观。但是，人们也不难发现明代徽州又大量存在着"贾服儒行"、"儒贾事道相通"一类的言行。如"大江以南，新都以文物著。其俗不儒则贾，相代若践更，要之良贾何负闳儒，则其躬行彰彰矣。"①"借令服贾而仁义存焉，贾何负也。"②吴良儒丧父后家贫，母劝其弃儒继承父业，说："儒固善，缓急奚赖耶？"他退而三思后告诉母亲："儒者孜孜为名高，名亦利也。藉令承亲之志，无庸显亲扬名，利亦名也。不顺不可以为子，尚安事儒？乃今自母主计而财择之，敢不惟命。"③可见，在明代徽州人看来，事贾同样能守孝悌和行仁义，贾利同样能博得儒名和"亢宗显族"。因此，徽州人说，"故业儒服贾各随其矩，而事道亦相为通"④，"士商异术而同志"⑤。显然，这种士商儒贾观及其伦理价值取向超越了朱子学的儒贾士商伦理观，是吸收明中叶以来新儒贾士商伦理思想后的产物。然而，这种儒贾士商观并不是对朱子思想的否定，本质上只是一种继承和转换，即理（或天理）仍是事贾或经商应当恪守的首要和根本道德准则，或者说是徽商应当恪守的商道。这种观念与朱子从理欲之辨来论证经商营生只要恪守天理亦可为之并无本质区别。两相比较，只能说朱子学对此问题的理论回答比较消极和保守，而阳明学所作的理论阐释更为积极和激进。

然而，进入清代以后社会主流意识形态发生了根本变化。统治者大力倡导程朱理学，知识界和思想界也在反思和清算阳明学末流的祸害。在这种形势下，阳明学迅速衰微，朱子学得以复兴。在"程朱阙里"的徽州更是如此，朱子学重新控制了徽州社会的意识形态，朱子的伦理观也自然主导了徽州人的职业观特别儒贾士商观。为南宋以后家族制度做了具体设计的《朱子家礼》，在清代徽州被家族奉为圭臬，"徽州是朱子故里，奉朱子《家礼》为

① 汪道昆：《诰赠奉直大夫户部员外郎程公暨赠宜人闵氏合葬墓志铭》，《太函集》卷55，黄山书社2004年版，第1146页。
② 汪道昆：《范长君传》，《太函集》卷29，黄山书社2004年版，第638页。
③ 汪道昆：《明故处士溪阳吴长公墓志铭》，《太函集》卷54，黄山书社2004年版，第1143页。
④ 《汪氏统宗谱》卷168，张海鹏、王廷元主编：《明清徽商资料选编》，黄山书社1985年版，第439页。
⑤ 《弘号南山行状》，《江氏统宗谱》卷116，张海鹏、王廷元主编：《明清徽商资料选编》，黄山书社1985年版，第440页。

'圭臬'，几乎家家奉读，户户实行。宗族祭祀、冠婚、丧葬礼仪和徽人的修身、行事，无不体现《家礼》的思想。"① 《朱子家礼》成为徽州人制订族规、家典和家训的蓝本。《茗洲吴氏家典·序言》说："吴氏族规乃推本紫阳家礼，而新其名家典。"② 通过清代的徽州文献特别是其中的家谱、方志和商书等，我们可以充分看到朱子伦理思想及其职业观对徽商伦理思想与精神价值所发挥的主导性作用。

其次，从理论角度来看，明清徽州所建构起来的一整套商人伦理规范和儒商精神，最终是以朱子学的伦理观为本位和宗旨的。儒商精神本质上是由工具理性和价值理性有机融合的一套观念与价值系统。朱贻庭说："所谓儒商精神，是指儒家伦理和价值观在商人及其在商业经营实践中的体现，它包括商业经营管理伦理和商人自身人格两个层面。"③ 施炎平则说："作为特定的商人群体，儒商有着富于儒家特色和儒者风范的精神气质、价值观念、职业道德、经营原则和人格形象，是儒商群体的敬业、创业、乐业精神的综合体现。正是这些因素，构成了传统的儒商精神。"④ 为此，传统儒商精神包括三个层面：第一，儒商精神的核心是具有儒家精神气质和价值评判标准的商业职业观念的确立；第二，儒商精神的基本内容是依据儒家的价值观念来建构商业经营的理念和原则；第三，塑造儒商人格是儒商精神的落实点和展开面。也就是说，儒商不仅要有儒家的伦理观和价值追求这一价值理性的精神，还必须将儒家的价值理性落实和运用到具体的经商和为人的具体事业和生活中去，即要把儒家的价值理性精神与商业的工具理性知识统一起来，形成一套儒家经商事贾和安身立命的行为规范与准则。在这个方面，阳明学的贡献主要表现在解放和冲破传统儒贾士商观念和确立儒商终极价值关怀方面，但是阳明学却没有建立起一套儒商经商营业和安身立命的规范和准则。质言之，其贡献主要在"破"的方面。朱子学却不然，它的思想解放性虽然不及阳明学，但是，朱子学以理欲之辨为核心，对公私、义利、诚信等伦理

① 汪银辉：《朱子〈家礼〉在徽州的普及与影响》，安徽省徽学会主编：《徽学丛刊》第7辑（2009年）。
② 吴翟撰辑，刘梦芙点校：《茗洲吴氏家典》，黄山书社2006年版。
③ 朱贻庭：《"儒商"与儒商精神》，《探索与争鸣》1996年第10期。
④ 施炎平：《儒商精神的现代转化》，《探索与争鸣》1996年第10期。

思想做了系统阐发，既为明清徽商经商事贾和安身立命提供了一套职业规范与人生准则，又要求商人必须践行儒家伦理，以实现儒家的人生终极关怀。

易言之，朱子的伦理观及其蕴涵的商业伦理思想为明清徽商职业伦理体系建构提供了坚实的思想依据，直接催生了儒商群体及其儒商精神的最终形成。具体而言，表现在以下四个方面：

第一，关于朱子的理欲之辨与徽州商业治生伦理的建构。首先，天理及理学成为明清徽州建构商业伦理的根本，徽商大多以朱子的天理做为安身立命的准则和人生的终极追求。其次，徽商大多奉"勤俭起家"、"崇俭黜奢"等为齐家治业之准则，这实际是对朱子理欲之辨思想的积极践行。

第二，关于朱子的公私之辨与徽商公私观的建立。首先，徽商十分重视维护宗族利益，利用朱子伦理建立起发达的宗族制度。其次，徽商致富后，热心宗族之事，建义仓、兴赈会、置祀田、设义塾、立文社、建学宫、施棺木、修会馆、造桥和砥道等。再者，徽商还十分热心地方、社会公益事业和官府的助赈。此外，徽商的奉公还体现在报效国家上，如强调向国家及时缴纳税粮等。

第三，关于朱子的义利观与徽商的伦理价值追求。首先，明清徽州在构建新商业伦理时，秉承朱子以义取利、以义制利的道德准则，以此作为商业经营的基本准则。其次，徽商在经商过程中多重义轻利和以义为利，在致富后又化利为义，往往将大量财富投入到家族、地方和社会的建设和公益事业中去。

第四，关于朱子的诚信观与徽商经商之道。首先，徽商的经营和为人秉持朱子的诚信观，以诚信作为商业经营基本准则和家族安身立命的根基所在。其次，徽商吸收朱子诚信观并对之加以整合，一个重要的体现便是重视用契约来规范商业经营。在明清徽州所构建的商人伦理体系中，服膺天理是根本，集体利益（公）、特别是家族或宗族利益是出发点和归宿点，践行仁义、诚信等是其经营理念和职业价值准则，实现儒家的道德理想和人生价值是其终极目标。[1]

---

[1]　详细内容请见拙文：《朱子伦理思想与明清徽州商业伦理观的转换和建构》，《安徽史学》2011 年第 5 期。

由此可见，从儒商阶层及其精神的历史形成和思想建构两个角度和层面看，明清徽州的儒贾士商观和儒商伦理精神基本没有突破宋明以来以朱子学为代表的儒学大传统。在其他地区，朱子学所发挥的作用虽然与徽州地区和徽商不尽相同，但是其共性是大于殊性的。

需要指出的是，虽然明清时期传统儒商群体已经形成，成为四民阶层的重要力量，宋明新儒学倡导的儒贾士商观开始成为明清社会的主流观念，新儒学的商业伦理成为商人的经商行事的行为规范和经营准则，儒商精神被许多明清商人所认同和奉行。不过，这只是一种主流商业伦理和理想价值追求，在现实生活和商业经营中，也存在诸多与这种商业价值观和伦理精神相悖的言行和现象。许多商人经商只是为了个人和家族的世俗名利，穷欲违道、崇奢黜俭、私而忘公、重利轻义、见利忘义、不守诚信者并不少见，文人笔记，尤其是明清小说，如《三言两拍》中对此多有记载和描写。① 徽商助饷也非纯然出于报国之心，往往是为了结交官府乃至天子，给经商谋取政治资本。故学术界有观点认为，明清商人并非儒商，也不存在儒商精神。不过，正如德国社会学家马克斯·韦伯提出的"理想型"研究（ideal-typeanalysis）一样，② 我们对明清儒商及儒商精神的研究也是一种舍弃杂多而抽取本质的"理想型"研究，因为，在明清时期不仅出现了"左儒右贾"这种明显反传统的职业伦理观，而且在不断变化的明清社会中，也必然能够找出其他各种与儒商形象不符合和与儒商精神相悖的事例和现象。

---

① 相关研究可参见刘倩：《从明清通俗小说看皇权专制制度下中国商人及商业资本的命运》（《明清小说研究》2006年第2期）；杨虹：《解读明清小说中的明清商人》（《广西社会科学》2003年第8期）；李琳琦、孟醒：《明清小说与历史文献中的徽商形象之比较》（《安徽师范大学学报》2008年第2期）等。

② "理想型"研究是韦伯提出的理解社会科学的对象因果关系的方法论的工具，"理想型是依据客观的可能性与适合的因果连关的原则，从杂多的社会现象中舍弃偶有的因素而抽象出本质的因素所构成的理想化的类型概念。理想型构成的意义是在提供因果关系的认识手段，将现实的对象与理想型相比较，由此测定现实诸现象的性质及其发展情况，于是可见理想与现实之间尚有一段的距离。"[曾霄容：《哲学体系重建论》（下），青文出版社1981年版，第399页]

儒家商贾义利观略论

胡治洪 *

　　儒家精神实质上是一种不偏不倚、无过不及的大中至正之道。秉持大中至正之道的儒者，对于作为四民社会之不可或缺组成部分的商人并不一概排斥，毋宁说商人正当的商业活动在儒者看来乃是必不可少的。如群经之首《周易》之《大壮》卦的六五爻辞和《旅》卦的上九爻辞就记载了殷先公王亥长途跋涉到有易氏进行贸易的史事；《复》卦象辞所谓"先王以至日闭关，商旅不行"①，则表明除了冬夏二至日之外，全年其余时候商旅均得以通行天下进行贸易。《尚书·周书·酒诰》记载周公言曰，"肇牵车牛，远服贾，用孝养厥父母"，孔安国注曰，"农功既毕，始牵车牛，载其所有，求易所无，远行贾卖，用其所得珍异孝养其父母"②，这是明确鼓励后生于农闲之时从事商贾之事。《周礼》仅就天官冢宰的属官来看，庖人有贾八人，大府有贾十六人，玉府有贾八人，职币有贾四人，典妇功有贾四人，典丝有贾四人，这些在政府机构任职的商贾的职务是"主市买，知物贾（价）"，③ "并须知物货善恶"，④ 且太宰"以九职任万民"，其中"六曰商贾，阜通货贿"。⑤《左传·僖公三十三年》更以褒扬的笔法表现了郑国商人弦高遭遇偷袭的秦军时破财纾难的爱国精神。上述经典都经过孔子编纂或删定，可见孔子对于其中有关商人商业的记述都是认可的，这一点从《论语》中也可得到证明。

　　* 胡治洪，武汉大学中国传统文化研究中心教授、博士生导师。

　① 黄寿祺、张善文译注：《周易译注》，上海古籍出版社 2001 年版，第 206 页。
　② 孔安国撰，孔颖达正义：《尚书正义》，上海古籍出版社 2007 年版，第 552 页。
　③ 黄寿祺、张善文译注：《周易译注》，上海古籍出版社 2001 年版，第 4 页。
　④ 黄寿祺、张善文译注：《周易译注》，上海古籍出版社 2001 年版，第 11 页。
　⑤ 黄寿祺、张善文译注：《周易译注》，上海古籍出版社 2001 年版，第 21—22 页。

《子罕》篇载:"子贡曰:'有美玉于斯,韫椟而藏诸?求善贾而沽诸?'子曰:'沽之哉!沽之哉!我待贾者也。'"① 此处贾者虽然只是隐喻能够赏识并聘用自己的国君或大夫,但也反映出孔子认为商人以及商业活动乃是社会所必需的。而子贡作为在"货殖"方面"亿则屡中"② 的良贾,被孔子所接纳并且成为孔门四科十哲之一,即使不说这是孔子对商贾特别器重,至少也可以说他是将商贾与各色人等一视同仁的。孟子"乃所愿则学孔子",在对待商人商业的态度上与孔子相近。《孟子·公孙丑上》记载孟子曰:"尊贤使能,俊杰在位,则天下之士皆悦而愿立于其朝矣。市廛而不征,法而不廛,则天下之商皆悦而愿藏于其市矣。关讥而不征,则天下之旅皆悦而愿出于其路矣。耕者助而不税,则天下之农皆悦而愿耕于其野矣。廛无夫里之布,则天下之民皆悦而愿为之氓矣。信能行此五者,则邻国之民仰之若父母矣。率其子弟,攻其父母,自生民以来未有能济者也,如此则无敌于天下。无敌于天下者,天吏也,然而不王者,未之有也。"③ 这是将顺应商旅的意愿与顺应士人、农夫和平民的意愿一并作为实现王道政治的重要条件,体现了孟子对于商人的重视。《周易》、《尚书》、《周礼》、《左传》、《论语》、《孟子》等儒家经典对于商人商业的肯认,构成了儒家传统商贾观的基调。

相对于士、农、工等群体的职业特点而言,商人的商业活动与经济利益的关系最为直接。儒家既肯认商人的商业活动,当然也就不一概否定经济利益,亦即不绝对讳言利。实际上,利在儒家思想中具有不容忽略的地位。《周易》首卦的卦辞曰:"乾,元亨利贞。"《文言》阐发道:"元者善之长也,亨者嘉之会也,利者义之和也,贞者事之干也。君子体仁足以长人,嘉会足以合礼,利物足以和义,贞固足以干事。君子行此四德者,故曰'乾,元亨利贞'。"④ 这就将利提升到天人道德以及宇宙生机的高度。《周易·系辞上》曰:"备物致用,立成器以为天下利,莫大乎圣人。"⑤ 乃以圣人为天下之利的施予者。《尚书·虞书·大禹谟》载大禹曰:"於!帝念哉!德惟善政,政在

---

① 程树德撰,程俊英、蒋见元点校:《论语集释》第 2 册,中华书局 1990 年版,第 601 页。
② 程树德撰,程俊英、蒋见元点校:《论语集释》第 3 册,中华书局 1990 年版,第 779 页。
③ 焦循撰,沈文倬点校:《孟子正义》上册,中华书局 1987 年版,第 226—232 页。
④ 黄寿祺、张善文译注:《周易译注》,上海古籍出版社 2001 年版,第 10 页。
⑤ 黄寿祺、张善文译注:《周易译注》,上海古籍出版社 2001 年版,第 556 页。

养民。水火金木土谷惟修，正德利用厚生惟和。"① 则是将"利用以阜财"作为"六府三事"养民善政的内容之一。孔子肯认"富与贵是人之所欲也"②，并且坦率承认"富而可求也，虽执鞭之士，吾亦为之"③，明确肯定追求经济利益或物质利益的普遍合理性。《大学》总结生财之道曰："生财有大道，生之者众，食之者寡，为之者疾，用之者舒，则财恒足矣。"④ 将创造和积累财富作为治国平天下的不可或缺的一个方面。孟子反复强调王道的基础在于制民之产，⑤ 仁政必自经界均田始，⑥ 深刻指出了民众的物质利益与崇高的政治目标的密切关系；孟子还明言"周于利者，凶年不能杀"⑦，则表明了财利对于应付灾异、维持社会正常状态的重要作用。显而易见，儒家圣贤关于利的基本思想是一脉相承的。

不过，正因为秉持不偏不倚、无过不及的大中至正之道，所以儒家对于商人营利行为，广而言之对于一切营利行为，并不是只作单向度观察和偏至评论，实际上，儒家深刻认识到唯利取向、亦即由无穷贪欲所驱动的毫无节制的牟利行为对于社会、自然乃至牟利者本身所造成的或可能造成的极其严重的弊害。孔子说："放于利而行，多怨。"程子诠释此语曰："欲利于己，必害于人，故多怨。"⑧《孟子·梁惠王上》载孟子见梁惠王，"王曰：'叟不远千里而来，亦将有以利吾国乎？'孟子对曰：'王何必曰利？亦有仁义而已矣。王曰何以利吾国，大夫曰何以利吾家，士庶人曰何以利吾身，上下交征利而国危矣。万乘之国，弑其君者必千乘之家；千乘之国，弑其君者必百乘之家。万取千焉，千取百焉，不为不多矣。苟为后义而先利，不夺不餍。未有仁而遗其亲者也，未有义而后其君者也。王亦曰仁义而已矣，何必曰利？'"朱熹注引司马迁言曰："余读孟子书至梁惠王问何以利吾国，未尝

① 孔安国撰，孔颖达正义：《尚书正义》，上海古籍出版社 2007 年版，第 126 页。

② 程树德撰，程俊英、蒋见元点校：《论语集释》第 1 册，中华书局 1990 年版，第 232 页。

③ 程树德撰，程俊英、蒋见元点校：《论语集释》第 2 册，中华书局 1990 年版，第 452 页。

④ 郑玄撰，孔颖达疏，龚抗云整理：《礼记正义》下册，北京大学出版社 1999 年版，第 1603 页。

⑤ 焦循撰，沈文倬点校：《孟子正义》上册，中华书局 1987 年版，第 94 页。

⑥ 焦循撰，沈文倬点校：《孟子正义》上册，中华书局 1987 年版，第 348 页。

⑦ 焦循撰，沈文倬点校：《孟子正义》下册，中华书局 1987 年版，第 970 页。

⑧ 朱熹撰：《四书章句集注》，中华书局 1983 年版，第 72 页。

不废书而叹也，曰：嗟乎！利诚乱之始也。夫子罕言利，常防其源也。"① 凡此皆有见于唯利取向对于社会政治的危害性。《大学》曰："是故言悖而出者亦悖而入，货悖而入者亦悖而出。"朱熹释曰："此以言之出入，明货之出入也。"② 其意实为出言不逊者必然遭到不逊之言的报复，来路不明的不义之财必然不明不白地丧失殆尽。《大学》又曰："仁者以财发身，不仁者以身发财。"朱熹释曰："仁者散财以得民，不仁者亡身以殖货。"③ 后句的意思也就是俗话所说的"人为财死"，这则是有见于唯利取向对于牟利者本身的危害性。而孟子对牛山之木从"尝美"到"濯濯"的叙述，虽然意在比喻本心的保任与放失问题，但其字面意象仍然表明了出于牟利动机而对自然资源过度攫取所造成的生态破坏。④ 基于商人、商业以及财利为社会所必需，但唯利取向又可能对人生、社会和自然造成严重危害的认识，儒家提出了以德性节制利欲的解决思路。如上所述，《大禹谟》在利用厚生之前冠以正德，此即以德统利，故孔安国传曰："正德以率下，利用以阜财，厚生以养民，三者和，所谓善政。言六府三事之功有次叙，皆可歌乐，乃德政之致。"⑤ 孔子虽然肯定"富与贵是人之所欲也"，但又强调"不以其道得之，不处也"⑥；虽然表示"富而可求也，虽执鞭之士，吾亦为之"，但又说明"不义而富且贵，于我如浮云"⑦，在以道义控御利益。孔子及其门人反复告诫"见利思义"、"见得思义"⑧，无疑引发了《礼记·曲礼上》所谓"临财毋苟得"⑨ 的论说。"子贡问政。子曰：'足食，足兵，民信之矣。'子贡曰：'必不得已而去，于斯三者何先？'曰：'去兵。'子贡曰：'必不得已而去，于斯二者何先？'曰：'去食。自古皆有死，民无信不立！'"⑩ 这是将德性置于比任何物质利益

---

① 朱熹撰：《四书章句集注》，中华书局1983年版，第201—202页。

② 朱熹撰：《四书章句集注》，中华书局1983年版，第11页。

③ 朱熹撰：《四书章句集注》，中华书局1983年版，第12页。

④ 焦循撰，沈文倬点校：《孟子正义》下册，中华书局1987年版，第775页。

⑤ 孔安国撰，孔颖达正义：《尚书正义》，上海古籍出版社2007年版，第126页。

⑥ 程树德撰，程俊英、蒋见元点校：《论语集释》第1册，中华书局1990年版，第232页。

⑦ 程树德撰，程俊英、蒋见元点校：《论语集释》第2册，中华书局1990年版，第465页。

⑧ 程树德撰，程俊英、蒋见元点校：《论语集释》第3册，中华书局1990年版，第972页。

⑨ 郑玄注，孔颖达疏，龚抗云整理：《礼记正义》上册，北京大学出版社1999年版，第9页。

⑩ 程树德撰，程俊英、蒋见元点校：《论语集释》第3册，中华书局1990年版，第836页。

都更为重要的不可或缺的地位。"子适卫，冉有仆。子曰：'庶矣哉！'冉有曰：'既庶矣，又何加焉？'曰：'富之。'曰：'既富矣，又何加焉？'曰：'教之。'"① 这则是将道德教化作为一个繁荣富裕社会的至上追求。《大学》明确提出"有德此有人，有人此有土，有土此有财，有财此有用。德者本也，财者末也"的"德本财末"说，并且主张"国不以利为利，以义为利也"，② 上承孔子"君子喻于义，小人喻于利"③ 的教言，下启孟子"鸡鸣而起，孳孳为善者，舜之徒也。鸡鸣而起，孳孳为利者，跖之徒也。欲知舜与跖之分，无他，利与善之间也"④ 的分判。董仲舒曰："天之生人也，使人生义与利，利以养其体，义以养其心。心不得义不能乐，体不得利不能安。义者，心之养也；利者，体之养也。体莫贵于心，故养莫重于义。义之养生人大于利，奚以知之？今人大有义而甚无利，虽贫与贱，尚荣其行以自好而乐生，原宪、曾、闵之属是也；人甚有利而大无义，虽甚富，则羞辱大，恶恶深，祸患重，非立死其罪者，即旋伤殃忧尔，莫能以乐生而终其身，刑戮夭折之民是也。夫人有义者，虽贫能自乐也；而大无义者，虽富莫能自存，吾以此实义之养生人大于利而厚于财也。"⑤ 这是在肯定义利均为人生必需的价值的基础上，突出德义更高于利益。儒家圣贤一以贯之的义利思想流衍为华夏族群义利之辨的传统，培养了中华民族重义轻利、先义后利的优秀品格，这也就是儒商的品格！

对于商人营利行为的基本肯定、对于唯利取向的高度警惕以及以德制欲以德统利之道的提出，构成儒家商贾义利观。其启示意义在于，商人、商业以及营利活动为任何时代任何社会所不可无，但唯利取向则为一切正常的时代社会所不可有，至少不可成为其主流意识。如果唯利取向成为一个时代社会的主流意识，那么该时代社会必然充斥着贪婪、狂躁、愚暗、自私、冷酷、伪诈、侥幸、无耻、浮夸、奢靡、空虚、焦虑、失落、罪恶等形形色色

---

① 程树德撰，程俊英、蒋见元点校：《论语集释》第 3 册，中华书局 1990 年版，第 905 页。

② 郑玄撰，孔颖达疏，龚抗云整理：《礼记正义》下册，北京大学出版社 1999 年版，第 1603 页。

③ 程树德撰，程俊英、蒋见元点校：《论语集释》第 2 册，中华书局 1990 年版，第 267 页。

④ 焦循撰，沈文倬点校：《孟子正义》下册，中华书局 1987 年版，第 914 页。

⑤ 苏舆撰，钟哲点校：《春秋繁露义证》，中华书局 1992 年版，第 263—264 页。

的非道德或反道德风气，在这种时代社会中，最终无所谓成功者，也无所谓幸福者，所有人都处于害人害己的状况中，"其何能淑，载胥及溺"！① 所以营利活动必须受到道德的控御，具体地说，必须以同情心、节制感、敬畏心、满足感大致也就是仁、义、礼、智四端指导营利活动，使这种活动既适应社会的物质利益或经济利益需要，又照顾到亲情、友情、人情、物情以及己情，从而助成和气浃洽的人类社会以及万物并育的自然宇宙，这正是儒商所应具有的精神境界和责任意识。

---

① 王秀梅译注：《诗经》，中华书局 2006 年版，第 461 页。

世界大势与儒商担当

——对传统儒商与当代儒商的历史回顾

杨杏芝　张锦堂*

当今世界，处于大分化、大组合的时代。随之而来是人类大联合、大发展的新潮流和新局面。

人类面临的是物质生活和精神生活的多元化。各种物质的生产方式和各种精神的生活方式，都处在融化和分合之中。

多元是分化和矛盾的体现，分化中有融合和联合。以单纯的某一种思想、某一种主义、某一种力量来描绘和解释世界都行不通。

发展的方向和目标，是朝着习近平总书记提出的人类命运共同体和人类美好生活的愿望发展，这是人类发展走向大同的必然结果，也是共产党人的初心和所追求的高级阶段的目标。在实现这一伟大目标的过程中，儒商是不可忽视的大军，儒商事业是不可忽视的力量。

一、三大力量推动联合发展

当今世界和社会，对儒商和儒商事业发展存在着三大力量，这三股力量都在推动着世界和人类社会向着光明的方向发展。

一是人类美好愿望的力量。

世界上每一个地区、每一个国家、每一个民族，都存在这种力量。这种力量是向上向善的力量，是向往过美好生活的力量，古今中外都存在着，

＊　杨杏芝、张锦堂：扬州儒商会。

是一种势不可挡的主流力量。

谁不憧憬和愿意过美好生活呢？习近平总书记抓住这一人类最大的利益公约数，提出打造人类命运共同体的概念，以此来引领各个国家、各个民族、各种不同信仰的世界人民的思想和力量，来推动当今世界大开放、大联合、大发展，这完全是英明之举，是世界级最伟大的人类利益工程。

二是正义的力量。

世界上的力量，也可划分为两种，即一分为二。一种是正义的力量，另一种是非正义的力量。正义力量之举是为多数人甚至为全体人类谋利益的力量。正义之师是以正义为灵魂。各种丑恶势力，是非正义的力量，阻碍着人类实现美好生活的愿望也是非正义的力量。非正义力量会把人类引向深渊，引向痛苦。正义力量必胜，也是当今世界潮流的大势。这种力量也在推动人类美好愿望实现。

三是人类命运共同体的力量。

这是一种新时代的新兴力量。习近平总书记提出打造人类命运共同体这一概念后，迅速被世界各国和各地人民所认可和接受，成为人类的共识，成为一种科学的理念和思想，成为建设人类命运共同体强大的武器和精神力量，正在转化为强大的物质力量。

与打造人类命运共同体相配套的"一带一路"建设，正在迅速推进和发展，已结出利于各国人民的丰硕成果。这些成果证明了"一带一路"发展战略的正确，提升了受益国家和人民建设人类命运共同体的信心和责任。当前，这一物质力量和精神力量已成为推动人类命运共同体建设的强大力量。

二、儒商的历史回顾

儒商起源于何时，说法不一。个人认为，从儒学产生时就出现零星的、分散的个体儒商，子贡、白圭、范蠡应当是那个时代儒商的代表。

到了汉代出现了儒学大师董仲舒，汉武帝采纳了他的"独尊儒术"建议，儒学成为当时社会主导和主流思想。以后，在中华民族思想和文化领域中绵延几千年，成为中华民族的血脉。它不仅影响中国，还影响世界，特别是影响中国周边的许多民族和国家。

到了清代，涌现和形成了许多群体儒商、商帮儒商，在山西出现的晋商群和在安徽出现的徽商群，都可称之为群体儒商。他们共同创造的儒商经济，是中国大地上的经济奇迹，占据当时中国经济很大的分量。当时扬州的盐商，大多数是徽州儒商，他们上缴的税收，关乎国家经济命脉。当时的扬州，在随后的历史时期，海外华商中和周边国家中应用儒学文化发展经济，取得了成功，涌现一批又一批现代儒商。海外儒商的发展和成功，又反过来影响中国的商人、中国的企业家，推动着中国国内儒商的发展。

再一个特点，在对资本主义工商业社会主义改造后，国营企业、集体企业成为工商业经济的主体，这些企业的领导是不同公有制的代表人物，其中不少人受传统或国外儒商影响，也善于学习、运用儒学精华思想管理企业，指导企业发展，同样取得了成功，取得了健康快速发展，这是一支新型的儒商。

这三种儒商，构成当代儒商。

三、中国改革开放时期儒商的发展壮大

在中国改革开放的环境中，中国儒商迎来了大发展的大好时机，这是中国儒商发展的又一个新的阶段。

这一新时期总的背景，是在改革开放的旗帜下，是在中华复兴、实现中国梦的目标召唤下，是在中国传统文化弘扬发展和应用、引领的推动下出现的。

新时代儒商的大发展，与这个时代的新阶层即新时代儒商本身的觉醒，与领军人物引领以及各方、各类、各种形式出现的儒商大军的共同努力，是分不开的。

大约是从 20 世纪八九十年代开始，以暨南大学潘亚暾教授为主和上海汪义生先生协助，在发现儒商、研究儒商的基础上，高举儒商大旗，为现当代儒商事业发展作出不可磨灭的贡献、奠基性的贡献。潘教授为国际儒商学会创会会长，他的突出作用：一是初步创建了儒商理念和儒商学，在扎实研究的基础上，写作出版了若干儒商理论文章和著作，开拓出儒商事业；二是组建了国际性的儒商组织和儒商队伍，有几十个国家和地区的儒商及儒商研

究者、工作者加入国际儒商学会；三是开展了一系列国际儒商活动，举办了上百次的儒商活动，研究和宣传儒商。最具代表性的是举办了六届国际和世界儒商大会，每届参会者数百人，有国家级领导人、地方党政官员、儒商研究者和志愿工作者、不同国家的儒商企业家，影响很大，第一次在海口，第二次在马来西亚吉隆坡，第三、四次在上海，第五次在济宁，第六次在扬州，不仅开会规模大、级别高、影响大、效果好，更重要的是会议质量不断提升，组织程度不断优化，达到开会预期目的；四是积累了多方面的经验和获得了深刻的教训。虽然国际儒商学会随着潘老去世而中断了，但留下的经验和教训是深刻的、有价值的。

在前辈潘亚暾教授开拓的儒商事业基础上，后起之秀中山大学黎红雷教授更高地举起儒商大旗，开创了儒商事业的新局面，使儒商事业迈进了新的时期。

在这一时期，儒商事业的最大特点是运用习近平新时代中国特色社会主义思想指导，引领儒商事业在更大范围内开展，传统文化在经济领域更大范围内得到应用，催生和推进了儒商经济。

一是创立了"企业儒学"。这是指导儒商事业和儒商发展的全新理论，比之潘亚暾教授创立的"儒商学"更接地气，更有实用价值，更能为企业所接受，更能发挥指导实践的作用。企业儒学来之于企业对儒学研究应用的实践，是对这一实践的提升和总结，所以成了新时期新儒商理论的旗帜。它具有号召力和引领作用。新的儒商事业，沿着这一理论去实践，发展前进，定会取得更大的胜利。

二是搭建了儒商事业有史以来最大的平台，最广阔的舞台，使有为儒商和儒商工作者能够凭借这个舞台向世界演出威武雄壮的历史大剧。"博鳌儒商论坛"成为定期、定址举行的年会，是儒商历史上了不起的一桩大事，是世界性的创举。这在儒商发展史上是值得大书特书的。

三是极大地宣传了儒商，在国内外更大范围内扩大了儒商影响。在黎教授的影响下，更多学者走出学术研究的"象牙塔"，从事儒商研究、参与儒商实践活动、引领儒商前进，从而提升了人们对儒商的认识，也提升了儒商自身的自觉性，才有了今天这样汹涌澎湃、无比壮阔的儒商潮。

四是打造新儒商、推动儒商组织、儒商大军不断壮大发展，成为历史的洪流。目前，国内外更多的地方成立了不同类型、不同形式的省、地、市和基层的新的儒商组织，犹如雨后春笋蓬勃生长。将分散的儒商组织起来，将各地的儒商联合起来，形成强大的整体力量，这正是先人想做而未做到的大思维、大战略、大举措，一定会结出大硕果。

当然，新中国成立后尤其是改革开放以来，还有不少组织和不少人直接和间接地为儒商事业发展及儒商理论建设作出过不同的贡献，如国际儒学联合会儒学与企业管理委员会、中华孔子学会儒商文化传播委员会、中华文化促进会儒商文化发展委员会、中国孔子基金会企业儒学委员会等；贺雄飞编著出版的《走近儒商时代》，北京纳通集团董事长赵毅武先生、苏州固锝公司董事长吴念博先生、宁波方太集团董事长茅忠群先生等，他们都为儒商事业发展起了推动作用，作出了一定的贡献。

四、儒商使命与当前任务

第一，从时代方面考察。

从经济与文化融合来看，当今社会正在进入儒商时代。所谓儒商时代，是儒商和儒商精神、儒商经济正在成为时代的主流和主旋律。最主要的标志，是从实施以德治国、依法治国开始，用德和法，规范企业家行为和对企业的管理。

进入习近平新时代，在以德和依法规范的基础上，党和国家又颁发了《关于实施中华优秀传统文化传承发展工程的意见》和《关于营造企业家健康成长环境弘扬优秀企业家精神更好发挥企业家作用的意见》的文件，明确指出："用中华优秀传统文化的精髓涵养企业精神，培育现代企业文化"；"树立和宣传企业家先进典型，弘扬优秀企业家精神，造就优秀企业家队伍，强化年轻一代企业家的培育，让优秀企业家精神代代传承。"凡是贯彻实施和践行这两个文件精神的企业家、企业管理者，理所当然是新时代的新儒商。

第二，从企业方面考察。

在各种转型和提升中，有一种转型和提升是共性的、必需的，也是主要的，这就是将单纯生产物质产品转型为物质、精神两种产品（财富）同生产，即从现型企业转变提升为物质与精神两种产品同生产的儒商型企业，既为社会创造物质财富，也创造精神财富。企业人员构成，从企业家和员工转变为企业管理者和生产者，两者都是企业的主人，管理者以管理为主，也在可能条件下，参加企业生产。生产者不仅单纯的劳动，也在可能条件下，参加力所能及的管理。这两者没有本质区别，区别只在分工程度上不同。都是根据企业生产和经营需要而分工的。企业的资产由转型后的管理者和生产者共同投资提供。这种投资包括和体现在智力、劳力和财力上，由企业每个成员根据可能以不同的资源财富形式而组成。在分配上也应根据投资不同，获得的成果有所区别。但在本质上都是劳动所得，是平等、公正的分配。这样转型提升，从根本上解决了企业内部关系不顺与不和谐的问题，为建设和谐企业，调动全体人员积极性而提供了条件。转型后的企业即成为儒商型企业，可以以修身齐家治国平天下的思想和思路来管理，将企业提升到一个新的境界。

第三，从人类社会事业发展方面考察。

当今，联合发展和联合事业成了历史潮流。历史要求新儒商必须走联合发展的道路。联合事业是一切事物发展的规律，联合是从低级向高级联合。联合是世界大势，不可阻挡的历史潮流，也是世界潮流。大联合、大发展是大潮流，人们只能顺潮流实践，不可逆潮流而动。

当今的联合应当是改革的联合、开放的联合，在许许多多的大联合中，儒商联合是极其重要和极其迫切的一种联合。

我们从以上三个方面考察后，就知道历史和时代向新儒商提出了什么要求，我们应当有什么任务，怎么去做。

个人认为，新时代新儒商的使命，就是要迅速地觉醒起来，组织起来，联合起来，壮大起来，担当人类社会各个阶层中的先进阶层，引领所有商家、企业家，社会所有阶层，站在潮流的前头，引领潮流前进，引领人类共同健康发展前进。

这里所说的觉醒，不仅是新儒商需要觉醒，社会人士也需要觉醒。首先新儒商对自己要有儒商意识，并且要不断强化，以儒商精神自觉要求自己，修炼自己。如果头脑还停留在过去，还用旧的一套来为人处世，经营管理，这就落伍了。社会人士也要正确看待儒商，不要用"无商不奸"的眼光来看待和评论，如果还停留在过去的认识上，那就不适应正在到来的儒商时代。

新时代新儒商，当前的任务应该是做好以下几项工作：一是实行大组建大联合的方针，将国内外一切儒商个体、儒商组织、儒商人才、儒商资源整合起来，集聚起来，形成拳头共同发力，把儒商的大旗高高举起来。二是通过大学习（学好两个文件）、大宣传，搭建大舞台，将儒商的影响扩展到更大范围，使广大儒商和社会各界对儒商的认识达到大提升、大觉醒的境界。三是以推进"一带一路"建设为抓手，将儒商工作融合其中，推动儒商经济、企业儒学新发展新提升。四是围绕建设构建人类命运共同体，引领新时代儒商勇立潮头，为化解人类危机、满足世界人民对美好生活的愿望建功立业，奋斗不懈！

五、对儒商和儒商事业未来的展望

儒商和儒商工作者使命光荣，任务重大，意义深远。我们应当自我觉醒，应当认识到：儒商事业是提升人类全面素质和全面发展的事业。儒商事业是促进全球经济和谐发展、实现效益最大化的事业。儒商事业是打造人类命运共同体、调动团结各种因素、共同合作发展、利益共享的事业。儒商事业是化解人类危机、拯救人类命运、保证人类健康生存发展的事业。儒商事业是满足人类对美好生活向往并加以实现的事业。未来世界是以儒商为主导，通过儒商事业而实现的儒商世界。这就是儒商事业的明天和未来。让我们共同举起双手欢迎她吧！让我们奉献一切去为之奋斗吧！

社 会 企 业 研 究

社会企业：从马克思到孔夫子

黎红雷

"社会企业"是马克思在《资本论》第三卷中提出的概念。按照马克思的设想，按照资本发展的内在规律，"个人资本"将转化为"社会资本"，"个人企业"将转化为"社会企业"。而深受儒家思想影响的东方企业家，在实践中已经自觉不自觉地进行了从"个人资本"到"社会资本"、"个人企业"到"社会企业"的探索与思考，从而为马克思与孔夫子实现了某种意义上跨越时代和地域的思想关联。

一、马克思与亚当·斯密

众所周知，《资本论》是马克思对资本主义的批判书。马克思通过对"剩余价值"的剖析，揭露了资本剥削劳工的秘密。在《资本论》第一卷中，马克思无比愤怒地揭露了"资本"的发生历史："资本来到世间，从头到脚，每个毛孔都滴着血和肮脏的东西。"[①] 但与此同时，马克思并不否认资产阶级推动现代社会生产力的历史功绩。正如《共产党宣言》所指出："资产阶级在它的不到一百年的阶级统治中所创造的生产力，比过去一切世代创造的全部生产力还要多，还要大。自然力的征服，机器的采用，化学在工业和农业中的应用，轮船的行驶，铁路的通行，电报的使用，整个大陆的开垦，河川的通航，仿佛用法术从地下呼唤出来的大量人口，——过去哪一个世纪料想到在社会劳动里蕴藏有这样的生产力呢？"[②] 在马克思和恩格斯看来，资本主

---

① 《马克思恩格斯文集》第 5 卷，人民出版社 2009 年版，第 871 页。
② 《马克思恩格斯选集》第 1 卷，人民出版社 2012 年版，第 405 页。

义摧毁了封建主义的生产关系，极大地解放了社会的生产力，大大地促进了社会的发展和文明的进步。

资本主义的发展及其对现代社会的贡献，要归功于市场经济的作用。在马克思之前，现代市场经济理论的奠基者、英国哲学家和经济学家亚当·斯密就已经揭示了一个人的利己之心与资本运作及其社会实际效果的关系，指出："各个人都不断地努力为他自己所能支配的资本找到最有利的用途。固然，他所考虑的不是社会的利益，而是他自身的利益，但他对自身利益的研究自然会或者毋宁说必然会引导他选定最有利于社会的用途。"① 在斯密看来，一个人对于资本的运作，其目的并不在于增进公共福利，他所追求的仅仅是他个人的安乐和利益。但当他这样做的时候，就会有一双"看不见的手"来引导他去达到促进社会利益的结果，其效果比他真正想促进社会效益时所得到的效果还要更大。也就是说，一个人行为的社会效果不是以其动机为转移的，谋求自利的行为也可能促进公共福利的增长，私人资本的运作也可能促进社会利益的提升。

作为一位道德哲学家，斯密并不否定人具有利他之心；但是对于斯密来说，利己之心可能更是一种值得赞美的人类特性，反映了一个人不仅关心他的物质福利，还关心他的荣誉地位。更重要的是，对斯密来说，利己之心是现代资本运作和市场经济运转的内在动力，更是最终增进社会整体利益的有效途径。按照斯密的设想，每一个理性经济人从"利己"的动机出发，为了实现自己的利益，就必然会顾及他人的利益，从而实现社会利益的最大化，最终达到"利他"的结果。但是，西方市场经济的实践证明，斯密的设想过于乐观了，犹如"潘多拉盒子"打开之后跑出来的魔鬼，"利己之心"在现有市场经济的架构中并没有得到必要的限制，从而在为人类创造巨大财富的同时却一步步把人类引入歧途。

马克思与亚当·斯密的最大不同，就是他从一开始就不相信私人资本具有促进社会公共利益的属性。在《资本论》第二十四章"所谓原始积累"第七节的注释中，马克思引用了这么一段话："《评论家季刊》说：资本逃避

---

① 亚当·斯密著，郭大力、王亚南合译：《国民财富的性质和原因的研究》（下卷），商务印书馆 1974 年版，第 25 页。

动乱和纷争，它的本性是胆怯的。这是真的，但还不是全部真理。资本害怕没有利润或利润太少，就像自然界害怕真空一样。一旦有适当的利润，资本就胆大起来。如果有10%的利润，它就保证到处被使用；有20%的利润，它就活跃起来；有50%的利润，它就铤而走险；为了100%的利润，它就敢践踏一切人间法律；有300%的利润，它就敢犯任何罪行，甚至冒绞首的危险。如果动乱和纷争能带来利润，它就会鼓励动乱和纷争。走私和贩卖奴隶就是证明。"① 利润是私人资本追求的唯一目标。为了榨取利润，私人资本家可以抛弃一切道德的外衣，践踏一切世间的法律，甚至挑动战争祸害人类，这哪里还有什么"社会公共利益"可言！

一方面，资本主义确实推动着人类生产力的发展；另一方面，私人资本又在肆无忌惮地戕害着人类的文明。如何驯服"资本"这头怪兽，使之真正地造福于人类社会呢？在《资本论》第三卷中，马克思为"资本"同时也是为人类社会的福祉指出了发展的前景。马克思指出："那种本身建立在社会生产方式的基础上并以生产资料和劳动力的社会集中为前提的资本，在这里直接取得了社会资本（即那些直接联合起来的个人的资本）的形式，而与私人资本相对立，并且它的企业也表现为社会企业，而与私人企业相对立。"② 这段话真是可圈可点，为我们全面认识"资本"的属性指出了明确的方向。首先，"资本"是人类社会的创造，本身建立在社会生产方式的基础上并以生产资料和劳动力的社会集中为前提，极大地解放了人类的生产力。其次，"资本"既可以表现为"私人资本"，也可以转化为"社会资本"即那些直接联合起来的个人的资本。最后，在"社会资本"的基础上所形成的"社会企业"，与"个人资本"所形成的"个人企业"相对立，即可以避免私人资本的弊病，超越私人企业的局限，实现社会利益的最大化。

行文至此，真是令人醍醐灌顶、恍然大悟！如果我们只读《资本论》第一卷，就会得出一个结论："资本是个坏东西"；而读了《资本论》第三卷，我们却可以得出另一个结论："（社会）资本是个好东西"。质言之，马克思并不是不分青红皂白地一概反对"资本"，而是反对"私人资本"而肯

---

① 《资本论》第 1 卷，人民出版社 2004 年版，第 871 页。

② 《资本论》第 3 卷，人民出版社 2004 年版，第 494—495 页。

定"社会资本"。从"私人资本"转化为"社会资本",从"私人企业"转化为"社会企业",正是"资本"从"坏东西"变为"好东西"的关键!

二、稻盛和夫与马云

从"私人资本"转化为"社会资本",从"私人企业"转化为"社会企业",这是马克思在《资本论》第三卷中提出的天才设想。但是,如何转化,马克思并没有进一步深入的探讨。令人称奇的是,在地球的另一边,深受儒家思想影响的东亚企业家却在自己的实践和思考中,似乎找到了这种转化的途径。日本企业家稻盛和夫的"利他之心"与中国企业家马云的"利他主义"就是其中突出的例子。

稻盛和夫的"利他之心"是从其企业经营的实践中切身体会出来的。1959年,稻盛和夫凭借自己大学毕业学到的技术,创办了京都陶瓷公司。在公司成立初期,刚刚进入公司不久的11名员工突然给稻盛递交一封"要求书",要求稻盛承诺给他们定期加薪水和奖金等未来保障,否则就集体辞职。当时公司刚刚成立,未来的发展前景尚不明朗,稻盛无法答应他们的要求,于是和他们促膝谈判了三天,最终大家总算信服,并留在了公司。

自从经历了这场谈判,稻盛和夫不得不重新思考公司存在的意义。他认识到,如果只是为了追求自己作为一名技术员的梦想而开展经营的话,即使取得了成功,那也是建立在牺牲员工利益的基础上的。但公司应该有更为重要的目的,公司经营最基本的目的必须是保护员工及其家属的今后生活,为大家谋幸福。由此,稻盛和夫总结出了公司的经营理念——"追求全体员工物质与精神两方面的幸福"。京都陶瓷也从一个为实现创办者个人理想的公司,转变成追求全体员工幸福的公司。但稻盛和夫觉得这个经营理念还不够全面,自己应该有一个用毕生的精力来完成的、作为社会一分子所肩负的崇高使命,于是就在企业的经营理念里面加上了"为人类和社会的进步与发展作出贡献",作为自己毕生追求的目标。

正是基于这种"利他之心"的经营理念,稻盛和夫先后创办和领导了两家"世界500强公司"——京都陶瓷和日本第二电信电话公司,两大事业皆以惊人的力道成长。2010年,年近80岁的稻盛和夫出任破产重建的日航董事长，仅用一年时间，就使日航做到了三个世界第一，利润第一，准点率第一，服务水平第一。其奥秘就是"以利他之心为本的经营"。也许有人会认为，"利他之心"是伦理道德范畴内的语言，与企业经营没有什么关系。但是稻盛和夫认为，经营者具备"利他之心"，与提升企业效益这两者之间绝不矛盾。稻盛和夫分析道："利他之心能够唤来超越自力的所谓'他力之风'来帮助自己。'为社会为世人'这种纯粹的动机，也就是所谓'利他之心'就是成功的原动力。"①

马云"利他主义"则是对他创办和领导阿里巴巴集团实践经验的总结。1999年，以马云为核心的18人在杭州创立阿里巴巴集团。从一开始，所有创始人就深信互联网能够创造公平的竞争环境，让小企业通过创新与科技扩展业务，并在参与国内或全球市场竞争时处于更有利的位置。在阿里巴巴创办之初，就明确了自己的市场定位：不是做一家电子商务公司，而是做一家帮助别人成为电子商务的公司。正如马云所说："我们认为互联网如果是世纪最大变革的技术，它一定是做昨天做不到的事情，是什么东西昨天做不到呢？就是帮助那些小企业，解放那些小企业的生产力，让那些小企业具有IT的能力。所以我们是锁定只做小企业，只帮小企业，导致我们的方向跟别人完全不一样。"

在马云看来，考量阿里巴巴成功的重要准则，不是我们有没有成功，而是我们的客户有没有因为我们而成功？如果我们过早地成功了，客户就不会成功。当然，如果能够做到一起是最好，我也成功了、客户也成功了，但是只有一条路的时候，你要放弃什么？那就是放弃自己的利益，让别人先成功。马云认为，这不仅是阿里巴巴独特的商业模式，而且是21世纪做企业的普遍原则。"互联网代表这个世纪最了不起的东西，利他主义。相信别人比你重要，相信别人比你聪明，相信别人比你能干，相信只有别人成功你才能成功。这个世纪一定是以我为中心，变成以他人为中心。"②

正是秉持着"利他主义"的理念，阿里巴巴提出"客户第一，员工第二，股东第三"的经营方针。2014年9月19日，阿里巴巴在纽约证券交易

---

① 《大师课堂：稻盛和夫先生谈以利他之心为本的经营之道》，中欧国际工商学院网站，2015年5月15日。

② 马云：《在2014世界互联网大会上的演讲》，人民网2014年11月20日。

所挂牌上市。在致投资者的信中，马云公开表明："阿里巴巴只有坚持'客户第一'，为客户创造持久的价值才有可能为股东创造价值。在新经济时代，让客户满意的最主要因素是我们的员工，没有勤奋、快乐、激情敬业和富有才华能力的员工，给客户创造价值就是一句空话。没有满意的员工队伍就不可能有满意的客户，没有满意的客户绝对不可能有满意的股东。"

在高扬"利他"精神创办"社会企业"方面，马云与稻盛和夫可谓知音。2008年全球金融危机发生时，马云前往日本拜访稻盛和夫。他对稻盛和夫说："我觉得我们可能看懂了人性。人都有善良和邪恶的一面，希望灵魂不断追求好的一面，但如果不能把自己不好的一面控制住，把美好的一面放大，那是不会成功的。"细加分析，稻盛和夫秉持"利他之心"，主张"在追求全体员工物质与精神两方面幸福的同时，为人类和社会的进步与发展作出贡献"，走的是"劳资合作的社会企业"的路子；马云提倡"利他主义"，主张"客户第一、员工第二、股东第三"，走的是"利益共享的社会企业"的路子。二者虽然有一定的差异，但对于克服西方经典资本主义的弊病，实现从"私人资本"到"社会资本"、从"私人企业"到"社会企业"的转化，都具有积极的意义。

三、孔夫子与马克思

稻盛和夫或者马云有没有读过马克思的《资本论》，特别是《资本论》第三卷，笔者不得而知。但据公开的资料表明，二者都尊崇儒学。稻盛和夫的最高信仰"敬天爱人"，显然来自孔子的"惟天为大"[1]和孟子的"仁者爱人"[2]；而马云则公开宣称"儒家思想是中国最牛的关于企业管理的思想"[3]。二者所遵循的"利他"精神，恰恰也来自儒家的思想观念。据《论语》记载，孔子三千弟子中唯一一位经商的弟子、被称为"儒商鼻祖"的子贡，就曾经问老师孔子："如果能够广泛地给人民施予恩惠，又能救济大众，怎么样？这可以说是仁了吧？"尽管孔子回答说这是"圣人"的行为而希望子贡

---

[1] 程树德撰，程俊英、蒋见元点校：《论语集释》第2册，中华书局1990年版，第549页。

[2] 焦循撰，沈文倬点校：《孟子正义》下册，中华书局1987年版，第594页。

[3] 《马云：儒家思想是中国最牛的企业管理思想》，中国经济网，2016年10月21日。

从自己身边更切实的事情做起，但是，这种"博施于民而能济众"①的"利他"精神，却切切实实成为历代儒商的思想基因，而发挥着积极的作用。质言之，稻盛和夫和马云，正是秉持儒家所赋予的"文化资本"而突破西方企业家同行的局限，走上了从"私人资本"到"社会资本"、"私人企业"到"社会企业"的康庄大道。

这里的"文化资本"（capitalculture）是当代法国社会学家皮埃尔·布迪厄（Pierre Bourdieu）提出的概念，指的是对一定类型和一定数量的文化资源的排他性占有。在笔者看来，正如西方人独特的文化资本"新教伦理"促进了资本主义的产生一样，东方人独特的文化资本"儒家伦理"推动了资本主义的改进。这正是东亚儒家文化圈企业家能够"回应"马克思的天才设想，推动"私人资本"向"社会资本"、"私人企业"向"社会企业"转化的秘密。

据《左传·成公二年》记载，孔子曾说过："礼以行义，义以生利，利以平民，政之大节也。"②当政者的职责就在于循礼而行义，通过行义，就能创造出物质利益，从而满足民众的需要，这就是为政的真谛。据《战国策·齐策》记载，冯谖是齐国执政大夫孟尝君的门客。有一次，孟尝君派他到自己的封地薛邑去收债。冯谖到薛邑后，假传孟尝君的旨意，把债券赐给百姓们，并烧了那些债券，百姓们高呼万岁。过了一年，齐王不再重用孟尝君，孟尝君只好前往自己的封地。距离薛邑还有一百里路，老百姓就扶老携幼，迎接孟尝君，在路上站了整整一天。这时孟尝君回头对冯谖说："先生所给我买的义，今天才看到！"③在这个案例中，孟尝君开头确实损失了"利"（债券），却得到了"义"（民心），这对于执政者来说，也可以说是最大的利。

由此，儒家经典《大学》明确指出："是故君子先慎乎德。有德此有人，有人此有土，有土此有财，有财此有用。德者本也，财者末也。外本内末，争民施夺。是故财聚则民散，财散则民聚。"在儒家看来，财富取之于民就

---

① 程树德撰，程俊英、蒋见元点校：《论语集释》第 2 册，中华书局 1990 年版，第 427 页。

② 杨伯峻：《春秋左传注》，中华书局 1981 年版，第 788 页。

③ 郑玄撰，孔颖达疏，龚抗云整理：《礼记正义》下册，北京大学出版社 1999 年版，第 1601 页。

应该用之于民。财富聚集在当政者手里，民众就会离心离德、流散而去；财富疏散给广大民众，民众就会同心同德、聚在一起。从根本上说，有了民众才会有国土，有了国土才会有财富，有了财富就要与民众共享。

儒家的上述财富共享思想虽然是对国家组织及其当政者说的，但其原则同样适用于商业组织及其领导者。受此影响，中国明清时期的山西商人（晋商）发明了著名的"身股制"。他们将商号的股份分为银股和身股，银股是财东（相当于股东）投资商号的合约资本，对商号的盈亏负无限责任；身股是财东允许掌柜等重要伙计以人力（而非资本）充顶股份，可以参与分红，但不对商号的亏赔负责。在利益分配上，身股与银股同权同利，都是在工资之外对利润的分红。唯一的不同在于，身股不得转让，"人在股在，人走股没"。

纵观古今中外的经济史，"身股制"堪称一个伟大的创造。它第一次将"人力"与"资本"并列，成为经济组织利益分配的基本要素。[①] 这不仅超越了西方企业奉为圭臬的"股东资本主义"，而且为马克思关于"从私人资本转化为社会资本、私人企业转化为社会企业"的天才设想提供了一个东方儒家色彩的解决思路。

在当代中国，不少儒商型企业家正在积极推广"身股制"，下面略举三例。其一是深圳华为的"员工分享制"，其8万多名员工全部购买并持有华为的股份，而华为的创始人任正非的持股比例只有1.4%。其二是宁波方太的"全员身股制"，其1万多名员工，凡是在方太工作满两年以上者均可按不同比例参加身股分红，最高者拿到的年度分红甚至相当于全年的工资收入。其三是东莞泰威的"天地人和股权改革"，其51%的企业股权由创始股东捐出成立公益基金，以促进社会大众、天地万物的和谐共生，剩余之49%的51%即25%由创始股东捐出成立全员绩效分红股份，让全体员工分享企业的成长。最后剩余的24%（49%的49%）为企业原始股东持有。

这些现代企业的"身股制"改革的深度和力度都已经超越了晋商当年的框架，但他们有一个共同的特点，就是都一致遵循儒家的思想和教导。华

---

① 现代经济学中也有所谓"人力资本"的提法，但如果"人力"不成为经济组织利益分配的基本要素，那"资本"又何从谈起？

为深圳总部树立的公司信条是"小胜靠智，大胜在德"，把儒家所倡导的"德"作为企业的最高追求。宁波方太则将《论语》中的"修己以安人"① 作为企业最核心的经营之道。其董事长茅忠群解释道："'修己'，有两个主体，一个是企业家自身，一个是全体员工。每一个人都要修己，修身心，尽本分。然后'安人'，是让人心安定。主要有两个对象群体，一个是员工，一个是顾客。如果把自己修炼好，同时把顾客、员工安顿好，企业还会不成功？还会没有利润吗？"② 东莞泰威"天地人和股份制改革"的灵感来自孟子所说的"天时地利人和"，其董事长李文良论述道："没有天地万物，则没有人类，没有人类，则没有企业员工，没有企业员工，何来股东？可以这样比喻：天地万物是企业的大父母，全体员工是创始股东的小父母。因此，如果企业的原始所有者拿出企业所有股权的一半以上来回馈天地万物，同时，拿出剩余的一半以上来回馈企业的全体员工，那么，则天下大同矣！"

中国当代企业家汲取孔夫子的思想智慧，落实马克思当年的天才设想，推进从私人资本到社会资本、私人企业到社会企业的转化，将"老板"与"员工"的利益捆绑在一起，将"所有者"与"管理者"的积极性融合在一起，将"贡献"与"分配"的质和量联结在一起，从而为企业的"共建、共治、共享"提供了可靠的基础。这就表明：诞生于两千多年前的儒家思想，蕴藏着解决当代企业与社会发展难题的不朽智慧。"孔夫子"和"马克思"，在这里完全可以交会互通，以共同造福于当代人类世界！

附　记

"社会企业"似乎已经成为当前学界、企业界和舆论界的一个热点，但对于"社会企业"范畴的首倡者马克思却很少有人提起，对于东方儒家文化圈内的企业家对"社会企业"的实践与思考，也很少有人关注。英国社会企业联盟（The Social Enterprise Coalition UK）为"社会企业"提供了一个简单的定义："运用商业手段，实现社会目的"；

---

① 程树德撰，程俊英、蒋见元点校：《论语集释》第 3 册，中华书局 1990 年版，第 1041 页。
② 《茅忠群解密方太儒道：修己以安人》，《中国经济网》2015 年 1 月 9 日。

并认为社会企业具有如下共同特征：企业导向——直接参与为市场生产产品或提供服务。社会目标——有明确的社会和／或环境目标，如创造就业机会，培训或提供本地服务。其伦理价值可包括对本地社会技能建设的承诺，为实现其社会目标，其收益主要用于再投资。社会所有制——治理结构和所有制结构通常建立在利益相关者团体（如员工、用户、客户、地方社区团体和社会投资者）或代表更广泛的利益相关者对企业实施控制的托管人或董事的参与基础之上的自治组织。它们就其产生的社会、环境和经济影响向其利益相关者以及更广泛的社区负责。收益可作为利益相关者的分红加以分配或用于有利于社区利益的用途。

按照这个定义，此类"社会企业"只占现代企业中的很小一部分，最终无法成为现代社会和企业的主流形态。这与当年马克思涵盖整个社会的"个人资本"向"社会资本"、"个人企业"向"社会企业"转化的宏伟设想是不可同日而语的，与东方儒家文化圈企业家多年来对"社会资本"和"社会企业"的探索和实践也是风马牛不相及的。有感于此，笔者不避浅陋，草成此文，正本清源，并与一切有志于继承"马克思"与"孔夫子"伟大事业，走向"社会企业"辉煌前途的同道共勉。——红雷谨记

为了亿万家庭的幸福

——方太 2018 年度发布会主题演讲

茅忠群 *

尊敬的各位来宾、各位朋友：

下午好！

欢迎大家参加或通过直播收看方太 2018 年度发布会，我谨代表方太集团，对长久以来关心并支持方太发展的各位来宾以及所有朋友表示最诚挚的感谢！

一、方太新使命

今年年初，方太宣布了全新的企业使命——"为了亿万家庭的幸福"。原来的使命"让家的感觉更好"我们用了近二十年，非常熟悉，也非常温暖，那为什么要修改呢？我们知道企业使命反映一个企业存在的目的和意义，不同层次的使命反映不同层次的企业目的。"让家的感觉更好"主要是在产品体验层次，是通过提供高品质的产品让顾客家的感觉更好。这个层次对应的企业目的是提供好产品，成为一家优秀的企业。然而方太在三年前提出了新的愿景——"成为一家伟大的企业"。伟大的企业不仅是一个经济组织，要满足并创造顾客需求；而且是一个社会组织，要积极承担社会责任，不断导人向善，促进人类社会的真善美。从这个意义上讲，我们仅仅提供好产品已经不够了，我们需要提出与伟大企业相一致的新使命，这个新使命就

＊ 茅忠群，宁波方太集团董事长。博鳌儒商卓越人物。

是"为了亿万家庭的幸福"。何为幸福？幸福是人类永恒的追求；幸福是一种源自内心的感受；幸福是物质与精神双丰收、是事业与生命双成长。由此可见，我们不仅要有高品质的产品，更要创造有意义的美善产品，如保护家人美丽和健康的不跑烟油烟机，保护环境减少污染的星魔方，把健康和陪伴留给家人的水槽洗碗机，让家人用磁化水洗澡的热水器，让家人获得更多方便和愉悦的 FIKS 智能生活家系统，等等。这还不够，我们还要提供有意义的幸福服务：就是能让亿万家庭真正幸福安心的服务。比如跟产品安装维护相关的幸福服务，跟健康美食与烹饪相关的幸福服务，跟健康养生相关的幸福服务，乃至跟幸福家庭和幸福社区相关的幸福服务，等等。这里的家庭不仅仅是指方太顾客的家庭，还包括方太员工的家庭，方太合作伙伴的家庭，方太大家庭，祖国大家庭，乃至人类大家庭。所以，我们不仅要把中华优秀传统文化传播给所有方太人和合作伙伴，还要传播给广大的方太顾客以及更多的人。这就是新使命给我们提出的新任务。

习总书记在十九大报告中强调："不忘初心，方得始终。中国共产党人的初心和使命，就是为中国人民谋幸福，为中华民族谋复兴。""永远要把人民对美好生活的向往作为我们的奋斗目标。"同时还指出："文化是一个国家、一个民族的灵魂，文化兴国运兴，文化强民族强。没有高度的文化自信，没有文化的繁荣兴盛，就没有中华民族的伟大复兴。"由此，方太"为了亿万家庭的幸福"这个新使命，其意义更加深远。

二、创新的目标是幸福

在过去两年的发布会上，方太分别提出了关于创新的两个观点：创新的源泉是仁爱；创新的原则是有度。

创新的源泉是仁爱。一则《厨房油烟加剧家庭主妇肺癌风险》的新闻报道，让方太将吸油烟机研发方向从关注量化指标调整为"最佳吸油烟效果"和"不跑烟"等定性指标。2013 年推出的风魔方，以前所未见的吸油烟效果，保护了家人的美丽和健康。为了解决中国人的洗碗烦恼，方太发明了全球首台三合一水槽洗碗机，开创性地将水槽、果蔬净化和洗碗这三大功能融合于一身，解决了中国人的洗碗难题，把健康和陪伴留给了家人。

创新的原则是有度。我们力图为用户创造"恰到好处"的智能厨电体验，让产品与用户相处有度、与空间相融有度、与自然相谐有度，达到相互间的和谐统一。去年推出的智能升降油烟机，更是实现了随油烟大小智能升降，将油烟机一举带入"无人驾驶"时代，为用户带来了"恰到好处"的智能体验。

2018 年，方太要提出关于创新的第三个观点：创新的目标是幸福！创新是企业发展的第一动力。没有创新企业就难以发展甚至难以生存，所以全世界的企业都很重视创新。然而综观创新的现状存在诸多问题：如急功近利、危害健康、搅乱是非、丧失底线、严重违背社会主义核心价值观等。究其根源，就是很多人把"贪欲"作为创新的源泉、把"无度"作为创新的原则、把"市场或流量"作为创新的唯一目标。所以我们提出了"创新的源泉是仁爱""创新的原则是有度"，今天进一步提出"创新的目标是幸福"。由此可见，方太创新的目标与方太的使命是完全统一的，方太所有的创新都是要去实现"为了亿万家庭的幸福"这一使命。今天就想重点阐述一下"家庭幸福"这个与我们密切相关的课题。

三、家庭幸福观

提到家庭幸福，我们首先会有一个问题：尽管每个人对幸福的感受不同，难有一个量化的客观标准，但有没有一个基本公认的幸福观呢？答案是肯定的。中国人耳熟能详的"五福"，最早出自《尚书·洪范》："一曰寿、二曰富、三曰康宁、四曰攸好德、五曰考终命。"[1] 也就是后来提出的长寿、富贵、康宁、好德、善终。习近平主席在十九大报告中指出："坚持创造性转化，创新性发展，不断铸就中华文化新辉煌。"结合当今时代条件和社会主义核心价值观，我们提出新时代的"家庭幸福观"是：衣食无忧、身心康宁、相处和睦、传家有道。这四个方面为什么都跟家庭幸福息息相关？又如何实现？下面一一详细阐述：

衣食无忧：根据一些社会调查报告以及我们自己的观察，很容易发现不

---

[1] 孔安国撰，孔颖达正义：《尚书正义》，上海古籍出版社 2007 年版，第 478 页。

少发财致富的所谓的成功人士其实并不幸福。这些年我们也经常会看到某某身价数十亿或更高的企业家英年早逝给家人留下巨大悲痛的新闻报道。为什么多少个亿却买不来自己的幸福快乐？也买不来一年甚至一天的寿命？因为并不是财富越多就越幸福。当然我们也应当承认对于一个家庭而言，如果还在为一家人的一日三餐、避风驱寒、体面生活而烦恼担忧，那么也是很难有幸福感的。毕竟像颜回"一箪食，一瓢饮，居陋巷，人不堪其忧，回也不改其乐"①这样境界的人在世间是不多的。所以，孔子周游列国到卫国时，给出的为政思路是"先富之、后教之"。而我们国家两个一百年奋斗目标的第一个目标也是"全面建成小康社会"。所以拥有能让我们衣食无忧的一定的物质财富对家庭幸福而言是必要的。

那么对于一个家庭而言，如何才能实现"衣食无忧"？五千年的中华文化早已给了我们答案，那就是"劳动"或者是"奋斗"。中华民族是勤劳智慧的民族，这方面孔子早就给我们树立了榜样：其为人也，发愤忘食，乐以忘忧，不知老之将至云尔。②有一首《幸福在哪里》的歌第一段歌词是这样写的："幸福在哪里，朋友我告诉你，它不在柳荫下，也不在温室里，它在辛勤的工作中，他在艰苦的劳动里，啊！幸福就在你晶莹的汗水里。"这首歌确实道出了中华文化关于幸福的真谛。习主席也指出："劳动是财富的源泉，也是幸福的源泉。必须牢固树立劳动最光荣、劳动最崇高、劳动最伟大、劳动最美丽的观念，崇尚劳动，造福劳动者，让全体人民进一步焕发劳动热情、释放创造潜能，通过劳动创造更加美好的生活。"习主席在今年的新年贺词中进一步指出"幸福都是奋斗出来的。"由此可见，要实现衣食无忧，必需的途径就是全家人一起劳动，一起奋斗。

身心康宁：现代社会随着人民物质生活条件的改善和精神生活的变化，慢性病反而变得越来越多。据央视《新闻1+1》报道：2016年中国高血压患者超过2亿人，糖尿病患者9240万人，心脑血管疾病患者超过2亿人。《中国医学论坛报》显示我国脂肪肝人群至少2亿人。另据一些健康大数据显示，全国每年新增癌症患者超过300万人，城市白领中真正意义上的健康

---

① 程树德撰，程俊英、蒋见元点校：《论语集释》第2册，中华书局1990年版，第465页。
② 程树德撰，程俊英、蒋见元点校：《论语集释》第2册，中华书局1990年版，第479页。

人比例不足 3%。除身体疾病外，现代社会精神疾病发病率也较快上升，其中仅抑郁症患者我国大约有数千万人。世界卫生组织对健康的定义是："健康不仅是没有疾病，而且包括身体健康，心理健康，社会适应良好和道德健康。"一人生病住院，全家难得安宁。没有健康，谈何家庭幸福啊！2016 年习主席在全国卫生与健康大会上强调，没有全民健康，就没有全面小康。要把人民健康放在优先发展的战略地位。

那么我们如何才能实现身心康宁？五千年的中华文化再次给我们提供了丰富的宝藏。《黄帝内经》云："上古之人，其知道者，法于阴阳，和于术数，食饮有节，起居有常，不妄作劳，故能形与神俱，而尽终其天年，度百岁乃去。""夫上古圣人之教下也，皆谓之虚邪贼风，避之有时，恬惔虚无，真气从之，精神内守，病安从来。"① 中医还告诉我们：疾病的产生有内因、外因和不内外因。内因指喜怒忧思悲恐惊等七情，怒伤肝，大喜伤心，忧思伤脾，悲伤肺，惊恐伤肾，而且五脏与情绪之间能相互影响；外因指风寒暑湿燥火等六淫，即六种非正常的气候特征，并随每年的五季盛衰而有相应变化，五季是指春、夏、长夏、秋与冬；不内外因指饮食不节和不洁、七劳八损、自然性伤害等。综合几千年古人的经验，我们总结出健康的五个要素：饮食有节（洁）、睡眠充足、锻炼适度、心情平和、福德厚积。这里仅作简单介绍。饮食有节（洁）：俗话说，病从口入。现代人的很多病确实是吃出来的，主要表现在吃得太"好"、吃得太多、吃得太错。有几个关键点：总体而言只吃七八分饱，具体而言早餐中餐要吃好、晚餐吃少、不吃夜宵；以非精制全植物性食物为主，少量动物性食物（含蛋奶）为辅；低糖、低盐、低油、粗加工；喝水量因人而异，阳虚者不宜多喝（阳虚者一般有怕冷、冬天手脚冷等症状），饮料不能代替水；水果大多性寒，食用要适度，阳虚者少吃；现在很多小孩经常生病，责任在于父母不懂得老祖宗的教诲；要想小儿安，三分饥和寒；以及强行退烧等错误的治疗方法造成的。睡眠充足：睡眠能有效恢复体力，所以睡眠要够、质量要好；早睡早起、适当午休；平时劳逸结合；夜班人士要注意倒时差并充足睡眠。锻炼适度：锻炼的关键在于方法和度；提倡慢跑、快走、游泳、瑜伽等各种有氧运动；避免剧烈和过度

---

① 孔安国撰，孔颖达正义：《尚书正义》，上海古籍出版社 2007 年版，第 478 页。

的运动；避免过度流汗，冬季和春秋季流微汗，夏季适当多流汗；提倡太极、站桩、八段锦、312 健身法等各种中华传统养生功法。心情平和：《中庸》曰："喜怒哀乐之未发谓之中，发而皆中节谓之和。"有情绪可适度表达，但要避免过度和过激，保持心情舒畅、平和、安宁。福德厚积：前面四点做好了，健康就有了一定程度的保障，但也不一定就能保证不再生病。因为决定我们健康的还有一个关键要素就是个人和家庭所累积的福德。我们每个人或家庭都有两个账户：资金账户和福德账户；福德账户的规律是：越自私享受福德越少，越利他付出福德越多。平时我们应当多多积福，才能保障长久的身心康宁。

相处和睦：俗话说，家和万事兴。人生的痛苦莫过于家人之间不和睦，在现代家庭中，最普遍的矛盾出现在夫妻关系、婆媳关系、亲子关系等方面。现代社会有些夫妻是一天一小吵，三天一大吵，本来应该是温馨的港湾，却变成了人间炼狱，大家都痛苦不堪，最终无奈选择离婚。中商产业研究院数据显示：当前中国城市家庭的离婚率逐年增高，北、上、深、广居于前四位，离婚率达 35% 以上。而离婚的前六大原因依次为出轨、家暴、性格不合、婆媳不睦、不良嗜好和购房。仅此数据就从一个侧面反映了中国家庭幸福所面临的严峻现实。有人认为较高的离婚率是社会进步的表现，起码婚姻的受害方不用面对一辈子的不幸。然而我们也必须看到离婚对夫妻双方和家庭，尤其是对孩子的伤害以及对社会造成的负面影响都是不可忽视的，这已成为我国实现第二个一百年奋斗目标的一个巨大挑战。所以，我们既不能鼓励离婚，也不能鼓励长久维持令人痛苦不堪的婚姻。而是应该找出走到离婚边缘背后的根源，然后从源头上预防离婚的发生。

那如何做到家人之间相处和睦？关键是要处好三种关系、遵守四项原则。

古人认为家中最重要的关系有三种：夫妻关系、父子关系、兄弟关系。而处理好这三种关系的秘诀是：责任对等、各尽本分。即做到：夫义妇德、父慈子孝、兄友弟恭。夫义妇德：夫妻关系是这三种关系的核心。夫妻关系好，其他关系也会顺；反之，其他关系也会恶化。父子与兄弟关系无法选择，而夫妻关系是可以选择的，所以和睦的夫妻关系要从正确的恋爱观开始，选择对象不能单凭相貌，更应当注重对方的品行，因为爱情而结婚，因为责任才能白头偕老，为祖国和家庭培养合格的接班人。一旦结成夫妻，关键则在"夫义妇德"，即丈夫之道在"义"，丈夫要有坚定的信念和坚强的意志，做人做事要合乎道义，孝敬父母，关心妻子，对妻子负责，对家庭负责。妻子之道在"德"，妻子要孝敬公婆，体贴丈夫，对丈夫忠诚，对家庭忠诚。夫妻之间要互相尊敬、互相包容、互相帮助、合理分工。父慈子孝：现代社会父子关系也遇到很大的挑战，关键是父母智慧不够。父母之道在"慈"：慈是一种充满智慧的爱。天下父母都爱自己的孩子，但没有智慧的爱是可怕的。父母不慈，往往就会导致子女不孝。例如不少父母完全以孩子为中心，甘愿为孩子付出一切，而得到的却是孩子的理所当然、毫无感恩之心。真正的慈爱是无过无不及，过了就成了溺爱，不及则成了缺爱，两者都不能让孩子健康成长。对孩子既要有爱，又要有严，严是更高层次的爱，做到严爱结合，教子有方。同时，父母一定要成为孩子的好榜样，以身作则，身教更胜言教。孩子的问题往往就是父母自己的问题，父母自己改变了，往往会发现孩子也跟着改变了。另外，父母对待儿媳应该更多一份关心和理解。儿女之道在"孝"：儿女首先要感恩父母养育之恩，为人子女孝亲为本。曾子曰"大孝尊亲，其次不辱，其下能养。"给父母养老，只是初级的孝，大孝在于对父母（公婆）的敬和顺，保护好自己的身体是孝的开始，立身行道利天下则是孝的终结。兄友弟恭：处好兄弟姊妹关系关键在"兄友弟恭"。古代家庭孩子比较多，为了减轻父母的压力，讲究长幼有序，兄长要替父母照顾和教育弟弟妹妹，弟弟妹妹则要恭敬和尊敬兄长，听从兄长的教诲。兄弟姊妹之间一般都有深厚的情义，所以很少会发生兄弟之间吵架不和、反目成仇的事情，更少发生因为赡养父母、继承财产导致的种种纠纷。兄友弟恭，家庭才能和乐幸福。

由上可见，家人之间要相处和睦，需要遵循四项原则。各尽本分：每一个家庭成员都有自己的责任，应当合理分工，各尽本分，不能片面强调单方的责任。互相包容：人非圣贤，孰能无过。任何人都会有过错，如果抓住不放，就不可能和睦。退一步海阔天空。每个人都需要严于律己，宽以待人，互相包容，互相忍让。真情相待：俗话说，公说公有理、婆说婆有理。普通人因为有私欲所以争理永远争不清。家是讲情而不是争理的地方，要注重增进感情，互相以真情相待，避免争理伤感情。无私奉献：家是一家人共同的家，可能会有家人没有尽好本分，但不能让这成为自己也不尽本分的借口，作为其中的一员，都应当为家庭无私奉献。

传家有道：俗话说，富不过三代。道出了传家之难。家族企业也是如此，据美国布鲁克林家族企业学院跟踪统计，欧美家族企业只有30%能传到第二代，12%能传到第三代，只有3%左右能传到第四代。就家族传承而言，历史上仍然有极少数家族能够传续数百年乃至数千年。如孔氏家族，即孔子后代，仅家谱记载总人数超200万，被称为天下第一家族；民族英雄岳飞后代目前据称达180万；北宋名相范仲淹后代800多年长盛不衰；再如颜子家族、曾子家族、孟子家族也都历经2000多年而不衰，并且家谱保留完整，未曾中断。这前后之间形成了强烈的对比，为什么绝大多数家族逃不脱"富不过三代"的魔咒？而仍然有极少数家族能数百年乃至数千年而长盛不衰？这背后是否有什么传家之道？答案是肯定的。

那如何才能逃脱"富不过三代"的魔咒？真正的传家之道是什么？古人云："道德传家，十代以上；耕读传家，次之；诗书传家，又次之；富贵传家，不过三代。"而这个思想源自孟子的"君子之泽，五世而斩"①。这些话已经道出了能历十代以上而不衰的传家之道。总结过去几千年的家族传承之道，一言以蔽之："积善之家必有余庆，积不善之家必有余殃。"② 其核心就是：行善积福。这里需要进一步指出的是，圣贤之善往往与世俗之善相反。《了凡四训》讲到善有真假、端曲、阴阳、是非、大小等，都应当仔细辨别。而辨别的总原则是"有益于人为善"。具体而言：不看行为本身，而看行为所造成的影响；不看当下成果，而看长远效果；不看个人得失，而看国家天下。

更进一步讲，行善可分为四个不同的层次：第一层次的行善是为行善而行善，尚有所求；第二层次的行善是行善已经成为自觉的习惯和品德，超越了为行善求福而行善；第三层次的行善是提升自己的格局境界，从行小善转变为行大善，达到自利利他的境界；最高层次的行善是先建设自己的心灵品质，开发心灵宝藏，再帮助家人和他人乃至人类建设心灵品质，开发心灵宝

---

① 焦循撰，沈文倬点校：《孟子正义》下册，中华书局1987年版，第577页。

② 黄寿祺、张善文译注：《周易译注》，上海古籍出版社2001年版，第33页。

藏。去除小我，开发大我，达到无我利他的境界。在不同层次上的行善所积之福也可谓相差悬殊，第一层次的行善可传家三代以上，第二层次的行善可传家五代以上，第三层次的行善可传家十代以上，唯有最高层次的行善其家族传承才能历百代而不衰。

四、亿万家庭幸福倡议

今天主要发布了"为了亿万家庭的幸福"这一方太新使命，并在过去关于创新的两个观点"创新的源泉是仁爱"、"创新的原则是有度"的基础上，提出了关于创新的第三个观点："创新的目标是幸福。"然后重点提出了新时代的"家庭幸福观"：衣食无忧、身心康宁、相处和睦、传家有道，并进一步从这四个方面阐述了与家庭幸福的关系和提升幸福的方法途径。可见，对我们每个家庭而言，家庭幸福并非遥不可及，乃可学而至，但需要我们学而时习，立志笃行。为了进一步方便广大家庭学习践行，下面从不同层次再介绍三种方法：

首先，幸福从常说的"五句话"开始。对亿万家庭而言，有没有一种简单快捷的方法便能获得初级的幸福？当然有。家庭矛盾的一个普遍的根源是几乎所有人都认为对方不对，都等着对方认错，让对方改变，否则就不罢休，这样就陷入了一个解不开的死结。其实是我们不明白一个真理：自己是一切的根源，只有自己改变了，才有可能改变他人。所以这个方法叫"超级简单'五句话'幸福法"："我错了！""我也错了！""我帮你！""谢谢你！""我爱你！"只要家庭成员抓住一切机会每天常说这五句充满正能量的话，很快就会发现幸福已悄悄来到我们的身边。这个方法只有一个关键：每个人要主动、勇敢并且真诚地说出"我错了！""我也错了！""我帮你！""谢谢你！""我爱你！"

其次，践行五个一，幸福滚滚来。如果有的家庭已经不满足于"超级简单'五句话'幸福法"，想要追求更大的幸福，那这个方法就是"提升能量'五个一'幸福法"：立一个志、读一本经、改一个过、行一次孝、日行一善。方太人的实践已经证明了"五个一"的非凡效果。立一个志：可细分为三，成人之志、成事之志、健身之志；成人之志即成为一个什么样的人：

如脚踏实地、忠于职责的士人，德才兼备、志存高远的能人，自强不息、厚德载物的君子，自利利他、胸怀天下的贤人，无我利他、化育天下的圣人；成事之志可以是家庭目标或工作目标等；健身之志可以是健身目标；读一本经：经指中华优秀传统文化经典，如《论语》、《大学》、《中庸》、《道德经》、《六祖坛经》等；改一个过：过指错误的知见、不善的念头、过激的情绪、偏私的行为等；行一次孝：指做一件让父母高兴乃至感动的事情；日行一善：尽好本分是首善；每天尽好本分以及至少做一件举手之劳的小善，可以是作一次改善、做一件善事、说一句善言、起一个善念。就周期而言，立一个志可以年或季为单位或视具体内容而定，读一本经、改一个过、行一次孝可以季或月为单位，日行一善以天为单位。实践证明，只要认真践行"五个一"半年，就会发现自己和家庭已发生很大的变化，同时被浓浓的幸福所包围。

再次，更高层次的追求必须明心重道。如果是企业家，要有着更高的追求：不仅要成就自己的家庭幸福，还要成就一家伟大的企业，让顾客得安心、员工得成长、社会得正气、经营可持续，成就更多人的家庭幸福。

"亿万家庭的幸福"是一个巨大而长期的工程，未来十年我们的目标是让一千万家庭提升幸福感、让十万企业家迈向伟大企业。我们欢迎更多志同道合的企业家共同学习践行中华文化，为中华文化的繁荣兴盛，为亿万家庭的幸福和中华民族的伟大复兴做出自己的贡献。

最后祝大家家庭幸福！

谢谢大家！

幸福企业八大模块

苏州固锝电子股份有限公司 *

固锝公司的幸福企业体系包括八个模块：人文关怀、人文教育、绿色环保、健康促进、慈善公益、志工拓展、人文记录、敦伦尽分。

固锝的核心价值观为："企业的价值在于员工的幸福和客户的感动！"企业经营平台上，除了致力于股东利益最大化、提升员工幸福感和客户满意的前提下，企业还承担着社会责任。这种社会责任，不仅体现在绿色经营上，还体现在广义上的"企业公民行为"，包括深度参与公益事业，建设幸福社区。除了自身进行幸福企业典范创建之外，还要影响和带动其他企业，共同承担起社会责任。

当今是"企业社会化"和"社会企业化"的时代，现代社会发展的一个重要推动力量来源于企业，企业已经成为社会的中坚力量，它不仅仅是社会的细胞，更是社会的载体。因此，企业应当为社会和谐以及员工的幸福而存在，而不只是为了创造经济效益的单一目标而存在。因而，固锝的企业愿景被确立为：用心将圣贤文化带给全世界、造福全人类。

一、幸福企业体系的八个模块

模块之一：人文关怀

"家"在中国人的文化血脉中具有特殊的意义，人们围绕着"家"衍生出人际关系和群体秩序，例如家道、家规、家学、家业，甚至把"家"作为以示尊敬的人称后缀，例如，书法家、画家、数学家、文学家；而现如今，

---

* 苏州固锝电子股份有限公司，董事长吴念博，博鳌儒商卓越人物。

企业取代传统的家庭社会成为产业社会中重要的人群组织，企业家也应当把公司当作"家"，把员工当作"家人"。

《群书治要·亲民》中说道："故善为国者，御民如父母之爱子，如兄之慈弟也。见之饥寒则为之哀，见之劳苦，则为之悲。"①

苏州固锝在公司内部倡导"家"的氛围，从新员工入职第一天起，即有专人对其进行爱的呵护，不仅在工作、学习、生活上给予最大的帮助，更通过陪伴志工的言传身教，在思想、行动、情感上帮助他们尽早融入公司的大家庭。针对困难员工以及有特别需要照顾的员工家庭进行特别照顾。包含离职员工也是自己的家人。公司的关怀举措不仅关爱员工本人，包括员工的父母、子女、家庭等都是公司关注的对象。

实例如下：

1. 新员工入职导览式培训、贴心式座谈；各部门员工生日聚会别具一格，月月开展。

2. 困难员工及困难家庭关怀及生病员工的看护和照顾。

3. 针对准妈妈的特别爱护，在餐厅设立准妈妈专用软座、制定营养菜谱、赠送育儿书籍、上下班志愿者陪伴，保障其出行安全。

怀孕超过6个月的准妈妈则享受晚到1小时或提前1小时下班的待遇。给予准妈妈学习课程，特别提供长达2年的"育婴假"，回家照料孩子，公司正常缴纳社保等福利并每月给予"育婴假"补贴，期满后可回公司继续上班。这也是固锝对家庭教育的重视和支持。

4. 知心姐姐走入生产一线，主动和员工交谈，解决员工实际困难，及时疏导员工心理健康。

5. 志愿者走入员工家中，送上温暖、送上清凉，关心员工及员工家属。

6. 离职员工关怀以及关注残疾人的就业。

7. 黄金老人关爱计划：公司对员工父母、公婆等年龄在80周岁以上的老人，每月送上孝顺金并进行系列孝亲关怀。

---

① 魏征、褚亮、虞世南等：《群书治要译注》第19册，中国书店2012年版，第9页。

8.幸福宝宝关爱计划：为公司员工留在原籍0—12周岁的子女送上志愿关怀和关怀金，幸福宝宝的父母每年享有3次、每次7天的带薪假期回家探望孩子，并报销路费。让员工能够多看看孩子而没有后顾之忧。同时，送上《弟子规》成长日记等书籍，让员工学习和践行，与孩子共同成长。公司董事长还会帮助他们的孩子在苏州当地入学。

9.召开双职工座谈会、组织同乡会等，增进家文化和员工的归属感。

固锝公司福利一览表

对员工子女的关爱	孩子入当地公办学校就读、少儿医保费报销、员工小孩教育基金、独生子女费
对员工的关爱	生病住院员工关怀、员工或家属急难关怀、特困家庭和重大疾病员工或家属关怀、员工直系亲属往生关怀、公司与当地公立医院建立固锝绿色通道、免费住宿、员工工龄续接（针对再次入司的老员工）、准妈妈关怀、育婴假、幸福宝宝关爱假、关怀金、黄金老人关爱金
各种补贴	餐贴或免费工作餐、夜班补贴、星级补贴、工龄补贴
公司额外福利	庆生会、结婚庆贺、员工生子庆贺、中秋国庆慰问、妇女节慰问、发放年货、工会会员福利、开门红包、发放年终奖、工资之外的奖金
提升性培训福利	带薪在公司内外部培训、优秀员工特别福利（与家属国外旅游度假）
法律法规要求的福利	缴纳社保、带薪年休假、住房公积金

固锝公司对员工的这种人文关怀，并非突然一夜之间启动，而是从公司成立就开始的传统。吴董在创办之初就把员工当作家人，把企业当做家来经营。时至今日，固锝公司近1900名员工中，工龄20年以上的老员工有99位，15—20年的员工有131位，10—15年的员工有183位。员工逐渐形成了主人翁精神，开始真正把企业当成一个"家"，把彼此当成"家人"，对固锝这一组织本身产生热爱。

需要说明的是，固锝的人文关怀，不同于一般的公司福利，这种关怀除了让员工感受到关爱和温暖之外，还将教育巧妙地蕴含在其中，比如生日会，除了关心和祝福外，更重要的是让员工懂得生日这一天是母亲受难、父亲担心的日子，要铭记父母的生育、养育之深恩。比如"育婴假"，除了关怀外，更让母亲们懂得家庭教育尤其是母亲对于子女3岁以前教育的重要意义，又如，"黄金老人"关爱，实际上是在倡导孝道、倡导整个社会对于老人的一份尊重。正因为在关怀中加入了人文的部分，使得这一份关怀更为深入员工的心灵，让员工感受到这是真正的家人般的带着智慧的关爱。

模块之二：人文教育

人文教育是幸福企业之根本，在人文关怀的基础上提升员工的道德理念。孝亲尊师、善良朴实、敦伦尽分、恪守本分、乐于奉献是中华民族的传统美德，透过圣贤教育找回做人的基础、久远的孝道和爱心，找到生命的价值和意义。让每一个社会人都能够扮演好自己在家庭、社会以及工作中的不同角色。

固锝日常开展的教育如下：

1. 全体员工每天早晨工作前晨读中华文化的经典，并分享对经典的心得体会，传递正能量。

2. 职能部门人员每天午间半小时学习传统文化视频课程。

3. 公司成立了明德书院，全体员工轮班脱产带薪进行5.5天圣贤教育的学习，每天有5%的员工在明德书院学习。

4. 公司高管及重要的管理干部每周集中共修4小时。

5. 每年开展祭孔、祭祖活动，重视孝道教育。

6. 每月开展升国旗活动，对员工进行爱国主义教育。

7. 举办儿童夏令营，为员工子女的成长提供帮助。

8. 通过八大模块的活动，让教育融入生产、生活，从力行中真正提升员工的德行修养。

吴董常说，在家中，家长要先"施爱"，家人才"懂爱"。例如，在推行"家文化"建设不久后，公司就取消了打卡制度，这是把信任交还给每一位基层员工的一项重要举措。吴董曾说："很多人谈到管理就想到制度，好像只有制度才能把企业管理好，其实不一定非要把制度绝对化。制度永远有缺憾，企业不可能事先考虑到所有情况来制定针对性的制度。"由此，公司更多地选择信任，并倡导信任，首先相信员工行为多是利他而非利己，让员工充分感到被尊重，被信任，有了尊严感，才能产生内在的自律与工作动力，慢慢形成企业可持续发展的动力。

在此基础之上，固锝公司开展起人文教育。这个顺序不能颠倒，必须在人文关怀的基础上再开展人文教育，即"人文关怀为基础，人文教育做提升"，必须赤诚以待，持之以恒，循序渐进。

归纳而言，人文教育的内容可分为三个层面：其一，家庭教育；其二，工作教育；其三，公民教育。以此在关爱员工的同时教给员工做人做事的道理。

其一，家庭教育，或称孝亲教育。固锝推崇中国传统文化中的"百善孝为先"，即如《孝经·天下章》所述："子曰：爱亲者，不敢恶于人，敬亲者，不敢慢于人。爱敬尽于事亲，而德教加于百姓。形于四海，盖天子之孝也。"[1]

由此，固锝设立了"孝亲电话吧"，员工每周可以免费给家里打10分钟电话，跟父母说说工作情况，唠唠家常。每个部门都会给员工开生日派对，生日派对上除了庆祝生日，更要感谢父母，例如写信感谢养育之恩。公司还鼓励员工回到家中给父母洗脚和奉茶。

人文教育的改变是潜移默化的，但同时又成效明显。员工朱建妹分享道："像我这样上了些年纪的妇女，平时很少称呼公婆为爸妈，但是通过人文教育，我向婆婆喊了一声'妈'，婆婆眼泪都流出来了，我也意识到了'婆婆也是妈'，之前我这个妈妈也是不称职的，现在知道了，首先要自己做好，孝敬父母，儿女也会尊敬我吧。"

孝道教育是教育的根，正如古老师所说："百善孝为先，一个人如果不懂得孝顺，就没有了最基本的做人的基础，一个人只有懂得孝亲才会真正懂得尊师，才会是一个优秀的员工。我希望员工不仅自己明理，更希望他们未来能够影响到自己的家庭，把爱和孝道带到自己的原籍地。"

---

① 胡平生、陈美兰译注：《礼记孝经》，中华书局2007年版，第225页。

其二，工作教育。这体现在强化员工对工作的正确认识方面，令员工对工作有"恭敬心"，主张员工在本职工作中"敦伦尽分，匠心匠魂，不断追求精益求精"，即如《礼记》所述，"好学近乎知，力行近乎仁，知耻近乎勇。知斯三者，则知所以修身；知所以修身，则知所以治人；知所以治人，则知所以治天下国家矣"①。

通过这些教育活动让员工体会到："我们的产品是有精神和生命的，我们的工作不只是普通的上班赚钱，而是要赋予工作有生命、意义。"而这些又与公司提出的"日本的品质、中国的价格、美国的速度、六星级服务"经营方针相互照应，并不断体现在精益管理的效果改进之中。

所谓精益管理，从精益生产的概念发展而来。而作为一家生产制造型企业，固锝也不断从消除浪费、自动化、目视化、防呆防错等四个方面推进精益改善，并成立了改善小组。随着人文关怀与人文教育的深入，员工日益以厂为家，用心工作，其改善实绩也趋于显著。

其三，公民教育。除了孝亲教育与工作教育，公司同时还将慈善公益、绿色环保的理念通过人文教育宣导给员工，并鼓励员工参与志愿者活动，这也与幸福企业体系的其他模块形成联动。公司倡议员工在各方面成为一名公民楷模，例如低碳出行，吴董带领管理干部，每周少开一次车，出差自带洗漱用具，减少浪费。

在创建幸福企业的路上，吴董提出了"幸福员工的标准"，包括：好女儿（儿子）、好媳妇（女婿）、好妻子（丈夫）、好妈妈（爸爸）；好员工、好干部、好志工；低碳生活的践行者、现场解决问题的能手；健康低碳餐、零厨余的带头人；圣贤文化的实践者、员工中的人品典范。

幸福员工的标准

好女儿（儿子）、好媳妇（女婿）

好妻子（丈夫）、好妈妈（爸爸）

好员工、好干部、好志工

---

① 郑玄注，孔颖达疏，龚抗云整理：《礼记正义》下册，北京大学出版社 1999 年版，第1442 页。

```
家庭教育              身教
    △        +        △        =        ⬭
  内容              形式            人文教育
工作教育  公民教育    境教  言教
```

公司尤为重视身教的重要性，即如《论语》所言"其身正，不令则行"，上行下效，身教胜于言教，领导者做事的用心程度及态度是员工最好的老师。为此提出"君亲师"的概念，倡议每位干部都成为员工的君亲师：君，德才兼备的领导；亲，慈母般的关爱；师，言传身教的老师。公司的幸福企业建设，之所以能够具有成效，与高管班子、管理者的严于律己、身体力行密不可分，无论是低碳餐、零厨余、对工作抱有恭敬心、慈善公益、社区服务，公司管理层总能发挥表率作用。例如，60余名有车的干部自发组成"爱心车队"，免费接送下班晚的员工或来访的员工家属。而为了响应低碳号召，走入工作一线，高管们至少每周住在工厂一天，以便更能深入了解到员工们的需要。

公司同时希望"人人都是君亲师"，每个人都能乐于助人，为他人作出表率，强调："在固铻大家庭，每个人只是分工不同，在人格上人人平等。固铻人目标一致，方向一致。当这个大家庭有需要的时候，固铻人都勇于承担、敢于承担，为'家'来尽心付出。"

中国长期以来的传统社会"重义循理"，讲究四维（礼义廉耻）、五伦（父子有别、夫妇有别、君臣有义、长幼有序、朋友有信）、五常（仁义礼智信），而当企业这种形式取代传统的家庭社会成为产业社会中最重要的人群组织，也要在企业中建立相应的伦理秩序。因此在固铻，员工亲切地称呼吴董为"大家长"，率先垂范；每位干部都要成为员工的"君亲师"；而员工则应在岗位工作中"敦伦尽分"；以此各尽其责，形成组织秩序，具有整体合力。

老祖宗为我们留下经典和圣贤文化，就是为了后世子孙能够学习明理，能够踏对人生的脚步。圣贤文化的"化"是感化、变化，通过持续的人文教育，固铻家人和家庭悄然发生了很多美好的变化，正如大家长所说，"我们更懂得孝顺父母了，更懂得夫妻相处之道了，更懂得做孩子的好榜样了，其实我们每个人都在变"。正因为这样，固锝把教育作为根本。每天早晨朗朗的读书声以及 30 间学习教室，展现了固锝人学习的热情。

模块之三：绿色环保

固锝人最为注重的三个字是"恭敬心"。人文教育的重要目的就在于培养和提升一个人的恭敬心，这种恭敬心是全方位的，是对一切人、事、物都要怀有一颗平等的恭敬心，因为宇宙万物是相互联系的，是不能单独存在的。绿色环保是体现我们对生存环境、对于地球母亲的那一份恭敬心。无论企业、个人，我们任何一个行为都要想到对环境、对资源的影响，要能够为社会大众、为后世子孙留存一个更好的环境和可持续发展的资源使用理念。这也是企业社会责任的体现。公司秉持 4G 理念：绿色设计、绿色采购、绿色销售、绿色制造；在经营生产中践行绿色低碳，同时更注重生态环境的保护。在苏州固锝，心灵环保的理念已经扎根，以绿色环保为例：

1. 公司为了能够保护地球环境，在设计时就注重低碳、节约地球资源，通过烘箱改隧道炉工艺改善、运用逆卡诺循环把生产过程中的热能吸入压缩机进行热交换，将其所含热量释放给进入热换热器中的冷水，直接进入保温水箱储存使用及更换；冬天利用冷却水的自然冷源，通过风机盘管进行温度调节及更换节能环保的 LED 灯，为此公司投入了 135 万元，但为地球节约了 2936800Kwh/a 的电能，相当于节约标准煤 1026.5t/a，并可以减少二氧化碳排放量 2667t/a 及二氧化硫排放量 41.05t/a。

2. 公司投入 600 多万元，购买废水处理设备、改良废水处理工艺及回收使用技术，大大节省了废水的排放，如 IC 厂的晶元减薄、切割，引线框的切割要用水作媒体切割、研磨，每年约可产生废水 12000 吨左右，对 SMT 产品进行清洗每年也要用 1200 吨左右，将这些废水处理后制作成 RO 纯水反用到切割、研磨、清洗工序，回用率达到 95%；通过改良电镀工艺，使电镀废水 90% 被回用。仅此几项的投入，每年就节省水资源 33570 吨。

3. 通过对空压机设备的改造，综合利用设备产生热能替代锅炉天然气，天然气用量从 2011 年 7 月用量最高的 43416 立方米降低为 2013 年 7 月的零立方米，相当于每年减少碳排放 445264 千克。

4. 生产过程中的能耗降低，列入各部门的年度计划；每年度 20 万元绿色奖励，引领供应商加入环保行列。

5. 每周 4 天健康低碳餐，引领公司全体家人体验绿色低碳饮食观念，引领员工的身心健康，提升员工的心灵成长。

6. 倡导低碳出行，有车人家，每周停开一天车，工厂间更多使用自行车低碳往返，减少对空气的污染。

7. 专辟土地，种植幸福林场、农场、果园，为地球增绿、让员工吃到无污染的绿色蔬菜。

8. 厨余减量，直至零厨余。通过宣导让员工懂得珍惜粮食，惜福爱物、菜色品种的调整变化、吃多少取多少的自助用餐方式，以及红绿通道的实行，使固锝的厨余大幅减量接近零厨余。

9. 固锝大量制作环保酵素，用于厨房清洁、卫生洗涤、净化空气、蔬菜种植、个人使用等多个方面，在减少厨余和环境保护方面发挥了有效的作用。

模块之四：健康促进

"身体发肤，受之父母，不敢毁伤，孝之始也。"[1]《孝经》里的这句话让固锝家人懂得，要照顾好自己的身体，不让父母担心。很多家庭都是因病而贫，尤其对于个体的人而言，健康是至关重要的。"上医治未病"，而在 20 世纪 80 年代世界卫生组织就提出了健康促进的理念：暨人的健康以及寿命的长短与人的生活环境以及行为习惯息息相关，因此要提升员工的工作环境、健康意识，巩固幸福基石。实例如下：

1. 开展各种主题的健康讲座，提升员工健康意识。

2. 倡导健康、文明、低碳的生活习惯，鼓励员工戒烟，形成良好的生活饮食习惯。

---

[1] 胡平生、陈美兰译注：《礼记孝经》，中华书局 2007 年版，第 221 页。

3.建立员工健康档案，设立养生馆，让员工享受健康护理和中医养生理念。

4.美化厂区环境，逐步改善工作环境。

5.定期开展对特殊岗位和特殊人群的健康检查。

6.借由中医按摩治疗的教学与推广，让志工互助、互益，鼓励员工与家人互动，为父母长辈尽责。

模块之五：慈善公益

启发志工的爱心，教育志工内求知足，每个人伸出援手帮助需要帮助的人。用自己的点滴付出，换得更多人的幸福；对于弱势群体而言，物质的帮助是暂时的，心灵的抚慰更重要。固锝志愿者期盼把天下的老人视为自己的老人，把天下的孩子视为自己的孩子。让这个世界充满爱和温暖。小到爱物惜福，大到敬天爱地。实例如下：

1.持续开展净山、净街、净社区活动，带动市民的环保理念。

2.废旧电池危害的宣导和回收，让更多的人加入到保护生态、爱护地球的行列中。

3.老吾老以及人之老，幼吾幼以及人之幼，定期进行敬老院、儿童福利院的关怀陪伴，让久违的笑容，重新回到老人和孩子们的脸上。

4.关爱空巢老人、关心社区残疾人及弱势群体，在帮助他人的过程中见苦知福、懂得感恩。

5.幸福校园与幸福乡村。

为了关心"留守儿童"，探索他们幸福成长的道路，固锝与广西大新县政府协作，以大新民族希望中学为试点，创建幸福校园，通过三年持续的关怀和教育，幸福校园的孩子们德行和成绩都有明显的提升，校长和老师们在此过程中也产生了诸多良善的改变，对传统文化生起了信心。天等县多所中小学幼儿园也开始加入进来，村庄母村开始用传统文化来建设"幸福乡村"。并开展"关爱留守儿童召唤妈妈回家"项目，该项目希望能召唤越来越多的妈妈们回到家乡来陪伴孩子们。通过大规模的原生态农业种植给妈妈们提供就业机会及收入保障，希望她们能够种植适合环境、适合土地健康的有机生态农副产品。

模块之六：志工拓展

公司倡导人人都是志愿者，积极培养公司志愿工作者以及幸福推广志工。公司志愿者是幸福企业八大模块的实践团队，幸福志工的职责是义务协助更多的企业、社区、学校等进行创建幸福典范，引导更多行业懂得以员工的幸福为第一要务，同时知道如何去落实。苏州固锝期盼引领更多的企业、社区、医院、学校等团体开始真正落实幸福的理念并承担社会责任，让我们的社会更加和谐幸福。实例如下：

1. 精心设计志工培训课程，透过内求、利他的志工精神，让所有志工有心灵上的成长。

2. 近千位公司志工，活跃在公司各个岗位、活跃在每个志愿活动当中，以身示教带动内求、利他的志工精神。

3. 乐于奉献、甘愿付出是全体志工的最美的心地风光。

4. 结合志工的心灵成长与陪伴，全面的志工培训与学习。

如今，固锝公司近 1900 名员工中，已有千余位员工经过培训和实践成为公司的注册志工，其服务范围覆盖了幸福企业体系的八个模块：人文关怀、人文教育、绿色环保、健康促进、慈善公益、志工拓展、人文记录、敦伦尽分。例如，当有员工生病住院，志工会像家人一样陪伴照料；公司里有客人来访，志工就会早早布置会场并且承担接待或导览任务；还包括准妈妈的陪护、食堂清洁工作、幸福农场的耕耘、读书会的组织，等等；同时也会积极参加各种公益慈善活动。

在固锝，志愿者的爱心活动更多的是出于一种自觉的参与。志工们把参与各项活动看做是一种幸福。

目前固锝公司的 1000 多名注册志工同时是苏州市文明委、志愿者总会的骨干志工，这支充满活力的志工队伍是公司一项独特的组织创新，而"幸福固锝志愿服务队"也是唯一一个在企业内部成立并有独立名称的志愿者队伍。从狭义层面，这支队伍成为企业管理者的得力助手，不仅为企业减少了管理成本，更重要的是培养了员工的高尚品格，也为其他人起到了示范作用及引导作用；从广义层面，固铻通过这支队伍，使企业得以真正成为社会公民，既切合"构建幸福企业典范"的愿景；同时又兼具文明理想，推动社会进步。

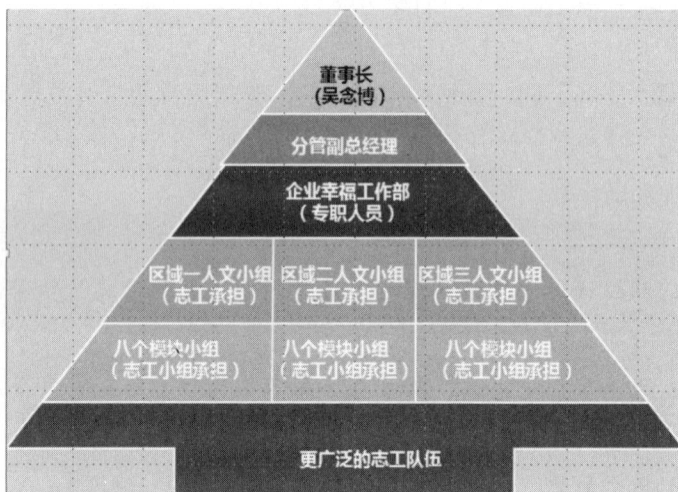

模块之七：人文记录

传播真善美，幸福企业中的清流与交流窗口。以创建和传播幸福企业的人品典范为使命，不只是一家做好，而是希望全中国乃至全世界的企业，包含所有爱心团体都能一起共同携手成长，因此在创建之初，透过人文志工进行文字、照片和影像的记录，为全面推广做好文档及相关资料的储备。我们将幸福企业典范创建的实践经验用心记录，传播给世人。

1. 主题中心：持续记录爱的足迹，引导员工乐于奉献，服务他人，回报社会。在报真导正的前提下，展开人品典范，人文典范的报道与主题分享。

2. 宣传中心：从平面到立体，内含报刊、海报、公司网站，多角度记录固铻在幸福企业典范创建中的成长历程。

3. 硬件管理：强化硬件呵护常识，用心呵护人文记录的有形及无形资产。

4. 企划中心：落实真善美的主题活动，整合与运用各类资源。

模块之八：敦伦尽分

每一个人到这个世间，都有自己的责任和义务。无论是在社会家庭还是在自己工作的公司团体，人人都应该承担起自己应尽的职责和义务。在固锝大家庭中，家人们感受到温暖和关怀，也用一颗感恩的心来回馈，敦伦尽分，用心做好每件事，共同呵护这个美好的家。

1. 我爱我设备

把每一台设备都看作自己的孩子，把每一台机器都像爱护自己眼睛一样去用心呵护，每一台机器也会用最好的状态来回馈。

2. 群策群力金点子

公司在通过人文教育推进精益管理的过程中，2012 年 5 月，幸福企业工作部也因时之需，策划了"我为精益管理献一策"的金点子征集活动，活动由副总经理牵头，各部门主管参加。

这项活动的成效是显著的，例如，IC 事业部一条生产线的生产周期从最高的 3.5 天降到 1.5 天以下。再如，通过改变机台的摆放空间，把操作人员的直线走动变为 U 型走动，就可以缩短路程、减少人员体力消耗，以前一个人看管 7 台设备，现在一个人可以看管 8 台。还有，一个工具坏了，原本需要花费 2000 多元去采购一个新工具，现在工人只要花几毛钱就修好了。另有员工提出一个周转箱的设计改变，仅此设备的局部设计改良，其效率就可以提升 16%。不只操作起来更为方便，也可以节约耗材上万元。如今，金点子政策已经成为公司的常态机制。

3. 生产效率提升

固锝 IC 工厂产量翻倍，人数反而减少了。

年份	2010	2011	2012	2013	2014	2015	2016 年 1—2 月
月均人数	574 人	558 人	524 人	507 人	496 人	460 人	433 人

2012—2015 年 IC 厂 QFN 月人均产量：

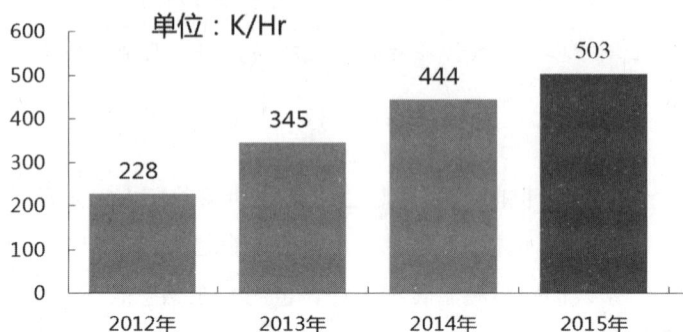

单位：K/Hr

228　345　444　503

2012年　2013年　2014年　2015年

2015年QFN人均产量分别比2012年、2013年、2014年上升120%、46%、13%。

2012—2015年IC厂PPAK月人均产量：

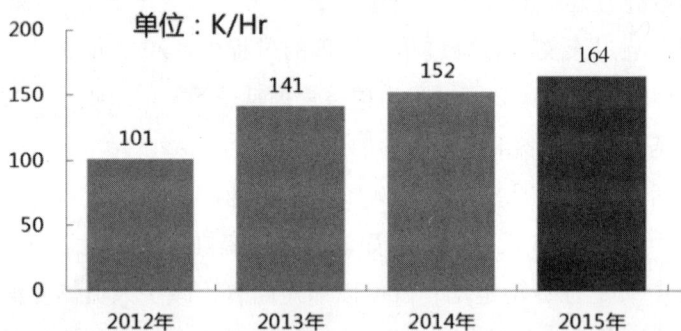

单位：K/Hr

101　141　152　164

2012年　2013年　2014年　2015年

2015年PPAK人均产量分别比2012年、2013年、2014年上升62%、16%、8%。

固锝的改善活动是有广泛群众基础的，因为固锝的价值观是"企业的价值在于员工的幸福和客户的感动"。有了这样的土壤和基础，任何改善都会越做越好并能"生根"。

尽管公司并不直接通过工具理性追求绩效与利润，但其结果却远远超越了前者所能达到的可能。吴董常说，一分忠诚胜过十分管理。尽管苏州固锝推动精益管理的时间并不长，但是因为有幸福企业的根基，所以在精益管理上取得了一定的成果。2013年10月25日，在天津举办的第十届中国制造业国际论坛上，苏州固锝获颁年度中国精益企业大奖。在颁奖台上，吴董表示："固锝的精益之路才刚刚起步，在座的很多企业都是前辈，固锝在精益方面取得的一点成绩也应该归功于全体固锝家人。"

诚敬幸福伙伴

固锝创建幸福企业以来，每年有近千名企业负责人、高管等前来参访，固锝将自己创建幸福企业的经验与大家分享。诸多企业从固锝感受到传统文化的力量，希望将幸福企业的八大模块落实到自己的企业。经过认真的考察，在国内，已有中兴精密、重庆耐德、量子高科、浙江盛宏等成为"诚敬幸福伙伴"的成员，还有多家企业虽然目前没有成为伙伴成员，但也在把幸福企业的做法在企业中逐步实践。越来越多的企业从固锝看到了企业存在的真正价值，也懂得了如何更好地去承担社会责任。

国际交流

七年来，苏州固锝用心践行"内求利他"的家训，不变始终，探索中国式的管理模式。公司在受到各界越来越多关注的同时，也引起了国际社会的关注，诸多国际人士前来参访交流，让世界了解中国及中国的企业。

日本前首相鸠山由纪夫先生：

通过今天这个学习，我才知道，科学只有加入进去我们的心，才能够真正达到目的，所以我希望今天在座的诸位大德，不要光把你们这个地方繁荣起来，要把你这种理念传播给更多的人，传播给全国，传播给全世界。

联合国教科文组织第 36 届大会主席卡塔琳·博格雅女士：

我们是东方和西方的哲学和文化桥梁，我们有一个谚语说"小就是可爱的"，也可以说小的也可以像大的一样有影响力，我今天看到最美丽的事情就是，一个像你这么有才华的人，能够把你的才华，贡献给这个人类，改善全人类的生命，您的两千五百个家人，还有二千个幸福儿童，为全世界创造了一个典范。刚才听到印度尼西亚的副部长，还有前日本首相，谈到宗教的价值、亚洲的价值。那我们常常说：西方人的价值是最好的，可是我从来都没有这么想过。我总是觉得应该把全世界最好的价值融通在一起，而产生一种新的价值观，所以当我听到夫子的时候，我就想到耶稣，听到你们哲学的时候我也会联想到我们西方的哲学，其实有很多东西我们是有共同点的，这个半天你给我最深刻的印象就是人是最重要的。

世界商业道德与法规主管协会（ECOA）执行董事吉思·达尔西先生：

今天在这里所看到的觉得很惊讶，在这么高科技的一个公司，竟然能够以人文教育为主，如果把人教好了，其他事情就都能够办得好。今天在固锝所看到的一切都是以人文教育为主，当我看到吴董、古老师，还有所有的员工在这个公司服务的自豪感，我觉得就是证明了只要把人教好，公司的一切都能够办好。

德国著名社会学家、经济学家温弗里德·W.韦伯博士：

我很惊讶地看到你们的管理方式，对你们所创造的社会体系印象深刻。固锝不仅能创造企业效益，还创造了社会中"家"的精神。固锝是社会中非常棒的榜样，是社会非常重要的组成部分。我非常高兴来此向您（吴董）学习，我会努力在全球获取这样的经验，去发展更多像固锝这样的企业。

联合国全球契约公约组织创始人乔治·凯尔先生：

我去过很多地方，也见过很多顶尖的企业的领导，在固锝所看到的是以前没看到的，在固锝所看到的是特别的，非常非常特别，效率是每一个企业必须要有的，我在固锝也看到了固锝也很注重效率，这个效率是比其他企业更深的配合，这个效率背后是有一个人文教育在里面，它蕴含着家族成员的因素在里面，从这个角度而言让我想起了德国隐形冠军，隐形冠军也是有家的概念，从家到社会的责任，而我在固锝看到的还是与这些有一点点不一样的。

我这几天听了很多东西，需要一些时间来消化。可我特别看到吴董做事非常特别，是非常珍贵的。现在资本主义面临的危机，欧洲和美国的资本主义失去了方向，他们不知道应该往哪里走，如果吴董您能够把市场与中华传统文化结合起来的话，这是一个非常重要的工作，我是非常难得的亲眼看到您在这里所做的，我希望有更多的公司能够来您的公司学习，学习"以人为本"地经营一个公司，还用中国的《群书治要》里面的那些管理原则，从内求、从修身、齐家、到治国平天下，你把我多年想要做的即怎么样持续"经营百年老店"的方式做了出来。我想它未来的形势是非常光明的。

英国威尔士大学校长麦迪文·休斯教授：

在这几个小时里听了你们的故事后，我学到：成功的企业不会专注于底线、不会专注在赚钱，而是专注在人，要专注在一个企业的真正价值——每一个员工。我领会到：成功的企业会体现尊重、体现诚实正直和体现怜悯心。

西方的管理和我今天所见到的非常不一样，但我知道一点，那就是如果今天的精神、今天的价值观、今天的诚信能被捉住，就会给我们一个机会为世界和商界创造出一个非常独特的机遇。对于先生您所建立的一切，我会怀着一颗极为崇敬的心回到英国。您创立了一个模式，并非一个企业模式，而是一个改变社会命运的模式。因为它能改变命运，它不仅会给家庭和社会带来希望，也会带来尊重。

幸福企业是因为有幸福员工，幸福员工是具有孝敬品德的明理的员工，明理来自教育，所以幸福企业，教学为先。正确的教学来自于中华优秀传统文化，源于古圣先贤的智慧，所以，创建幸福企业典范，即是将古圣先贤的智慧用于现代企业的管理，建立一个样板，让世人对中华优秀的传统文化生起信心。这是"中国式管理"的企业，这是"中国梦"的企业篇章。相信会有越来越多的企业、团体行动起来，共同承担起文化复兴的使命，讲好"中国故事"，用心将圣贤文化带给全世界，造福全人类！

传承中华文化，共铸幸福企业

廖高兵 *

一、我的创业史

走出乡村闯世界

1989 年，17 岁的我读了一学期中专便辍学了，怀揣着父亲借来的 130 元学费独自南下打工，我做过普工、拉长、保安、采购经理等。不管做什么工作，我都以老板的心态去工作，很快就得到了回报，19 岁就当上了厂长。

第一次创业失败

当时，年轻的我有一个坚定的梦想：为了改变家族命运，我一定要成为一个有钱人，于是我在工作之余不断学习别人的成功经验，为自己创业当老板做准备。1992 年，我在深圳开办了自己的第一家工厂，但好景不长，受隔壁厂的牵连，我的工厂无法再经营。第一次创业失败，我四处借钱结清了工人工资。

结缘化工行业

工厂倒闭后，出于对工人负责，我介绍工人到其他工厂工作，当时介绍工人是需要付介绍费的，我记得一个工人是 100 元，我为 21 个工人支付了 2100 元介绍费。不久一个工人知道了实情，便和其他工人凑了 2100 元一起来看我。在聊天中，我得知他们工厂有一批化工产品滞销，我决定抓住机会。于是，我和夫人找了一个门面，起名威信化工，开始做起了化工品

---

* 廖高兵，深圳市唯特偶化工开发实业有限公司创始人。

销售。

再次创业成功——公司简介

1998 年，在威信化工的基础上，我成立了深圳市唯特偶化工开发实业有限公司。经过几年的发展，唯特偶化工成长为国内最大的集生产、研发、销售、技术咨询为一体的微电子焊接材料方案提供商。2008 年，唯特偶成为第一批国家级高新技术企业，2009 年，我们完成股份制改造，2017 年，我们正式启动 IPO，进军资本市场，7 月，我们公司的 IPO 启动会已胜利召开。

感谢青企联

唯特偶能够顺利启动 IPO，这里有一个与青企联有关的故事。2016 年，是我们公司发展的关键年。因为青企联熊秘书长的引荐，我认识了金证股份的杜总。秘书长和杜总一行到我们公司考察，我如实向他们介绍了公司的情况以及未来的发展趋势。仅仅几个小时的交谈，杜总就决定入股我们公司，成为我重要的合作伙伴。后来听杜总讲，他做这个决定只用了七分钟。在这里，请允许我代表唯特偶全体家人对杜总的信任表示诚挚的感谢，我们一定会全力以赴扬帆起航，到达胜利彼岸！

我和杜总的合作非常的顺利，见面第二天我和杜总就签订了合作协议，第三天杜总就将部分投资 5500 万元打到了我的账上。当时收到款的时候，我看到手机上的数字，大脑有一分钟缺氧，不敢相信幸运来得如此之快。唯特偶的中文缩写是"WTO"，红色的"W"犹如一只展翅的金凤凰，因为有杜总的加入，金凤凰终于腾空而起，翱翔天际！

二、唯特偶主营产品

我们的主营产品是：焊锡膏、助焊剂、清洗剂、焊锡条/线以及预成型焊片、胶粘剂等微电子焊接材料，这些产品我们都是有自主知识产权的。

我们能这样快速的发展，最重要的是，这几年来，我们一直采用一种创新性的销售模式——总部经济销售模式。早在十年前，我们就看到了微电子行业的集中研发和代加工趋势。比如我们要做华为及下游代工厂，我们会在华为的研发端开始切入，在华为立项的时候就参与进去，按照华为的工艺方案来配套我们的焊锡膏、助焊剂，为华为研发项目提供最佳焊接解决方案。一旦项目开始实施，我们拿到华为的认证，为了保证品质，华为就会指定它的代工厂用我们的焊锡膏和助焊剂。富士康、亚马逊、惠普、索尼等大型的系统客户，我们都是用这种思路来进行开发的，这种系统客户，拿到总部的认证，就等于拿到了整个系统几十家客户的通行证。这种销售开发方式的优点在于：一是第一时间介入市场，提高盈利价值链。目前我们这些客户的单项产品毛利超过40%。二是通过深入合作，我们拥有了不可替代性，客户稳定度高，而且这些客户都是优质客户，回款快、风险低、稳定度高。当然，这种开发的方式也意味着开发周期长，一个总部经济客户开发的周期在2—3年。

三、结缘传统文化

踏足化工行业，是因为我善意的给工友支付了2100元介绍费而获得的机会。唯特偶在发展的过程中，总是在最需要帮助的时候就会获得贵人相助，一切都是最好的安排。因为十几年的创业经历，让我坚信：但行好事，莫问前程！到2010年，我们公司的销售收入也突破了两亿元，员工的薪酬水平也得到了很大的提高。物质是丰富了，但我却发现身边的朋友、员工精神上却并不幸福。

2010年，我的夫人接触了传统文化，在学习了中国古圣先贤的经典后，我夫人比我有智慧，她说中国的优秀传统文化能让我们的公司更和谐，能让我们的员工更幸福，并且还能影响更多的人，让更多人受益，获得幸福。听夫人这么一说，再加上我创业的成功也是因为我一直在践行这种"诚信文化、善文化"，员工幸福，员工诚信，唯特偶的事业才能长青，基业才能永固，因此我们决定在公司引入优秀中国传统文化作为企业文化。

孝道教育

古圣先贤孝为宗，万善之门孝为基。而我们又有多少人意识到了行孝不能等呢？我们和员工一起做过一个计算题——陪父母的时间，按照我们的父母都能活到90岁，减去父母的年龄，乘以我们每年回去陪父母的天数，计算的结果很揪心，如果我们还能陪父母四十年，每年回去陪伴十天，这一生，我们给父母的时间仅仅只有400天，400天，可能很多人还根本达不到。通过做这样的人生计算题，通过员工集体过生日给父母写信，通过员工集体学习找父母的好处，通过给父母洗脚，跪拜父母，这一系列的活动，员工们对父母的感恩之心慢慢升起来了，他们都明白了，不要等到"树欲静而风不止，子欲养而亲不待"，行孝不能等。

每年春节前，我们公司的春节晚会的开场就是我和夫人亲手为每个员工送上给父母的慰问金和慰问信。我们要求员工必须将公司发放的慰问金交给父母，并给父母读慰问信，表达公司对他们父母的感恩。这一习惯，我们已经坚持了七年，有的员工的父母对我说："我们的孩子交给唯特偶放心，孩子们在唯特偶变得越来越好，他们安心。"

健康素食

我们公司食堂做素食也有七年的时间了，大家可能以为：这公司是不是学佛？其实这和宗教无关，与信仰也无关，仅仅只是为了让我们的家人身体更健康，健康素食其实就是低碳饮食。公司决定吃素，是因为我身边有两个事情对我触动特别大。一个是我的台湾老师陈生，他非常喜欢吃肉，可以说是每餐无肉不欢，每次去他家，餐桌上总是满桌的大块的肉。很不幸，在他60岁左右的时候，就患上了食道癌。在治疗的过程中，他真的非常痛苦，他告诉我：年轻的时候为了一时的口舌享受，天天大鱼大肉，却没想到害了自己，现在什么都不能吃，都吃不下。还有一个是我的客户的员工，20多岁的小伙子，青春阳光，正是人生最好的时候，却也不幸患上食道癌，他不抽烟不喝酒，就好吃肉，特别是腌制的肉。

唯特偶的很多员工都是跟着我十几年的老员工，不是家人胜似家人。我希望我的家人都身体健康，长命百岁。唯特偶在决定引入优秀传统文化做企业文化前，我去参加了一个封闭学习45天的学习班。在传统文化培训中心，我亲眼看到了高血压的学长在坚持健康素食后血压逐渐降低，我也亲眼看到身患难治皮肤病的学长在坚持健康素食后慢慢好转，在那45天，我见证了素食对身体的好处。所以，为了让我最爱的唯特偶家人们身体健康，我们决定全员健康素食。刚开始吃的时候，确实有人不习惯，我们特意去请了专业的素食师傅进行营养搭配，并且根据各地的口味，做辣和不辣两种口味，慢慢地，也就习惯并坚持了下来。现在，唯特偶的家人们不仅自己健康素食，也现身说法，用自己的事例影响身边更多的人加入健康素食，低碳环保。

公益论坛，让更多人受益

传统文化是个宝，用在哪里哪里好。为了能让大德先祖的文化福荫更多兄弟姐妹，我和夫人开始了传道授业。虽然我们自知还没有足够的德行站在讲台上，但我们可以请大德老师来给大家讲课。于是，我们公司出资，在我的家乡耒阳和深圳举办了几期以"和谐社会，幸福家庭"为主题的传统文化公益论坛。每次论坛都是三天，我们免费提供场地和午餐，每次论坛都有上千人从全国各地赶来，甚至还有澳洲、香港等地专程赶来听课的。意识到有太多的人不懂得怎么做一个好妻子、好媳妇、好妈妈，我们每个月在公司都举办七天的公益女学班；也有很多人不知道怎么做一个好丈夫、好儿子、好爸爸，因此我们每个月也在公司举办七天的公益男学班。同时，为了让我们员工的孩子、客户的孩子和身边人的孩子能得到正能量的良好教育，我将老公司的整栋楼都捐出来，装修好做传统文化公益课堂，每周六，都有上百个孩子在那里学习《弟子规》等优秀传统文化。每个暑假，我们为孩子举办为期 15 天的公益传统文化亲子夏令营。很多的孩子在这里学会了感恩，学会了生活自理，学会了帮助别人。

四、传统文化带给我们的好处和改变

我的改变

很多人都问我，你花那么多的时间、精力、金钱来推行传统文化，是为了什么？我告诉他们，因为传统文化让我受益了，让我身边的很多人受益了，我希望更多的人受益。

在学习传统文化前，我一直忙于工作，很少陪伴家人。学习孝道之后，感恩之心生出来了，我才意识到，这么多年我都忽略了家人，忽略了我最该珍惜的人。我在深圳有二十多年了，父亲一直在湖南老家，他很少到深圳来。因为每次来，我都以忙为借口，很少陪他。

孝乃万善之始，而我这一课已缺得太多。于是，我推掉所有工作，亲自去湖南老家将父亲接到深圳，我和太太、儿子陪着父亲爬莲花山；我与父亲、太太、儿子一起回乡祭祖，连根养根。经过一段时间对父亲的陪伴，有一天，父亲搂着我的肩膀说"儿子，你太累了"。那一刻，我感受到了父亲浓浓的爱。我和父亲的关系拉近了，这时候儿子也发生了改变。之前儿子几乎不与我交流，而经过这一段时间，我们一起陪伴父亲，我发现儿子居然与我交流了。我以前一直做各种事努力想和儿子达到的相处模式居然就这样收获了。因为我们一家的关系变得和谐友爱，慢慢地我发现和兄弟姐妹相处起来也越来越融洽了，整个氛围和磁场充满正能量。

员工的改变

下面跟大家分享一个去年上半年发生在我们公司的故事。我们有个员工与妻子结婚多年，但因为他妻子的身体非常差，一直没有怀孕。他妻子为了让他家有个血脉传承，不顾身体条件怀上了双胞胎。但在生产时去世，留下两个在重症监护室抢救的双胞胎。听到这一噩耗，我的内心真的非常悲痛。我第一时间给这个员工打了个电话，我跟他说："兄弟，家人与你同在。"打完电话，考虑到双胞胎抢救费用巨大，员工已无力承担，我决定公司马上给他捐款 11 万元，同时我们发布了爱心募捐倡议书，短短一天时间，我们就为他筹到了 25 万元爱心款，为他解了燃眉之急。然后，我们全体员工都自发地去悼念了他妻子，见到他，我对他说："兄弟，你要振作起来，你的首要任务是照顾好你的孩子和双方父母。孩子是你太太用爱和生命换来的，你要继续把这份爱传承下去。在你照顾孩子期间，公司会照常发放工资，你的工作，我会安排其他同事来代理。"在处理好所有的事务后，员工和他的父亲来到我的办公室，在我的办公室，员工扑通就跪下了，他说："廖董，我这一辈子就是唯特偶的人了。"在这里，请允许我为这个员工和双胞胎宝宝送上祝福。

学习传统文化前，员工之间总是有很多的摩擦和矛盾，造成整个公司的氛围都很不好，但是通过学习传统文化，大家常常反省自己的不是，找别人的好处，久而久之，心里的疙瘩解开了，思想转变过来了，矛盾化解了，也勇于承担责任了，各个部门的协作和沟通也更顺畅了。

同时，员工的家庭都更幸福和谐了，从 2010 年推行传统文化以来，可以说这七年我们还没有一个员工离婚；因为工作顺畅，家庭幸福，我们的员工都因为这份感情留在了公司，员工离职率比没学习传统文化前降低了80%。

与客户关系的改变

在学习传统文化前，可以说商人都是精致的利己主义者，我是商人，也具备这种特性。因此，我们在经营过程中，更多的是考虑我们自己的获利，而在学习传统文化后，我明白：以金相交，金耗则忘；以利相交，利尽则散；以势相交，势去则倾；以权相交，权失则弃；以情相交，情逝人伤；唯心相交，静行致远。

学习传统文化后，我们以"利他"之心对待客户，客户也给了我们最好的回馈，现在客户对我们的满意度高了，投诉少了，合作更顺畅了。我们与很多的大型客户都建立了战略合作关系，互相学习，共同提升。在联想集团，我们的技术人员连续二十天在生产现场 24 小时跟线，通过对联想工艺的不断改善，将联想产品的直通率从原来的 98% 提高到了 99.5%，为联想节省了返修成本，同时提高了联想产品在市场上的竞争力。

正是因为我们与客户以心相交，2016 年，在经济形势非常严峻的情况下，我们公司的销售业绩逆势增长 30%。所有的这些改变，让我感觉到非常的幸福和感动，正所谓"爱出者爱返，福往者福来"。

五、发　愿

通过学习传统文化，我不断反省，改过迁善，变成了更好的自己，而我的改变，也感召了身边的家人、员工、客户和朋友。我希望，通过传承优秀中华传统文化，让唯特偶的家人，让爱唯特偶的人生活幸福，实现价值，物心双丰收！

企 业 文 化 研 究

联想企业文化与管理之道

——龙永图与柳传志对话 *

主持人（荆慕瑶）：让我们掌声欢迎论道栏目嘉宾主持人龙永图先生，欢迎本期特邀嘉宾柳传志先生。同时也欢迎本期节目的观察员实时评论员朱旭先生。

我们非常有幸请到柳董出席今天的节目，首先，问一下柳董，我知道您特别爱打比方，您把做企业和盖房子比喻到一起，做房子核心竞争力是屋顶，围墙就是企业经营之道，地基就是企业的基础。这个话是您几年前说的，到今天您是否坚持这样的判断？

柳传志：这话说来话长，比喻跟您说的不是完全一致，比喻本身跟我原来说的意思不是特别准确。我当时在讲，房子的屋顶，比如企业一般流程性的东西，比如像企业的供应链、生产，就是这套东西，是一回事。像房顶这块，像服务型企业、制造业或者新兴企业是不一样的，但是围墙和根基是属于带有一定科学性的东西，是规律性的。比如我强调的管理三要素——建班子、定战略、带队伍，这些东西不管什么情况下，这些企业都要有，上面那一层像计算机的应用程序，下面是操作系统，每个计算机都有操作系统，应用性的程序是不一样的，大概是这样的比方。从今天来看，即使是先进的互联网企业，像管理的三个要素中带队伍里面包括了文化和激励组织形式等，具体的方法不同，但是三个要素还是存在的。

龙永图：特别想问一下，关于您的比喻和企业的根基，你是不是觉得整个企业像一个房子的基础，文化是企业管理的一个基础。

---

* 龙永图，博鳌儒商论坛首席顾问，博鳌亚洲论坛原秘书长。柳传志，博鳌儒商典范人物，联想集团创始人。本文是博鳌儒商论坛 2017 年年会期间两人的对话记录。

柳传志：在管理三要素里面，如果一个企业必须有一个盈利模式，盈利模式怎么发展，就是哪个是目标，通过什么方法达到这个目标，如果把这个定义为战略的话，这个战略本身基本上对这个企业非常重要。比如我们常说，要做对的事情，甚至比把事情做对更重要，这个指的就是战略性的问题。随便举个例子，比如河那边树上有一个桃子，我们想把这个桃子摘下来，需要大家练习架桥、练习爬树。每个步骤都做得很好很辛苦，把桃子摘下来了。这个时候站在原地的指挥官的身边不远就有一棵桃树，根本不需要过去，因此过河是一个本事，但是不如回头把那个桃子摘了。这表示的是战略的不同，结果就不同。怎么能让你的战士把桥架好然后爬树克服困难，这就需要百折不挠打胜仗的队伍，令行禁止立刻就能做到的，这就需要好的文化和好的机制。文化其实是带队伍里面的内容，文化和战略一起的时候未必很一致，也许有的企业家价值观不怎么样，对员工很苛刻，这个企业也许长不了，但是在某一件事上盈利模式很成功，它应该也是可以成功的。这要看你做多长多大的企业，你要一时取胜只要战略成功，挣点钱回家养老去那没事。战略很重要，带队伍很重要，班子也很重要。

一个比较大的企业，员工上千过万以后，头绪就多，一个CEO再怎么能干也是很难处理的，要有一个价值观一致的班子，这个班子集思广益来决策做什么，所以这个班子非常重要。现在讲科技创新驱动，在这个创新的同时，你能不能知道科技创新，你的竞争对手也许抄了近道，你自己根本不知道。实际上要对这个战略和创新的这套东西，具体情况是要有所了解的。像90年代初，正在研究针式打印机的时候，人家研究出了喷墨打印技术；当你正在做喷墨的时候，人家激光打印又出来了。你觉得自己在引导潮流的时候，你就必须了解本行业的其他竞争对手。今天的互联网移动服务更是这样，一个领导人再能干也照顾不了这么多，必须是一个团队在一起干。

因此，制定一个好战略必须有优秀的班子才能做出来，带队伍也是一样，你本人出差了，但是整个队伍在按照计划进行，所以建班子、定战略、带队伍，实际是缺一不可的。

龙永图：柳董讲的三条都很重要，带队伍其实是企业文化非常重要的一部分，能不能在带队伍和企业文化之间的关系上再给大家详细地讲一讲。

柳传志：我自己觉得带队伍有三件事：一是组织架构，二是激励，三是文化。组织架构不是今天的主要内容就不讲了，其实也是很关键的。一个部队能打仗，要能有奖有惩，这当然很重要，比如一个新员工到你这来工作，人家为什么，当然首先看看自己工作的付出和自己的所得是不是合适，这是必然的，如果完全没有激励那就吃大锅饭，长久以往是不行的。但是在这个基础上，没有文化、没有追求，比如很多在快节奏的企业竞争之中，企业完全按照这个具体规矩办来不及，很多事情是一边答疑一边做，那么凭什么大家努力往上奔，这是文化的力量驱使，即这个企业的每个成员，应该努力往一个方向去努力，所以说企业文化会起非常大的作用。

当年我们在 2000 年前后的时候，在中国电脑市场占了 30% 的份额，已经很高了，我们认为很不错，但到 2001 年往下降了，2002 年接着还降，什么原因？其中有一个原因，是因为当时一个叫戴尔的企业，大举进驻中国，以前戴尔都是欧美市场，当发现中国市场这么大的时候，开始重兵移向中国。

龙永图：突然出现了大的竞争对手，改变了整个竞争态势。

柳传志：戴尔从美国横扫欧洲，自 1994 年开始，把当时在电脑行业里最大的企业——康柏打败了。戴尔有一个业务模式创新，创新的具体内容就不在这说了，用这种创新的方式打败了它原来西方的竞争对手。到了我们这儿，我们也很难支撑，我们当时是在香港上市的公司，大家纷纷不看好，因为像联想这样的中国企业，打打国内的企业或者一般性的还行。然而我们好好跟踪了康柏两年，它为什么会做成这样，到底有什么特殊，我们研究得很详细，然后采取了双模式的做法，既把戴尔的办法拿过来，同时还保留了我们以前的特点。康柏打不过戴尔的时候，把以前的业务全放弃了，全学戴尔，然后打不过戴尔，你要做双模式几乎是不可能的。联想 2014 年底并购 IBM，这边跟戴尔打仗，那边跟 IBM 谈判，这就打赢了。实际上，就是文化起了重大作用。因为按照戴尔的模式上的话，我们以前规定的规章制度，一边打一边调整，调整的过程就是每个部门的负责人都会影响到本部门的利益，因此大家都要以大局为重，真的就是把总目标定下来以后，密切协商，同事之间互相都能够敞开心扉，供应链的前后方部门怎么配合等，这个确实完全是文化起的作用。像打排球一样，分了五个格，球过来扑救的时候，全部都在接，形成默契，然后把球抢回来。我们努力一直往前，有规则按照规则做，没有规则以前我们往前做，在这之中把规则做起来，等现在的互联网全有了规则那就没有办法竞争了。

龙永图：柳董讲的文化，我理解某种意义上就是企业的信仰，一个企业的精神，实际上，不管你讲的带队伍也好、建班子也好，如果有非常明确的信仰，非常明确的目标，这个企业就有希望。

柳传志：我再按龙部长说的举个例子，就是文化的力量。我们在1998年前后，公司做了ERP。什么叫ERP? 是用计算机管理整个公司的财务和整个供应链，全是用电脑IT系统来控制。以前采购、生产制造，大家都是每人一段。比如在生产的时候，那边的人一出货，你的账上立刻就会记载下来，生产多少东西、全球是什么状况，马上就能知道。这在当时是一个非常先进的工程，一般的做法就是买一个好的软件程序，这个是以德国的一家为最好，然后还要有一个顾问，当时请的是德勤。那时候我们公司规模大概一万多人，大概一百多亿人民币的规模，就算做起来也有一定困难。当时德勤审计师事务所，做这个困难，大的国企做也有困难，因为是业务流程重组，改组是重新的利益分配，而国企的困难很多，比如老的领导人退休以后，他选拔的接班人跟他想法一致，但是上面派了副手，意见不一致。因为这件事对我们非常重要，今天大家看得很清楚，没有把这件事弄清楚IBM不可能并购。我们反复研究过，我们坚决要做，外面当时流行的说法就是，不做就是等死，因为国外的企业做了，要跟他们竞争，做了就是找死。后来我们认为自己内部没有什么宗派的问题，所以我们觉得做应该是没事的。

做了半年以后，总负责的同志找到我说，做不下去了，因为参加这个程序重新设计的各个部门都必须是一把手，决定好当时就拍板新的业务流程怎么做，这个部门做，那个部门怎么配合，说话不算数的人来了以后没用。但是当时那个时间正是11月份，是业务最繁忙的时候，哪个部门的一把手都有自己的指标，完不成也是不行的，所以谁都嘴上说对ERP重视，但是参加的人都是第二第三把手，都做不了决定。我听了他说的情况，当时头都大了。

主持人：所有的压力都集中到您那儿。

柳传志：后来我组织了一个会议，全国各地的部门领导全过来，200多人开了一个会议，非常短。最后的结果是什么? 提前完成。大家会奇怪凭什么提前完成，实际上办法就是这样，必须要有一个办法：白天做业务，晚上一把手加班开会做 ERP，加班到晚上两点连续几个月。

主持人：您陪他们吃饭？

柳传志：陪不是我的工作，把我陪垮了谁管公司？最后大家真是这么做的，真的在庆功会上，有哭有笑的，为了这个事业做成，大家特别高兴，精神得到鼓励、物质得到的鼓励，全都能兑现，大家都觉得我们提升了，打了一个胜仗。这就是文化的力量，为了一个目标。

龙永图：就是改革的过程当中，有时候需要局部的牺牲，先置之死地而后生，如果是企业的管理，特别是国有企业的改革，如果不克服各种利益的冲突，半途而废损失会更大。如果你们当时 ERP 搞不成，那企业管理就瘫痪了，很多事情就是上面决定了以后，一竿子把它做成，不能半途而废，所以这是很强的企业文化。

柳传志：但是还有一点很重要，真做成了要给人家足够的奖励而且奖励冲在前面，不能大家努力做完以后什么奖励都没有，一回行，二回也就不行了。

主持人：柳董上来提到九字箴言——建班子、定战略、带队伍，刚才又把企业的文化说到根子上了，举了这么好的例子，让柳董休息一下。问一下龙部长，上到国家战略，下到企业，再到每个普通人，对文化有说不清道不明的感情，但是特别重视，像柳董讲的企业文化是有章可循，但是对普通人而言有点虚，龙部长怎么看待文化虚实之间的关系。

龙永图：文化在不同的时代有不同的理解。我认为一个企业的文化就像一个国家的信仰一样特别重要，现在提出来国家要有信仰，民族要有信仰，国家才有希望。企业也是一样，就是把所有的员工和整个班子连接起来的信仰和目标，所以我觉得讲到企业文化的时候并不虚，它能凝聚整个企业的精神。在这点上像柳董的联想，还有其他的企业为什么会成功，主要就是有一个凝聚大家的共同精神支柱，这点是非常重要的。为什么现在讲要研究传统文化，也就是从几千年的文化当中找出其中的精华，找出其中大家共同认可的价值，来形成当今我们中国的信仰，来形成我们整个企业的根基，这一点是非常重要的，它并不虚。像柳董讲的推 ERP，如果没有坚定的目标和信仰是搞不成的，因为它涉及的利益太多，涉及的困难太多，如果是涉及很重要的事情，企业是需要文化的，如果企业正常运转的时候，企业的文化好像可有可无，但是到了关键的时刻，企业的文化能起重大作用。

这就是说，我们为什么要建立企业文化，就是准备我们企业在困难的时候，在攻坚克难的时候，在达到一个非常困难目标的时候，特别是在现在这种改革的情况下，企业的文化、企业的凝聚力显得特别重要。

主持人：艰难的时候企业的文化特别重要，说到底文化是一种信仰。再谈谈联想的企业文化，柳董接受采访的时候，说联想是一个发动机文化，有大发动机、小发动机，您也说到激励，那激励和发动机文化到底是怎样的？

龙永图：这是家庭作业，不知道他家庭作业做好没有。

柳传志：因为各个企业对企业文化的定义可能不一样，我们专门在2005年前后请了一个咨询公司，在我们那儿做了反复调查，联想在发展中企业文化是什么？怎么形成的？后来把企业文化定义为两个内容：一是企业的核心价值观，就是刚才讲的凝聚力是什么，我们企业的核心价值观是什么；二是方法论是企业文化的一部分。当时定义为把企业利益放在第一位，一是每个人都应该在企业发展中有自己的利益，但是这个时候要和企业的利益是一致的，企业利益是第一位。二是求实进取，包括诚信，包括创新。三是以人为本。怎么样在发展中让员工有所提高，这践行了我们的核心价值观。刚才说的事就是进取的内容。

另外方法论，就是考虑清楚目标、拐大弯、复盘，在这个过程中，最高层班子意见是否一致，大家一定要把这件事想透，这就是我们的核心价值观。说到就要真做到，想透了以后怎么办，就要进行宣传贯彻，就是一些企业重大的活动中是否贯彻了把企业放在第一位。比如说，联想在1990年到2000年的时候，曾经有10个同事由于出现了腐败的状况，被送到了司法机关。之所以送的原因，联想后来形成今天这个样子不是一帆风顺过来的，是把话明白地说在这儿，钱是光明正大的，我们干什么获得什么，什么事坚决不能做，说得很清楚，违反了就要按照法律来接受惩罚，然后进行贯彻。

第三件事，就是要实现文化，领导人以身作则。为什么讲以身作则很重要，领导人心里要特别坦荡，比如说在我们公司里面，当时我们的创始人都是计算机研究所出身的，子女差不多大，考大学的时候学电脑的很多，当时就规定子女不让进公司。像大的客户、领导的孩子要求进公司很正常，我们要求有三个副总裁同时签字，这说明不是跟谁的私人关系，哪个领导的子女谁也不知道，因此签与不签完全根据自己，跟上面没有关系。所以在处理的时候，所有被处理的同事，也有一个回到联想，到其他地方也没有受到什么影响，假如为自己谋私，人家不拿板砖拍我啊？你就要以身作则，比如具体的事，开会迟到与否等等，所以形成出来的公司文化领导都要做到。

第一，所有意见要一致。第二，要反复宣传贯彻。宣传贯彻之中，之所以敢贯彻就是领导人以身作则，别嘴上说漂亮话行动上不做，这样就会造成混乱，这比没有更糟糕，所以我们把以身作则看得非常之重要。

龙永图：文化真正要在企业中落实，制度要有保障，刚才你讲的几条看似简单，其实都是一个严格的制度，领导孩子进公司必须三个人同时签字，看来是很细的东西，实际上是确保了公司的文化，这是一个关键，很值得大家思考。

主持人：大家听柳董说这些细节就会特别感慨，联想的成功绝不是偶然的，里面有这么多的制度和文化保证。您看现在联想已经是国际化的企业了，一些发达国家对优秀企业的评选，联想得分都不低，中国企业往国际化发展的过程当中，如果您来总结一些经验和教训，他们的企业文化在向国际化发展过程当中，比如说有什么特别需要适应的地方。

龙永图：这个话应该柳董来回答，柳董国际化的成功，在很大意义上，就是他善于把企业的文化本地化，因为每个国家都有自己的国情，每个国家都有自己不同的法律和道德框架，所以企业的文化，包括像联想的企业文化，它的根本东西不能变，但是，它必定适应当地的国情，作出某种修正。这一点也是中国企业走出去以后，怎么把中国企业文化带到国外去，一些根本的东西不能变，企业的文化，这就是联想的企业文化。你到别的国家以后，则要考虑当地的实际情况，自己的文化也好、规章制度也好，作出一些调整作出适应性的变化，这样才能使得我们的企业文化在当地落地生根，这就是所谓当地化的问题，我是这么理解的，不知道柳董怎么看当地化的问题。

柳传志：中国企业走出去以后，如果并购国外企业，发生的矛盾一定是文化中产生的。当年我们并购IBMPC的时候，我一开始也没敢投赞成票，坚决要做的是管理层的杨元庆，我不敢投票的原因，就是一个小企业像 30 亿美元的企业，要并购 IBM 这么大的企业，牌子不一样，怎么可能成功？再后来一定要我表态的时候，我分析了当时三个大的风险：一是品牌的风险，买 IBM 笔记本电脑这么著名的牌子是给企业用的，中国人买了以后，这个著名的牌子还是这个牌子吗？第二大风险就是员工能否保留住，原来是一个体系，这么多员工是为美国 IBM 来做，中国人做股东人家干不干。第三个风险，文化融合的风险，当时统计，电脑行业里面并购成功的在 25% 不到，但是那还都是同一个国家之内，都是西方发达国家，像中国并购 IBM 的企业成功的没有。

什么叫文化融合？说穿了，中国人和美国人、欧洲人，谁领导谁、谁配合谁、谁适应谁，各自都有各自的文化，这是一个大文化，后来 2008 年经济危机一爆发，以这个为突破口，一下公司就大亏损了，这就是文化造成的。怎么造成的呢？并购了 IBMPC 以后，我们请了一个戴尔的高级副总裁担任我们的 CEO，杨元庆当公司的董事长，在这个过程中，董事长有点像制片人，它负责拍什么片子、负责选导演、负责奖惩；导演则是这里面的核心，导演就是 CEO。所以为了将来让中国人真的领导一个国际公司，杨元庆上来就当 CEO 有一定的风险，在中国打了胜仗，在外国不一定能打胜仗，这样可能会被炒掉。我们在其中是占大股，但是还有两家股东，未必我们的票数就能说了算，所以董事会里面要有协调。杨元庆一开始不能打败仗，最好的办法就是，杨元庆看着 CEO 怎么做，一个阶段下来了，认为可以了再接上来做。

但是，就在请国外 CEO 的时候，他来做这个工作，他也有他的想法，如果并购成功，所谓成功无非是利润比你之前的利润大幅度增长，股价大幅度增长，你想中国公司并购成功就是这个了，会认为他是最牛的 CEO，不会认为这是中国人的本事，他保住公司的利润增长，保住股价的增长。保住利润就有一个长远的增长和短期增长的问题，就是在我们并购的时候，这个电脑行业正在发生一个巨大的变化，这个变化是什么？以前都是增长最大的是企事业单位，这属于组织行为，但是随着 2000 年以后，个人买电脑应用，这个数量增加就超过了组织行为，就是每个人自己都开始用电脑了，连中国都这样，这个数量已经超过了组织行为，而我们卖的 IBM 的电脑，价格高质量好，这是为了适应事业单位用的。

　　但是，如果我们在这个时候不再赶紧增加新的产品，老是本着原来的老产品的话，那肯定就会落后，在这种情况下，如果进军民用产品，我们就要在研发上、供应链上，特别是 IT 系统上，就是刚才说的计算机管理上全要投资才能做。投资的钱是什么数量？把整个 IT 系统更换，三年要投入7 个亿美元，钱从哪儿来，就要从利润里走，要做这个投资，未来就要把利润往下减，一减利润 CEO 的成绩就往下降，到五年后成不成就不会显现得那么明显，这样 CEO 就会有短期行为，他就会抵制董事会的决议。杨元庆董事长提了这个提议之后，我们都赞同，我们作为股东当然愿意长远发展。实际上他本人有短期行为，在这种碰撞以后，杨元庆屡屡说服的时候，CEO是意大利籍的美国人，性格火暴，长的特别像列宁，脾气非常急，他坚决反对。这时候杨元庆自己想了一招，让那个 CEO 带原有的队伍做业务，杨元庆另外带一个队伍做民用电脑。这招其实是不行的，一个企业在采购和优势上必须要结合在一起，尤其是跟国外的同事合作很难的状况下是很困难的。这个想法有了之后，外国的 CEO 就会向董事会里的国际股东申诉，说董事长根本不懂行，这时候很容易形成一个中国人和美国人之间的矛盾。眼看真的要形成了，真的形成这种变成无原则的意见，美国人意见中国人不同意，中国人意见美国人不同意，所以那个时候就进行了调和，这需要一点功力，具体怎么做的话就长了。

　　总而言之，CEO 肯定是非换不可了，但是换的时候怎么能够让董事会的意见比较一致，怎么能够安全换下来。我下决心要换。运气不错，金融危机来了，一下子就亏损了，亏损很大以后，这件事怎么办，CEO 要负责任，于是换 CEO 其他美国董事都同意。但换谁这是一个问题，换杨元庆他们不同意。这个时候我跟他们谈判，一连打了一个礼拜的电话沟通。最后他们提的要求是：要真的选杨元庆，你要负责任，你得出来当董事长。这就摆在这儿，当时我特别不想当，不想当的原因也非常简单，那时候稍微一紧张就血压高，再加上普通老百姓说的话，你已经成功一回了，再出山风险很大，人家说再出山成功的创始人很少，家里人也很反对，所以出来不出来对我是一个问题。但是联想就是我的命，不管那个了，坚决就出来了。

　　但是，在这之前内部确实反复讨论。为了保证我的身体正常运转，专门成立了一个帮助我身体正常运转的小组，大夫叫我怎么做我就怎么做，尽量减轻压力。跟杨元庆配合，一年多不到，曲线就起来了。这其中也要解决一些问题，当时美国的 CEO 走了，怎么能把其他的人留下来，不能让骨干全走，哪些人能走哪些人不能走，一定要算计清楚，算明白以后才能上，上了以后果然一切按照计划去做了。这里面有努力，也有一定的运气成分。

龙永图：今天才知道一个秘密，就是柳董为什么退出江湖又重出江湖，这是临危授命没有办法的办法，这体现了中国改革开放以来第一代企业家的使命感，我觉得现在我们的年轻人有时候缺乏这种使命感。柳董讲的"联想就是我的命"，就是这样的使命感。把它提得更高一点，对每个中国人来讲，国家就是我的命。如果有这样的使命感每个企业就可以做得很好了，所以每个企业的负责人、领导人，确实在很大程度上决定了一个企业的文化，在这一点上，柳董给我们立了一个很好的榜样，今天在座的都是企业家，所以大家为柳董再鼓鼓掌。

柳传志：龙部长说的也是真情实感，今天我们的移动互联网服务在世界上那么发达，引以为豪，但是不是以互联网为基础，谈不上移动互联网。互联网的基础就是过去的 PC，在极端落后的情况下，竟然能够成为强国，为今天的发展奠定了基础。如果联想那个时候我不上的话，真的从悬崖边上掉下来，会形成大的文化冲突，变成了不是具体事，甚至变成人和人之间的成见，到那个时候就解决不了了，像杨元庆一样会遇到压力和困难，不管怎样他们会努力解决，但是历史上他们确实有重大贡献。

主持人：您刚才说联想也谈到了复盘，您用了相当长时间给我们复盘了2008、2009 年的时期，对在座的各位可能比上一堂 MBA 的课收获更多。我知道您被称为中国企业家教父，就是您带出了很多企业家，给他们扶上马送一程，您宽严之间的度怎么把握？

龙永图：对企业家很重要，当父母很重要，对宽严度怎么把握，我自己都很难做到，我现在孩子长大了，有了小孙子，宽严是非常难的问题，听听柳董讲讲宽严的度怎么把握。

柳传志：我自己对企业的宽严目标是不断变化的，分三个阶段，从 1984年成立公司到 1994 年之间几乎完全亲力亲为，就是在第一线遇到什么难事，亲自上去做，那时候谈不上战略的问题，哪急上哪儿，这是第一个阶段。

第二个阶段，就是一边干活一边带人，把干活和带人放在很重要的位置。什么叫干活和带人，你比如说今天做这个决定研究过，开始就说一二三怎么做，大家讨论通过就干活了，这就叫干活。什么叫带人，把事想明白了，最好的启发就是大家的意见可以形成一致，中间也有我不对的地方我再改，大家为什么这么做会比较明白。我跟主管的年轻同事有几条规定：如果这件事是你管，我不太懂，完全你说了算；如果你有看法我也有看法，你是主管，这个时候我愿意按照你的做，但是有要求，要找后账，如果你做错了回来就要数数，如果我确实没有看对，我也会认可。所以这个时候年轻同事都会认真考虑，不敢随便拍板。

第三个阶段，你认真按照我说的做，看最后的结果。我就是用这几条。当时美国的 CEO 脾气很大，走的时候没有一声吵架悄悄地走了，走的时候给他一个降落伞，含金量高一点他就走了。所谓带人弄完以后，自己慢，有能力，自己可以独当一面，到了 2000 年以后，就是造出更多的舞台和平台，选出我们认为有能力的人，那是你们的舞台，你们干活我数钱，这样大家都高兴。带人这个阶段还是很重要的，我上次去武侯祠，想到诸葛亮亲力亲为，一去世以后将军跟不上，各方面跟不上。所以趁着在的时候有权威把年轻人扶到高度，这个时候你退才能退得下去，其实带人这个过程还是很重要的。

龙永图：您说的对我和外孙的事情也有启发，你特别想干的事你就干，如果他要这样干，我要这样干，都可以先让他试一试，我认准不能干的坚决不能干。

柳传志：第三条是什么规则，大人来要有礼貌，要叫人，要有规则，如果你犯错了就一天不理你，有些你认为重要的事就是规则。规则我们共同商定，比如开会就是不能迟到，为什么不能迟到，如果你一个人迟到，影响大家开会时间，如果没有提前请假迟到了，这个会议停下来罚站一分钟，停下来罚站就感觉跟默哀似的，这比罚钱厉害。但是我自己要特别注意，这样的话，难在什么地方，这个规矩就是 1990 年开始定的，有这么一个规矩在这儿，规则定了就是规则，做不到就别定。

主持人：无论是一个大企业还是家庭，定规矩都是非常重要的，现在希望给在座的企业家一些启发，给年轻的企业家一些寄语。

柳传志：做企业家的人分成两类，一类是过日子的，另一类是奔日子的。什么是过日子，就是钱够了以后回家好好过日子，这样都很正常。奔日子就不一样了，要挑高目标，要有不停的追求，企业家应该是这种奔着日子过的。但是奔日子之中，你要知道这是要付出代价的，因为这个需要天时地利人和，十个人里面，可能有两个成功，其他人没有成功。奔不奔要想清楚，追求了遇到挫折无怨无悔，心里也会坦荡，我愿意。刚才说的联想是我的命，我上去了，真的出了什么事我也愿意，所以正式追求之前要想清楚，你别光想着梦想实现了，不实现的可能性更大一些，这是第一。

第二，就是在实现过程中要能受得住打击，要有很强的韧性，因为在中间肯定会有很多的挫折，这是对企业人的重要考验。还有一个，做企业的人的学习能力要强，绝大多数人做了企业以后，跟他学的行业会有很大变化，现在创新这么大怎么去适应，这就需要学习，在这里要放下心态调整方法，等等，这都是企业家必须要做到的，如果其中差了某部分，那只能有良好的愿望达不到效果。中国的特点就是企业家上进心就是强，龙部长您说是不是跟外国不一样，跟东南亚、欧洲人都不一样。我在欧洲开座谈会，每每大事谈完了，我喜欢跟当地岁数大的人聊聊，大部分人都属于过日子的，晒晒太阳，带薪休假时间长一点，工资高一点，中国人就是来论坛，就想着怎么好好做企业，劲头真的不一样，中国企业家有了能力以后，在学习怎么提高上，都还是要想的更清楚一些。

主持人：感觉一不怕苦，二不怕死。

龙永图：柳董作为改革开放第一代优秀企业家的代表讲得很好，我希望今天能够从柳董的讲话当中，知道怎样做一个好的企业家和好的管理者，现在年轻的企业家面临很多的机遇，比如互联网的发展、新技术的发展，确实使得整个企业的管理发生一些重大的变化，比如过去讲企业的竞争，现在是产业链与产业链的竞争，就是怎样在做好自己企业的同时，能够关注你的上下游企业特别是消费者的利益，使得企业的成功能够带领产业链的成功，使你的成功能够给消费者带来很好的利益，在新的互联网时代，大家应该具有包容、开放、共享的理念，这样才能把企业做好。

另外，最后就是柳董讲的，中国的企业和企业家一定要保持中国的企业有一种使命感和奋斗精神，这次十九大对我们整个形势做了新的判断，社会主要矛盾发生了变化，但是中国作为发展中国家仍然处在社会主义初级阶段，所以艰苦奋斗有一种改变企业的命运、改变家庭的命运、改变国家命运的使命感不能变。现在到处看到"不忘初心"，就是刚开始怎么想的，柳董第一代企业家的初心，他今天讲的都是当初奋斗的精神，这种精神一直到今天还在我们经过几十年大浪淘沙的企业家当中依然存在。希望大家可以在柳董的讲话当中得到启示，真正把企业打造成国际一流的企业，让我们的国家因为有了你们感到自豪，谢谢大家。

主持人：再次感谢二位带给我们这么多真知灼见，更多的内容请大家登录腾讯精品课或者腾讯财经频道。

越是变化，越需要长期主义

陈春花 *

在我过去近三十年的研究当中，我发现那些可以长期存活的企业，都解决了一个根本性的问题，就是企业的基本假设。我希望我在这个部分的研究心得，能够给大家在自己的经营中寻求长期发展和可持续发展提供一点帮助。

一、什么是文化

我们都很清楚，所有的选择都源于一个很重要的认知，就是我们怎么理解文化。对于文化的定义，我本人受沙因的影响比较多，他把文化分为三个层级：一是人为饰物。比如产品、服装、建筑，比如日常生活用的所有器皿，这些称之为人为饰物，这是文化最表层的部分。二是外显价值观。就是说你对于很多东西的策略、理解，比如你的目标、你的哲学观，这些是我们触摸到的，这是外显的判断。就像你选择阅读这篇文章，这是价值观在做判断。三是基本假设。我们总是忽略这个部分，我们常常讨论商业哲学，讨论我们的价值观，我们认为就结束了，但其实还有一部分在底层，就如冰山看不到底一样，它更重要，它是潜意识的，被视为理所当然的，那个东西就是文化最底层的部分，叫基本假设。

从研究文化的角度，我开始不断意识到为什么同样的企业，甚至价值观也一模一样，最后企业的行为会不同。甚至我认识非常多的企业家，讨论

* 陈春花，北京大学国家发展研究院 BIMBA 商学院院长、新华都商学院理事会理事长、华南理工大学工商管理学院客座教授、博士生导师。

价值观时都认为顾客第一、产品极致、必须保护用户，也很清楚地知道企业应该承担社会责任。但当他遇到最重要的冲突时，他的潜意识的基本假设就会出来，你会看到他的选择行为是完全不一样的。

所以这是我们对文化理解当中更需要认真对待的一件事情，理解最底层的基本假设，恰恰是我们的行为和价值的终极来源根本性的东西。源于这个部分，我们才会发现文化很独特，文化有它很终极的力量。就像我们今天看整个社会，看到改革开放走到 40 年我们遇到对中国的挑战时，有些人很焦虑，有些人不焦虑。

最根本的原因就是终极的力量在起作用，而且这种终极的力量还会在心灵上给你一种认知稳定性。人们找不到心灵的稳定性，就会有大量的焦虑出现。我们如果不能找到一个认知上的共同点，价值观不一致时，社会焦虑就会普遍存在。这就是文化底层力量在起作用。

我们在文化中，挑战非常大的是如何定义它。我比较喜欢萨纳姆和凯勒的定义，他们认为："人类为了适应他们的生活环境所做出的调整行为的总和就是文化或文明。"起初我在研究组织文化时，专门在文献中搜索定义，结果发现关于文化的定义有 1700 多条。之后为了全球化，日本在 1992 年开了箱根会议，目的就是想为全球化背景下的文化下一个定义，结果发现无法下定义。

实际上，文化是一个非常有意思的东西，它包括三个部分。第一，文化是生存方式。文化是一种生存方式，我们几乎所有人不同的生活方式在呈现内在的基本假设。第二，思维是文化的基本属性。文化表现为一种思维方式，思维是文化的基本属性。就像中国文化下长大的人有一个东西怎么调整都调整不过来，一定是先宏观再微观，从时间概念就是这么写的，先写年再写月再写日。西方的文化不是这样，先从微观再宏观，这是一个很大的反差。这就是为什么中美之间的交流，某种程度上有点难，因为最顶层的基本假设的意识不一样。第三，文化决定行为选择。文化决定你的行为选择。所以我们常常说，性格决定命运。但是很多人不知道你的命运是可以改的，要往前改你的思维，往前改你的文化。一种思维决定一种行为，行为决定习惯，习惯形成性格，性格决定命运，这就是文化。文化就是这样，我们要知道基本假设是什么，才能讨论长期主义、机会主义或是实用主义。

二、基业长青的企业都知道企业经营的基本假设

何刚（《哈佛商业评论》中文版主编）邀请我给《哈佛商业评论》的年会写一句话，我告诉他说：我会讨论机会主义、实用主义和长期主义的区别是什么，我甚至非常担心现在中国增长得非常快的公司是不是机会主义者，今天获取巨大规模和成长时是不是一个实用主义者，我们怎么才能成为一个长期主义者，这取决于企业经营的基本假设。

而彼得·德鲁克回答了这个问题，任何做经营的人都应该有经营的理论，这个经营的理论就是回答三个假设。第一个假设，组织环境的假设，即你与环境的关系。我认为今天很多企业没有回答这个问题，我们总是想在环境中要得到的是什么，并没有讨论我们与环境之间是什么样的关系。今年我在《哈佛商业评论》上发了一篇文章《共生型组织》。我认为今天很多组织一定要改变我们和环境、和供应商、和顾客之间的关系，我们应该是一个共生关系，是一个互为主体的关系，不是主客体关系。

第二个假设，组织特殊使命的假设。

第三个假设，完成组织使命所需的核心能力的假设。

这三个假设真正讨论清楚时，你才会知道经营的假设到底是什么。同样的结论，另外两位学者也回答过，科特和赫斯肯特是研究组织变革比较深入的学者。他们在讨论这个部分时告诉大家：企业文化对长期经营业绩有着重大的作用。

我在1995年到2000年拿长期绩效中的文化支撑要素做珠三角的企业调研，发现文化的力量指数是企业长期经营很重要的支撑点。之前威廉·大内研究日本企业为什么能够超过美国和欧洲的企业，成为世界领先企业。他发现日本企业和欧美企业最大的一个不同，是组织文化的不同。这个不同体现在日本能够构建一种组织文化是欧美企业没有的。这种组织文化中最重要的就是让整个价值观和经营的宗旨能够落实到每一天的日常工作和生活中。这时企业跟人和环境就有了一致性，文化的心灵稳定性就可以提供给你。这个企业的竞争力和其他企业的竞争力就不一样了。也因此企业文化就诞生于日本的企业。

三、掌握认识世界的方式：从还原到整体

我们一定要了解，我们在世界中怎么判断基本假设。当你能判断清楚时，就可以讨论长期主义。今天这个世界和以往完全不一样的地方到底在哪里？我想就是两种模式的改变。

我是受北大哲学系张世英老师的启发，我们在中西文化中看世界，一直是两种模式，西方主要谈主客体，东方主要谈人即是世界，世界即是人。他告诉大家，两种认知世界的方式各自有各自的特点。

如果用主客体的方式有三个特点：重视个人的独立自主；在思维方式上重理性分析，非此即彼；重个人的经验，强调超时空的抽象概念。

所以你会发现今天认知世界的很多概念，是由西方提出来的。但是还有一种认识世界的方法，在张老先生看来应该是万物一体的方式，也有三个特点：重视群体意识；思维方式上重垂直整体，崇尚由此及彼；重视现实生活，不崇尚抽象的概念世界。这三个特点恰恰是我们东方人的思维比较多采用的部分。

如果我们去了解怎么做经营的假设，回归到世界中时，我们其实是要讨论我们的世界观是什么，我们的方法论是什么，从哲学层面上要解决的问题到底是什么。如果我们沿着这个思路看，会看到最大的变化就是认知世界的范式被调整了。

我们研究中常用的一个词叫作范式，也就是用范式时，我们可以共同做交流。创建范式的库恩，在他那本著名的书《科学革命的结构》里说了一句我认为非常需要大家关注的话："范式一改变，这个世界本身也就随之而改变了。"这恰恰是互联网时代给我们最大挑战的地方。互联网带来最大的变化就是所有的东西在认知上快速被调整了。以前我们用还原论的方式，越分越细，我们拆到最细的部分理解它。

但今天范式的调整要求它越来越还原到整体，因为要解决的是复杂性，彼此联系和相互关联。因此你会发现我们在认知中一个非常大的调整就是我们怎么去处理复杂性，这是和以前不一样的地方。

四、你的能量来源于对世界的善良、敬畏和付出

如果我们还用一维、二维的角度，甚至降维、升维讨论这个世界的话，那还是互联网初级阶段。在互联网下半场，不存在降维、升维，因为是多维度和复杂性的。因此在互联网世界，有两个非常冲突的特点反而是并存的：一是个体自我独立；二是万物互联一体。正因为它们合并在一起，我反而深受另外一部作品的影响，那就是《道德经》。不断回看《道德经》时，它给我几点启示。

第一点，《道德经》里边所强调的就是万物是相连的，这是它最核心的一部分，在这个部分里如果把树木看成彼此分化的，其实离这个很远，如果看成互相联系的就很近，这个道就是一个能量场。今天我们看互联网，看互联技术推动的市场，之所以会看到很多新兴企业在很短的时间成为独角兽，是因为重新的能量场比我们想象的要大得多，所以只要能打开边界做相连时，就会在新的能量场里，当然机会就会大非常多，这是《道德经》给我的一个启示。

第二点，从老子的角度来讲，你不仅仅是在追随"道"，你更可以通过重新设定你在不同情境中的行为，从而实实在在地成了"道"。《道德经》讲得非常清楚，就会明白这是一个非常道，这是一个自我设定的部分。为什么每个行业的重新定义者会得到新的机会，是因为在重新设计能量和场域，这样的能量就是实实在在成就你的道。

第三点，到底什么叫"无为"。很多人认为"无为"这个概念是什么也不做。其实并不是，无为不是不做，是你能不能引导更多的人朝着一个方向去做，可不可以连接更多的人，这才叫无为。我常常看到很多人主持会议，变得很有为，整个会都是他在说，但其实他是个主持人，主持人如果做得好一定是无为的。他会引导所有的人沿着话题把这个事情做完，这才是最好的主持人，而不是他讲了多少话，甚至还有很多主持人很愿意表达他的观点，事实上这就变成了有为。

这是我和大家介绍为什么我们要去理解《道德经》或者讨论基本假设，这是今天我们在世界中要关注的最基本的底层的部分，如果不能很好了解

它，就没有办法解决长期主义的问题。所以我们开始从人的世界回到自然，你会一点一点回归，这时一定要非常清楚地知道你变得有能量或者无能量时，你的能量来源于你对这个世界的善良，对这个世界心底的敬畏、关注和付出。

如果没有温和的力量来对这个世界做联结，其实就没有任何其他的机会。这种回归到最纯自然的状态中，能量和自然之间的交互，是我们可以打好根基最根本的基础。所以当每个产品上市，当你去支撑一个员工，当你能真正推进这个社会进步时，其实你要问你的假设：你与环境的关系是什么？你与组织使命的关系是什么？你拥有能力的基本假设到底是什么？这是我特别想和大家分享的部分，也是我对长期主义的一些研究的视角。

因此我自己在写《经营的本质》这本书时，四个基本要素中的最后一个要素，有关盈利的安排，我就用了一句话，这句话就是"深具人性关怀的盈利"。如果盈利不能回归到人性的关怀上，我认为在经营基本假设上已经出了问题，我也希望大家在盈利的同时能关怀到人性，关爱到自然，推动社会的进步，这应该是全球化背景下我们可以选的一条路，也是应该被接受的一条路。

义顺儒商之道

张秉庆 *

从 1925 年起"义顺"商号建号之后几度沉沦。1988 年元月，康乐西桥边，义顺综合商店开业，拉开了"义顺"商号恢复经营的帷幕。1992 年，我们从个体户华丽转身成为康乐县第一家由农口系统下海的干部领衔的私营公司，1995 年，成为康乐县最大的商贸公司。1997 年，挺进省城兰州后，兰州义顺工贸公司成立。两年的时间从籍籍无名到站稳脚跟，再到成为甘肃酒类营销行业龙头企业、西北渠道王者，一直到成为甘肃酒界航母，30 年翻天覆地的巨变背后到底是什么在支撑义顺的"进化"？

我觉得"义顺进化论"的核心命题可以归结为：应时顺势，适者生存，三大"法宝"，文化兴企。

义顺的善心、善念、善行、善举，一以贯之，义顺对社会的影响和改变的潜移默化，义顺在慈善之路上的进化，永不停歇，一如我眼中的"义顺进化论"。

一、仁义为本，善待员工

感恩，是义顺企业文化之本

感恩，是义顺企业文化之本

纵观人类发展历史，会发现我们正生活在人类文明的一个交汇点上，科技日新月异，文化精彩纷呈，原始生物时代与技术时代交汇于此。在这里人类文明的发展由技术发展和善恶因素决定。假如善的力量减弱，人类文明

---

* 张秉庆，甘肃义顺集团董事长，博鳌儒商标杆人物。

将走向没落，反之，人类文明将进入一个前所未有的辉煌时期。

因此，每个人都应该选择正确的方向，每个群体都应该汇集有限的力量做更有益的事情，这样社会就会积善向上。整个社会由无数群体组成，包括各种组织机构，企业在其中占据较大比例，而构成企业的是众多独立的个体。那么，在个人、企业与社会之间，必然需要形成一种平衡，以达到三者的和谐统一，实际上就是个人、企业与社会的互惠和谐共赢之道。

在企业的不断发展中，企业文化是需要逐渐完善的。义顺人一直以来都很重视企业文化建设，在我看来，一家企业赚再多的钱，没有一种积极向上的企业文化，终究也是不行的。

解析义顺团队建设的模式，我觉得它更像是一种企业文化的糅合混杂，而如果追根溯源，义顺团队建设的模式里，一切渊源皆在于感恩。所以说，感恩，是义顺企业文化之本。我们将感恩明确地写进了义顺企业的员工守则里，将义顺企业自身作为感恩文化的实践者。因为感恩员工，我们大力推行家文化，将员工看作自己的兄弟姐妹，将员工父母视为自己的父母。因为感恩体制的惠及，我们在内部推行红色文化，因为感恩社会，我们持续不断大手笔地回报社会，参与慈善公益事业。感恩文化，足以在义顺历史中独成一册。

感恩理念的导入令义顺企业呈现出一种别样的精神面貌。由于感恩，合作伙伴之间多了宽容，少了斤斤计较；由于感恩，劳资双方更能换位思考，考虑对方的思维而不是着眼于自己的一亩三分地；由于感恩，很多人改变了只知索取不懂付出的陋习；由于感恩，人们相处少了很多无谓的成本。

在多年的择人、用人实践中，我们三兄弟也达成一个共识：懂得感恩的人，为人处世一定不会太差。不懂感恩的人，即便在技术、能力方面非常优秀，也一定难堪大用。因为，对个体来说，"小胜靠智，大胜靠德"这个结论同样适用。人格方面有缺陷的人一定不会在人生的舞台上笑到最后，取得最后的胜利。

人一旦懂得感恩，便会迸发出无穷无尽的力量。这比任何能力、经验和技巧都要重要。

家文化

墨子说"义者利也"，每个人在宗法血缘的纽带上，在家与国同构的网络中，都有一个特定的位置，这个特定位置，是个人存在的根据，组合在个体与社会的一体化结构里。

整个系统要团结协作，内部完全配合，协同和谐，外部整合为一体，这样的企业才真正具有竞争力，这实际上也是对团队建设的一个阐释。个体在企业中的有效合作产生价值。为什么我们义顺能建立起市场竞争的实力，形成独特优势，除了能够把握住市场机会，能够以很好的竞争条件和资源，以及有一支优秀的队伍去克敌制胜，更重要的是，我们建立了一套良好的内部秩序、规则以及优越的机制，其核心就是如何对待公司和员工的关系问题。

由于有兰州多所院校"人才实训基地"的荣誉，再加上学界诸多知名人士的力挺，义顺在多家高校声誉卓著，甚至于不断有高校教授指导自己的学生将义顺作为研究对象。兰州大学新闻传播学院硕士刘佳旎便是将义顺作为自己毕业论文的研究对象。

我与刘佳旎深入交谈过，她运用非参与性观察法和深度访谈法，阐释了在经济欠发达地区，家族企业文化的形成、传承模式、与时俱进的传播路径，以及产生的传播效果。她认为，义顺家族企业文化的形成经历了张氏家族时期、家族企业时期、义顺张家人时期和目前的义顺家人时期。从称谓上的变化，可以观察到义顺家族企业文化的整合过程。传播媒介的更新迭代，也在不断改变义顺企业文化的传播方式，借助老物件、影像、网站、移动客户端平台等，在日常化、工作化、仪式化和社会化场景中，传播企业文化。最终完成传承家族企业文化、营造和谐经商环境及促进员工建设和谐家庭的传播效果。

只要你翻阅《义顺商情网》公众号，就会发现"义顺家人"是一个被频繁提及的词汇。这个提法的背后，便是我们义顺企业一直以来推行的家文化。这是我们三兄弟在华商书院高密度多频次接触到儒家学说之后，成功引用和复制到义顺企业当中来的。

正是承续传统的家文化，我把公司当作"家"，把员工当作"家人"，自己则当一名尽职尽责的"大家长"。在这样的互动参与过程中，员工逐渐养成了主人翁精神，对企业产生了依恋和热爱，使劳资关系更为和谐，企业氛围更为融洽。这样的"拟家庭化组织"，既维护了组织的秩序又满足了员工的情感需求，具有强大的生命力。在这样的企业里，老板不是像有的企业家那样，把女人当男人用，把男人当机器用，把机器往死里用；而员工们也不会把老板仅仅当成提款机。

让员工有尊严，给予员工家庭般的温暖，正是我们大力推行家文化孜孜追求的目标。

很多企业不愿聘用家族成员，家族成员往往盘根错节，被视为是阻碍企业发展的障碍。但我并不介意这种情况。事物都有两面性，利弊之间可以相互转换，"君子和而不同"，"海纳百川，有容乃大"。我用另一种思路来想，一个企业能容得下外来人员，为什么反而容不下家族成员？家族成员如果运用得当，一样可以为企业发展带来贡献。事实上，我认为家族成员更值得信任，用亲情的催化剂融合现代企业制度建设，可以建设更高效的组织。处理家族企业复杂人际关系的要诀就在于让家族企业的人际关系简单化，企业就是大家庭，企业领导人就是家长，家长要对企业员工一视同仁，不因关系亲疏而区别对待。在义顺，我们的家族成员不仅各处其位，各负其责，而且还能与大量家族外来员工紧密团结和谐共处，可以说，义顺企业的家族成员并未以家族成员自居，他们亦是将自己视为企业的一分子。由此，他们才能以从容平和的心态与其他人员相处。

事实上，"家文化"以家为纽带，所呈现出的人本思想以及自我约束力，不同于法律的强制性，是中国家族企业发展重要的软实力。

对于外来员工而言，适应家族企业的特殊文化也是一项必修课。很多人不愿意到家族企业工作，觉得家族企业人际关系复杂，最突出的问题是婆婆太多，政出多门，导致外来人员无所适从，被排斥和孤立的感觉很不舒服。

当员工对企业产生了"家"的情感之后，他必然对企业产生极大的忠诚度。根据相关统计，2014 年以前，10 年以上工龄的员工占到企业总人数的 60% 以上，2014 年以后，由于"老张的店"扩张而不断引进新型人才，老员工占比才略有下降，即便如此，在义顺，入职 5 年的员工都谦逊地自称自己是新人。

我每天都在思考，当有一天我的员工干不动了，我们怎样来妥当地安置他们？我曾开诚布公地向媒体人透露我的内心想法。这句话感动了那位媒体人，他说从我身上看到了对员工负责到底的态度。我并不光是这样说的，更是这样做的。

义顺企业兰州大区经理李法旺无疑是获得"成长大利"的一个典型例子。出生于 1990 年的李法旺于 2012 年 12 月加盟义顺做销售。在长达一年的时间里，他每月的工资只有 1400 元左右，身边几个同事因为忍受不了这样的待遇相继离职，而他，克服重重困难一直在坚持。他后来和我分析当时的心态，如果因为一时的销售局面打不开就放弃，那么又怎能得到这个打开过程的锻炼呢？他一直坚信，与看得见的短期利益相比，成长才是最重要的。经历过才能成长，成长了才会提高，提高了，又何愁不能拥有财富？

五粮液西北大区经理田中才曾对我说，义顺在他接触过的企业中，有极其鲜明的个性，这就是极强的创新能力。企业有钱了，首先想到的是员工，甚至是员工家属，这是一种人文关怀的创新，也是"家文化"的创新。他同时非常肯定地说，即便是资产几十亿的大企业，也未必有义顺做得好。企业能站在员工的角度理解员工，员工们便朝气蓬勃，充满活力，并且能开心、努力地工作，就会把所有的精力放在为企业创造效益上。员工的忠诚很重要，一个人能力不在于大小，忠诚是第一，智慧是第二。这样的企业才会产生极强的生命力和凝聚力。

这番话无疑是对义顺企业一个非常中肯的评价。

有人评价，义顺企业的员工是争先恐后地在孝敬自己的父母，而我作为义顺企业的领导者是鼓励员工并且提供机会让员工孝敬父母的。

这就是义顺企业浓厚的"家文化"的一个缩影。

"老吾老以及人之老"①，中华民族最为称道的孝道文化延续和体现在了义顺的企业文化上。从 2012 年开始，我们在义顺公司老员工优待奖励办法中特别设立了感恩老员工父母奖。以员工任职 3 年、5 年、8 年到 10 年共分为 4 个级别，除为员工个人颁发荣誉证书及奖品外，还分别为其父母颁发奖金从 500 元、1000 元、1500 元到 2000 元不等。

在员工的小家庭里，"家有一老，如有一宝"，在义顺，员工的父母被誉为"义顺一宝"。2012 年 6 月，在纪念义顺公司成立 20 周年庆典晚会现场，

---

① 焦循撰，沈文倬点校：《孟子正义》上册，中华书局 1987 年版，第 86 页。

我特别邀请到 20 余位义顺老员工及其家长到现场颁奖。与会的老员工家长代表深情地说："没有义顺公司，就没有我们孩子的今天，也就没有我能站在这个台上的这一时刻！"

2017 年 7 月 16 日，在义顺企业年中大会上，我们为 76 个家庭颁发了"和谐家庭奖"。这个奖项自 2012 年开始已经持续五年。

在这次年中大会上，我们还首次增设了"黄金老人奖"，即为员工父母亲年龄在 80 岁以上者设专门奖励，公司每月支付 200 元。王孝德的父亲成为首批获"黄金老人"大奖的一位，提到义顺企业对他的关照，老人开心得嘴都合不拢。

"幼吾幼以及人之幼"①，我们自 2014 年还专门设立义顺子女成才奖专项奖励基金。员工子女考上大学者，每人每年奖励 3000 元，共计 12000 元。

孟子有言"君之视臣如手足，则臣视君如腹心，君之视臣如土芥，则臣视君如寇仇"②。义顺"家文化"的核心就是以礼相待，尊重员工，是把员工的事当成企业自己的事，我经常对员工说的一句口头禅便是"你的事，就是我的事"。只有这样，员工才不会把自己当外人，投桃报李，努力做事。

韩斌，祖籍天水武山，家人迁居新疆后，他只身一人在兰州打拼。当年他结婚时，大总张秉柱以娘家人的身份前去娶亲，董事长张秉庆与三总张秉华则在酒店忙前忙后扮演着"执客"的角色。（注：执客是西北红白喜事中专门招待应酬宾客的人）"我的婚礼是公司给我操办的。"韩斌的儿子都已经 13 岁了，提起这段往事，他的眼角有些湿润，他和家人至今还住在义顺企业提供给他的住房里。

做企业做大不如做强，做强不如做久，做久就要创造价值，创造价值的第一因素是人，商道就是人道，作为企业先取其义，后取其利，成为一个令人尊重和向往的企业家庭。这是我对自己的终极要求。

每一个成功的企业，就是一座商学院。身处其中的人或许难以感觉到他的可贵，而旁观者往往可以感知到更多。在义顺浓厚"家文化"的氛围中，近些年来义顺出现一些独特现象。

---

① 焦循撰，沈文倬点校：《孟子正义》上册，中华书局 1987 年版，第 86 页。
② 焦循撰，沈文倬点校：《孟子正义》下册，中华书局 1987 年版，第 546 页。

一是离职员工重返现象普遍。

跟国内很多企业离职员工永不录用的做法完全不同，义顺大家庭对于曾经的离职员工依然保持一种欢迎的态度，赵志军甚至受到邀请，二进义顺担任分公司总经理。50多岁的赵志军已经是做爷爷的人，在被邀请重返义顺担任分公司总经理后的一次大会上，他当众落泪，泣不成声，直言万万没想到，自己这么大把年龄还能得到公司领导的重用，非常意外又非常感动。

二是双职工现象日益增多。

某些外企不允许同单位员工谈恋爱的现象在义顺企业绝对不会发生。相反，我们对在义顺大家庭里找到另一半，甚至结为夫妻的员工会给予由衷的祝福。在义顺企业大家庭里相识、相爱最后组建家庭的例子非常多，体现出一种以人为本的关爱与宽容。"老张的店"经理助理丁兴文与义顺集团报道组组长刘子玉便是一对新婚"义顺夫妻"。在他们的婚礼上，我受邀作为嘉宾发表了祝贺词。

三是以家庭为单位在义顺工作的员工很多。

义顺临洮分公司副总经理开建红就是夫妻二人同在义顺工作，她的丈夫赵国胜任莲花山药业生产车间主任。而车间工人姜海玉一家，甚至一家四口人同在义顺工作。

四是与离职员工保持着密切和友好的关系。

义顺离职员工王小花，离职前任义顺酒店部经理，离职后自己创办了公司，我们曾经专门为她举办欢送会，并授予王小花"终身荣誉员工"，剑南春孟健曾对我感慨地说，义顺企业"不吝啬，人文关怀方面做得好"。与王小花一样获得"终身荣誉员工"荣誉的还有原义顺企业财务部会计赵明、原义顺企业区域经理蒙玉胜。

"事实上，义顺企业对工龄达到十年后选择离开的员工都会召开欢送会，并授予'终身荣誉员工'称号"。义顺企业人力资源部部长王培如是说。而每逢义顺企业举行重大活动，这些名誉员工都会被邀请参加。

离职员工与原老板的关系，这是一个敏感话题，亦是一种很微妙的关系。

只要翻阅《追梦》一书，就能发现里面陈列了3个义顺离职员工的照片，并对他们的现状做了报道。这一举动可能令不知情者感到惊讶，这样的做法显然是一般人不能容忍的，但我们并不这样认为。

创业并不都是成功的，这些离职创业的员工有些遇到瓶颈，不能施展拳脚，个别人几乎要回归到一贫如洗的状态。一个人的成功，除了自己的努力以外，还需要机会，时机成熟，还要胆量。我看到他们，仿佛看到二十年前的自己，也是如拼命三郎一般，只是，时过境迁，他们不会再有自己当初的机遇。我还曾指导这些离职员工要做团队，因为靠单打独斗是不行的。

《追梦》一书记载，义顺离职员工赵黎宁，2001 年 7 月 18 日应聘进入义顺公司，担任过壮根灵宣传队队员、外销二科科长助理、兰州配送中心片区经理，外销八科科长，2006 年 11 月离职创业。2006 年 12 月他自己投资在康乐、临洮县城开办浩浩经营部和三和园经销部，凭借在义顺公司多年的市场营销经验，在康乐代理了雪花啤酒、滨河粮液、莫高干红等名优品牌。

赵黎宁在接受媒体人王恒真采访时说，"义顺的宝贵经验我们都在运用，包括怎么做人，怎么做市场，每个细微处，大的环节，小的环节，我都受益匪浅"。

恍然间，这些离职员工仿佛义顺大家庭里离家出走的孩子，只不过，有的人成功了，有的人失败了，有的人重返义顺，有的人作出了其他选择。

离职员工称义顺企业为义顺商学院，我大哥张秉柱被称为义顺商学院校长，他甚至每年都会与离职员工聚会一次，常年与离职员工保持着密切而又友好的关系。2018 年的腊八节，离职员工石维忠给他发了一份微信祝福，信中说道："您是我人生路上遇到过的最好的良师。在义顺公司的时候，什么心里话我都跟您讲。我说我跟不上别人了，一切都迟了。您说不迟，只要努力，一切都会有的，莫愁。我努力了，这些年确实也吃了苦，但也有了一定的回报。在我心里，我一直以您为榜样，继续在努力奋斗！今天是腊八节，我特意说说我的心里话，不是奉承，也不是巴结，我是真正从您的身上吸收到了很多做人的道理，比如谦虚、宽厚、善良等。比如有人给我找事，我却一笑而过，跟前人以为我懦弱，其实是心境不同。我以前性格很莽的。生活锻炼了我，我愿继续以您为明灯，努力向前，积极向上。当然您的成就我达不到，做大生意与小生意那是天壤之别，但我照样会努力，争取过得好一点。"

大哥张秉柱说，我更希望他们好，他们中有做得好的，也有做不下去的。我们互相有竞争，但是也有合作。总体而言，能做成功、做好的少，因为时代不同了，一个人创业所要求的要素更多了。从这个意义上讲，我们打造的共享型幸福企业给员工提供的内部创业平台更有成功的把握。

二、仁义为本，服务顾客

义顺，以"仁义"为首

在一般的企业里，企业价值观似乎是可有可无、夸夸其谈的虚应故事，而在义顺，以"仁义"为首的价值观，却是实实在在的行为规范。

仁义是发展的根本与基石，是包容汇通、跨越腾飞的一面旗帜。

"义顺"商号第二代传承人我的爷爷张好顺，15岁走街串巷，货郎箱上"大丈夫仁中取利，真君子义内求财"的对联，可以说是义顺企业"仁义"理念的发轫，此后，"仁中取利，义内求财"成为义顺人的传家祖训，代代相传。

"义顺"商号第三代传承人我的父母张守正夫妇则将"诚信待人，吃亏是福"的仁义行为反复倡导和实践，最终形成一种正能量十足的家风传承了下来。

"仁义为本"的经商理念在"义顺"商号第四代、第五代传承人中进一步发扬光大。

义顺人对仁义的理解是，宽厚正直，通情达理。我们认为，穷寇莫追是仁；有理让三分，凡事留一线，共和、共赢，一样是仁。人敬还情，礼敬还礼，扶弱祛恶是义，己所不欲勿施于人，有所为有所不为，也是义。仁义一般表现为有爱心、负责任、能担当。

2013年，我参加了一场由甘肃民营企业家联合会主办的"企业财富论坛"。论坛上有几位嘉宾包括高校教授演讲时，都提到了一个观点，企业家应"由富而贵"。我被安排在第五位登台演讲，演讲的题目是《中国梦的义顺篇章》。我一上台，便说了一句，对不住各位了，我的演讲与各位之前的观点有些差异，我更赞同孔子所说"不义，而富且贵，于我如浮云"！并以此展开论述。在论坛之后的宴会上，几位教授轮流与我举杯交流，并真诚地说，你的观点更值得我们学习，我们要向新时代的义顺精神致敬。

何谓义？古字義，离不开我，用我身上的戈去辨别是非，在人家需要时，及时出手，帮人家一两下，即为義。

我认为，仁义是义顺人成功的第一法宝。义顺人不仅将"仁义"二字时常挂在嘴上，更付诸于日常行动。

甘南临潭卓尼，这是一个汉藏交汇的地方。2017年7月21日，我大哥张秉柱为服务华商书院学兄造访甘南美景，特意打前站去考察美仁草原，路过临潭时，他顺路拜访了藏族合作伙伴金万隆。这是一位与义顺企业合作有近20年历史的少数民族老板。藏民族豪爽、仗义，与他们做生意，一旦赢得信任，他们会掏心挖肺地拿出自己的真诚。金万隆当年与义顺企业有过几次愉快的合作之后，被义顺人的义气感动，以后再来进货时就认准了大哥，经常是拿出单子，说"你看着给我配货吧"。越是这样无条件的信任，大哥越是不敢怠慢，总是想方设法要把货物配得合理。我大哥张秉柱以自己的诚实守信、宽容和善颠覆着人们对于"无商不奸"的陈旧观念。千百年来，人们将无良工商业者称为"奸商"，大部分正派商人也被连累，被认为是无商不奸。大哥后来在华商书院听到一位教授讲，其实奸商的起源并非是害人的"奸"，而是诚信做人的"尖"，古代粮店用斗盘粮食，装满抹平之后要再搭上些，让斗看起来尖一些，实际上是一种大方的额外赠送行为，是为"尖商"，只不过千百年来重农抑商的传统和部分工商业者的不文明行为自毁长城，逐渐演变成了人人痛恨的"奸商"。

与藏民的合作中，义顺企业历史上还有一个经典故事。1999年12月，甘南州卓尼县康多乡一位藏族客户在向义顺公司采购货物时，多付了3000元现金，而他自己一直没有发现。一个多月后，这位客户第二次来义顺公司采购时，收到义顺公司退还的多付货款后，觉得非常意外，经相关人员解释后，他又感动又高兴，直说"义顺公司，有情有义，够朋友！够朋友！"在我们义顺人看来，3000元钱事小，义顺的信誉事大，图眼前之利，贪眼前之功，受到的荣誉损失是花多少钱也买不来的！

2017年9月22日，我在微信朋友圈里发表了一张与张掖融华商贸公司总经理王岩刚欢聚畅饮的照片，并说"感谢友好合作整整20年的伙伴王岩刚好兄弟"。20年的不离不弃，20年中，义顺发展成为甘肃酒界航母，融华商贸公司也从一个名不见经传的小公司发展成为张掖市赫赫有名的酒类龙头企业，2010年前后，王岩刚也开设了五粮液、剑南春专卖店。

对于义顺的"仁义"之道，王岩刚恐怕是最具说服力的合作者，同时也是最具说服力的见证者。王岩刚说，"我和义顺合作20年，特别是2000年以来，我们之间的合作越来越紧密，做出了大家公认的好成绩"。2009年，我相信不但王岩刚终生难忘，许多义顺的下游经销商也会永远记忆。这一年，融华商贸创下五粮醇销售甘肃省第一的好成绩，我代表义顺奖励给王岩刚"杰出运营商"的特殊荣誉，并且奖给他43万元的市场扶持资金。43万元，不是一个小数目，这活生生的案例便是义顺践行仁义之道，与合作伙伴共同进步共同发展最好的说明。王岩刚说，在与义顺企业合作的过程中，有一件事情令他永生难忘，这便是义顺与白银叶青生弟兄三人的故事。叶青生是义顺在白银市场的一家经销商，2007年，叶青生突发疾病，急需抢救，费用很高。得知此事后，我们毫不迟疑带头捐款5万元。叶青生终因医治无效去世，在此之后，我们又扶持他的兄弟走上了正常经营之路。

"对下游合作伙伴如此，对上游厂家亦是仁义至上。"王岩刚如数家珍，2010年春节前，五粮液酒较大幅度地涨价，而我们接到厂家通知后，仍然将自己仓库储存的1000多件货物按原价向几百家下游经销商每家供应两箱。

王岩刚感慨万端地说："这种对一些人认为是坐享其成的'发财机遇'，义顺人并非是视而不见，而是与合作伙伴共建共赢的承诺促使着他们不能那样做。"

商人求利天经地义，但一定要让和你一起奋斗的人都能有一份合理的回报，不能把所有的好处自己一个人全占了。在我看来，风雨同舟、利润共享不仅是一种理想的人生境界，更是一种现实的处世方式。正因为如此，我才能够一次又一次地带领我的义顺团队和合作伙伴在市场上披荆斩棘、无往不胜。

2009年对于王岩刚来说，真可谓是好运连连，至高的荣誉、巨额的奖金，外加义顺公司奖励的五粮醇专用配送车。与王岩刚的张掖融华公司同时获赠五粮醇专用配送车的还有庆阳云峰商贸公司、白银三阳商贸公司、景泰盛世大象酒业营销中心等16家五粮醇县级经销商。这样大手笔的回报，不仅对县级经销商形成一种有效激励，而且也营造了浓重的共同致富氛围。

企业竞争，实际上就是时空的竞争。从 1925 年创号，到 2018 年迎来恢复经营 30 周年，我们走过了 93 年的风风雨雨。艰难困苦，玉汝于成，有仁义就有时空，行仁义便得大成。仁义不仅贯穿在义顺近百年的商道上，更内化、体现于我们每一个义顺人的思想与行动中。

"己欲立而立人，己欲达而达人"①，这是仁义的重要原则，帮助别人就是帮助自己，成就别人就是成就自己。

如果客户口袋里有 5 块钱，你心里只琢磨怎样把这 5 块钱抢到你手里，你的做法不但短视，而且困难重重。最好的做法是，帮助客户将这 5 块钱变成 50 块钱，那么，你拿走 5 块钱就相对容易，并且也乐于被客户接受。这就是我们倡导的以"利他主义"为基础，独具义顺特色的经营哲学。

事实上，这种"利他主义"，从历史渊源上看，与儒家倡导的义利观如出一辙。长期以来，人们认为儒家只讲"义"而不讲"利"，其实这是一个误解。儒家的义利观有一个发展变化的过程，实际上体现的是义利合一观，体现在管理活动中，就是"义以生利"②，是精神价值创造物质价值，精神价值制约物质价值的过程。这一过程包括价值认识上的"见利思义"③，行为准则上的"取之有义"，实际效果上的"先义后利"，以及价值评判上的"义利合一"等各个环节。

孔子的孙子孔伋在阐述仁义与利益的关系时认为，仁义原本就是利益！而《易经》中说：利，就是义的完美体现。用利益安顿人心，以弘扬道德，只有仁义的人才知道仁义是最大的利，而不仁义的人是不知道的！

三、仁义为本，传播儒学

义顺企业的慈善之路——捐资助学，公益社会

2500 年前，一位圣哲降生于东方，用一部《论语》，唤醒古老沉睡的中华；于是在中华文明的旗帜上，写上了"仁义礼智信"五个不朽的大字。在中华民族五千年的灿烂文明史中，孔子以其杰出的贡献和高尚的人格魅力，

---

① 程树德撰，程俊英、蒋见元点校：《论语集释》第 2 册，中华书局 1990 年版，第 428 页。

② 杨伯峻：《春秋左传注》，中华书局 1981 年版，第 788 页。

③ 程树德撰，程俊英、蒋见元点校：《论语集释》第 3 册，中华书局 1990 年版，第 972 页。

被后人尊为"至圣先师"。他修诗书，定礼乐，序周易，作春秋，开掘出一条绵延两千多年浩浩荡荡的中华文化长河。他是中国人跨越时空的精神坐标。他是一座文化的昆仑山，蕴含着无尽的宝藏，仰之弥高，钻之弥坚。诚如宋代大儒朱熹所言："天不生仲尼，万古长如夜。"① 我们的至圣先师孔子，以其深邃的思想、高远的价值取向贯注到中华民族的文化生命中，融入到炎黄子孙的血液中，沉淀在中华儿女的生命里，成为中华民族文化宝库中最珍贵的瑰宝。

为了纪念这位至圣先师，响应党中央国务院关于弘扬中华优秀传统文化的号召，促进国学文化进校园，我们和中华孔子学会儒商会联合发起，华商书院西北联盟校友会、国酒茅台甘肃经销商联谊会、甘肃义顺助学公益基金会等单位积极响应。2017 年 7 月 18 日，首批孔子雕像捐建协议签字仪式在兰州隆重举行，我与西北师大附中、临洮中学、康乐县虎关中学等首批捐建孔子雕像的校方代表现场进行签约，甘肃省、兰州市工商联领导和中华孔子学会儒商会会长黎红雷先生与来自全国 400 余位优秀企业家代表共同出席了此次签约仪式。

签约仪式后，不到一年的时间，西北师大附属中学、康乐一中、临洮一中、渭源一中、平凉九中、夏河中学、临夏一中、和政一中、景泰二中、会宁三中等 33 所学校的孔子雕像相继落成。

每个学校都举行了庄严的揭幕仪式，甘肃省教育厅、民政厅和省工商局的领导及学校所在地的市、州、县领导都专程赶来出席揭幕仪式。通过升国旗、唱国歌、读祭文、行鞠躬礼、数千师生穿汉服齐诵《论语》，表达了我们对这位世界级文化伟人的虔诚和恭敬，以及我们对悠久灿烂的中国传统文化的敬仰和自豪。

正如罗崇岳校长在景泰二中孔子圣像揭幕仪式上所讲："青山隐隐，万木葱葱。滔滔不尽的黄河之水，润泽出景泰川的满目苍翠；巍巍寿鹿的古朴民风，绵延出景泰大地的深厚文墨；捐资助学的义举，浇灌出景泰二中的勃勃生机。"

历史之父司马迁在《史记·孔子世家》结尾处曾深情赞曰："高山仰止，

---

① 黎靖德编，王星贤点校：《朱子语类》第 2 册，中华书局 1986 年版，第 2350 页。

景行行止。虽不能至，然心向往之。余读孔氏书，想见其为人。"① 两千两百多年前的司马迁，也曾十分渴望一睹早他三百年孔圣人的风采。如今，穿越两千五百多年的时光，孔圣人栩栩如生地矗立在我们面前。你看他面含春风，满怀慈爱，温文尔雅，智者仁相，巍然山巅；你看他谦恭、和善、仁义、智慧，胸纳乾坤，气质儒雅，气度非凡，气象万千。那交叠的双手传递着礼仪之邦的"彬彬之礼"；那左侧的佩剑代表着高贵士族所担当的"铮铮道义"；那份仁慈，从脸上道道皱纹中绽出，似山脉水系，流韵弥长。

从此，孔子将用他深邃的目光注视着我们，用他博大的思想引领着我们。圣像基座正面"万世师表"的烫金大字将给予我们无尽的启迪，子曰："己所不欲，勿施于人。"② 让我们懂得尊重别人，关心别人，帮助别人。子曰："民无信不立。"③ "人而无信不知其可乎。"④ 让我们懂得处事立身要讲"诚信"二字。子曰："知之者不如好之者，好之者不如乐之者。"⑤ 告诉我们，学习兴趣是第一位的。子曰："学而不思则罔，思而不学则殆。"⑥ 告诉我们，学与思相互结合，才能相得益彰。

甘肃义顺集团是一个谋共赢、重感恩的家族企业。以"打造共享型幸福企业，实现义顺商号永续经营"为愿景，以"仁义、团结、创新"为三大法宝，坚持"仁义礼智信，廉耻勤勇严"之义顺商道。经过五代人的努力，义顺商号已成为远近闻名的老商号（建号于 1925 年）、老企业（恢复经营已 30 周年）。作为茅台酒、五粮液、剑南春、威龙有机葡萄酒等名优酒一级经销商，我们不仅让"买名酒，找义顺"成为业内共识，更让自主研发生产的"义顺奇肥"行销全国 18 个省区。在企业发展的同时，我们主动承担社会责任，特别成立了甘肃义顺助学公益基金会，常年设有"义顺金榜题名奖"、"义顺助学金"、"义顺奖学金"、"义顺子女成才奖"等助学助教专项奖励，先后表彰奖励优秀学子，资助贫困生约 3000 人（次），累计捐款捐物已

---

① 司马迁撰，裴骃集解，司马贞索隐，张守节正义：《史记》第 6 册，中华书局 1983 年版，第 1947 页。

② 程树德撰，程俊英、蒋见元点校：《论语集释》第 4 册，中华书局 1990 年版，第 1106 页。

③ 程树德撰，程俊英、蒋见元点校：《论语集释》第 3 册，中华书局 1990 年版，第 836 页。

④ 程树德撰，程俊英、蒋见元点校：《论语集释》第 1 册，中华书局 1990 年版，第 126 页。

⑤ 程树德撰，程俊英、蒋见元点校：《论语集释》第 2 册，中华书局 1990 年版，第 404 页。

⑥ 程树德撰，程俊英、蒋见元点校：《论语集释》第 1 册，中华书局 1990 年版，第 103 页。

超过 1000 万元。本次"孔子雕像进校园"项目就是义顺人参与公益助学的又一新举措。

从 2012 年 9 月开始，义顺公司每年为康乐一中捐助 20 万元，其中 10 万元用于奖励优秀生，10 万元用于资助贫困生，近几年由于学生家境普遍好转，经现任校长徐正军建议，20 万元均改为奖学金，其中 10 万元是金榜题名奖，分别为高考前 30 名学生奖励联想笔记本电脑一台，累计 6 年已经发放了 180 台电脑。除此之外，还每年为康乐中学捐助 5 万元，用于奖励优秀生。

回溯历史，我的爷爷张好顺，这位"义顺"商号第二代传承人，亦是热心公益，兴办教育的先锋。《张氏家谱》记载，早在解放前，他领头修建康乐县徐家滩初小教室一栋，后来的 1955 年，他又积极创办杨台小学。晚年的张好顺曾被聘为这两所学校的课外辅导员，义务教学，在康乐留下一段佳话。

2012 年 9 月 6 日，康乐县委、县政府授予义顺公司"捐资助学、造福桑梓"荣誉奖牌。

也是在这一年，我收到一位康乐籍受助学生的来信，读这封信的时候，我忍不住眼角湿润了，这封信更加坚定了我捐资助学的信念，它让我知道，我们的举动是有意义的。在这封信里，一个小女孩表达了她对义顺企业的无限感恩：

张总：我只是芸芸众生中平凡的一个，被你关注的千千万万人中的一个，或许我对于你来说，和那千千万万的人没什么差别，然而你对于我来说，却是一片晴朗的天，一片带来希望的云。你忽如一只水鸟，掠过生活，羽翼扇起一片动荡，给阳光和月光及目光，一片片破碎了的梦屑，拼出一个尘封的梦。

现在，我终于可以借助你的力量来满足我的需求，尽管你给予我的资助对你而言微不足道，但对于我却是一个可遇不可求的机遇。如今，我有能力去买我喜欢的书，而无须增加父亲的负担，尽管我现在拥有的书犹如大海里的一滴水般，少之又少，但我向梦想踏出了一步。梦想，因为你，也已变得更近了。我相信，终有一天，梦想会成为现实。

或许，我只是你生命中的过客，被你关注的千万人中很普通的一员，我无法永远地停留在你的记忆中，但你却是我生命中的长春树，被永远地定格在我的记忆里。那片偶尔投影在我波心的云，那片给予我梦想之路的云，永远地定格在我的天空里。简陋的文笔却怎么也表达不尽我的感激，有太多太多的谢意，有太多太多的感恩，却已是笔触难尽。

如果从时间节点分析，2012年是义顺企业公益行为集中规范的一年。我大哥张秉柱认为，是义顺人密集接收包括华商书院的国学知识之后，下定决心认真对待这一问题的。回忆当时的心路历程，大哥坦承，当时把自己兜里的钱掏出来，去做捐资助学的事情，确实心疼。父亲张守正当时对他说了一句话：明弃的会暗来。很快这句话得以应验，2012年公司各项业务齐头并进，销售额较2008年翻了一番。我大哥相信，这是好人有好报，老天照顾厚道人。

予人玫瑰，手有余香，反哺意识已经代代传承。一个企业家，必须对社会有责任心。义利兼顾成为一代代义顺传承人的共识。

儒学氤氲下的赛德文化

戴顺民 *

　　江苏赛德电气有限公司位于扬州北郊美丽的高邮湖畔，是一家专业从事电线电缆，特别是低压特种电缆研发生产的民营企业。赛德公司取名于五四新文化运动的"赛先生"和"德先生"，蕴含了我们企业的精神指向和人文追求，并被赋予了新的时代内涵。二十多年来，我们在扬州文化名城的辐射下，在高邮文化古城的滋润下，坚持以儒学为宗、文化为源，把儒学思想融入到企业的经营管理和文化建设中，形成了个性彰显、魅力独具的赛德文化。公司已成为扬州市著名的儒商型企业，2008 年在第六届国际儒商大会上，我被授予"儒商精英"的称号，2010 年被评为扬州市"当代儒商"，并担任扬州市儒商研究会副会长、扬州市"当代儒商"联谊会轮值主席。在儒学文化的普及推广和运用中，我们坚持借鉴和创新、继承与发展相结合，播撒儒学精神，构筑文化高地，用儒学明灯照亮员工的精神世界，用儒学文化重构员工的精神原乡，用儒风惠雨浇灌员工的心田，不断地给儒学增添新的时代色彩，让儒学焕发出新的生机和活力。

一、从一张《员工招聘登记表》看教育的缺位和文化的缺失

　　我是怀着振兴民族工业的远大目标和"致富农民、重塑农民"的朴素理想置身商海的。1996 年，我告别了从教十多年的讲坛，从一名中学教师走上了创业之路，来到了地处偏僻的郭集镇大营村，把一家濒临倒闭不到二百万元固定资产的村办小厂，作为我实现理想的实验基地和放飞梦想的试

---

* 戴顺民，江苏赛德电气有限公司董事长。

验场。当时，我创业的情景是：环境隔绝、偏僻荒凉；道路泥泞、交通闭塞；资金匮乏、人才短缺；几间低矮的厂房、几台锈蚀的机器。凭此创业条件，我似乎是在挑战不可能。二十多年来，凭着坚定的理想信念和一腔热血，一路筚路蓝缕、披荆斩棘，一路风雨兼程、栉风沐雨；一路浴火重生、凤凰涅槃；一路扬弃旧我、重塑新我。我们敢于跟大的赛、向勇的攀、跟强的夺，已成为与大型企业集团比肩亮剑、较劲夺标的"快鱼"。在强手如林的电缆业界脱颖而出，成为国内电缆行业中具有较高知名度、信誉度和美誉度的规模企业。尤其是"赛德文化"已成为公司的一张金质名片，成为我们特色化发展、差别化竞争的文化软实力。在企业的经营发展中，我始终把教育人、培养人、锤炼人、造就人作为一种神圣的使命；把锻造一支有灵魂、有担当、有技能、有素养的员工队伍放在一切工作的首位；使企业文化建设与企业发展同生共长、同功一体、互为表里、相得益彰；努力打造一个有信仰、有内涵、有气质、有温度、有文化的儒商型企业。

二、用儒学思想构建赛德企业文化模式

赛德文化是有根的文化，是有灵魂的文化，是儒学思想同现代管理理念的融合体。赛德文化经过二十多年的打磨和发展，已形成了富有自身特点和内涵的文化结构模式。为便于解读，我试图从系统论的角度，从物质文化系统、智能文化系统、管理文化系统、精神文化系统四个维度对这个文化结构模型进行一些解构。

（一）秉承儒商意趣，构筑物质文化高地

赛德公司地处扬州北郊，栖居扬州"后花园"。扬州是一座闻名遐迩的历史文化古城，早在唐朝就位居世界十大名城之列。明清时代，扬州盐商贾而好儒、贾服儒行，打造了"中国儒商之都"。名城和儒商相濡以沫，相互依存。名城培育了儒商，儒商支撑着名城。尤其是扬州儒商建造的如个园、何园、萃园等园林建筑精美绝伦，已成为承载儒商审美取向和精神意趣的文化符号。精致园林塑造了扬州的城市品格，如诗如画的环境孕育了以"扬州八怪"为代表的独特的扬州文化。这种源自儒家"物以载道、托物言志"的

思想给了我很大的启迪：要培养和造就一流的人才，就必须要有一流的育人环境。正如荀子在《劝学篇》中所说的那样："蓬生麻中，不扶而直。"① 可见，环境对人能起到"随风潜入夜，润物细无声"的作用。于是，我对老厂的环境进行了净化、绿化、美化、亮化的改造，追求一种陶渊明"田园诗"的意境。同时，在郭集工业园新征土地 180 亩，投入 3 亿元，按照生产设备先进、生活设施齐全、自然环境美观、文化氛围浓郁的理念，精心设计，精心施工，新建厂房 6 万平方米，投资新建了辐照交联中心，购置了电子加速机组等先进的生产设备等。一座花园式、现代化企业拔地而起，像一颗璀璨的明珠镶嵌在高邮湖畔。厂区内整洁美观的厂房、宽敞平坦的干道、精美雅致的建筑群落，加之花草树木，错落有致；四季花开，色彩缤纷；活脱脱的就是一幅梵·高"印象派"的风景画。在办公楼、住宿楼和员工餐厅的走廊上随处可见充满人生哲理的警句格言、诗词楹联和书画作品，让员工在诗情画意的人文环境中濡染熏陶，在儒学文化的和风惠雨中启迪心智。物质文化不仅滋润着一支骁勇善战的员工队伍，也成了推动企业转型升级的强引擎。我们公司已成为江苏省名牌产品企业，产品成功进入了全国二十多家重要央企，在全国几大发电集团中标率一直名列前茅。赛德制造的核电站用 1E 级电缆通过了国家职能机构的认证，赛德导线被应用在代表我国核聚变实验世界前沿水平的"人造太阳"上，是三峡工程、北京奥运场馆以及上海世博会供电系统等全国重大项目的重要供应商。公司连续获选中国电力企业联合会理事单位、中国石油化工联合会会员单位、中国核能材料产业发展联盟理事单位、江苏省光电线缆协会副会长单位。物质文化建设为赛德新一轮发展构筑了新的起飞场。

（二）汲取儒学智慧，构筑智能文化高地

智能文化是企业人才结构、科技创新、能力结构的总称，是一个企业运用科学知识创新发展的标志。儒学是中国传统文化的血缘根基，儒学经典《论语》、《中庸》中讲的都是智慧之道。七十余位诺贝尔奖获得者在 1988 年《巴黎宣言》中指出："如果人类要在二十一世纪生存下去，就必须从两

---

① 王先谦著，沈啸寰、王星贤点校：《荀子集解》上册，中华书局 1988 年版，第 5 页。

千五百多年前孔子学说中汲取智慧。"我们在智能文化建设中不断地汲取儒学智慧，使智能文化与物质文化同步发展，推动企业转型升级。

第一，"尊贤使能"，打造智慧型企业。"尊贤使能"① 是孟子的用人之道，他在《孟子·滕文公》中发出感叹："为天下得人难。"② 他强调了人才对于事业的重要性。人才是企业之本，我们不惜重金从西安交通大学、哈尔滨理工大学等高等院校引进高端人才。聘请一批博士生导师、教授等专家加盟赛德，这些精英人才成了企业科技创新的"智库"和动力源。目前，公司已建成一支拥有三百多名大中专毕业生、二百多名工程技术人员的坚强有力的企业团队。公司获得"国家科技型中心企业创新基金"和扬州"绿扬金凤计划"引进人才奖。

第二，"自强不息"，打造创新型企业。儒商主张弃旧图新，倡导自强不息、积极有为的人生态度。《大学》中对弃旧图新的描述最为生动："苟日新，日日新，又日新。"③ 告诉人们事物的发展日新月异，必须创新发展才能跟上时代的步伐。《易经》倡导人们要发扬"天行健，君子以自强不息"的精神，创新思路，开拓进取。多年来，我们把创新发展作为增强企业核心竞争力的重要抓手，每年至少将营业收入的 3% 用于科技创新和新品研发，公司已发展成为国家火炬计划重点高新技术企业、省高新技术企业。我们与中科院、上海电缆研究所、武汉高压研究所、浙江大学、西安交通大学、哈尔滨理工大学、扬州大学等全国二十多家重点高校、科研院所建立了多层次产学研合作模式，建立了省级企业技术中心和工程研究中心的创新平台，不断研发科技含量高、市场容量大、发展前景好、具有自主知识产权的新特产品。近年来，被批准列为国家火炬计划项目 4 项、星火计划项目 1 项、省高新技术产品项目 28 项，获国家专利 40 项。公司自主研发的耐辐射抗开裂核电站用电缆被国家科技部列为国家级创新基金项目；防水光伏电缆、防鼠防蚁光伏电缆、充电桩电缆、新能源车载电缆、柔性防火电缆等新品居国内领先水平。

---

① 焦循撰，沈文倬点校：《孟子正义》上册，中华书局 1987 年版，第 226 页。

② 焦循撰，沈文倬点校：《孟子正义》上册，中华书局 1987 年版，第 391 页。

③ 郑玄注，孔颖达疏，龚抗云整理：《礼记正义》下册，北京大学出版社 1999 年版，第 1594 页。

第三，"敏而好学"，打造学习型企业。孔子把"敏而好学，不耻下问"[1]作为获得人生大智慧的捷径，他深谙学习之道，把学习分为三种境界："知之者不如好之者，好之者不如乐之者。"[2] 我们在组织员工的学习培训中，努力地把他们从"知之者"引向"好之者"，从"好之者"推向"乐之者"的境界。我们树立学习力也是生产力的理念，建立了人才培训的长效机制，组织员工学习基础文化、电缆工艺、管理知识、时政法律、文学艺术等知识。为适应企业转型升级的需要，邀请专家来公司进行核级电缆、军工电缆、各类新能源电缆的培训。采取请进来、走出去的方法，对中高管人员进行系统的管理知识培训，对大学生员工通过撰写读后感和征文演讲等形式进一步提高再学习的能力。让员工把学习作为一种健康的生活方式和人生的享受，养成终身学习的习惯。2005 年，公司被省委宣传部表彰为"江苏省学习型企业"，我被表彰为"创建省学习型企业先进个人"和"全国知识型职工先进个人"。

（三）绵延儒学根脉，构筑管理文化高地

中国儒学思想的核心是济世安邦，在治国方略中散发着管理思想的光辉。老子《道德经》中说："治大国若烹小鲜。"[3] 这个"烹"的过程就是精细管理；儒学亚圣孟子所说的"规矩，方圆之至也"[4]，这个"规矩"就是制度；素有中国"亚里士多德"之称的荀子也说过"木受绳则直"[5]，这个"绳"就是法度。可见管理在治国中的巨大作用。我认为：管理就是规范，规范就是法度，管理是企业的命脉。管理要做到"踏石有印、抓铁有痕"，一方面，要大力吸纳制度化、程序化、数字化、网络化等现代管理方法，另一方面，也要沿袭表格化、精细化、规范化、常态化等固有的好的管理手段，实现传统管理与现代管理交相辉映。做到凡事讲究规范、凡事讲究流程、凡事注重细节、凡事留有证据。二十多年来，我始终把企业管理工作亲力亲为地抓在

---

① 程树德撰，程俊英、蒋见元点校：《论语集释》第 1 册，中华书局 1990 年版，第 328 页。

② 程树德撰，程俊英、蒋见元点校：《论语集释》第 2 册，中华书局 1990 年版，第 404 页。

③ 饶尚宽译注：《老子》，中华书局 2006 年版，第 146 页。

④ 焦循撰，沈文倬点校：《孟子正义》下册，中华书局 1987 年版，第 490 页。

⑤ 王先谦著，沈啸寰、王星贤点校：《荀子集解》上册，中华书局 1988 年版，第 2 页。

手中，抓管理就像抓生产力一样，亲自教导，亲自训谕，呕心沥血，殚精竭虑，可以说公司就是在管理的"襁褓"中长大的"孩子"，我们就是用管理文化来不断地推动公司的各项工作上轨达线、上线达标，具体抓了三个方面的管理工作：

第一，抓细节管理，力求零差错。我曾经给员工讲过一个美国麦道飞机制造公司从细节入手抓质量管理的典型案例：该公司的管理人员发现有两名检验员，凡经他们之手盖出的检测报告印章的印迹都浅淡，经查后发现原来这两名检验员是色盲。麦道公司能从一些微不足道的蛛丝马迹中发现问题，这说明人家从细节入手抓管理的水平高到了什么程度！真是细节决定成败，这个案例给了员工很大的震撼。我要求管理工作中凡事都要臻于完美，毫无瑕疵，做到零差错。我根据公司管理工作的需要，先后亲自设计了二百多种有创意、有约束力、起统管作用的表格，给管理工作套上了一道"紧箍咒"。

从多年实践的效果来看，表格化管理有效地提高了公司管理工作的规范化和精细化程度。

第二，抓精致管理，追求零缺陷。为实现敏捷经营，做到同全国二十多家央企的无缝对接，适应云计算和大数据时代，我们公司推行了数字化管理。去年，我们已在销售系统进行了试运行。为了使 ERP 系统在公司的应用臻于完美，我抽出一个星期的时间，从软件流程入手，认真梳理原始数据的录入程序，并对 ERP 在公司的推广应用作出了正确的判断和科学的结论。目前，ERP 系统已有序地植入库存管理、生产管理、设备管理、采购管理、行政管理等模块。精致管理进一步规范了工作流程，提高了工作效率。

第三，抓规范管理，做到零容忍。我们加强了规范性制度建设，公司已形成一整套完备的管理制度文本。尤其是在去年，我们以"西安地铁电缆事件"为契机，把全国质量风暴的荡涤期作为企业强化管理的战略机遇期，把电缆行业洗牌重组的整合期作为提升员工素质的淬炼期。为强化质量管理，加大质量追究力度，我亲自起草了《关于质量责任追究的若干规定》，这个《规定》已成为公司质量立企、品牌制胜的纲领性文件，是公司处理产品质量事故的总法典。我们重视做好资质认证工作，多项质量管理均通过了国家权威部门的认证，电力电缆、控制电缆、光伏电缆通过了德国 TUV、美国 VL、欧盟 CE 认证；电工产品通过国家 CCC 强制性认证；电力工程电缆通过国家 PCCC 认证；获得国家颁发的生产许可证和出口许可证。在质量管理方面，公司全面推行"全员质量负责制"和"质量岗位抵押制"，并实施量化、货币化的"铁腕"考核，做到各类质量事故零容忍。

（四）丰润儒学意蕴，构筑精神文化高地

儒学是中华民族的思想之本、智慧之源，涵养了中国人的精神世界。我们在儒学的推广和运用中，不断创新载体，打造平台，融会贯通，与时俱进，不断丰润儒学意蕴，丰盈儒学内涵，赋予儒学新的时代色彩和现代理念。

第一，创新形式，培育儒商文化。儒商源于商，成于儒。儒商文化是儒学和商贾的高度融合。在明清时代，扬州儒商创造了中国历史上儒商文化的巅峰。在企业精神文化建设上，我们吸纳扬州儒商文化的精髓，把儒商思想中优秀的文化基因用于企业经营管理中，培育了企业价值观、企业精神、企业信仰、企业品质、企业愿景，铸造了企业灵魂。我们融合儒商精神，结合企业特点，提炼了"立诚守信、弘德育人、求实创新、凝心筑梦"的赛德精神。我们开设了"赛德讲堂"，举办《论语》、《弟子规》等国学知识讲座，为员工打开一扇了解儒学的窗口。由于我们在创建儒商型企业方面取得了一些成绩，去年，大家推选我担任扬州市"当代儒商"联谊会轮值主席。我应邀去北京出席"国际儒学联合会第十次普及工作座谈会"，并做了经验介绍。为弘扬儒商精神，提高儒商文化活动的层次，前不久，我们公司组织扬州"当代儒商"去江西婺源考察了"中国儒商第一村"，探寻儒商文化的历史渊源，不断丰盈儒学文化的内涵。

第二，创新载体，培育诗教文化。孔子曰："不学诗，无以言。"[1] 诗词浸润着国人的精神世界。如果把中国古典文学比作一顶皇冠的话，那么，古诗词就是这顶皇冠上一颗璀璨的明珠。而我们赛德员工就是敢于去摘这颗明珠的人，公司先后成立"向阳诗词学会"和"赛德诗社"，我自任名誉会长

---

[1] 程树德撰，程俊英、蒋见元点校：《论语集释》第 4 册，中华书局 1990 年版，第 1168 页。

和社长并带头写诗。学会和诗社正常开展诗词讲座和采风活动，取得了丰硕成果，已编印《赛德采风诗词汇编》、《诗说》、《向阳诗词》等诗词专集和论著 12 本，在《赛德报》开辟"诗苑"专栏发表员工作品，已累计创作各类诗词 2000 多首。2016 年 6 月，公司成功地举办了一场高规格、面向全国的诗词吟诵会，这在全省企业界尚属首次，公司拟在今年再举办一次"全国儒学诗词吟诵会"，继续放大诗教文化传播效应。我们公司是高邮市创建"中华诗词之乡"唯一的"诗词进企业"的示范点。公司被江苏省诗词协会表彰为"诗教先进集体"，我被表彰为"诗教先进个人"。

第三，创新平台，培育"校园文化"。孔子和孟子都是教师出身的大教育家，堪称"师圣"；我下海经商前也是一位中学教师。穿越时间的隧道，我对先贤们仿佛有一种灵魂上的呼应和情感上的认同。公司创立伊始，我即提出"办厂如办校、经商又育人"的企业宗旨，这一理念源自儒家"文以化人"的启示；我提倡快乐学习，是萌生于孔子"学而时习之，不亦说乎？"①的启迪；我倡导终身学习，是受荀子《劝学篇》中"学不可已"②的昭示。所以，二十多年来，我是办厂和办校并存，经商和育人并重，既当董事长，又做校长。我们的企业文化似乎是在校园文化的胚胎上生发出来的，或多或少地留有校园文化的胎记。比如：我亲自填词创作了《赛德之歌》，让厂里跟校园一样有歌声；创办了《赛德报》和"赛德 360"墙报，让员工跟学生一样有一个发表习作的平台；公司组建了"赛德舞蹈队"，坚持每年都举办国庆、春节文艺联欢会，要求员工自编自演舞蹈、小品、相声、魔术以及各类文艺节目，并与特邀的专业演员同台演出，还评选出优秀节目予以奖励，这也跟学校每年都要举办艺术节的文艺汇演一样；公司设有"职工书屋"，建有篮球场、羽毛球场、网球场、乒乓球室和健身娱乐场所，组织员工参加湖西高新区歌咏大赛和体育运动会等，让员工在新颖别致、形式多样的"校园"环境中滋润心灵、启迪心智。此外，公司还加强了电缆文化、营销文化、核安全文化、慈善文化、书画文化、教育文化、红色文化的建设，构筑了文化兴企的软实力。

---

① 程树德撰，程俊英、蒋见元点校：《论语集释》第 1 册，中华书局 1990 年版，第 1 页。

② 王先谦著，沈啸寰、王星贤点校：《荀子集解》上册，中华书局 1988 年版，第 1 页。

三、用儒学铸造的企业文化引领百年赛德

赛德人用儒学铸就企业文化的终极目标是：用企业文化来引领企业，用儒商文化来提升企业，倾力打造百年赛德，永葆赛德基业长青。我们正一年接着一年干，一茬接着一茬干，一代接着一代干，生生不息，奋斗不止。正如荀子所说："不积跬步，无以至千里；不积小流，无以成江海。"① 我们正积小胜为大胜，累积胜利成果，汇聚百年伟业，坚实地、一步一个脚印地向着目标迈进。在儒商文化的建设中，我们已打造出"诚信品牌、诗书品牌、仁爱品牌"，成为公司炫目的金质名片。许多企业的实践都证明：在企业文化建设中，董事长是灵魂人物，是文化轴心，起着举足轻重的作用，其个人的秉性和文化修养往往决定着一个企业的文化个性和文化高度。正如美国文化学家狄尔所说的那样："在文化强有力的公司中，都是由企业首脑来引导员工塑造公司的文化。"在打造公司的文化品牌中，我是身体力行、事必躬亲、身正为师、率先垂范，是儒学文化在企业中的研究者、推广者、探索者和实践者。

（一）率先垂范，用儒家"以诚为本"的精神打造诚信品牌

诚信是儒家思想的精髓，孔子曰，"人而无信，不知其可也"②。我记得李嘉诚常爱说的一句话就是："不怕没有生意做，就怕做断生意。"说的也是诚信。我把诚信作为立身处世的根本，将"言必信，行必果"③ 作为自己的人生信条。诚信已成为我们打开高端市场的法宝，我们已同全国二十多家重要央企建立了长期合作互信、互利共赢的战略伙伴关系，成为电缆行业之最。二十多年来，我奉行"以和为贵、以诚立企"的理念，教育员工克制贪婪，坚守良知底线，坚决摒弃唯利是图、尔虞我诈的短视行为。尤其在去年电缆行业的质量风暴以排山倒海之势席卷而来时，我以少有的战略定力，始终不渝地加强以诚信为核心的企业文化建设，果断作出"不惜一切代价，严

---

① 王先谦著，沈啸寰、王星贤点校：《荀子集解》上册，中华书局 1988 年版，第 8 页。

② 程树德撰，程俊英、蒋见元点校：《论语集释》第 1 册，中华书局 1990 年版，第 126 页。

③ 程树德撰，程俊英、蒋见元点校：《论语集释》第 3 册，中华书局 1990 年版，第 927 页。

格按标准报价、按标准生产、按标准检测、按标准出厂"的决策，向"低价中标"亮剑，用"良币"驱逐"劣币"，捍卫了产品的信誉度，提升了企业的诚信度，提高了市场的纯净度。这就是儒商文化的力量与魅力之所在。

（二）言传身教，用儒家"文以化人"的思想铸造诗书品牌

孔子认为："己所不欲，勿施于人。"[①]《大学》中也强调："欲齐家者，先修齐身。"[②] 我正是通过自己的言行来影响人、教导人、培养人、塑造人的。我从小就养成了博览群书、敏学好问、勤于思考的习惯，阅读了大量的马列经典、政治理论、文学艺术、社会科学以及现代企业管理方面的著作。我已把读书作为人生习惯和生活方式，即使工作再忙，也要坚持学习到凌晨一两点，就是想用自己的行动来带动和影响身边的人。我们公司每年都要高质量地组织召开四次工作会议，每次会议都要组织全体管理人员、营销人员、驻外司机以及高中以上文化的职工，撰写个人总结和各种经营管理命题文章，并认真进行阅评打分统计；都要安排学习浏览文章，观看视频剪辑。每次会议我都要作专题讲话。会上都要发放由我亲自选编或审定的内容十分丰富的《会议手册》、《赛德博览》、《各类撰文汇编》、《管理案例选编》等资料汇编，公司至今已累计编印各类学习资料六十多种达一千多万字，这在民营企业中绝无仅有。之所以要这样做，就是要通过诗书文化来提高员工的诗学素养和人格品性，用诗书来启蒙和重构员工的精神世界。我以博爱的情怀，对员工手把手、面对面、点对点地教导和训谕，确保员工队伍在成长的路上，一个不能少、一个不能丢、一个不能差，共同学习，齐头并进，同企业同发展、共成长，以员工队伍的全面进步来推动企业的快速发展。

（三）身体力行，用儒家"济世利民"的情怀锻造仁爱品牌

孔子的"仁者爱人"是儒家伦理道德思想的核心，他认为关爱别人就是仁慈。我的仁爱之心是源自儒学、成于家风。记得还是在我很小的时候，有一年春节前夕，朔风凛冽，寒气逼人。时近傍晚，有一群乞丐讨乞到我

① 程树德撰，程俊英、蒋见元点校：《论语集释》第 4 册，中华书局 1990 年版，第 1106 页。
② 郑玄注，孔颖达疏，龚抗云整理：《礼记正义》下册，北京大学出版社 1999 年版，第 1592 页。

家，我外婆好心地留饭留宿。可第二天一早发现乞丐走了，还卷走了我家过年的咸肉。其他大人都抱怨我外婆太善良，好心没有好报。可我外婆却毫无愠色。

良好的慈善家风在我幼小的心田播下了慈善的种子。我们公司是福利企业，共吸纳了40多名残疾人就业。公司的员工生病住院，我都要去看望和捐款。如公司一女工做过心脏手术需持续治疗康复，我们先后为其捐资筹款20多万元。前年春节期间，一位曾在公司工作过的员工突发心脏病，生命垂危，我不惜重金，四处奔波寻访名医，终于挽救了一个年轻的生命。我信奉"达则兼济天下"的儒商之道，积极投身"光彩事业"，为家乡以及企业所在地的新农村建设，实现"通达工程"、"碧水工程"等公益事业捐资出力，捐资达150万元以上。我还多渠道、多形式参加爱心慈善活动，为汶川大地震灾后重建慷慨解囊；积极参加各种捐资助学活动，参加高邮市"5·19"慈善一日捐活动，每年捐款20万元。去年，在高邮市实施精准扶贫行动中，我认领"爱心大礼包"11.4万元，给114名寒门学子每人资助1000元。今年春节前夕，在公司举办了扬州市"大爱直通车"帮扶助学活动，由公司出资向89名受助对象捐赠了爱心大礼包。至今，我们已累计向慈善公益事业捐款500万元以上。我连续多年被评为高邮市"慈善之星"；2015年，当选为高邮市慈善总会副会长。2017年9月，我荣获扬州市首届"最具爱心慈善捐赠个人奖"，受到了扬州市委、市政府的表彰。

最后，我想援引一首诗词旧作来表达我创业二十多年来的感受："儒商创业图新制，经世济民志高存。赛德腾飞跻强林，诚信经营复童贞。"一切都将过去，唯有奋斗永存。我们扬州市儒商研究会有一个愿景，就是要大力弘扬儒学精神，把扬州打造成中国"儒商之都"，再现昔日的辉煌；我们赛德人也有一个憧憬，加快儒商型企业建设步伐，留下乡愁，为历史存照，把我创业时的老厂打造成中国首家儒商型民企博物馆。我们将不忘源典，不忘初心，勇于担当，砥砺前行，为弘扬儒学文化作出新的更大的贡献。

儒学文化建设，我们一同在路上！

"一本五德"的儒学传统与现代企业文化

陈寒鸣[*]

多年来，我一直认为，分析研究并正确处理好儒学传统（或更宽泛地说，以儒学为核心的中国文化传统）与以企业精神、企业价值观为核心的现代企业文化的关系，从而形成发展起企业儒学，无论对于传统的现代性转换及在此基础上的开新和发展，或者对于推进当代社会经济的进步，都有着十分重要的意义。

众所周知，任何文化都是在人们的社会生产生活实践中产生、发展和演变的，而一定社会生产生活实践活动的样式及其趋向又都必然规范着一定文化的发展样式及其趋向。这是人类文化史上的通则。儒学自然不能例外。传统中国社会的生产生活实践方式决定了传统儒学必然以农业—宗法（宗族）型社会为其存在与发展的土壤，以家庭这一传统社会的基本组织细胞为其生长点。而当代中国以现代化为本质特征的社会生产生活实践方式则决定了当代中国文化必然以工业社会为其存在与发展的土壤，以工业社会的基本组织细胞——企业为其生长点。因此，儒学要想现代化，获得现代性的发展，并进而在现代社会生活中体现其价值、发挥其作用，就必须首先自觉转换、变更其生长基点，即在当代文化赖以生存和发展的土壤上自觉地同当代文化的生长点接轨，并在此基础上实现其整个思想体系的创造性转化。这也就是说，要经过对儒学生长点的调整和变更，将儒家传统的宗法（宗族）伦理转化成为当代工业社会所必需的企业伦理、市场伦理和经济社会伦理，将儒学由传统宗法（宗族）文化的主干转换成为当代工业文明的重要组成要素之一。在日本现代化过程中，日本人曾将（日本化的）儒学传统改造成为适

---

* 陈寒鸣，天津工会干部学院副教授。

应资本主义经济发展需要的"工业精神";将经过调适后的传统血缘家族社会中的人际关系格局介入到现代工业社会集团组织之中,形成具有现代意义的纵式社会结构,使日本成为具有自身特性的"非家族"式的现代集团社会;又本于"忠"、"信"、"诚"等传统的基本文化观念建立起政府主导下的、经济集团主义的企业活动体制(或称作"政企联合体制")等。这一切构成一股强劲的内在生命力,曾使日本获得巨大成功,迅速发展成为有别于欧美式自由市场经济主导的东亚资本主义模式。借鉴日本的经验,在中国特色社会主义现代化实践过程中,我们也应作出自己的努力。这种努力不仅能使儒学实现创造性的转化,而且必将使儒学在当代社会获得广阔发展前景,并在当代社会生活中发挥重要作用。这不仅有理论上的可能性,而且在现实社会生活中有许多成功的范例。

传统固然需要通过转换其生长点而获得现代性的开新和发展,而现代性又必然会以传统为前提乃至内在生命力。一方面,每一民族的人民都生活在一定的文化氛围中,有其一定的语言、知识、风尚、信仰、礼仪、习俗、制度、规范等,并在此基础上,通过各种学习、传授及耳濡目染的方式产生出共同的文化心理,并使人们对本民族的光荣历史产生起怀恋感,对本民族的现实生活具有适应性,从而形成民族的内在凝聚力;另一方面,无论人们是否承认或意识到与否,任何一种"现代"都必然要以其以前的历史中逐渐积淀而成的传统为前提,受历史与传统的影响。

我们应该在现实的经济与文化互动的社会生活基础上来分析研究传统与现代性的关系问题。经过30余年来中国社会经济的快速发展,成功的经验与种种沉痛的教训都已使人们愈益深切地认识到经济和文化是一对相伴而生的概念,在社会发展中必须共同前进。没有经济的发展就不会有文化的繁荣,没有文化的繁荣同样不会有经济的发展,二者互为前提、相互依存。尽管文化的发展必须以经济为物质前提,但经济的发展也必须以文化事业的发展为依托,如经济发展过程中,要严厉防止拜金主义的出现,这就需要用文化加以规范,通过文化、教育等手段,净化人们的思想、提高人们的修养、丰富人们的品格、增强人们的奉献意识。引导人们树立正确的金钱观,大力提倡对金钱"取之有道、用之有益、用之有度",有效地防止拜金主义思想的滋生、蔓延。因此,当今中国社会经济的发展不仅已经形成并且需要具有相当实力的企业，而且亟待打造具有内在文化精神生命力并以之作为规范，因而体现出强劲而又有优秀竞争力的企业集团。就本文关注的焦点话题来说，我认为，当前尤应引起各界人士，特别是工商界人士高度关注的是儒学传统与现代企业文化的关系问题。所以如此强调，不仅由于其有助于儒学传统的现代性转换与开新、发展，而且更对现代企业文化的建设，以及推进现代经济社会的有序、良性发展有莫大裨益。

企业文化指的是现代企业在其经营实践过程中形成、发展起来的具有本企业特点的群体意识及由此而产生的群体行为规范，而民族历史文化传统则是这种现代企业文化形成发展的根。一定民族的历史文化传统不仅作为一种背景而成为该民族的企业文化形成发展过程中的外部因素发生作用，而且一定民族的历史文化传统必然是该民族的企业文化赖以形成与发展的精神土壤。世界上所有国家的企业文化都是在其本国的历史遗产与文化传统基础上形成发展起来的，而且，也唯有与传统"接榫"的企业文化才会因有深厚的生存土壤而成为强劲、优秀并能发生持久、深远影响的企业文化。我们在建构现代企业文化过程中，要自觉地意识到历史悠久、内涵丰富的中华民族文化作为一种客观背景的存在，并更要通过从传统中汲取大量的滋养而使现代企业文化植根于民族历史文化的精神土壤上。事实上，历史悠久的中华民族文化是完全能够为现代企业文化提供丰富滋养，并进而成为现代企业文化赖以形成发展的精神土壤的。如中华民族在数千年历史长河中形成发展起来的克勤克俭、任劳任怨、艰苦奋斗的美德，"和而不同"的思维方式，积极有为、奋进不已的入世主义精神，理想主义的人生观，实践主义的道德观，"情"、"理"、"性"相结合（"德治"与"法治"并重）的管理思想，以及强调和谐之人际关系的处世方式等，无疑都有助于形成发展起与现代社会生产生活实践相适应的、具有民族特色和中国气派的、强劲而优秀的现代企业文化。①

儒学是中国传统文化的核心，儒学的基本观念理应首先成为现代企业文化赖以形成发展的精神土壤。换言之，在现代企业文化形成发展过程中，我们不仅应着力发掘、继承、弘扬并利用儒学传统中的积极因素或合理内

---

① 参见陈寒鸣、周公望：《中国企业文化简论》，天津大学出版社 1992 年版。

容，而且应自觉地将儒学的基本观念或思想要素转化成为作为现代企业文化核心的企业精神、企业价值观的文化要素。兹结合一些典体实例，略析如何汲取儒学传统资源并将之引为现代企业文化要素，构建起"一本五德"① 的现代企业精神、企业价值观和道德观，以借现代企业文化建设推动整个社会的进步。

所谓"一本"，就是将儒学传统的"仁"本思想作为一种精神文化要素，自觉构建以人为本的企业价值观，并以之为核心形成中国特色的社会主义企业文化。

"仁"是孔子思想最根本的观念，《吕氏春秋·不二》言"孔子贵仁"②，这是符合孔子思想实际的。孔子以来的历代大儒亦无不以"仁"为根本宗旨，把"仁"作为最核心的价值观，视为根本之道，故"孔门之学，以求仁为宗"③，"仁"成为孔子以来中国儒学传统的精神基础。我们甚至可以说，一部儒学发生发展的历史，实质上就是仁学史。犹如《中庸》所说"仁者，人也"④，孔子"仁"学首先具有鲜明的人道精神，这种人道精神又首先体现于尊重人与爱人方面。《论语·颜渊》："樊迟问仁，子曰：'爱人。'"同篇又记："仲弓问仁，子曰：'出门如见大宾，使民如承大祭。己所不欲，勿施于人。'"⑤《论语·雍也》："子贡曰：'如有博施于民而能济众，何如？可谓仁乎？'子曰：'何事于仁？必也圣乎！尧舜其犹病诸！夫仁者，己欲立而立人，己欲达而达人。能近取譬，可谓仁之方也已。'"⑥ 这三段记载着孔子论

---

① 吴光先生针对历史上和现代新儒家学者对儒学核心价值观的不同概括，提出了他"重塑儒学核心价值观"的观点，并创造性地将儒学核心价值观概括为"以仁为道，以义礼信和敬为五常之德"的"一道五德"论。他在提交给"纪念孔子诞辰2560周年国际学术研讨会"的论文《重塑儒学核心价值观》中，就在对孔子与先秦原儒关于"道"、"德"基本含义的分析基础上着重探讨了儒学的"仁道"以及"义、礼、信、和、敬"等道德价值观念在儒学价值体系中的地位与作用。本文所论受吴氏此说启发而略有所不同。

② 张双棣、张万彬、陈涛等译：《吕氏春秋译注》，吉林文史出版社1986年版，第588页。

③ 潘平格撰，钟哲点校：《潘子求仁录辑要》，中华书局2009年版，第1页。

④ 郑玄注，孔颖达疏，龚抗云整理：《礼记正义》下册，北京大学出版社1999年版，第1440页。

⑤ 程树德撰，程俊英、蒋见元点校：《论语集释》第4册，中华书局1990年版，第1106页。

⑥ 程树德撰，程俊英、蒋见元点校：《论语集释》第2册，中华书局1990年版，第427—428页。

"仁"的话，从积极与消极两个方面揭示了孔子所创儒家"仁"学蕴含着的人道精神要旨。"爱人"、"己欲立而立人，己欲达而达人"①，是从积极方面而言的，而"己所不欲，勿施于人"则是从消极方面而言。无论从积极或者消极方面看，"仁"学都表示出一种对人充分尊重与关爱的心理，"仁"学的建构都是以尊重人、关爱人为根源与出发点的。孔子所创儒学以"仁"为本的这种基本精神理念，是具有超越时空的普泛价值的。

据此而运思于当下中国，我们在建构现代企业文化过程中，应该首先确立起以"仁"为本的核心价值理念，或者说，应将以"仁"为本的价值观念作为企业精神的基本要素，并以之为核心来建构现代企业文化。这绝非空虚之谈。要在当代中国构建现代企业文化，首先必须回到 2560 年前的孔子那里，确立起以"仁"为本的企业基本价值理念，以"爱人"、"己所不欲，勿施于人"② 和"己欲立而立人，己欲达而达人"③ 为核心精神。否则，所谓企业文化建设、和谐劳资关系的确立、儒商精神的培育乃至形成发展起企业儒学云云，尽皆欺人的空谈。

所谓"五德"，就是不仅将一些基本的儒家道德观念作为传统资源加以利用，而且通过创造性转换，使之成为现代企业管理理念、企业道德和企业行为规范，并通过以这种现代企业管理理念、企业道德和企业行为规范等为重要组成部分的现代企业文化建设，推动全体社会成员素质的提高和整个社会文明的进步，推动社会主义和谐社会的建设。从这个角度，亦可体现出企业儒学对当下社会与文化发展的积极作用。

其一，以"敬"为事。

古代圣人垂范、儒经立训，关乎"敬"字者不可谓少，如《诗经·商颂·长发》"圣敬日跻"④、《大雅·文王》"穆穆文王，于缉熙敬止"，《礼记·曲礼》"毋不敬"⑤，《易经·坤·文言》"君子敬以直内，义以方外"⑥，

① 程树德撰，程俊英、蒋见元点校：《论语集释》第 2 册，中华书局 1990 年版，第 428 页。
② 程树德撰，程俊英、蒋见元点校：《论语集释》第 4 册，中华书局 1990 年版，第 1106 页。
③ 程树德撰，程俊英、蒋见元点校：《论语集释》第 2 册，中华书局 1990 年版，第 428 页。
④ 周振甫译注：《诗经》，中华书局 2002 年版，第 550 页。
⑤ 郑玄注，孔颖达疏，龚抗云整理：《礼记正义》上册，北京大学出版社 1999 年版，第 6 页。
⑥ 黄寿祺、张善文译注：《周易译注》，上海古籍出版社 2001 年版，第 34 页。

《论语》"修己以敬"①、"居处恭，执事敬"②、"言忠信，行笃敬"③、"敬事而信"等。至于宋儒，更将"敬"从儒家德目中凸显出来，如二程说："入德必自敬始。"④"主心者，主敬也。"⑤朱熹把"敬"当作"圣门之纲领，存养之要法"⑥，作《敬斋箴》，视"敬"为道统之攸系。

何谓"敬"？"敬"在古代典籍中有肃警之义还有恭勤之义，但这些都只是训诂家的解释，而理学诸儒主敬，涵泳义理，则要体味出"敬"字的真精神，如朱熹就曾斩截而言："敬有甚物？只如'畏'字相似，不是块然兀坐，耳目闻（耳无闻），目无见，全不省事之谓，只收敛身心，整齐纯一，不恁地放纵，便是敬。"⑦真德秀将"敬"看作端庄仪态与静一心态的统一，以为仪容端正、内心正直，表里交正，是为敬⑧；高攀龙则干脆以"正"来概括敬："敬字只是一个正字，伊川'整齐严肃'四字，恰好形容得一个正字。"⑨

不仅儒家学者重"敬"，并在个人的道德践履上展现出其所倡"敬"论，而且历史上的儒商也重"敬"尊"道"，自尊自立，自重自信，如明代徽商有"士、商异术而同志"、"良贾何负闳儒"的豪迈之语，商人王现（文显）则训诫其诸子曰："夫商与士，异术而同心。故善商者处财货之场而修高明之行，是故虽利而不汙。善士者引先王之经，而绝货利之径，是故必名而有成。故利以义制，名以清修，各守其业。天之鉴也如此，则子孙必昌，身安而家肥矣。"儒商以"敬"为事，以"仁"为志，以"义"为行，故而"非独饶于赀，且优于德也"⑩。

---

① 程树德撰，程俊英、蒋见元点校：《论语集释》第3册，中华书局1990年版，第1041页
② 程树德撰，程俊英、蒋见元点校：《论语集释》第3册，中华书局1990年版，第926页。
③ 程树德撰，程俊英、蒋见元点校：《论语集释》第4册，中华书局1990年版，第1065页。
④ 程颢、程颐撰：《二程集》，中华书局2004年版，第1194页。
⑤ 程颢、程颐撰：《二程集》，中华书局2004年版，第1192页。
⑥ 黎靖德编，王星贤点校：《朱子语类》第1册，中华书局1986年版，第208页。
⑦ 黎靖德编，王星贤点校：《朱子语类》第1册，中华书局1986年版，第208页。
⑧ 真德秀谓："端庄，主容貌而言；静一，主心而言。盖表里交正之义。合而言之，则敬而已矣。"（《宋元学案·西山真氏学案》）
⑨ 黄宗羲撰，沈善洪编：《明儒学案》下册，浙江古籍出版社1985年版，第795页。
⑩ 参见余英时：《中国近世宗教伦理与商人精神》，收入余氏《士与中国文化》，上海人民出版社1987年版。

此外，落实于现实人际关系中，儒家所重之"敬"又蕴含着在相互尊重、平等对待的前提下生发出相互关爱的真实情感，从而形成和谐人际关系的精神。《礼记·文王世子》谓："爱以敬为先（该篇只有'爱之以敬'）。"① 同书《哀公问》说："是故君子兴敬为亲，舍敬是遗亲也，弗爱不敬，弗敬不正。"② 强调"尊敬"对方就能相互亲爱，失去"尊敬"就是舍弃了"亲爱"。无"敬"则无"爱"，自然也就没有和谐可言了。

在现代企业文化建设中，儒家这种重"敬"思想传统和历史上儒商重"敬"尊"道"精神仍有其重要意义。这就首先要求现代企业家正其身、敬其事以治其业，形成真正的儒商风范。山西太原良源集团董事长梁跃进在这方面就做得颇为成功。他以"敬"为事，要求其所领导的企业集团追求质经济而不搞量经济，即"宁可保证一斤的量，也决不追求没有质量保障十斤的量，经我们手的产品，宁缺毋滥！"③ 与这种正面范例形成对照的则是那些无"道"的不良企业和奸商，丝毫没有敬德重道之心，不择手段地求私逐利，甚至违法制售含有"三氯氢氨"的毒奶粉，制售种种假冒伪劣产品，严重侵害广大人民的利益，对婴幼儿的生命健康安全造成极大威胁。这从反面说明了在当今市场经济条件下弘扬儒学重"敬"重"道"的传统，以建塑现代企业之魂和现代商业之魂的重要性、紧迫性。至于在企业道德行为规范上，从企业经营管理者到普通工人的所有企业员工，都应敬岗爱业，遵循并切实履行好各自的职责；应相互尊重，平等相待，互敬互爱。如此等等，均表明儒家重"敬"的思想传统在现代企业文化建设中能够发挥重要作用。

其二，以"信"为德。

据《论语·述而》记"子以四教：文，行，忠，信。"④ "信"字在《论语》中凡三十八见。由此可见孔子对"信"的重视。在他看来，"人而无信，

① 郑玄注，孔颖达疏，龚抗云整理：《礼记正义》中册，北京大学出版社 1999 年版，第653 页。

② 郑玄注，孔颖达疏，龚抗云整理：《礼记正义》下册，北京大学出版社 1999 年版，第1376 页。

③ 参见《把市场和农户挑在肩上——太原良源集团董事长梁跃进的"绿色"梦想》，载《中国商界》2009 年第 9 期。

④ 程树德撰，程俊英、蒋见元点校：《论语集释》第 2 册，中华书局 1990 年版，第 486 页。

不知其可也"①，故其"主忠信"②，提倡以"信"成事，说："言忠信，行笃敬，虽蛮貊之邦，行矣。言不忠信，行不笃敬，虽州里，行乎哉？"③ 他还从治国之道的角度强调取信于民的极端重要性。孔子的弟子深受这些思想主张的影响，如曾参每日"三省吾身：为人谋而不忠乎？与朋友交而不信乎？传不习乎？"④ 子夏则说："君子信而后劳其民；未信，则以为厉己也。信而后谏；未信，则以为谤己也。"⑤ 至于后世儒者亦多将"信"奉为不可动摇的基本理念。

儒学重"信"的传统对明清儒商影响甚大，并在其时的商业行为中有生动体现。大盐商吴时英的"掌计"假其名向其他商人借了一万六千缗，事后还不出来。有人对吴时英说："亦彼责，彼偿，尔公何与焉？"吴时英却答道："诸长者挈累万而贷不知，何者？人信吾名也。吾党因而为僭，而吾以僭乘之，其曲在我。是曰倍德，倍德不详。"最后由他自己偿还了这笔债。大贾如此，普通商人也一样。姚鼐《赠中宪大夫武陵赵君墓表》记湖南商人赵宗海死后之事说："初，君所受托以财贿者，有数千金。及君没，颇乏偿赀。或谋以孤寡辞而弗与，太恭人（宗海妻）曰：'吾夫信义，故人托之。今弗偿，为夫取恶名也！'乃破产鬻室中衣物以尽偿其负。"⑥ 至于晋商，珍誉如金、视信为本，方才造就了辉煌五百年、叱咤两世间的伟业。

黄金有价，"信"德及由此而赢来之"名"无价，最为珍贵！所以，在现代企业文化建设中，我们要自觉地将儒学所重之"信"作为现代企业的基本价值观和经营管理的核心理念。近代以来中外企业的无数实践，早已说明企业形象的树立既不能单纯靠金钱，也不能依靠权势，最为关键的在于企业是否以"信"立于世。"信"实乃企业经营管理的生命。

其三，以"诚"待人。

"诚"是儒学传统中的重要观念。《中庸》谓："诚者，天之道也；诚之

---

① 程树德撰，程俊英、蒋见元点校：《论语集释》第1册，中华书局1990年版，第126页。
② 程树德撰，程俊英、蒋见元点校：《论语集释》第2册，中华书局1990年版，第618页。
③ 程树德撰，程俊英、蒋见元点校：《论语集释》第4册，中华书局1990年版，第1065页。
④ 程树德撰，程俊英、蒋见元点校：《论语集释》第1册，中华书局1990年版，第18页。
⑤ 程树德撰，程俊英、蒋见元点校：《论语集释》第4册，中华书局1990年版，第1315页。
⑥ 姚鼐撰：《惜抱轩全集·文后集六》，中国书店1991年版，第356页。

者，人之道也。诚者不勉而中，不思而得，从容中道，圣人也。诚之者，择善而固执之者也。"① 郭店楚简《诚明》云："唯天下至诚，为能尽其性；能尽其性，则能尽人之性；能尽人之性，则能尽物之性；能尽物之性，则可以赞天地之化育；可以赞天地之化育，则可以与天地参矣。"孟子、荀子对"诚"都有所论述，《孟子·尽心上》有"万物皆备于我矣。反身而诚，乐莫大焉。强恕而行，求仁莫近焉"② 之语。《荀子·不苟》则说："君子养心莫善于诚，致诚则无他事矣。唯仁之为守，唯义之为行。诚心守仁则形，形则神，神则能化矣。诚心行义则理，理则明，明则能变矣。变化代兴，谓之天德。"③ "诚"不仅是先秦儒家所高度重视的德目，嗣后的宋明诸儒亦都很重视"诚"，对之有很多论述，而综观其义，至为丰富，其中虽不乏形而上含意乃至宗教性内容，但落实到现实社会人生层面，所谓"诚"即"实"，亦即"真实无妄"④ 而合"天理之本然"⑤，此乃儒家传统"诚"之道的要义。

儒学的这种重"诚"的传统应为我们继承弘扬，可以成为现代企业文化的基本内容。近些年来饮食服务行业普遍开展的"诚招天下客，满意在我店"的优质服务活动及其收到的良好效果，就说明了这一点。全塑汽车的发明制造者唐锦生的经历也能对此予以生动说明，他创办工厂研制全塑汽车的初期，曾遇到技术力量薄弱、资金匮乏、各方压力极大等困难，以至一度到山穷水尽的地步，但他以"诚"待人，为开发研制全塑汽车事业而百折不挠的精神终于赢得了员工们对他的理解与信任，增加了大家的信心。"诚"，最终使这位 20 世纪 90 年代初即已赫赫有名的全塑汽车大王摆脱了当年的困境，完成了一番宏伟大业。这种"诚"德作为一种重要的企业道德和企业家素质，是应十力推广的。以"诚"待人，凡事先为顾客着想，客户至上，用心揣度，安客为民，真心相待，暖客以诚，这些应成为现代企业文化的重要内容。

---

① 郑玄注，孔颖达疏，龚抗云整理：《礼记正义》下册，北京大学出版社 1999 年版，第 1446 页。

② 焦循撰，沈文倬点校：《孟子正义》下册，中华书局 1987 年版，第 882—883 页。

③ 王先谦著，沈啸寰、王星贤点校：《荀子集解》上册，中华书局 1988 年版，第 48 页。

④ 黎靖德编，王星贤点校：《朱子语类》第 2 册，中华书局 1986 年版，第 335 页。

⑤ 朱熹撰：《四书章句集注》，中华书局 1983 年版，第 31 页。

其四，以"勤"治业。

德国著名社会学家马克斯·韦伯在《新教伦理与资本主义精神》中提出，基督教伦理有助于资本主义发展的，首推"勤"与"俭"两大道德条目。其实，"勤俭"本是中国儒学的重要传统，伪《古文尚书·大禹谟》明确倡言："克勤于邦，克俭于家。"① 宋明儒更多以"克勤克俭"、光阴可惜为训，如范仲淹自谓其"遇夜就寝，即自计一日食饮奉养之费及所为之事。果自奉之费及所为之事相称，则鼾鼻熟寐；或不然，则终夕不能安眠，明日必求所以称之者。"② 张载论"勤学"云："学须以三年为期，至三年，事大纲惯熟。学者又须以自朝及昼至庙分为三节，积累功夫。更有勤学，则于时又以为限。"与他同时的苏颂扩大"勤"的范围，把"勤"作为整个人生的基础："人生在勤，勤则不匮。户枢不蠹，流水不腐，此其理也。"对苏颂十分推重的朱熹以为："光阴易过，一日减一日，一岁无一岁，只见老大，忽然死者，思量来这是甚则？剧恁地悠悠过了。"③ "在世间吃了饭后，全不做些子事，无道理。"④ 故其反对"闲"，尤反对"懒"，说："某平生不会懒，虽甚病，然亦一心欲向前。做事自是懒不得。"⑤ 他在《与长子受之》⑥ 中再三叮咛其子"不得怠慢"、"不得荒思废业"，必须"一味勤谨"、"夙兴夜寐，无忝尔所生"。明代中叶以后，商品经济获得发展，儒学平民化思潮以至平民儒学应运而生，"克勤克俭"的儒家信念深入到日常生活之中，在商贾阶层中得到突出体现，如新安休宁人"黄球，号和川，幼负大志，壮游江湖，财产日隆。娶城北金公红女，青年完节，克苦勤俭，佐子不逮。商贾池阳，家道大兴（找不到该书的电子版本）"⑦ 又据顾炎武《肇域志》所记："新都勤俭甲天下，故富亦甲天下。（上海古籍出版社那一版没有找到该句话，百度

① 孔安国撰，孔颖达正义：《尚书正义》，上海古籍出版社 2007 年版，第 132 页。
② 邵博撰，刘德全、李剑雄点校：《邵氏闻见后录》卷二十二，中华书局 1983 年版，第 172 页。
③ 黎靖德编，王星贤点校：《朱子语类》第 7 册，中华书局 1986 年版，第 2923 页。
④ 黎靖德编，王星贤点校：《朱子语类》第 7 册，中华书局 1986 年版，第 2626 页。
⑤ 黎靖德编，王星贤点校：《朱子语类》第 7 册，中华书局 1986 年版，第 2890 页。
⑥ 朱熹撰，曾抗美、徐德明校点：《晦庵先生朱文公文集》第 6 册，上海古籍出版社 2010 年版，第 4789—4792 页。
⑦ 《新安休宁名族志》卷一。

说在徽州府，该版徽州府第 181 页没有找到出处)""徽州人四民咸朴茂，其起家以资雄闾里，非数十百不移富也。"

儒家"克勤克俭"的传统美德应成为作为现代企业文化之核心的企业精神的基本要素。这对现代企业的建设和发展是十分必要的。如据我们 20 世纪 80 年代末 90 年代初对天津打火机二厂进行的调查，这个占地面积不足 5 亩、只有 286 位员工的小厂，自 1978 年以来就确立"勤俭办厂"的企业精神，推行"三改三代三用"的群体节约法①，使其年产值 1500 万元，年利税 210 万元，年创外汇 40 万美元，连续八年全面超额完成国家各项经济计划指标。类此成功范例，不胜枚举。

其五，以"和"是求。

儒学有重"和"的传统，西周末年史伯云："夫和实生物，同则不继。以他平他谓之和，故能丰长而物归之"②。这里以"以他平他"界说"和"，亦即"不同事物相互聚合而得其平衡"③。"他"即相异者，"以他平他"即会合异类之物并使之均衡，然后乃有新事物发生，这也就达到了"和"。《左传·昭公二十年》有晏婴论"和、同"的言论，其所谓"和"是指不同事物的"相成"、"相济"。孔子认为"和而不同"与"同而不和"④是两种不同的处世原则，其弟子有若提出"和为贵"，孟子则提倡"人和"。儒家又从"相从相应"或"相互顺应"角度讲"和"，"和"即相互顺应而不相冲突或避免冲突，"一般所谓调和、和顺，都是此义"⑤。如汉代公孙弘提出："气同则从，声比则应。今人主和德于上，百姓和合于下，故心和则气和，气和则形和，形和则声和，声和则天地之和应矣。"⑥

我们今天倡导和谐劳动关系，这对当今中国建构社会主义和谐社会是很有意义的。而充分汲取儒学重"和"的传统资源，切实加强企业文化建设，则对和谐劳动关系的形成乃至建构社会主义和谐社会都必会有所助益。

---

① "三改"即改进工艺、改进设计、改进设备，"三代"即以铁代钢、以铁代铜、以边角料代整料，"三用"即节约使用、综合利用、量材巧用。

② 徐元浩撰，王树明、沈长云点校：《国语集解》，中华书局 2002 年版，第 470 页。

③ 张岱年：《张岱年全集》第 4 卷，河北人民出版社 1996 年版，第 583 页。

④ 程树德撰，程俊英、蒋见元点校：《论语集释》第 3 册，中华书局 1990 年版，第 935 页。

⑤ 张岱年：《张岱年全集》第 6 卷，河北人民出版社 1996 年版，第 60 页。

⑥ 班固撰，颜师古注：《汉书·公孙弘传》，中华书局 1962 年版，第 2616 页。

但据上述儒家本义，"和"、"和谐"讲的是"多样性的统一"，"和而不同"绝非如老子泯灭差异、消除对立，而是在承认、直面并包容差异、矛盾的前提下求同存异，以渐臻"和"的理想境界。现实社会生活中的人们是由有着各自利益需求的不同阶级、阶层组成的，利益需求既各有不同，就难免会有矛盾、斗争，存在对立，"和"遂成稀贵之境界。只有承认"分"的客观存在，运用包括斗争在内的种种手段正确处理好各种矛盾、调整好各种相互冲突的利益关系，才有可能争取达致"和谐"之效。

这就给予我们以重要的启示。当今中国社会经济生活中，多种所有制并存，利益关系呈多元化态势。非公企业中存在着雇佣与被雇佣这样一种矛盾甚至对立的劳资关系，公有制企业中也有不同利益群体的存在，存在着错综复杂的生产关系。在这种客观情况下，建设现代企业文化，构建和谐劳资关系，并进而推进整个社会主义和谐社会的建设，就应本着儒学传统"和而不同"的文化精神，直面现实，承认并尊重多样性、多元性的存在，以"分"为客观前提，以"争"为必要手段，力求"和"的理想境界。

中国精神锻造中国企业

——成中英 C 理论在企业文化领域的应用

刘　庆*

如果把晚清洋务运动看作中国企业家的启蒙时代，当今正在迎来中国企业家的黄金时代。从百年沧桑到大国崛起，从仰望西方到立足本土，从花果飘零到灵根再植，从上下求索到反求内心，随着中华文化的全面复兴，构建东方管理模式，催生代表中国气派的中国企业走向世界，这是时代赋予中国企业家的伟大使命，也是中国现代企业文化建设的核心课题。

历史从不缺乏先行者和拓荒者，著名学者、世界著名管理哲学家成中英先生的《C 理论·中国管理哲学》为我们提供了方向性的指导。自 20 世纪 70 年代后期开始，成先生就一直思考如何以中国哲学文化为基础，结合东西方两大管理思想体系的长处，发展出一套能够为现代人——包括东方人和西方人所接受的新的管理哲学，它既能够包含两方科学管理的精神，又能够汲取中国哲学管理的智慧，更能够洞察当代西方管理科学的局限性而加以改进。这一新的管理学之道，这一套新的管理哲学，成先生将其命名为 C 理论[①]。笔者认为，C 理论不仅可以应用于管理，在企业文化领域，也有深远的指导意义，同样值得发展和应用。

如何进一步从中华文化中挖掘出更有价值的文化资源，从而构建中国管理模式，构建中国企业文化理论体系？从理论到探索，从课题到实践，以成中英、黎红雷为代表的学者和以茅忠群、吴念博为代表的企业家正在踏上

---

* 刘庆，青岛智诚灵动品牌营销机构首席文化官。

① 成中英：《C 理论：中国管理哲学》，东方出版社 2011 年版，第 3 页。

征程，上下求索，作出对时代的回应。

一、这是一个什么时代

一个时代有一个时代的主题，一代人有一代人的使命。从晚清到民国，从民国到现当代，企业家作为一个特殊的群体，在历史的进程中，扮演着特殊的作用，折射出一个时代的背景。

在中华民族伟大复兴的进程中，企业家群体有着无可替代的作用，是不可忽视的重要力量，除了创造经济价值外，其创造的文化价值也同样令人瞩目。企业家在文化建构方面，足以引起重视，尤其是从实干的角度来说，企业家天然是"知行合一"、"学以致用"等中华文化的代表。生生不息的中华文化自古以来就有着"推陈出新"的自我生发力，企业家构建的现代企业文化自然是中华文化体系的一个重要分支，企业家精神及其特质，正是时代精神的重要组成部分。

从企业发展内在规律来讲，纵观历史，任何一种优秀的管理，都要根植于本土文化的基础上，中国也不例外。伴随着全球化日益深化，与"欧美模式"、"日本经验"等的"国际接轨"是必要的，但绝对不能替代中国企业自己的探索和追求。需要明确指出的是，尤其是改革开放 30 余年后的今天，将中国企业的灵魂深深根植于中华文化的基因，深入挖掘中华文化中特有的、普世的且具备时代精神的价值取向，形成中国自己的企业文化理论和商业哲学，是找到中国经营管理模式的"方便法门"和必由之路。

"中国精神锻造中国企业"是中国现代企业文化建设的核心课题。

当今，世界的目光重新转向中国，在中华大地，无论是政府组织、高校学者、企业家群体，都从自己的角度，担荷历史赋予的责任，作出对时代的回应。"周虽旧邦，其命维新"，从一个个的动作中，我们可以觉察到，在时代的大风口，中华民族正在爆发无可比拟的向心力，这个古老而又具备勃勃生机的国度，用自己的实际行动，向世界宣告，在同一个时代主题下，为了民族复兴，中国各个层面正在不约而同地"素其位而行"，各司其职，各安其位，各正性命。

在国家层面，2017 年 1 月 25 日，在新春佳节来临之际，中共中央办公厅、国务院办公厅印发了《关于实施中华优秀传统文化传承发展工程的意见》，其中提到的重点任务里面，旗帜鲜明地指出"用中华优秀传统文化的精髓涵养企业精神，培育现代企业文化"、"坚持全党动手、全社会参与，把中华优秀传统文化传承发展的各项任务落实到农村、企业、社区、机关、学校等城乡基层"。就中国现代企业文化的建设而言，两办文件的出台，具有的划时代的意义不言而喻，可以称之为里程碑式的重大举措。这为肯定企业家传承中华优秀传统文化的身份，尊重企业家在文化层面的创造，弘扬企业家精神的社会氛围奠定了理论基础。这将进一步激励中国企业家以中华优秀传统文化为基准，开拓创新，融会新知，积极构建蕴含中国精神的现代企业文化理论体系和行为模式，"天将降大任于斯人也"，任重而道远。

在高校学者层面，以成中英、黎红雷为代表的著名学者，正在为中国现代企业文化建设提供源源不断的理论支持，而这个学者队伍正在不断地扩大，关于探讨中国管理、中国企业模式的相关成果也不断涌现出来，让我们看到了一个可喜的局面。

成中英教授的《C 理论·中国管理哲学》为综合创新中国管理哲学的奠基之作，第一次将管理的问题上升到了哲学的高度，并指向人性深处，尤为引人注目深思。C 理论是以中国哲学文化为基础，结合东西方两大管理思想体系的长处，所形成的生生不息的管理哲学。书中所倡导的"中国创造之道"，其学术视野之开阔，理论体系之完备，指导意义之深远，值得中国企业家学习、领悟并践行之。

中山大学黎红雷教授先后出版了《儒家管理哲学》、《儒家商道智慧》、《企业儒学》等著作，还有一个事件值得一提。黎教授曾经受邀前往哈佛大学做了一个题为《当代中国企业家的国学教育》的报告，麻省理工学院企业家精神研究中心主任罗伯茨教授当场表示质疑，"中国企业家特别是民营企业家，绝大多数并没有接受过现代管理学教育，他们靠什么治理企业呢？"当时，黎红雷教授给出的答案是——"文化资本"。

此外，杜维明、张岂之、葛荣晋等从各自角度作出的探索同样值得企业思考和实践。杜维明先生曾说："中国的精英企业家们在丰衣足食后，开始追求知识与意义、注重身心修养、重构精神世界，扮演了传承中华文明，重建文化传统，维护社会道德风尚的重要角色。"① 张岂之教授谈道："儒家思想是中国传统文化中的精髓，也是中国人的精神家园。其不仅存在于个人的修为中，也不仅存在于家庭中，还应该存在于社会组织中，尤其是企业组织。一个业绩突出，发展健康的中国企业，需要中国文化的支撑，尤其是儒家思想的支撑。"② 葛荣晋教授在其著作《中国管理哲学导论》中指出："中国管理哲学始于'正己'终于'正人'。"③

由此我们可以发现，众多学者的努力着也正在验证德鲁克先生的预言，"我可以预测：以后 10 年左右，在美国和欧洲市面上将会出现大量题目为'中国管理的秘密'的书籍，就像前 10 年大量的'日本管理的秘密'一样。中国人研发出了一套特点鲜明、与众不同的管理风格和管理框架。"德鲁克讲这段话的时间是 1995 年，现实虽然来得晚了一些，但是正在变为现实。

在企业家群体层面，其成就同样令人惊喜。企业家作为现代企业文化的直接探索者、建设者和实践者，其学习孔孟之道、阳明心学等中华优秀传统文化的热忱，如今正在逐渐升温，其队伍发展之迅速，更令人振奋。企业家用自己的身体力行，自觉地将中国文化的精髓植入到自己的管理实践当中，践行以儒家思想为代表的优秀传统文化，探索中国企业文化建设之道。笔者就这一现象，曾在第七届世界儒学大会上提交的论文里面做过专门的论述。例如，方太集团、苏州固锝、中兴精密、智诚灵动、博宁福田等。方太集团自 2008 年导入儒家文化，建立了中国第一家企业孔子学堂，其建构东方管理模式的努力，已经取得可喜的成果，被业界称之为"方太儒道"。2012 年底，30 位中国企业经营者和管理者，在贵州修文阳明先生"龙场悟道"所在地，自发组织了"致良知小组"，修学阳明心学，如今，更多的企业家加入进来，"心学"正在成为中国企业文化建设的"心之力"。2018 年 8 月 13—20 日，世界哲学大会 118 年来第一次在中国召开，汉语第一次成为本次世哲会的官方语言，"中国商业哲学论坛"第一次在世哲会的舞台上亮相。

这是一个以"意义、使命、信仰、价值观"为觉醒和驱动力的新时代，

---

① 杜维明：《企业家与精神性的人文主义》，《经济观察报》2013 年 11 月 9 日。

② 张岂之：《方太儒道》，机械工业出版社 2016 年版，推荐序 2。

③ 葛荣晋：《中国管理哲学导论》，中国人民大学出版社 2013 年版，第 10 页。

也是开创中华民族伟大复兴新局面的时代。东方复兴，曙光初见，在中华民族伟大复兴的进程中，需要出现一批蕴含中国底蕴价值、彰显中国风格气派、传承中国商业文明精神的企业，代表中国，与世界对话。

针对这个时代之问，成中英先生在 20 世纪 70 年代就展开思考而创立的"C 理论"，其前瞻性和深刻性，至今给我们以启发和指导。

二、成中英 C 理论与中国精神锻造中国企业

"C 理论·中国管理哲学"是中国的创造力理论或中国创造之道，以中国哲学文化为基础，结合东西方两大管理思想体系的长处，所形成的生生不息的管理哲学，由著名管理哲学家成中英先生创立。C 理论包含道家决策论、法家领导论、兵家权变论、墨家创造论、儒家协调论、易经转化论、禅宗超越论、太和和谐论，从 C1—C8，形成一个完整的管理闭环。通过 C 理论可以帮助我们更加深刻地理解中国管理哲学的内涵，可以更好地促进我们在企业文化领域的研究和实践。其中，决策论、创造论、协调论对笔者理解企业文化有着特殊的启发和影响。

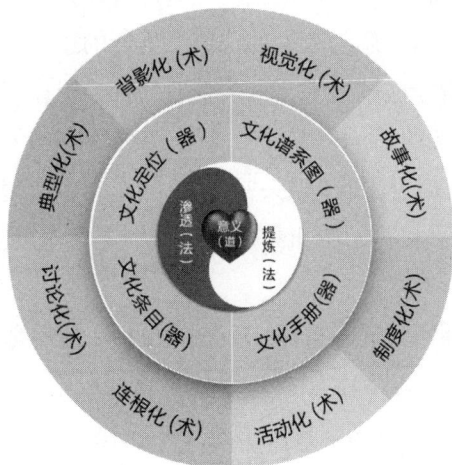

C 理论指导下的"太极式企业文化建设与落地系统"

理论是用来实践的，笔者身在位于青岛的智诚灵动品牌营销机构，负

责企业文化的研究和实践。例如，受 C 理论启发指导，运用"太极式企业文化建设与落地系统"，已经帮助了如奥扬集团、长川集团、高阳物流、力创科技、政睿达、嗨妈宝贝、中海软银、加油亲子岛、青岛气象局、青岛博宁福田、上海坤睿咨询等企业完成了企业文化的建设。

限于文章篇幅，本文就实践心得做简要介绍，期望对企业家有所启迪和借鉴。

三、成中英 C 理论·中国精神锻造中国企业的实践

（一）企业的意义源于企业家的核心决策

受 C 理论"道家决策论"的指导，笔者认为，从企业文化角度讲，"决策"就是对这个企业为什么而存在，到底帮助谁解决什么问题的思考和判断，就是对意义的追问——创办企业是为了企业家自己，还是心怀职工、行业乃至天下？这体现的是企业领导者的核心决策和经营境界。

成中英先生讲，"C 理论"帮助企业家在中国传统文化的基础上搭建好的制度。但制度的前提是对终极目标的追问。经济最终的目标是什么，企业最终的目标是什么？你成功了，但成功之后还有什么？企业家要真正解决各种复杂问题，首先要深入思考人生的价值、生命的意义，从而决定一个企业应该追求什么，企业家应该追求什么，企业的社会责任又是什么？[1]

可以说，对意义的追问，是每一个企业最终不得不面临的一个思考："我是谁，我从哪里来，要到哪里去？"这个问题想不清楚，企业将始终心无所定。尤其是面对巨大的成功和失败的时候，必然迫使企业思考将何去何从？这一切到底有没有意义？

C 理论认为"任何管理的目标、企业的目标，最后都应该是为了推动社会的进步，改善人类的生活环境"[2]，从这个角度来思考，笔者认为，一家企业存在世界上的目的和意义，肯定不是为了仅仅生产几个产品，赚一点点钱，世界上产品多的是，还缺这几个产品？赚钱的方式有很多种，为什么非

---

[1]　苏旭：《企业家需要怎样的管理哲学——专访美国夏威夷大学教授、哲学家成中英》，《浙商》2011 年 3 月 11 日。

[2]　成中英：《易经管理哲学基础》，江苏人民出版社 2015 年版，第 59 页。

得办企业呢？单单为了赚钱、为了生产某个产品而办企业，目标没有错，但是不圆满，企业之所以存在这个世界上，一定还有更为崇高的目的和意义。就像乔布斯所说的"活着，就要改变世界"；就像方太集团董事长茅忠群所说的"优秀的企业满足人欲望，伟大的企业导人向善，方太要成为一家伟大的企业"；等等。因此，产品、厂房等实体的规模仅是一个载体，背后的企业意义才是核心。

企业的意义即企业存在世界上的终极目的，回答了一家企业最基本的问题：我是谁，我要到哪里去，我如何去？这是任何一家企业都必须思考的一个问题，这是企业的真问题，也是经营的真问题，越早找到答案，企业越接近光明。我们是谁？明确企业存在的目的和意义——使命。我们要到哪里去？明确企业的长期目标——愿景。我们如何去？所匹配的是非判断的原理原则——价值观。合起来就是一个企业的经营哲学。

而这都离不开经营者的"决策"！

决策有多重要？《清华管理评论》曾发表题为《85% 大公司都死于决策失误》的文章："在这个处处充满不确定性的新经济时代，决策失误正在成为中国企业未来最大的风险，而且是致命性的。有研究表明，世界每 1000 家倒闭的大企业中，就有 85% 是因为经营者决策不慎造成的。"

成中英先生讲"管理的核心为决策"，真是一语中的，企业文化建设不也一样吗？有什么样的决策就有什么样的企业文化，企业家的境界和格调决定了企业文化的境界和格调。

如果一个企业的领导者，本身境界不高，只是想借企业赚一点小钱，以满足个人私欲为终极目的，那么其领导下的企业文化多半会呈现一种赤裸裸的雇佣关系，属下也是抱着干一份活拿一份钱的交易心态，这样的企业文化必定是一种雇佣文化或者说交易文化。

如果企业领导者，能够提升境界，在除了满足个人私欲之外，跳出小我，开始感知公司同事乃至行业的痛点，并以此确定为公司的使命，最终成就一份大我，那么其领导下的企业文化，久而久之就会呈现一种"事业共同体文化"或者"命运共同体文化"。

以上说的两种企业领导者之间的境界差异，并不是天然鸿沟，随着企业发展壮大，第一种领导者会逐步演变成第二种，当然也有未演变的，只有两种原因：一个是还未来得及演变，企业已经死掉；另一个就是胸无大志，守着一亩三分地夜郎自大，一人吃饱，不想天下，那是没办法的事情。

你是哪一种企业家呢？你企业的意义到底是什么？你决策的原点又是什么呢？如同阳明先生所讲的去得一份人欲，复得一份天理，如果在决策中遵从和秉持以是非而不以得失为判断标准，是不是更有利于决策的准确性呢？

（二）发挥文化创造力，构建心与心的链接

在管理学界，相对于偏重于理性的西方管理方式，东方管理方式偏重于感性。如成中英先生讲的"中国传统管理哲学是一种心灵感应或者一种心的认识"①，笔者认为，企业文化就是心与心的链接，企业文化建设虽然始于企业家，但是不能止于企业家。企业是生命共同体，它承载了整个企业的意义和追求，如果不能让大家参与进来，发挥创造力，企业文化就只是企业家的个人意志，那么，如何引领团队，成就事业？

受 C 理论"墨家创造论"的启发，在文化建设、落地的过程中，需要发挥每个人的文化创造力。"致良知四合院"的创始人白立新老师谈过一个事情，可以很好地帮我们理解这个认识背后的价值和意义。

大约十年前，白老师参加 IBM 关于品牌的全球会议，大概有 200 人，在大约两天半的会议当中，大家花了整整两天的时间，在讨论 IBM 的价值观。就是 IBM 到底信仰什么？到底信奉什么？这个三分钟就可以说完的事情，为什么大家需要讨论两天？

其实大家是在反复验证，这件事情是不是真的，是不是我们所有团队发自内心的确信？还是说，我们只是希望别人去信？一个公司的价值观，是我们为了标榜自己，让别人去信的内容，还是自己内心真正信仰的内容？

IBM 这样的公司，对自己的文化如此地庄严和慎重，是因为它明白所谓的"品牌的根"来源于这个组织，从创始人到核心团队，自己在思考什么么，自己真正践行的准则是什么？

从上面这个案例，我们更加直观和深刻地理解到，在企业文化建设和

---

① 成中英：《中国管理哲学是大写的"人学"》，《世界经理人》2012 年 8 月 28 日。

落地过程中，广泛地参与和讨论，发挥每个人的文化创造力是达成文化共识的有效途径。

例如，2017 年，我们为中海软银提炼企业文化，2 个月的时间，访谈中高层管理人员 31 人，问卷调查 104 人，分公司基层调查 300 人，整个思路就是让广大同事为中海软银的文化建言，目的就是为了共享、共鸣、共振、共行。

发挥每个人的文化创造力，构建心与心的链接，也有其更深层次的时代背景。工业时代渐行渐远，信息时代走进生活，这是一个讲究意义的时代，这是一个"个性崛起"的时代，这是一个"一言不合就离职"的时代，这是一个从大规模制造向个性化定制转变的时代，这是一个从规模经济向范围经济转变的时代。过去"胡萝卜加大棒"的管理方式终将会退出历史舞台，灌输思想的操作方法越来越不合时宜，取而代之的是上下之间需要更多的尊重和平等的交流、探讨。

智诚灵动曾经服务一家企业，其人员构成多半是"90 后"、"95 后"，针对"90 后"喜欢什么样的企业文化这个话题，经过调研，最后"相互尊重，注重自我表达"等几个关键词映入眼帘，时代的烙印，彰显无遗。

创造的结果很重要，有时过程本身就是结果。本质上，发挥每个人的文化创造力，就是让企业的事情，变成职工自己的事情，让团队拥有主人翁的姿态，与企业同呼吸，共命运。文化是大家智慧的结晶，而不仅仅是企业家个人意志的体现，在当今这个时代，尤其值得企业家深思和关注。

（三）构建文化协调力，和世界做链接

C 理论"儒家协调论"讲"儒家协调论发挥协调和沟通的作用，儒学不仅关切人之自身发展，同时也关切人生、关切人际伦常、关切个人与他人、关切社会全体的合德合理的发展"，这让我们重新审视了企业和这个世界的关系，重新审视了企业文化的价值。

1. 用心和同事家庭链接，构建心心相印的关系

每个同事背后都是一个家庭。在企业文化建设过程中，有一个维度特别重要，就是企业要关照到同事背后的家庭，安居才能乐业，个中深意，不言自明。

《弟子规》开篇说："弟子规，圣人训，首孝悌"，生命第一重要的事情，就是立命有根，就是孝，根深才能叶茂。诸事不顺，皆因不孝。因此，连根养根，根深叶茂。父母是根，我们是树，要想把根养好，就得连根，连的是心根。以下两个小案例，可以让我们更直观地理解。

苏州固锝的"黄金老人关爱计划"

苏州固锝电子是全球最大的二极管生产商之一，是构建幸福企业的典范。

据了解，固锝不仅关怀同事，更把温暖送到同事的家中，关心他们的父母、家属、子女。不仅从财力上给予支持，还结合公司的资源，给予法律援助、维修服务、解决外地员工子女入学难问题。只要是固锝同事的子女，都能保证按时在当地的公办学校上学，享受到苏州优质的教育资源和教育环境。十几年来，固锝同事的子女全面享受从小学到大学的学费补贴。

固锝提倡孝道，让同事真正懂得去关爱老人，呵护老人，孝敬老人。在固锝有个"黄金老人关爱计划"。同事家里的老人，他们阅历丰富，开口便是金口，固锝称之为"黄金老人"，每个月会给每个老人两百元钱慰问。

固锝这些关怀同事家庭人的举措，最重要的是，提升同事的品德，然后让同事变得更加幸福。

智诚灵动的关爱同事父母行动

"感恩同事父母为公司培育了优秀的人才"，在智诚灵动成立 11 个年头，智诚灵动董事长王诚莹发心要做一件事情，盛情邀请公司全体同事的父母来岛城免费游玩，看看岛城的风景、看看子女工作的公司。往返车票、住宿费用，全部由智诚灵动承担。2013 年 6 月 27—28 日，全体同事及其父母 80 余人汇聚岛城，一个个欣慰的笑脸，连同绚烂的夏花一起，绽放在青岛，成为岛城又一美丽的风景线。

28 日早晨，同事父母们分别参观了智诚灵动青岛总部。王诚莹董事长发表了热情洋溢的欢迎词，感恩同事父母们的到来，感恩同事父母为公司培养了优秀的人才，祝愿大家在青岛度过美妙的旅程。此后两天，在智诚灵动的策划下，大家浏览了八大峡、五四广场、奥帆中心、石老人、雕塑园等岛城景点，父母们的身影尽现岛城，笑容绽放海滨。

此外，智诚灵动发起"感恩父母孝敬金"活动；每逢中秋节，智诚灵动还会为同事父母准备精美的礼物。

2.向世界展示文化体系，传递价值主张

企业文化很好，但是团队不理解，难以入心，变现行为更无从谈起！这是令很多企业经营者头疼的问题。

根据服务的经验，我们认为，理念的提炼是基础，文化的内在逻辑很关键，让团队理解印在心里更关键，这是文化落地的首要环节。如果团队对文化体系、构造不理解，相应的落地行为自然难以开展。为了让团队能够轻松明了地理解文化，我们将理念用一种谱系图的形式展示出来，使"虚"的文化"图形化"，取得了不错的效果，这就是文化谱系图。文化谱系图犹如儒家的"三纲八目"，纲举才能目张。

文化谱系图，一家企业的文化整体观。

提炼文化谱系图的目的是为了"纲举目张"，是为了塑造一家企业文化的整体观，一目了然地呈现文化的体系和构造，这是文化建设和落地中非常重要的一个方面。理解了文化谱系图，就把握了企业文化传导的关键。否则，文化再好，团队没理解，不入心，难入行，都等于零！

当然，文化谱系图的展示形式有多种，每家企业的文化基因、个性不同，展示方式也不同，有的偏科技，有的偏传统，有的偏动感，有的偏沉静。我们的观点是，文化不能搞批发，只能做零售。因此，针对每一个新客户，我们都会用心地去创意属于客户的专属文化谱系图。

文化谱系图怎么用？

文化谱系图的创意很重要，用起来更关键。文化不用，做它何用？文化谱系图有多个方面的用途，经过总结，我们认为主要分为以下两种：对内和对外。

对内：将文化图形化，可用于内部共享，让团队轻松理解文化，入心，入行。

对外：就是帮助企业和这个世界做链接，这是一个非常重要的对外角色，可能常常被忽视。对外场合，大多数企业谈的更多的是产品，很少谈文化，很少谈理念。无意中错过了一次次与顾客心与心链接的机会。这是一个讲究意义的时代，这是一个企业和顾客心与心链接的时代，也是一个用文化理念照亮和温暖世界的时代，理念就是给顾客一个购买和选择产品的理由，客户只有认同了你的理念，才能建立真正的忠诚度。产品、技术总有天花板，理念却可直触心灵。

如今，对外的论坛峰会、品牌发布会等，越来越普遍。在这些"场"上，企业都可以用到谱系图，干净利索脆，一张图掌控全场。想想站在论坛峰会上，当你用心去链接这个世界，饱含深情地从一张图讲起，简洁明了而又富有逻辑地向你的顾客、利益相关方讲述你的理念，讲述你的发家史，讲述你的苦与乐所带来的共鸣是何等地美好，所带来的认同是何等地心有灵犀。

文化谱系图之妙用，用心去和这个世界链接。

3.用故事和世界链接，构建情感共鸣

每个企业都会面临企业文化落地和传播的问题，经营者在台上往往讲得慷慨激昂，台下团队却兴趣索然，如何解决这个问题？我们的建议是，换个思路，干讲企业文化太枯燥了，不如讲故事。

人人都喜欢听故事，不喜欢被说教。你无法告诉同事该如何做，但你可以告诉同事别人已经怎么做了。干讲文化太抽象，讲故事就生动多了。

记住一个故事，记住一家企业。

企业的故事从哪儿来？

我们的观点是，当然来自企业的真人真事，只不过需要专业的挖掘、提炼和升华。故事本来就在企业里面，决不能无中生有，拍脑袋凭空杜撰，捏造出来的文化故事，不能诚于己，怎能信于人？这也是我们服务的底线。

如何挖掘、提炼和应用企业的文化故事？在服务企业的过程中，我们摸索出一套方法，称之为"故事化"，效果挺好。概括来讲，通过"故事访谈、故事梳理、故事提炼、故事设计、故事集印刷"的完整闭环，捕捉具备典型特征的人物，典型特征的事件，用故事来传播企业的文化理念。

文化故事是聊出来的！

这个专业的提炼工作，是一个"大海捞针"的工作、一个"删繁就简"的工作、一个"去芜存菁"的工作，需要企业和我们的紧密配合。企业需要按照要求提供场地、人员名单，而剩余的访谈、提炼的工作交由我们来做。根据每家企业的情况不同，组织"文化故事提炼会"的次数有差异，选择访谈的人员数量也有区别。有的企业我们会访谈十几人，有的多达几十人。

例如，在服务长川电机的时候，组织了多次访谈，倾听几十位同事的分享，梳理出 49 个故事，最后提炼出 24 个故事；服务高阳物流，最终为其提炼出了 31 个故事；等等。

下面就是我们为长川提炼的一个故事：《长川为什么敢承诺产品保质3 年?》

2003 年的时候，长川和某公司的合作出现过一个事故，电刷盖经过长时间运转后会被热化变粘，然后他们就不和长川合作了，改用了其他品牌的电机。这个"粘"绝不是一个简单的事情，给客户也造成了不少的困扰。

长川相关人员过去处理这个问题，经过和对方总经理的交流，表明电刷盖已经改进，包括噪音震动和效率等一切都优化了，是不是可以在换回长川的电机用? 对方就说可以用你们的产品，但是保质期要改成 3 年，长川答应了，给自己制定了新要求、新标准"防患于未然，捉矢于未发"，长川发现该问题之后，就考虑到其他的客户肯定也会存在类似的问题，所以长川项目负责人花了 6 个月左右的时间跑市场，去走访客户，检查问题，让客户放心，重新建立起相互之间的信任。

长川认为，其实，在合作的过程中，面对客户的指责，要正确理解。第一，敢于接受客户的指责；第二，客户指责我们其实是在鞭策长川，让长川有进步的动力，发现问题才能解决问题，才能不断成长；第三，客户指责长川，表明还想和长川合作，如果不想合作了，客户根本不愿意搭理长川了。

这次事件对长川来说，具有里程碑的意义。

高标准是进步的阶梯。现在有个伺服电机"保质期 3 年"就是那时候形成的。另外一个客户的保质期也是，当时他们要求是 2 年，长川直接说可以保质 3 年。

更多的人，因为了解长川的故事，而了解了长川。

哈佛商学院的营销课程《卖故事》曾说：在任何一种营销奇迹的背后，你看到的是什么? 它们的共同点是，每一个成功的产品和每一则完美的广告背后都有一些奇妙的情感寄托被人们广泛接受了。事实上，第一时间吸引人们关注的不是"产品"或营销者本身，而是它所讲述的故事和讲故事的方式。

我们认为，不是所有的消费者都需要我们用优惠、赠品的方式取悦，他们需要我们用某种情感化的方式来打动。尤其在这个物质丰盈、精神疲软、注意力稀缺的时代，故事尤显珍贵。没有故事，品牌就少了人的味道。

企业文化故事怎么用？

故事提炼出来，只是第一步，关键得有用。怎么用？

其一，传播之用。故事内容可用于微信、网站等自媒体的传播、连载。如今是自媒体兴起的时代，自媒体除了产品、技术介绍之外，一篇篇触动人心的故事，走心网传，这是多么好的一个链接世界的机会和方式？

其二，设计成一本精美的《企业文化故事集》，可用于但不限于以下情况：

第一，内部共享、传阅，链接企业与团队的心。

第二，外部论坛、峰会的传播，与世界进行心与心的链接。

第三，企业礼品的重要组成部分，可赠送客户、朋友。

没有了解，就没有共鸣，记住一个故事，记住一家企业。一册在手，理念故事尽在，省去多少口舌！

C 理论是成中英先生以易经思想为核心融汇东西方文化而开启的管理之道，C 理论在企业文化领域的应用还需要继续研究和实践。至少在这个阶段，我们明白，一家企业的文化建设需要重视企业家的文化决策力，需要发挥团队的文化创造力，需要运用文化协调力，才能更好地构建企业文化。

时者，势也。道之所在，势在必行。以 C 理论为指导，如何进一步从中华文化中挖掘出更有价值的文化资源，从而构建中国现代企业文化理论体系，用中国精神锻造中国企业，这个中国现代企业文化建设的核心课题，需要更多的企业家和学者参与进来。

企业案例分析

员工工匠精神的培育及影响[*]

——基于儒学思想现代价值的分析

王永丽　孙诗颖^{**}

一部《大国工匠》纪录片，将一系列震撼人心的国家巨匠故事带入公众视野。高凤林、胡双钱、代旭升等都是普通的一线工人，但他们扎根岗位、精益求精，创造出 4 小时零误差打磨零件、36 年中 100% 产品合格率、45 年内 2000 多项技术难题破解等令人叹为观止的奇迹，他们都是"工匠精神"的践行者。

"工匠精神"最早由"中国精造"首倡者、"匠士学位"创始人聂圣哲先生提出，它是员工在工作时持有的一种精神理念，核心外显行为是对工作精益求精、追求极致，伴随这些自然而然出现的还有钻研技术、勇于创新、淡泊名利、甘于奉献等表现。"工匠"一词在我国古代用于形容技术高超的手工业者，在现代则被赋予了更多的含义，不仅可以用于描述技术工人，任何能够扎根岗位、精于专业的员工，例如外科大夫、画家、管理人员本质上都可以看作工匠，工匠精神可以存在于并且也应该存在于各个岗位的员工身上。2016 年以来，"工匠精神"一词三次被写入政府工作报告，足见工匠精神的重要性，报告指出，"要大力弘扬工匠精神，厚植工匠文化，恪尽职业操守，崇尚精益求精，培育众多'中国工匠'，打造更多享誉世界的'中国品牌'，推动中国经济发展进入质量时代"。培育员工工匠精神，充分发挥工匠精神的积极影响，是实现中国强国梦的时代要求。

---

* 本文得到国家自然科学基金项目《职场精神境界本土化内涵、结构及其形成和作用机制研究》（编号：71772184）的支持。

** 王永丽，中山大学管理学院教授、博士生导师；孙诗颖，中山大学管理学院研究生。

那么帮助员工培育工匠精神的路径有哪些？怎样提升这些培育路径的有效性？员工工匠精神产生的影响有哪些？怎样促使工匠精神积极影响的充分发挥，规避其可能的消极影响？儒学思想观念在其中起到怎样的作用？本文将主要探讨这些问题。

一、文献回顾

关于工匠精神的现有研究主要包括以下内容：一是论述培育工匠精神的重要性和必要性，探讨工匠精神的积极影响，例如提出培育工匠精神有助于中国成为制造强国、有助于技术工人实现自我价值（王丽媛，2014；黄君录，2016）；二是探讨阻碍工匠精神培育的因素，例如传统"士农工商"的阶层观念，对工匠缺乏应有的尊重（孙莉娟，2016）；三是探讨培育工匠精神的方法，许多研究论述高职院校培育学生工匠精神的途径，例如提升师资队伍文化素养、加强学生思想政治教育、提高学生专业认同感、实行专业课程小班化教学、校企合作实行专业实训等（王新宇，2016；孔宝根，2016；叶美兰、陈桂香，2016），还有研究从企业管理的角度提出培育员工工匠精神的建议，例如曾颢、赵曙明（2017）从理论角度论述了在企业师徒制下导师将工匠精神传递给徒弟的过程，方阳春、陈超颖（2018）通过量化研究表明了企业包容型人才开发模式正向影响员工工匠精神，郭会斌等（2018）通过对百年老店的调研，以企业中的工匠为起点探究了工匠精神在团队内共享、在组织内惯例化的机制；也有研究从更宏观的角度，提出完善市场管理制度、培育高端消费品市场为工匠精神营造良好的发展环境（李进，2016）。

当前关于工匠精神的研究还有较大的发展空间。关于工匠精神培育的研究方面，"工匠"一词最早用于形容技艺高超的手工业者，受到工匠一词原义的影响，工匠精神在现代也被更多地用于描述技术工人，因此大部分研究集中于对职业技术学校学生工匠精神的培养，将工匠精神培育拓展至企业一般性员工的研究仍较少，一般性员工工匠精神的培育值得更多讨论；关于企业员工工匠精神培育的文章中，研究者大多站在企业管理者的角度论述工匠精神的培育措施，或者围绕在企业中已经可以被称为"工匠"的员工论述促使工匠精神传播的方法，这两种情况下，工匠精神培育的目标对象（企业中其他的广大员工）在一定程度上都具有被动性，但工匠精神作为员工的主观信念，更需要从员工自身出发，讨论被目标员工最为认可和接受的培育措施；此外，影响员工工匠精神培育措施有效性的具体情境探讨不足，需要深入研究。关于工匠精神影响的研究方面，研究者大多论述工匠精神对员工自身、企业、国家的积极影响，但也曾有过关于工匠型人才工资收入低的报道（聂日明，2015），这启示着我们只有以更加全面的视角看待工匠精神的影响，探讨其可能的消极影响，才能采取相关措施使其更加充分而长久地发挥积极影响。同时，关于工匠精神和儒学思想观念关系的研究中，有学者认为士农工商的阶层划分观念削弱了职校学生的专业认同感，阻碍了工匠精神的培育，但随着工匠一词使用范围的拓宽，儒学思想观念在提升工匠精神培育路径有效性以及发挥工匠精神积极影响上的作用需要进一步分析，本文也将探讨这个问题。

我们立足于一般性员工群体开展调查，用质性研究方法探索工匠精神的培育路径和影响，为企业更有效地培育员工工匠精神，并充分发挥其积极影响，规避其消极影响提供启发。

二、研究方法

我们对来自广东地区不同行业、不同岗位的 68 名员工开展调查，调查问题包括：请您阐述您对工匠精神的理解；请您举实例（您所在部门、公司或您知道的具备工匠精神的员工实例），并描述他作为具备工匠精神的员工所拥有的素质特征；请您阐述您觉得应该怎样促使自己培育工匠精神；请您阐述您认为企业采用怎样的措施能帮助您培育工匠精神。通过被调查者对工匠精神的理解来确保其对于工匠精神核心内涵理解的准确性，通过其对工匠型员工实例的具体描述来了解工匠型员工的行为表现及工匠精神的具体影响，通过其对有助于激发自身培育工匠精神的措施描述，了解被员工最为认可和接受的工匠精神的培育措施，同时通过对调查资料的编码和语义分析，探索提升工匠精神培育路径的有效性和促使工匠精神积极影响充分发挥的方法。

三、研究发现

(一) 工匠精神的培育

我们主要根据对调查资料的分析，结合嵌入理论，构建员工工匠精神的培育路径，也即构建工匠精神嵌入员工行为，使员工行为受到工匠精神影响并与其相符的嵌入路径。学者关于嵌入有不同的分类，Granovetterr 和 Swedberg（1992）认为嵌入可以分为关系嵌入和结构嵌入，关系嵌入一般用于描绘二元关系，个体行为嵌入于与他人互动形成的关系网络中，受到和他人互动过程的影响，结构嵌入一般用于描绘整体关系网络，个体的关系网与处于同一整体的其他关系网构成整体网络，个体行为嵌入于整体网络中，受到整体网络特征的影响。Zukin 和 DiMaggio（1990）则认为嵌入可以分为认知嵌入、结构嵌入、文化嵌入和政治嵌入，认知嵌入表明个体行为受认知框架和思维意识的影响，结构嵌入与 Granovetter 的结构嵌入相似，文化和政治嵌入则一般用于说明个体行为嵌入于宏观社会环境中，受到更宏观的文化、政治背景的影响。从个体、团队、组织三个层面出发，员工行为嵌入于员工的认知、所在团队和组织整体中，下文通过认知、关系、结构嵌入的不同培育路径，探讨如何将工匠精神嵌入员工行为，激发员工表现出精益求精、追求极致等与工匠精神相符的行为，并探讨影响不同培育路径有效性的因素。

1.认知嵌入培育路径及其有效性影响因素

认知嵌入描述个体行为受到认知影响的过程，个体根据已经形成的认知对事件进行解释并作出相应的行为反应，员工的工作行为受到员工工作认知的影响。工作意义感是员工对工作重要性和价值性的认知（Hackman & Oldham，1976），能够提升员工在工作场所中积极的态度和行为（Demirtas，Hannah，Gok，Arslan & Capar，2017；Sulistyo，2017；Chen，Wang & Lee，2018），Bellah（1985）根据个体认知的不同，将工作意义感分为工作（job）、职业（career）和使命（calling）三个维度，持工作观和职业观的员工认为工作意义来自于获取物质报酬和权力地位，更容易表现出对工作的不满和倦怠，相反持使命观的员工认为工作意义在于实现自我价值和满足成就感、贡献感等高层次的精神需求，更容易表现出对工作的热爱、认同和投入。在调查中几乎所有员工都表示，培养工匠精神的前提是有对工作发自内心的兴趣和热爱，"培养对工作发自内心的热爱，把工作当做艺术品完成"，"寻找自己愿意专注、深入钻研的工作行业和岗位"，"认可自己的工作，认为自己的工作是有价值的，投入自己的热情"。这是工作使命观的表现，由于工匠精神要求员工干一行、爱一行，立足现有岗位并追求极致，持有工作观和职业观的员工更容易关注现有岗位条件和未来发展机会，更难表现出与工匠精神相符的行为，例如几十年如一日专注于同一岗位。

员工的工作使命感能促进工匠精神的培育，但员工的工作意义感实际上是动态变化的。个体的工作意义感有保障物质生活、实现个人发展、贡献他人和社会等不同维度。现实生活的不完美和复杂性，使个体经常难以同时满足多个维度上的积极意义感知。个体在多种意义感来源间权衡并赋予某些维度的意义感更高的重要性和价值性，当员工内在兴趣和岗位匹配时，员工更容易感受到工作使命感，更容易培育出工匠精神，但当员工工作与兴趣理想不相符、岗位处于企业最底层或者工作遭遇困难时，员工是否依旧能感受到工作使命感并坚守、专注在当前岗位中？员工工作意义感的动态性将影响认知嵌入培育路径的有效性。

2. 关系嵌入培育路径及其有效性影响因素

关系嵌入描述个体行为受到个体和他人互动影响的过程。Coleman 等（1966）指出，社会相互影响使参与者的行为和观点趋向于同质性。这是因为社会关系为个体提供进行决策的重要信息，也对个体行为选择施以社会影响和压力，个体通过选择与他人相似的行为表现，降低作出恰当行为决策的成本，减少不确定性风险，或者维系与他人的积极关系，避免受到他人的排斥。关系强度是描述关系网的重要特征，关系强度可以用互动频率、情感力量、亲密程度、互惠交换、信任、共同愿景等维度衡量。有学者认为，在我国这样具有浓厚关系文化的情景中，接触频繁、情感联系强的强关系相比弱关系对个体态度和行为的影响更大（边燕杰、张文宏，2001），因为强关系中的成员更容易建立对彼此的信任，有助于深度沟通和相互学习。团队中同事、领导是员工在组织中最有可能直接接触且互动较多的人，成为员工的重要参照物，不少被调查员工提到，培育自身的工匠精神，要"多与前辈交流，学习他们的工匠精神"，"向身边的先进典型学习，汲取其闪光可借鉴的优点"，"领导要树立典范，上行下效"，这说明身边的优秀领导和同事能为工匠精神嵌入员工行为提供强大的动力。

员工通过选择和优秀领导、同事相似的态度、行为来促进自身工匠精神的培育，但员工的学习、模仿具有选择性。现实情况下，员工所在的团队关系网中，既可能存在工匠型员工，更可能存在普通员工，甚至可能存在有着消极工作态度和行为的员工，个体模仿、学习的对象，受到关系强度影响，当员工和优秀的工匠型员工属于弱关系甚至关系较差时，员工是否依旧选择向他们学习？员工又是否能准确识别出自身和优秀标杆间的差距以及自身最需要改进的不足？员工学习对象和内容具有的选择性将影响关系嵌入培育路径的有效性。

3. 结构嵌入培育路径及其有效性影响因素

结构嵌入描述个体行为受到整体网络特征影响的过程。员工所在企业是员工群体构成的整体关系网络，企业的制度、政策影响员工的行为选择。被调查员工最为普遍提及的能够帮助自身培育工匠精神的企业措施包括四方面。首先是企业围绕目标管理、质量管理实施的制度。例如绩效考核机制、成就反馈机制、奖惩机制，"工作考核不仅仅以量来考核，还应侧重质的重要性"，"建立明确的发展目标，进行明确的任务分工，有强力的目标推进、计划实施监督机制"；其次是员工—岗位匹配制度，例如根据员工个性、兴趣安排岗位，"企业应该深入了解员工性格、兴趣爱好、学科优势，为员工安排合适的工作岗位，尽量满足员工的个性化需求，使其各得其所，各尽其才"，开展员工培训从而让员工技能和岗位要求匹配，"积极开展员工培训活动，定期进行相关岗位的专业培训"。再次是对现有具备工匠精神的员工进行表彰，"要让具备工匠精神的员工感受到企业是会持续发展的，有良好的发展前景且会给员工提供良好的发展平台，给予具备工匠精神的员工更多的培训机会，为其设立上升通道，更好地促使其发展工匠精神"。最后是对工匠精神的宣传和崇尚，"建立进取、专注的企业文化，避免浮躁之风，崇尚工匠精神"。

企业通过外在制度、政策来规范、引导员工的行为，并期望以此影响员工的内在精神信念，但员工并不是被动地、完全按照外在影响力行事，而是在社会情境中追求自身多重目标的实现（黄中伟、王宇露，2007）。当企业制度、政策和员工的利益、原有的观念不一致时，员工是否能将这些企业制度和政策传递的精神真正内化于心，又或者只是抱着应付、抵触情绪在执行制度政策？对企业政策、制度的认同性，将影响结构嵌入培育路径的有效性。

（二）工匠精神的影响

1. 工匠精神的积极影响

企业重视并培育员工工匠精神，是因为具备工匠精神的员工，有更加积极的工作态度和行为，面对困难不退缩、不抱怨。例如有员工描述，"企业中的一名老员工，二十年如一日只做一件事，将技术做到最极致，他可以为了做好一件事花费很多的时间和精力，并且乐此不疲"。工匠型员工通常成为企业中的典范，受到其他员工的尊敬和效仿，能够带动其他员工的工匠精神的培育和行为态度的改进，"公司的部门总经理，虽已将近退休，但对工作一直保持高度认真的态度，经常主动加班，大家研究出的方案他还会不断思考，看是否还有更优方案，平常审阅员工的报告非常仔细，错别字、标点符号的错误都能一眼看出，也经常和我们共同探讨和学习新知识"。这些工匠型员工，为企业创造了效益，甚至改善了社会公众的生活，"上年度评选出的南粤工匠，主人公就有为我们公司技术发展奋斗二十载的资深工程师，他不求名利，潜心钻研，改良移动通信技术，多次获得国家专利，造福人民群众"。工匠型员工具备的工匠精神，提升其自身的工作热情，树立标杆，引发其他员工的敬仰和学习，带来企业的竞争优势，这是企业需要大力培育工匠精神的重要原因。

2. 工匠精神的消极影响

通过对调查资料的分析，我们发现工匠精神除了带来对员工自身、团队成员、企业整体的积极影响外，也可能存在一些消极影响，这为我们更加全面地认识工匠精神并采取措施发挥其积极影响、减弱其可能的消极影响提供启发。对员工自身来说，具备工匠精神的员工通常对细节高度重视，愿意主动加班且不抱怨，为寻求技术突破可以坚持多年，但对完美和极致的高度追求也有可能造成员工较大的工作心理压力。例如"她会全力以赴地完成上司交给她的每一次任务，如果领导要求100分，她就要做到120分，每一次提交的资料不仅内容不会出错，格式也做到美观，哪怕标点符号、字体等细节也力求完美，有一定的强迫症"。精益求精、追求极致也有可能是以牺牲员工的休息时间、家庭生活时间为代价实现的，"他来上班比大家早，下班比大家晚，空闲的时候会想让公司改进的方法"，"他的工作是做营运管理，专门负责编制领导汇报用的ppt，每次公司重大会议前，他可以连续多日加班到深夜制作ppt，ppt的内容措辞、颜色色调、图表选用等方方面面的细节都改了又改，一坐就可以坐十多个小时，忘记吃饭时间，忘记下班时间"。高度追求完美和极致、高度重视细节可能引发较高的工作心理压力，增加员工延长工作时间、加班加点的频率，进而有可能带来员工身体健康水平的下降、员工工作家庭冲突水平的提升。对团队成员来说，由于越来越多的企业重视培育工匠精神，工匠型员工更有可能受到公司领导的嘉奖、提拔。这除了在团队内部引发学习和效仿，也有可能导致某些团队成员产生自卑、嫉妒、不公平感等不良心理。例如有员工描述，"她会考虑到工作中所有可能出现的意外风险，提前加以防范，保证每次任务完美完成，她也因此一路晋升，但有些同事认为她只是运气好，不以为然"。对企业整体来说，员工具备工匠精神，使其精于钻研、勇于创新，是公司培育长期竞争优势的重要来源，但进行流程改进、技术攻关，有可能颠覆公司原有的运营惯例，带来公司适应新流程和技术的学习成本，也有可能需要经历多次失败，带来较高的研发成本，例如"他很有想法，他不会因为害怕犯错而选择一成不变，他勇于尝试，大胆把各种业务结合起来，本来银行有些流程都是根深蒂固的，但因为他的出现、他的想法，让我们的流程有了较大的改动"，"别人都劝他放弃，但他不愿意，他积极主动查询电子、纸质资料，收集不同渠道的信息、数据进行分析整理，抛去一切杂念，最终历时多年，完成了让人难以置信的报告"。追求极致、革新技术、攻克难题，这些在短期内可能没有显著产出，甚至可能导致企业效益增长缓慢。

（三）儒学思想的现代价值：对工匠精神培育路径有效性和工匠精神积极影响发挥的作用

企业通过不同的嵌入路径培育员工工匠精神，但这些嵌入路径在实践中却不一定能起作用，企业培育、表彰、宣扬员工工匠精神，期望工匠精神带来对员工和组织整体的积极影响，却也不能忽视工匠精神可能带来的消极影响。因此，提升工匠精神培育路径的有效性，也即让员工长久地保持工作使命感，善于选择正确的学习对象和学习内容，提升对组织政策的认同感，促使员工工匠精神积极影响的充分发挥和消极影响的规避减弱，也即让员工在追求极致和完美的过程中能调节压力和适时放松，及时识别某些员工因为工匠型优秀同事的存在而产生的自卑和嫉妒等不良情绪，关注工匠精神对企业长期竞争优势的影响而不是局限于关注其对企业短期效益的影响，是两个需要进一步探讨的问题。通过对调查资料的分析，我们发现员工的叙述中体现出一些重要的儒学思想观念，这些儒文化观念的重要性被员工认同，能够提升工匠精神培育路径的有效性，促使工匠精神积极影响的充分发挥，减弱其消极影响。

1. 乐观、自尊、自信和员工心理资本

《论语》中有"贤哉，回也！一箪食，一瓢饮，在陋巷，人不堪其忧，回也不改其乐，贤哉，回也！"[①]颜回生活清贫却能安贫乐道，"饭疏食饮水，曲肱而枕之，乐亦在其中矣。不义而富且贵，于我如浮云"[②]，在清寒的生活中也能体会快乐，是因为相信坚守道义比获取荣华富贵更重要，因而内心满足且强大。"孔颜之乐"表现了儒家"穷则独善其身，达则兼济天下"[③]的生活态度，生活坎坷时立足当下、修身立德。儒家知识分子积极入世，最终是为了"立德"、"成圣"的人生理想，这其实就是一种使命观，"仕而优则学，学而优则仕"[④]，仕途通顺时不忘善学善思；而乐观向上、自尊自信的精神，则使他们具备了强大的心理资本。这使人具有的心理韧性、积极的自我评价和对自身能力能够成功控制、影响环境有关的心理信念（Xanthopoulou，Bakker，Demerouti，& Schaufeli，2009）。强大的心理资本让儒家知识分子具备了强大的自我调节能力，使他们也能欣然接受曲折的仕途、艰苦的生活条件，同时不忘志向，践行仁义，苦中寻乐，化苦为乐。在现代工作场所中，员工的心理资本同样也能使员工实现自我调节。例如使员工在工作不如

---

① 程树德撰，程俊英、蒋见元点校：《论语集释》第 2 册，中华书局 1990 年版，第 386 页。

② 程树德撰，程俊英、蒋见元点校：《论语集释》第 2 册，中华书局 1990 年版，第 465 页。

③ 焦循撰，沈文倬点校：《孟子正义》下册，中华书局 1987 年版，第 509 页。

④ 程树德撰，程俊英、蒋见元点校：《论语集释》第 4 册，中华书局 1990 年版，第 1324 页。

意时保持工作热情和使命感，有员工提到，"保持踏实的心态，坚持做自己认为对的事情，不受外界世俗影响"，"端正态度，明白自己不是为他人干活，而是为自己干活，凡事都要多想一步，发掘事情的内在关联，面对困难不退缩，勇敢抓住提升自己的机会"，"即使工作本身可能并不那么完美，也可以选择工作中那些有意义、让自己感到兴奋、让自己获得成长的动力"，在工作不被认同、出现工作难题或者工作没有达到理想状态时，对工作重要性和解决问题抱有坚定信念、善于发现工作中的积极因素等心理资本的存在是员工能保持工作热情和使命感的重要条件。又例如有员工提道，"要投入，很多时候个体能力差异是有，但是可以通过后天努力减少"，"每达到一个小目标就给自己适当的物质或精神奖励，鼓励自己继续奋斗"。强大的心理资本使员工更加客观地评价自我，更加自信地肯定自我，以积极的心态正确看待和他人的差距，减少员工面对工匠型优秀同事的卓越表现时可能产生的焦虑、自卑等不良心理状况。

2. 内倾、谦虚、好学和员工反思能力

儒学主张内倾、谦虚、好学，"仁者如射。射者正己而后发；发而不中，不怨胜己者，反求诸己而已矣"①。我国具有的内倾性文化传统强调自我审视（何中华，2016），"故木受绳则直，金就砺则利，君子博学而日参省乎己，则知明而行无过矣"②，君子每天都省察、修正自己，从不停止学习，因此才能明辨事理、减少过错，"三人行，必有我师焉；择其善者而从之，其不善者而改之"③，内省可以来自于参照他人的过程，"敏而好学，不耻下问，是以谓之文也"④，而参照学习的对象不分高低贵贱，"子入大庙每事问。或曰：孰谓鄹人之子知礼乎？入太庙，（入大庙）每事问。子闻之曰：是礼也！"⑤ 孔子对祭祀之礼已经十分了解，但进入太庙参加祭祀典礼却仍然虚心向人询问每个细节以避免有丝毫差错，省察不仅是对错误、不足的思考，对成功事件的

① 焦循撰，沈文倬点校：《孟子正义》上册，中华书局1987年版，第239页。

② 王先谦著，沈啸寰、王星贤点校：《荀子集解》上册，中华书局1988年版，第2页。

③ 程树德撰，程俊英、蒋见元点校：《论语集释》第2册，中华书局1990年版，第482页。

④ 程树德撰，程俊英、蒋见元点校：《论语集释》第1册，中华书局1990年版，第328页。

⑤ 程树德撰，程俊英、蒋见元点校：《论语集释》第1册，中华书局1990年版，第183—184页。

省察更是一种精益求精的难得态度。在现代职场中，内倾、谦虚、好学使员工减少了防卫性习惯，防卫性习惯是个体一种过度的自我保护和反学习的倾向（高章存，2006），在这种思维下，个体倾向于坚信自己的观点是正确的、习惯将错误归因外部化来推卸责任、不愿意征询意见和接受质疑，会导致个体维持现状，阻碍个体对问题的发现和解决，抑制个体学习行为；相反，内倾、谦虚、好学能帮助员工建立创造性推断思维，使其倾向于对行为不断地进行监控、检查、修正，并乐于接受异质化观点和质疑。内倾、谦虚、好学共同提升了员工反思能力，在很多员工的叙述中提到了反思能力的重要性，"经常反思审视在工作中存在的不足，加以改进""坚持积极学习的心态，查缺补漏，培养核心竞争力"，反思能力帮助员工准确识别出自身不足以及和优秀标杆间的差距，并使其乐于向优秀榜样学习。"加深对自己工作的理解，多请教前辈，多思考是什么因素致使他们一直坚守在岗位上，学习何谓工匠精神"，反思能力也使员工更多地思考工匠型优秀同事表现卓越、获得嘉奖的内在原因，而不是将其归结为运气好并致使嫉妒、不公平感的产生。

　　3.仁爱、责任、包容和组织家文化

　　组织认同感是员工出于对组织文化、价值观的认同而愿意为组织投入并渴望继续保持组织成员资格的心理状态。拥有高度组织认同感的员工，将自我概念和组织高度融合，即使没有强制规范，也会主动按照组织的价值观来思考和行动（孙健敏、姜铠丰，2009）。员工更加倾向于对怎样的组织产生认同感？《论语》中有"笃信好学，守死善道。危邦不入，乱邦不居。天下有道则见，无道则隐。邦有道，贫且贱焉，耻也！邦无道，富且贵焉，耻也"[1]。这是儒家君子"人择明君而臣"的观念，是儒家责任观和仁爱观的体现，不仅要求自身遵循道义，更期望归属的组织、所在的国家有"道"、有造福社会的"大爱"，"选贤与能，讲信修睦。故人不独亲其亲，不独子其子。使老有所终，壮有所用，幼有所长。矜寡孤独废疾者，皆有所养"[2]的大同社会是儒家追求的最高理想社会，是儒学仁爱观和责任观的高层表现。

---

[1]　程树德撰，程俊英、蒋见元点校：《论语集释》第2册，中华书局1990年版，第540页。

[2]　郑玄撰，孔颖达疏，龚抗云整理：《礼记正义》下册，北京大学出版社1999年版，第658—659页。

在大同社会里，"民，吾同胞；物，吾与也"（《西铭》）。这种仁爱和责任观培育了儒家包容开放的气度，"己欲立而立人，己欲达而达人"①，"己所不欲，勿施于人"②，因为万物都是血脉同胞，个体与群体、自我与他人之间的界限都被打破，因此爱他人与爱自己无异。现代员工所期望的理想组织和儒学所向往的理想社会，实际上是一脉相承的。在员工的叙述中，有大量关于对积极组织价值观和文化期望的阐述，其中最普遍提及的组织积极价值观，是儒学所强调的仁爱、责任和包容。例如"对员工及其家人给予关怀"，"节假日举行活动关怀员工，使之感受公司良好的氛围，好的工作氛围往往可以提高工作效率"，"营造积极向上、和谐友爱的公司氛围""多做一些具有社会责任的企业慈善活动"，"对员工多鼓励，少批评，尊重员工，重视心声""企业要有足够的容忍力，容忍员工犯错"。仁爱、责任和包容的组织价值观，体现了员工对组织家文化的期望，期望企业能将员工视为家人，关爱、包容员工，能将社会视为大家庭，勇于承担社会责任。仁爱、责任、包容的组织家文化，影响员工的组织认同感，促使员工将企业制度和政策传递的精神内化于心；影响员工之间的关系质量，促使员工主动学习工匠型优秀同事；对员工错误的包容和对所有员工家人般一视同仁的鼓励，影响员工心理资本的建立，促使员工保持工作使命感，减少员工自卑心理；家庭友好政策、节假日文娱活动等的实施和开展则帮助员工在紧张工作中适时放松，实现工作和生活的平衡。

4. 立志观、全局意识、危机意识和组织长期导向文化

《论语》中有"士志于道，而耻恶衣恶食者，未足与议也"③。这是在说，一个人如果带有过多的功利心理，斤斤计较于衣、食等生活琐事，就难以有长远目光、难以坚守志向，因而不值得与其谈论"道"。儒文化强调树立高远志向，而实现高远的志向就不能过分关注眼前物质利益，"非淡泊无以明志，非宁静无以致远"。儒家知识分子以追求道义、以天下苍生为己任，这种高远的志向体现了儒家"为天地立心，为生民立命，为往圣继绝学，为万

---

① 程树德撰，程俊英、蒋见元点校：《论语集释》第 2 册，中华书局 1990 年版，第 428 页。

② 程树德撰，程俊英、蒋见元点校：《论语集释》第 4 册，中华书局 1990 年版，第 1106 页。

③ 程树德撰，程俊英、蒋见元点校：《论语集释》第 1 册，中华书局 1990 年版，第 246 页。

世开太平"的大局观念，"不谋万世者，不足谋一时；不谋全局者，不足谋一域"，着眼于未来格局和社会大势，才能做出最正确的当下决策。而志向高远、心怀全局又必然带来居安思危的危机意识，"君子安而不忘危，存而不忘亡，治而不忘乱，是以身安而国家可保也"[①]，具备危机意识才能实现长远发展。具有高远志向、全局观念和危机意识，体现了一种长期导向文化，具备长期导向文化的企业更加关注企业的发展前景，而具备短期导向文化的企业则更关注企业当前的盈亏情况和利润。工匠精神对企业效益的积极影响有可能需要经过较长时间才能充分体现，例如产品研发、技术创新、流程再造，都可能带来短期内的成本上升和效益增长缓慢。有员工举例子，经过他坚定的说服，公司最终同意他进行这项技术开发，相信研发投入能实现公司未来更好的市场开拓和发展，企业只有具备长期导向视角，不局限于对短期利益的过分关注，考虑到工匠精神对于应对未来挑战、建立和维持企业长期持续性竞争优势的重要性，才能充分发挥工匠精神的积极影响，"员工在发展工匠精神的时候，有可能在静默期内无产出，对业绩考核数据不利，企业应当给予员工时间支持和保护期"。

四、研究结论与启示

首先，认知嵌入是培育工匠精神的根本路径，工匠精神是员工出于工作使命感的自发产物，当员工感知到工作对自我理想、公司和社会有价值时，就更容易产生使命感，而经由关系嵌入和结构嵌入路径从组织和团队优秀成员向员工传递工匠精神的过程，是员工选择性学习和接受的过程。关系嵌入和结构嵌入路径是认知嵌入路径的助推力和补充，通过学习优秀同事对工作的积极态度，员工可以改变自身看待工作的视角，更加充分地认识工作的意义。组织实施的员工—岗位匹配制度和及时的反馈激励机制，则能够帮助员工在技能和情感上更好地与岗位融合，体验成就，感受工作对个人和公司整体的重要意义，发展工作使命感。而当员工尚未培育起工作使命观时，关系嵌入和结构嵌入路径是认知嵌入路径的补充。例如为了维持良好人际关

---

① 黄寿祺、张善文译注：《周易译注》，上海古籍出版社 2001 年版，第 582 页。

系，为了符合组织的制度要求，员工也会有选择地在工作中表现出与工匠精神相符合的行为。我们发现被调查者在列举工匠型员工实例时，大部分是列举同一部门的员工或者其他与自身有直接联系的员工实例，只有少数员工列举新闻中看到的大国工匠事例或者公司中表彰的先进代表。这都说明互动频繁的强关系相较弱关系更能传递信息，员工受强关系的影响更大，企业对工匠型员工的表彰所起的口头示范作用影响相对小于员工身边实例所起的行为示范作用。企业在表彰工匠型员工的同时，应该注意提升工匠型员工在企业内部关系网络中的中心性，增强工匠型员工和其他员工的直接联系。在每个部门中，应该识别出员工的不同类型，在团队内部分工时考虑到工匠型员工和非工匠型员工的均衡搭配，通过工匠型员工带动影响其他员工。在被调查者提及的有助于帮助自身培养工匠精神的企业制度里，成就反馈、奖励机制的频率最高，这说明当员工还没有培养出发自内心的工作使命感时，外在的反馈激励机制是让员工表现出与工匠精神相符行为的最直接动力。

其次，企业培育工匠型员工，是因为这些员工所展现出的精益求精的工作行为，为企业创造了更高的效益和效率，而在员工描述的工匠型员工实例中，可以看到这些工匠型员工出于对岗位的高度热爱和使命感，有的经常夜不归家在公司加班，有的在艰苦的岗位上坚持多年而生活清贫，有的为了攻克一个难题耗费大量时间和精力。这启示企业应该采取措施帮助工匠型员工更好地平衡工作、生活和家庭之间的关系，实现企业和员工的共赢。由于企业越来越看重工匠型员工的培养，企业对这些员工的嘉奖以及这些员工自身高水平的工作投入、高质量的工作表现，尽管有可能形成榜样示范作用，激励一些员工提升工匠精神，但也有可能给另一些员工带来心理压力，甚至可能促使他们产生嫉妒、自卑、不公平感等不良心理状态。因此企业除了嘉奖工匠型员工，也应该及时肯定、鼓励普通员工的进步，及时识别这些员工不良情绪的产生，及时疏导，避免产生不良后果。工匠型员工不畏困难、坚持不懈、不轻易放弃，常常愿意为某个难题的破解、某项技术的革新投入大量时间和精力，从长期看这是企业持续性竞争优势的来源，但短期内有可能造成企业成本的上升。因此企业需要有长期导向视角，给予工匠型员工时间和试错机制支持，同时其长期导向视角也能使企业适时进行战略性分析，避免工匠型员工在不必要的环节上投入过多的时间和精力。

最后，个体既不可能脱离社会背景孤立行事，也不是完全受外在影响、按外在规范行事，因此工匠精神的培育路径并不总是起作用，例如不如意的工作现状、缺乏和工匠型员工的强关系、对强制性措施的排斥都有可能使嵌入路径失效，工匠精神毋庸置疑具有积极影响，但在某些情况下也可能带来消极影响。提升工匠精神培育路径的有效性，促使工匠精神积极影响的充分发挥是两个需要深入探讨的问题，儒学思想观念提供了启发。儒学中乐观、自尊、自信的观念使儒家知识分子能够自我调节、化苦为乐、坚守理想，内倾、谦虚、好学的观念使其反求诸己、日有所进，仁爱、责任、包容的观念使其具有兼济天下的胸怀，对理想社会提出了更高的期望，立志观、全局意识、危机意识使其不拘泥于眼前利益，着眼未来和社会大势，这些思想在现代管理中依旧具有价值。从员工的描述中发现，这些儒学思想的重要性被员工认同。乐观、自尊、自信的精神提升员工心理资本，内倾、谦虚、好学的精神促进员工自我反思，仁爱、责任、包容形成组织家文化，是员工期待和认同的组织氛围，立志观、全局意识、危机意识形成组织长期导向文化，帮助企业进行长远规划。在企业中弘扬乐观、自尊、自信、内倾、谦虚、好学、仁爱、责任、包容、立志等儒学文化观念，采用具体政策培养员工积极情绪，提高员工批评和自我批评的能力，营造家文化氛围和企业社会责任观，建立企业长期导向视角，有助于让员工长久地保持工作使命感，善于选择正确的学习对象和学习内容，提升对组织政策的认同感，让员工在追求极致和完美的过程中能调节压力和适时放松，面对工匠型优秀同事的卓越表现时及时排解自卑、嫉妒、不公平感等不良情绪，使工匠精神对企业长期竞争优势的积极影响得以顺利实现。

儒家伦理领导对企业创新的影响：
基于团队创新氛围视角的案例研究*

郑称德　钟海连**

创新是现代企业提高竞争力和可持续发展的核心能力，而影响企业创新的众多因素中，领导者具有不可取代的作用（Wang & Cheng，2010）。近年来，随着中国、日本为首的东亚新兴经济体蓬勃发展，企业家的儒家价值观对企业发展的作用开始受到学者重视（Yeh & Xu，2010）。但目前，对于儒家价值观如何作用于企业的研究，学者们的关注点普遍聚焦于对新儒商概念、特征的描述和以在儒家价值观指导下公司经营理念的分析（Huangetal，2012），对儒家价值观是否以及如何影响企业创新还研究较少。本文拟采用案例研究方法，从团队创新氛围视角，探讨儒家伦理领导对企业创新的影响及其路径。①

一、相关概念

（一）儒家价值观

儒家价值观的核心理念是"仁义礼智信"，它们共同提供了儒家道德体系的基本架构，其中又以仁为最根本。儒家思想的发展先后经历了三个伦理管理体系：一是"仁、义、礼"三因素的伦理道德体系，其中，"仁"为仁爱，"义"为敬贤，"仁"和"义"的具体条例为"礼"；二是三因素体系加

---

* 基金项目：国家自然科学基金项目（No.71472086）。

** 郑称德，南京大学商学院教授；钟海连，中盐金坛盐化有限责任公司副总经理。

入"智"的伦理体系，其中"智"在孟子看来指对是非曲直的理解，以此对三因素伦理道德体系进行了补充；最后则是董仲舒提出的"仁、义、礼、智、信"的包含五种根本道德意识要求的伦理道德体系，其中"信"指诚信为本。虽然先辈们对于伦理观的理解不完全相同，但他们都肯定了"仁、义、礼、智、信"在管理过程中的重要性。其中德行、仁爱、礼制分别对应"为政以德"①、"仁政爱民"和"克己复礼"②。"为政以德"认为管理好一个组织需要自身成为团队的道德典范，即作为领导本身要做到为人正直，当树立自身为员工的榜样以达到引领组织的目的；"仁政爱民"主张要通过施行仁政和惠民政策来汇聚组织内部的民心；"克己复礼"强调作为领导者要时刻注意自己的言行举止，对自己的行为进行约束从而符合规范。

（二）儒家伦理领导

Enderle（1987）较早定义了伦理领导（Ethical Leadership）的概念：在管理和决策制定中，对伦理问题的描述及制定决策时所遵循的伦理规范准则的思维方式。Brown 将伦理领导定义为领导在与员工交流的过程中，以符合伦理的行为和礼仪规范对员工产生示范作用，并通过领导和员工的沟通和决策制定促进员工行为更加符合伦理准则（Brownetal，2005）。研究表明，积极促进道德的领导方式是必要的，因为伦理领导会减少员工的不当行为，降低员工不道德的认知和行为，减少组织的不道德行为，提高员工处理冲突情况的能力（Mayer，Kuenzi & Greenbaum，2010；Mayeretal.，2012；Schaubroecketal.，2012；Babalolaetal.，2016）。更多研究表明，伦理领导的积极影响可能会超出伦理结果的范畴。NG & Feldman（2015）证明了伦理领导和员工态度以及行为之间的联系。他们发现伦理领导会促进管理者和员工关系，从而加强员工心理安全，促进员工建言行为（Walumbwa & Schaubroeck，2009），这些机制鼓励员工主动参与决策制定和敢于冒险，有助于团体学习行为和组织创新。Dirks & Ferrin（2002）研究发现管理者个人的道德感知（如公正、诚信、忠诚）和管理绩效具有较强的

---

① 程树德撰，程俊英、蒋见元点校：《论语集释》第 1 册，中华书局 1990 年版，第 61 页。
② 程树德撰，程俊英、蒋见元点校：《论语集释》第 3 册，中华书局 1990 年版，第 817 页。

相关性。Treviñoetal.（2000）研究发现具有关怀他人，关心社会和具有正义感等道德品质的领导在日常生活和工作中的行为都倾向于符合伦理标准。Treviño 的研究还发现了另一个可以测量伦理领导维度——道德管理者（moralmanager），即具有伦理领导特质的管理者会从自己出发来主动引导以促使下属行为符合伦理准则，即领导者通过基于自身出发的和与人交往的行为都符合伦理道德规范，同时通过与员工的沟通交流、强化和制定决策促使组织成员的行为也同样符合伦理规范（Brown & Treviño，2006）。

依据伦理领导理论，秉承儒家价值观的企业领导人（新儒商）对于儒家思想和价值观持肯定态度，他们的管理方式会趋向于符合儒家伦理规范，不但要求自身道德品质，也会关怀组织成员、社会甚至是自然环境，同时还会影响组织成员的伦理感知，进而引导员工的伦理行为。这种遵循并内化儒家思想为个人道德规范的新儒商的伦理领导风格被称为儒家伦理领导（Low，2012）。儒家伦理领导不仅自身和与人交往的行为都符合儒家伦理道德规范（道德人），同时也会通过与员工的沟通交流、强化和制定决策，促使组织成员的行为也同样符合儒家伦理规范（道德管理者）。

儒家伦理领导对组织成员的作用主要包括三个方面：道德引导、伦理关怀和守礼规范。首先，作为领导想要激发组织员工的模仿和学习兴趣，需要具备优秀的个人人格魅力和端正的品行，这决定着领导是否具有指令有效性。如若不然，则会引发员工对于领导"其身不正"的品行出现"虽令不行"的抵制行为。其次，领导对于组织员工的关怀会使得员工产生感激之情，进一步激发员工"滴水之恩，涌泉相报"的行为，如员工受到领导的伦理关怀的激励而积极为企业发展建言献策（Walumbwaetal.，2009）；最后，领导本身作为组织的掌舵者，必定获得对组织及内部员工行为的有效控制，使员工目标与组织目标相一致。领导行使职权的过程中会制定一系列规章制度，员工行为会受到这些规章制度的指导。员工受到领导制定规范和表现权威的影响，会对领导产生敬佩从而加强自身的效仿学习。

（三）员工儒家伦理感知

Jennica & Gary（2010）指出，员工的伦理感知表现为员工对企业及管理者倡导的文化和价值观及道德规范持认可态度，在一定程度上会宣扬这种价值观和行为规范，员工的行为方式也会趋于符合这种价值观。Singhapakdietal.（1999）在对销售人员及中层管理者的研究中发现，员工对于领导有意或不经意传达的伦理价值观的接受程度越高，他们就越认可领导所持的伦理价值观，从而会促使自身的伦理感知与领导者相一致，即在某些环境中会认可伦理价值观进而采用该价值观以作出的某些反应。因此，当组织要求员工对于儒家伦理道德的意志得到体现，员工会对感知到的儒家伦理进行交流和探讨，这个过程会使得通过不同的方式，处于传递源头的企业领导者的儒家价值观被其他员工感知到并认可，这就是员工的儒家伦理感知。

（四）团队创新氛围

Amabile（1982）最初将团队创新氛围定义为员工对其所处的企业环境中的关于创新方面的感知程度。Anderson & West（1994）认为团队创新氛围是指组织或团队的共同看法或"团队发展的共同工作方式"，团队创新氛围的关键是成员个人的参与感。

Anderson & West（1994）提出创新团队氛围模型，包含五个影响团队创新氛围的因素：第一，目标愿景。指整个团队的一致愿景目标，一致的目标能够促进团队成员对于工作的积极态度，并且相对于目标不明确的团队，具有清晰目标的团队能动性更高。同时团队目标的共享性、可实现性和价值性也是该因素的组成部分。第二，参与安全。指在决策制定和解决问题的过程中，团队成员所处环境的宽松和安全程度。即员工提出新的想法和改进工作方式是否是安全的？员工对于团队环境的安全认知程度越高，就越敢于提出新的创意和个人见解。第三，任务导向。指整个团队是否以共享愿景为工作中心并追求卓越的绩效，团队成员为了共同的愿景和卓越的绩效相互监督，共同合作，积极沟通。第四，支持创新。指对工作环境中引入新的和改进过的工作方式的认可和实际支持程度。第五，互动频率。指团队成员间会定期联系从而加深彼此了解，便于团队成员的知识共享及思想交流。

（五）企业创新

Schumpeter（1934）将创新分为五种类型：应用新产品、采用新的工作方式、采用新的供给、投入新市场和成立新组织。按照不同分类，企业创新可分为多种类型。基于创新的主体可将创新分为技术型与管理型、产品型与制度型；根据创新不同的程度可将其分为突破式创新与渐进式创新。创新还可从产品、流程、营销、管理等不同阶段进行划分。由于对产品、服务、系统和工作流程的优化和创新越来越被认为是现代企业长期生存和成功的关键因素，因此创新多被定义为"为了在团队、组织甚至更大范围的社会中显著提高效益的个人或组织有意引进和应用的新的方法、产品和工作流程"。

二、研究框架

（一）儒家伦理领导与员工伦理感知

伦理领导理论认为，组织成员的伦理感知是受到伦理领导影响的。管理者作为企业战略的决定者也会通过模范和榜样的作用将自身拥有的儒家价值观传达给组织员工，从而使员工产生符合管理者及企业伦理的自我感知（Brown & Treviño，2006）。Dadhich & Bhal（2008）研究发现，领导风格符合道德规范的管理者行为对组织成员的伦理感知及伦理行为有预测作用，即领导的行为符合道德准则会促使员工行为也趋于道德化。Neubert（2009）根据内在动机理论指出，员工由于感知到公平公正、领导的关怀、不排斥风险、参与创新行为的支持和安全感，会增强自身的情感承诺和工作满意度，从而增强员工的伦理感知。

基于伦理领导理论，儒家伦理领导人对儒家价值观的认同、宣传和规范的制定，会促使组织成员的行为趋于符合儒家伦理准则。当组织成员认同儒家伦理领导所宣扬和鼓励的价值观，会自愿在日常生活和工作中为人处事都符合这些道德品质的要求。组织成员对于儒家价值观的内化程度受到个人本身对儒家伦理价值观的认同程度影响，认同程度越高，内化程度越高，进而更自我认定为具有儒家思想的个体。同时对于行为表现方面，组织成员也会更注意和展现出符合儒家伦理准则和道德规范的态度和行为。因此，儒家伦理领导会对员工的儒家伦理感知产生积极影响。

（二）员工儒家伦理感知与团队创新氛围

具有相同儒家价值观的员工在团队工作时，儒家伦理感知使其在团队工作中的表现遵循并符合儒家价值观倡导的伦理道德，即努力学习进步、关心他人和以集体利益为重、积极提出建议、与团队成员交流沟通、互相帮助和群体学习等。

具体而言，儒家价值观倡导的集体观念会引导员工更加重视团队利益而非自身利益，并以实现团队目标为导向，积极与其他组织成员沟通协作，提出新的想法建议。儒家价值观提倡的互惠准则也会促进团队成员群体学习和互相帮助，使员工体会到参与组织信任及安全感。这些都有助于形成良好的团队创新氛围（Huangetal.，2012）。

（三）团队创新氛围与企业创新

创新氛围良好的团队强调员工培训，组织成员创新建议的提出和创意引导，会加强沟通机制、奖惩制度和授权行为的建设和完善，促进组织成员参与到决策制定中去，鼓励员工创新以提高绩效水平，使团队产生数量更多的创意和新思路，从而提升团队创新绩效。

众多研究都证实了团队创新氛围对企业创新具有正向影响。Pirola-Merloetal.（2002）研究发现，团队创新氛围与R&D创新绩效显著正相关。Shalley & Gilson（2000）指出，团队中的员工积极沟通交流、知识共享、互相帮助所形成的和谐氛围会推动创意和新想法的诞生，进而对个体创新行为产生促进作用。Shah & Ali（2011）研究表明，团队创新氛围会鼓励员工进行发散性思维来提高员工创造力从而促进产品革新。Somech（2013）研究表明，团队内部的协同作用会影响团队创造力，同时团队创造力会反作用于团队创新氛围以推动团队创新。叶竹馨和买忆媛（2016）用武汉东湖高新技术开发区的企业创业团队进行研究，发现团队氛围中存在创新支持和信任依赖感等积极因素时会显著提高团队的创新注意力。

三、研究设计

（一）研究方法

案例研究方法是对在理论界没有得到完整解释或在构念界定上尚不明确的现象进行归纳、整理和分析的过程。这种研究方法通过对案例本身翔实的描述和系统的理解，能够使研究者掌握案例本身动态的相互作用过程与所处的情境脉络，从而使得研究者观点较全面与整体，对于解释某种具体现象可以更加透彻全面。案例研究适用于深入思考和探讨在现实中具体而复杂的问题，是理论创新的重要来源。本文探讨的是在儒家价值观引导下的伦理领导如何作用于企业创新，是关于"how"的研究问题。研究对象是我们不能对其进行控制且处于发展中的事件，且目前以儒家价值观作为企业经营指导思想的突出企业较少，相关研究在理论上仍比较缺乏，因此本文选择案例研究方法。

本文通过对一家新儒商企业的深入探访和调查分析来挖掘管理者在儒家价值观引导下的伦理领导对企业创新的影响机制。案例研究分为两阶段：第一阶段对企业领导人和普通员工进行访谈，了解领导的管理风格及团队和员工的工作方式等；第二阶段设计问题并进行实地发放，统计各变量间相关程度。需要强调和说明的是，发放问卷并非单纯设计量表来收集数据做统计分析，而是通过将本文需要考察的变量拟成情景化问题发放给公司员工以期通过大规模问卷填写方式来代替面对面的口头访谈，问卷方式可以更有效地调动更多的员工来填写问卷从而扩大研究规模。

（二）案例对象选取

本文选择中盐金坛盐化有限责任公司（以下简称"中盐金坛"）作为研究样本。中盐金坛公司位于江苏常州，成立于 2001 年 10 月，是由中国盐业总公司、江苏省盐业集团有限责任公司、金坛市盐业化学工业总公司有限公司等 5 家公司联合投资组建的中外合资企业，也是国有中央直属二级企业和国家食盐定点企业。该企业较好地满足了四个案例选择标准。（1）企业领导人深谙儒学且将儒家价值观作为企业经营准则。中盐金坛总经理管国兴及主要领导均是研究中国传统文化的博士，并基于儒家价值观制定了企业文化手册，作为指导企业经营和员工行为的纲领在全公司培训推行。（2）企业践行儒家价值观应具有较长时间，因为儒家价值观的学习、吸收和运用是一个长期过程，企业创新亦需要较长时间积累。中盐金坛成立于 2001 年，管国兴自公司成立初始就担任公司党委书记、总经理和法人代表，至今领导公司经营近 15 年。（3）公司治理结构和行业结构具有代表性。中盐金坛是国有中央直属二级企业，也是中外合资股份制企业，实行董事会领导下的总经理负责制。虽然制盐是具有一定盐矿资源独占性的行业，但中国有数十家与中盐金坛主营业务类似的制盐企业，行业竞争也十分激烈。（4）公司先天禀赋具有一般性，能显现儒家价值观对企业经营的影响。中盐金坛虽然拥有较大体量的井盐矿，但成立之初的销售规模、生产工艺、研发能力、管理能力、员工素质在全行业均处于较低水平，与同在江苏的直接竞争对手井神盐化公司也差距甚大。（5）企业经营绩效良好，且拥有较多技术和管理创新。中盐金坛公司拥有世界先进水平的制盐工艺技术和生产装置，建立了"盐碱一体化、盐电一体化、盐穴一体化"的产业布局，全年生产各类盐产品 500 万吨，其中工业盐在长三角市场的占有率达 45%，加碘食用盐广受上海、浙江市民的欢迎，高端盐远销日本等 20 多个国家和地区，是行业的领导品牌。

（三）资料来源

本文案例资料来源于三个方面：

一是调研访谈。初期阶段，为使本研究具有可靠的信效度，我们对中盐金坛公司的基本资料进行了仔细研究，并参考了以往研究中关于中盐金坛公司的信息材料。并在此基础上，对中盐金坛公司从基层员工到中高层领导的组织成员进行了半结构化访谈。在调研访谈基础上对中盐金坛公司进一步深入了解后，针对对儒家价值观的看法、对伦理领导的感知、对团队创新氛围和对企业创新的建议等问题与调研对象进行讨论，调研对象包括从基层员工到中高层管理者等不同工种、不同层级、不同职位的组织成员，调研访谈收集到的材料和信息是后续情景化问卷的设计和编写及进行进一步深度访谈的重要参考。

二是调查问卷。通过查阅国内外研究中已有的成熟测量方法，将本研究所涉及的相关变量设计成员工调查问卷，获取儒家伦理感知、团队创新氛围、创新绩效等数据。为了避免询问道德性问题容易造成的"社会称许性"问题，即被试者在感受到社会称许性时答题会趋向选择"高要求"的选项，我们参考 Karande（2000）的设计，将儒家伦理感知、团队创新氛围等设计为情景化问题。问卷分四个部分：第一部分是访谈对象的基本情况；第二部分是员工儒家伦理感知（仁义礼智信）测量题目，共 15 个问题；第三部分是员工所在工作团队的创新氛围测量题目，共 15 个问题；第四部分是员工 / 团队的创新意愿与行为，代理测量企业创新，共 9 个问题。第二至四部分问题的选项间分差为 1。表 1 给出了一个情景化问卷设计的示例，该表中的三个问题用于测量员工儒家伦理感知中对于"仁"的感知。

表 1 情景化问题示例

1. 公司要求员工每天按时打卡上下班，无故迟到早退忘记打卡，会扣除当日工资的 35%。您对公司制度表示赞同并遵守。但在一天早上，您快要到公司的时候看到有一位同事中暑坐在路边。如果搀扶同事一起走可能会迟到，您在此时的做法是：
A. 扶同事一起走
B. 看是不是相熟的同事，相熟就搀扶
C. 装作没看见，或假装有急事和同事说一声先走
2. 如果您负责采购部门，在某项设备招标采购时也保持了公正的态度。一家供应商中标了该采购后，在一个无人的场合私下递给您 1 万元表示感谢，您会：
A. 断然拒绝
B. 拿回部门，当福利发给大伙
C. 却之不恭，自己收下，和供应商保持好的关系也很重要
3. 公司在废气排放达到国家标准后，还继续以实现零排放为目标，每年投入数百万元处理废气，你认为这样的做法：
A. 节能减排有利于社会，应该继续
B. 公司要量力而行，毕竟利润是公司重要的目标
C. 必须停止这种做法，用这钱提高员工福利不是更好

三是二手资料。本文采用的二手资料主要包括中盐金坛公司年度报告、企业内部资料、中盐金坛公司官网信息、中国盐业总公司官网及相关信息、盐类产品行业发展报告及网络媒体新闻等。

（四）信度与效度保证

由于随机误差会对研究的信度产生影响，本研究根据三角形互证法，对案例的数据采集整理坚持通过多种渠道获取数据证据以建立翔实的数据库从而构建完整证据链。例如，在对员工对于管理者伦理领导的感知程度进行访谈时，不但从管理者方获取访谈资料，也通过访谈基层员工来获取相关资料。对于已有文献整理、研究框架提出、案例研究设计、案例对象分析和研究结论，本文都尽力符合规范地客观收集资料和规范严谨地进行研究，旨在确保研究结论尽最大可能不被主观臆断所影响。根据 Yin（1994）针对案例

研究设计的信效度评估指标，本研究的信效度评估见表 2。

表 2　信效度指标及评估

信效度评估 指标	本研究方法	评估
信度	实地调研访谈，收集一手资料。	信度较高
	从二手资料中收集相关信息，不受文章作者观点影响。	
	保证选用的资料是经过多个信息来源证实的。	
内在效度	充分翔实的理论和文献回顾。	内在效度较高
	由已有研究得到初步框架，经过案例分析得到最终结论与框架相符合。	
	研究过程规范严谨。	
外在效度	用已有研究文献指导本文研究。	外在效度稍缺乏

由表可知，本研究的信度及内在效度较高，外在效度稍显缺乏。外在效度欠缺主要由于本研究的方法是单案例研究，因此相似或对比案例不足，导致了本研究提出的模型不具有普适性。Yin（1994）表明案例本身的特殊性会随着对案例研究对象的逐步深入研究而增加，会影响研究的外在效度。本研究的结论对于其他案例的适用性可在以后的研究中采用跨案例研究方法予以验证。

（五）案例分析

在对案例的研究分析中，本文对变量（儒家伦理领导、员工伦理感知、团队创新氛围、企业创新）进行逐个分析，包括两个步骤，第一步为对情景化问卷的数据结果进行描述性统计分析，第二步结合情景化问卷，根据访谈的结果对研究案例进行整体分析。

问卷研究的调查对象包括母公司各部门及子公司分公司中不同层级、不同职位和工作种类不同的员工，如一线工人、技术开发人员、管理类人员等，累计发放情景化问卷 206 份。针对情景化问卷的设置及采用，本研究的问卷调研分两个步骤，第一步随机选取部分员工对其进行初期访谈，我们试图用口头化的访谈形式描述问卷中的情景化问题，根据员工的回答和反应判断该回答能否测试其感知程度。第二步到中盐金坛公司本部和各分公司、子公司，现场指导员工填写问卷并进行疑难解答。调研总共回收 199 份问卷，通过整理，其中包含连续答案的问卷 15 份被筛选剔除，包含空白答案的问卷 11 份被筛选剔除，有效问卷最终数量为 173 份。本次研究的情景化问卷达到 86.9% 的回收率。通过对有效问卷的数据整理和分析可知：男性占 74.6%；企业内部组织成员平均年龄约为 38 岁（37.8），年龄跨度从 24 岁到 59 岁；39.9% 的员工拥有本科的学历，18.5% 的员工为大学专科的学历，17.9% 的员工达到研究生及以上学历；不同工作种类中，生产类员工居多占到 52.0%，技术类员工次之，为 29.5%，管理类员工为 18.5%；不同职能层级中，普通员工比例最大，占 79.8%，基层管理者和中层管理者次之，分别为 18.5% 和 1.7%。问卷调研分析的具体结果如下表所示。

表 3　问卷调研对象构成情况表（N＝173）

名称	类别	样本	占比
性别	男	129	74.6%
	女	44	25.4%
部门及分公司	市场部	7	4.0%
	生产部	7	4.0%
	技术部	20	11.6%
	综合部	2	1.2%
	化验室	7	4.0%
	盐厂	42	24.3%
	矿区	30	17.3%
	电厂	32	18.5%
	金东分公司	14	8.1%
	企业文化部	6	3.5%
	其他	6	3.5%
年龄	30 岁及以下	37	21.4%
	31—40 岁	80	46.2%
	41 岁及以上	56	32.4%

名称	类别	样本	占比
服务公司时间	1 年	3	1.7%
	1—3 年	15	8.7%
	3—5 年	22	12.7%
	5 年以上	133	76.9%
文化程度	高中及以下	41	23.7%
	大专	32	18.5%
	本科	69	39.9%
	研究生及以上	31	17.9%
工种	技术类	51	29.5%
	生产类	90	52.0%
	管理类	32	18.5%
职位	普通员工	138	79.8%
	基层管理者	32	18.5%
	中层管理者	3	1.7%

同时我们对问卷结果进行了描述性和相关性分析来支撑本文的研究框架，结果如表4、表5所示：

表4　描述性统计量

	均值	标准差	N
员工伦理感知	2.714450867052127	.193907286730414	173
团队创新氛围	2.736416184971203	.286095973209082	173
员工创新行为／团队创造力	2.772639691714937	.390052711990634	173

表5　相关性

		员工伦理感知	团队创新氛围	员工创新行为／团队创造力
员工伦理感知	Pearson 相关性	1	0.495**	0.510**
	显著性（双侧）		0.000	0.000
	N	173	173	173

		员工伦理感知	团队创新氛围	员工创新行为/团队创造力
团队创新氛围	Pearson 相关性	0.495**	1	0.567**
	显著性（双侧）	0.000		0.000
	N	173	173	173
员工创新行为/团队创造力	Pearson 相关性	0.510**	0.567**	1
	显著性（双侧）	0.000	0.000	
	N	173	173	173

1. 儒家伦理领导对员工儒家伦理感知的影响

通过情景化问卷对员工伦理感知的测量，本文统计分析得到员工感知均值为 2.714，本文的情景化问卷关于员工伦理感知部分的测量是根据"仁、义、礼、智、信"五个儒家价值观核心的不同感知层次而设计，预设感知程度为平均水平，即感知值为 2.0。由此我们可知中盐金坛公司的员工对于儒家伦理领导的伦理感知程度较高。我们调研访谈了中盐金坛公司的管理者和不同职能层级的员工如何看待伦理领导，来进一步验证在中盐金坛公司中儒家伦理领导对员工伦理感知的积极影响。

中盐金坛公司总经理管国兴认为对自己高标准要求并树立良好的榜样形象来带领公司员工提高自身素质，是一个企业能够良好发展的基础。我们对中盐金坛公司的管理人员进行了访谈。他们表示，管国兴总经理无论是否在工作时间，都会坚持遵守规章制度，以身作则地在企业中起到带头作用，成为组织成员和整个企业的榜样和模范，通过自己的思想和行为引导员工的价值观、思维和工作方式。在这个引导过程中，组织成员们会对管理者的说话及行为方式进行观察，将儒家价值观的核心，即"仁、义、礼、智、信"，内化到自身的道德感悟中，从而提升自我道德品质，使得自身价值观和行为方式趋于符合儒家伦理。我们也对基层员工进行了访谈调研。他们表示在项目进行过程中，管总不但会关注项目的整体进展，也对项目的细节非常重视，会时常向团队成员提问该做法是否是最优方式，是否有更优的选择。同时管总总是保持学习状态使自己不断进步，员工们也会被领导人这种自我高标准的要求所感染而努力提高自己。一线员工表示，管总经常到基层去询问他们的工作情况，使其感受到组织的关怀和工作的安全感，并让他们体会到要以仁爱之心与同事友好相处，为人处事也应当注重诚信。

管国兴总经理认为，企业的绩效不应当只着眼于某些工作，同时也应当关注企业整体水平，例如员工素质、企业文化的提升。为了能让组织成员在工作中无后顾之忧，管总将对中盐金坛公司的经营管理分为两部分：一是要对员工进行关怀，想员工所想，为员工创造良好的工作生活环境；二是要对员工进行培训，加强员工的个人修养，提高员工的技术水平，从而促进员工个体的持续发展。在对员工进行关怀方面，公司安全工作负责人向我们介绍，公司号召各厂矿加强日常工作中的安全管理，从设备设施检查维修、作业现场安全保障到操作过程的标准化教学都已达到安全生产标准，从而提升和巩固基层生产工作。同时员工们表示，公司弘扬的劳动精神、劳模精神和工匠精神都鼓励他们以主人翁的姿态从事岗位工作。同时为了兼顾员工的生活，公司在工作之余还会开展一系列诸如球类比赛和素质拓展等活动。在对员工进行培训方面，为了激励组织成员积极进取、不断学习，管国兴总经理在企业内定期开展"贤文化"交流培训和名校教授进企业等包括文化建设学习讲座和技术指导论坛的多种活动，旨在以此为平台将修身这一高标准要求自身的理念传递给组织成员并激发他们的进取之心，引导组织成员对新科技新技术进行研究以群体力量促进新产品的开发。

此外，中盐金坛公司也十分重视社会民生和环境保护，认为这些都是企业需要具备的社会责任。因此中盐金坛公司开展了绿色矿山的创建项目，为了更大程度地利用地下盐穴，创新性地把中石化、中石油等企业的储气库转移到地下盐穴，地下盐腔的有效利用可节省地上用地1.3万亩。在建的港华金坛盐穴储气库是国内城市燃气首个大规模盐穴储气项目，也是全国第一个商用盐穴天然气储气库。港华金坛盐穴储气库建成后将为华东区域港华集团各合资公司以及周边其他城市燃气公司输配和供应天然气，能够在气源调峰和应急保障方面发挥重要作用。管总认为这样做的目的不单是为了节约资源而对自然环境进行保护，还能够在为人民服务的同时实现资源的可持续循环利用，同时对于周边产业的带动会为区域发展提供巨大的动力。

基于以上分析可得到推论1：新儒商的伦理领导会对员工的伦理感知产生积极影响。

2.员工儒家伦理感知对团队创新氛围的影响

对问卷数据进行分析，本文采用散点图表示员工伦理感知和团队创新氛围之间的关系，见图1所示。由表5、图1数据分析结论可知，员工伦理感知和团队创新氛围之间存在显著正相关的关系（r＝0.495，p<0.01）。即员工的伦理感知程度越高，团队的创新氛围越强。

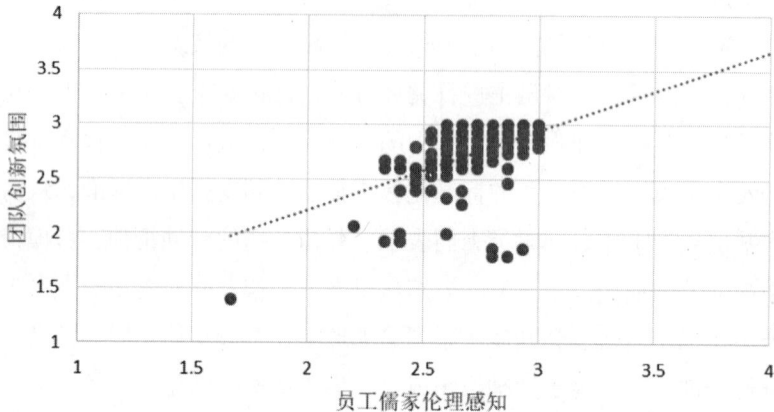

图1　员工儒家伦理感知与团队创新氛围

我们依次对公司本部和各分公司的员工进行了调研。李师傅是一名技术人员。他表示身为公司的一分子，要在完成分内工作的同时，积极为团队的研发工作建言献策。他认为团队的价值也是自己的价值体现，团队的进步能够帮助自己成长。并且李师傅谈到，公司领导人经常关怀员工的工作和生活情况，为困难员工解决了住房等难题。大家对此都很感激，愿意更努力地工作来回报公司。随后他向我们提到了研究所研发的消毒盐。新型消毒盐的想法是由于员工们在茶水间谈论起水质问题而产生的。由于国内自来水行业一直以使用液氯消毒为主。但液氯在运输、存储等方面存在安全隐患，自来水在消毒过程中由于投料次数随着时间增加而递增，会加大水中含氯化合物的生成，降低饮用水装置的使用寿命，更会对人们的身体健康造成威胁。因此研究所团队历经两年研发出了适用于国内自来水厂的消毒专用盐。新品消毒盐拥有几大核心优势：均匀溶解，确保装置能够长期稳定运行；钙镁离子总量低，能够有效延长装置电极使用寿命；溴素含量低，符合饮用水卫生指标中溴酸盐的毒理指标要求；重金属含量低，满足饮用水标准中铅、砷、汞、镉、钡等卫生指标要求。与现有自来水消毒工艺相比，消毒盐中不添加亚铁氰化钾等抗结剂，不会损坏水处理装置，更不会增加自来水中铁离子的含量。消毒盐在保证消毒效果、保证水质的同时，会极大降低对设备的损耗程度，减少环境污染。李师傅表示自来水消毒盐的想法体现了同事们对社会环境的保护意识，这和公司领导时刻宣扬的儒家价值观是分不开的。大家不但具有企业主人翁意识，也勇于担当社会主人翁的责任，在消毒盐项目中积极进行配方调整和试验以求做到最好，在项目进行中也不畏惧挫折和困难，肯定消毒盐的价值并坚定认为这个新品种可以研发成功，同事们的热情和努力是团队工作的调和剂。同时公司和团队领导对他们的项目都给予了资源上的支持和情感上的鼓励，也使得大家能充分体会到组织赋予的信任和安全感，从而对团队项目更有激情和动力，极大地提高了团队执行力。

在茅溪矿区工作的张师傅向我们介绍了金坛盐穴压缩空气储能发电项目。项目采用压缩空气储能技术，依托金坛地下盐穴资源建设并运行1套60MW储能发电系统，储能能力可达到300MWh。盐穴压缩空气储能发电可以对电网起到削峰填谷的作用，并且能够满足响应迅速的要求，同时也实现了对资源的重复利用，市场应用前景广阔。张师傅回想起刚来盐矿工作就接触到这样庞大的试验示范项目，有些手足无措，但他提到了管国兴总经理在新员工培训大会上强调的"知难而不惧"，作为新员工的张师傅也深深受到感染，从内心认同公司不断进取和团结一心的价值观，认为既然公司为团队设立了项目目标，那么这个目标必定是可以实现的。同时他们认为这个项目是关乎资源持续利用的，不管对于公司本身还是社会环境都具有巨大的价值。因此在分内工作结束之后，他和同事们总会寻找时间主动就盐穴储能和压缩空气发电的相关知识和新技术进行讨论，积极分享新的想法，听取不同的建议。他认为员工们拥有的集体观念和组织中的积极学习行为都促进了整个项目组的创新氛围。张师傅认为团队成员每个人都各有所长，集体的智慧才是团队工作的最大动力。

在中盐金坛公司中，组织成员能够感知到并认同"仁、义、礼、智、信"等理念，即儒家思想和价值观的核心，员工的儒家伦理感知会使得他们在工作中的表现遵循并符合儒家价值观倡导的伦理道德，即努力学习进步、关心他人和以集体利益为重、积极提出建议、与团队成员交流沟通和互相帮助、组织学习和组织信任等，这些行为都有助于形成团队创新氛围 TCI。

由此，我们得出了推论 2：员工的儒家伦理感知会促进团队创新氛围。

3.团队创新氛围对企业创新的影响

对问卷数据进行分析，本文采用散点图表示团队创新氛围和企业创新之间的关系，见图 2 所示。

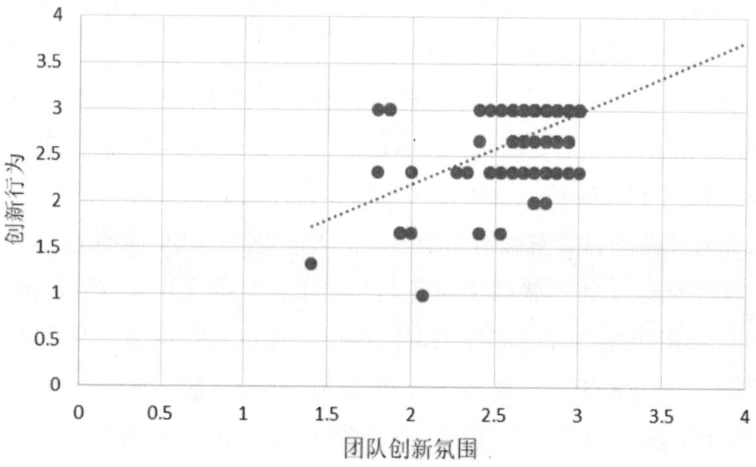

图 2　团队创新氛围—创新行为

由表 5 和图 2 数据分析结论可知，团队创新氛围正向影响团队创新行为（r＝0.567，p<0.01），即团队的创新氛围越好，员工创新意愿越强，团队创新行为越多。

经过对中盐金坛公司的调研，我们发现公司在保证生产的工作以外，不但成立了数个创新研发实验室，还设立了跨职能边界的技术研发团队和 QC 小组。中盐金坛公司总负责人管总谈到，这些团队和实验室的设立不单是为了吸引外界人才来公司进行科学研究，更主要是为了激发公司内部员工想要创新的意识和敢于创新的勇气，为组织成员的创新提供展示舞台。我们也对这几个实验室和团队的成员进行了访谈。

特种盐市场部研发组陈组长向我们介绍，有时项目组成员提出的新方法并不完全奏效，然而领导对于新思路一直持肯定和鼓励的态度，并会为他们提供研究所需的资源。陈组长和组员们认为公司对于新创意的支持使他们在创新实践上无后顾之忧，敢于承担责任。此外，在看到其他同事对于实验方面有疑惑时，他和成员们也会主动积极分享自己所知所思，为同事提供新的建议。例如团队经常就如何优化产品包装和配送方案进行交流和探讨分析。陈组长认为同事之间的相互学习和知识共享的创新氛围能够激发员工产生新想法，同事们在创新安全的环境氛围中更敢于提出建议从而为公司创新提供持续的动力。

热电厂的陆师傅也谈到，信息化时代对人员素质的要求逐步提升，团队成员数量也在精简。他认为个人利益在团队利益面前是微不足道的，自己作为项目负责人要对整个项目团队负责，不单要保证任务的进度，也要鼓励和引导成员们在目标达成后回看项目，检查是否还存在问题，或寻求完成项目的更好的方法。这种总结结合反馈的方式时常会带来新思路，甚至引发一场团队头脑风暴。正如前面张师傅提到的空气储能发电项目，作为发电环节的项目负责人，他也为团队绩效的考量设立了明确的标准。正所谓无规矩不成方圆，陆师傅认为保证团队员工的团结一致，鼓励团队成员相互交流以促进项目的有序进行是自己分内职责所在。团队成员们对于储能发电项目的积极性很高，会努力工作以达到并超额完成团队设立的绩效标准。在项目进展遇到挫折时，大部分人都会思考自己是否做得不到位而不是推卸责任，也会相互督促来提高工作效率。

同时我们也去技术部进行了调研。陈工程师认为员工创新是企业能够持续进步的源泉，因此他时常会主动学习相关的新技术，和同事请教探讨。陈工认为创新在于实践，他善于采用新方法解决工作中的问题，有时新方法可能并不奏效，会导致自己受到领导的批评，他表示即使失败了自己要承担责任也要敢于尝试。此外，在看到其他同事对于技术方面有疑惑时，陈工也会主动分享自己所知所思，为同事提供新的建议。例如"一次盐水"项目，让卤水通过过滤装置精制成盐水，输送到氯碱企业直接使用。在公司领导的鼓励下，同事们在工作之余也经常探讨如何降低制作盐水时产生的盐泥处理成本，研发团队成员们的积极思考和交流促使大家主动到实验室去调试配方。陈工提到团队目标明确，同事们就会对新产品的研发兴趣高涨，同事之间的相互学习和知识共享能够激发新想法的诞生，从而为公司创新提供持续的动力。

中盐金坛公司也提倡厂矿员工参与到研发中来。在公司开启一些新项目时，技术部、技术中心和厂矿员工会自发组成研究团队。参与研发的李师傅表示，他作为一名普通厂矿员工，除了日常的厂矿工作外，也常常利用业余时间集中讨论和实验，并进行相应的研发任务。刘师傅是中盐金坛公司厂矿内部的 QC 小组成员，他向我们提到，小组不但会对生产过程的质量和成本把控提供建议，也会尽力攻克生产过程中出现的技术问题。当 QC 小组遇到的问题难以解决时，也会邀请技术部和技术中心的人员参与探讨。跨职能边界的技术研发团队和 QC 小组不但能够使得员工感知到参与感、信任感、归属感和成就感，也能充分调动员工的主观能动性和学习积极性，极大促进公司的技术创新能力和创新速度，也为新项目研发和实施奠定了坚实的基础。

中盐金坛公司的员工们认为团队氛围具有支持性、明确的愿景，因此会积极沟通交流，同时成员之间知识共享、互相帮助形成的和谐氛围会推动创意和新想法的诞生，从而促进团队创新行为。团队创新氛围会鼓励员工进行发散性思维来提高员工创新意愿从而促进产品革新。员工个人创新意愿和团队创新行为的提升都会极大推进企业创新。

由此，我们可得出推论 3：团队创新氛围会推动企业创新。

四、研究结论和贡献

（一）研究结论

本文基于团队创新氛围视角，采用案例研究方法，选取新儒商企业中盐金坛公司为案例样本，探讨了公司管理者的儒家伦理领导对企业创新的影响路径。研究发现：

中盐金坛公司的管理者将新儒商的儒家价值观通过自身榜样示范带动作用、制定公司制度和组织员工培训传达给组织成员，使组织成员的行为趋于符合企业文化和领导提倡的儒家伦理准则，有效促进了组织成员的儒家伦理感知。

员工儒家伦理感知的提升使得中盐金坛公司员工在工作中能够遵循儒家价值观倡导的行为准则，即努力上进、关心他人、以集体利益为重、积极建言、与团队成员交流沟通和互相帮助、积极学习等，这些行为有助于他们所在工作团队形成团队创新氛围。

团队创新氛围的形成有效促进了中盐金坛公司员工与团队的创新意愿与行为，产生了众多创新性成果。除了前文提到的一次盐水、盐泥处理等成果，中盐金坛公司的跨职能边界技术研发团队、创新研发实验室还研发了许多具有较高创新度的产品和服务。例如，为包装及配送过程中控制异物污染的 FFS-PE 膜包装生产线和槽罐车散干盐配送服务，果蔬洗涤盐、防冻除冰盐、新型肠衣盐等多款满足不同消费需求的特种盐，推向市场后都获得国内外认可，其中"强化抑菌肠衣加工专用盐"和"抗疫肠衣加工专用盐"是中盐金坛公司特种盐开发团队历时两年研发出的新产品，相比国内常见的普通肠衣盐，这两种新型肠衣盐能在高水平情况下保证肠衣微生物水平的同时灭活病毒，使肠衣保持弹性和色泽，成本也更低。

因此，本文从团队创新氛围视角揭示了儒家伦理领导对于企业创新的影响路径：企业家的儒家伦理领导能够正向影响员工儒家伦理感知，员工儒家伦理感知提升了工作团队的创新氛围，最终促进企业创新。

（二）研究贡献

本文从企业创新角度揭示了儒家价值观对组织的影响，深化了儒家价值观与组织行为关系的研究。目前关乎儒家思想对企业影响的主流研究中，新儒商研究者的关注点还停留在新儒商概念、特征和经营理念的分析上（Zhao & Roper，2011；苗泽华 & 毕园，2010）。近年来出现的从儒家思想核心理念出发探讨组织成员儒家价值观对组织行为影响的研究还主要关注团队和个人绩效（Huangetal.，2012；Yeh & Xu，2010），很少涉及企业创新问题。

在哲学领域，儒家思想与创新的关系一直存在着争议：以 Hofstede 为代表的学者认为儒家思想强调集体主义、尊重传统、反对冲突、礼尚往来、等级秩序和权力主义倾向，这不仅使企业家缺乏冒险精神与科技创新，也难以培养组织成员的创新能力（Hofstede & Bond，1988；Ng，2000），而以佩斯大学牛卫华教授为代表的学者则认为儒家思想并不抑制创造性，而是以"温故而知新"的方式产生不同于西方革命性创新的渐进式创新（Niu，2012）。但目前还几乎没有管理学领域的学者关注这个争议，也鲜见基于实证方法探讨儒家思想与创新关系的研究。本文通过案例研究，不仅证实了儒家价值观会正向影响企业创新，且首次从团队创新氛围视角，阐明了儒家伦理领导对企业创新的影响路径。

中国情境下领导风格的本土化研究有较多成果，主要是基于授权赋能、领导成员交换、组织公平等西方理论研究变革型领导、家长式领导、魅力型领导等风格对于团队和员工行为及群体绩效的影响，如王辉、张翠莲（2012），董临萍等（2008），王双龙、周海华（2013），但对于儒家伦理领导与员工和团队行为的影响研究还很少。因此，本文也丰富了中国情境下的领导理论研究。

最后需要指出的是，本文采用的是单案例研究方法，研究结论是否具有普适性，还需要更多案例加以验证且进行实证。下一步我们还将继续在本研究基础上，开发相关变量的情景化量表，面向更多新儒商企业开展问卷调查，以实证本文结论。

任正非: 磨好豆腐给妈吃!

王育琨 *

"磨好豆腐给妈吃",一句话说透了许多复杂关系,而且用一种无形的恻隐之心,把供需两极连接在了一起,呈现出至隐至微处都可以凸显的商业本真。

华为令人瞩目,不仅创建了世界一流的企业,而且成为中国商业思想的摇篮。任正非的一系列深刻洞见,刷爆了朋友圈。任正非的讲话《励精图治,十年振兴》探讨了中国经济发展的未来之路,并且提升和拓展了主题。

至于我们与美国之间的差距,估计未来20—30年,甚至50—60年还不能消除,美国领先世界的能力还很强。我们要能活下来。以前这是最低纲领,现在这是我们的最高纲领。

这是痛苦的一个极点。当然,任正非也看到了而且抓住了另一个极点:

如果美国不给我们科技制造的要素,哪怕是从零开始,我们都需要自己去创造要素!

不要一听蝼蝼蛄叫,就不敢种庄稼了。要敢于加大战略投入,持续攻击前进,绝不屈服,从不畏惧,英勇进步,为人类社会的万物连接、万物数字化、万物智能化而不懈奋斗。

---

* 王育琨,清华大学长三角研究院中国企业家思想研究中心主任。

没有太恶劣的环境，只有不努力的人。华为就是在国际巨头围追堵截中走出来的，铸就了华为"活下去的倔强"。当两个极点都有了准备，以后的发展无非就是中间的某个动态平衡点了。

有了这样的敬畏、郑重和果敢，有了这样的低调、谦虚和隐忍，有了这样的意志、信心和坚韧，还有什么过不去的坎？

诚信危机肆虐，逼出了华为极致的活法。

其实，中国当下最大的危机不是中美贸易摩擦，而是诚信缺失。疫苗之殇、有毒食品、金融欺骗等，举国愤恨。

任正非 2016 年曾说："昨天他见到一个日本代表团。日本人很高兴地说：'据日本人的统计，近 5 年中国人到日本扫货、网购价值总额，已经高达 3 万亿美元，巨大的购买力救活了一大批日本中小企业'。"

这个数值巨大，常常有人质疑。笔者有一次见到日本经济学家栗下照弘，请教他这个数值的可靠性。

他计算了日本国民贸易额，又计算了一些其他参考数据，然后抬起头很肃然地告诉我："这个数值很靠谱！这对中国企业来说，不是一件好事。"

确实，一大批富裕起来的中国人，跑到日本等国去扫货和网购，救活了一大批日本企业，却把无数中国企业推向了亏损倒闭的边缘。难道我们可以责怪这些父老兄弟和亲朋好友吗？他们富裕起来了，有动力和条件，寻找更安全的食品吃，找更放心的产品用。他们为自己活，这很正常！问题在于中国企业，在于中国姑息养奸的商业环境！

缺乏诚信是中国最大的危机。危机也就是成长的机会。面对这样的危机，该如何实现成长呢？

任正非说：我们要对诚信有宗教般的虔诚。如何做到这样极致的诚信？没有模式可寻，没有工具可用，就是老老实实磨好豆腐。磨好豆腐给妈吃！

"磨好豆腐给妈吃"，是华为活下去的总体战略，也是一套底层思维操作系统。磨好豆腐给妈吃，用一个恻隐之心或曰同理心，说透了许多复杂的关系：客户与企业、消费者与生产者、生活者与造物者等。而且用一种无形的大爱，把供需两极连接在了一起，形成一个在至隐至微处都可以凸显的商业本真。

这是华为活下去的总体战略，这也是中国商业哲学对人类文明的丰富。

离开高大上的假设、逻辑和推理，用大白话概括出商业的本质，诠释了一整套方法论上的底层思维操作系统。

一个人经历了怎样的危机，才可以把活下去当作基本的思想和战略？这是不是任正非一以贯之的经营思想？本文将通过与任正非面对面交流，以及通过任正非一系列讲话和文章，来梳理其背后的思维操作系统。

同样的环境，为什么只出了一个华为？

中国企业善于外求，去找资源、找工具、找方法、找模式、找赚钱的秘诀，可就是不能踏实做事。中国人好学习。开始学习美国公司，后来学习松下和丰田方式，再后来学习德国、以色列公司，再后来学习稻盛哲学，现在开始了轰轰烈烈的学习华为热潮。可是，为什么中国跻身世界一流的公司很少？为什么同样的环境，只出了一个华为？

华为的方法就在那里，可是你学不了。比如华为基本法，比如华为的虚拟受限股，比如轮值CEO，比如铁三角组织。有个100多人的公司学华为，就采用轮值CEO制，结果发现只有反作用。有些公司请来顾问公司，搞出一个本公司宪章或基本法，到头来一点用处也没有。因为，《华为基本法》的意义在于产生的过程。前十年华为是放任管理，山头主义泛滥，华为人上上下下热烈讨论，达成一个总体的认识。总体认识一旦达成，任正非就感觉到，在复杂而多变的人性面前，这些共识太软弱了，于是毅然"西天取经"，前后花了100多亿美元，请进IBM、埃森哲等国际大公司，帮助华为建设久经考验的机制流程，让一切可追溯。甚至一度搞"削足适履"，足见任正非的决心。

华为所有的工具和技术，后面是有鲜活的人和一整套渗透了文化价值的体制或能量场。唯有自发、自动、自在、自主的人，内省内求，把内在能量场与外在能量场衔接，用内在能量场驾驭外在能量场，才有让人惊喜的功效。

仅仅是为了追逐快速成长，团队还没有构筑一种文化的能量场，更没有把自己内在巨大的无穷性开发出来，就想嫁接一些工具套路形式，这是南辕北辙。学习华为，不要停留在对工具的学习上，要学习驾驭工具的底层思维操作系统。

以生命撞醒生命，以生命激发生命，以生命开启生命

苏格拉底的父亲是一位著名的石雕师傅。在苏格拉底很小的时候，有一次他父亲正在雕刻一只石狮子。小苏格拉底观察了好一阵子，突然问父亲："怎样才能成为一个好的雕刻师呢？"父亲说："看！以这只狮子来说吧，我并不是在雕刻这只石狮子，我是在唤醒它！"苏格拉底说："唤醒？"父亲说："狮子本来就沉睡在石块中，我只是将他从石头监牢里解救出来而已。"

"唤醒"更是每个人潜能开发的关键词。每一个人都是不可复制的。每个人都有与众不同的潜能。可是，怠惰、贪欲、套路、形式，把人们本来具有的能量给遮蔽了。找榜样没用的。我们研究任正非的底层思维操作系统，仅仅是想找一块砖，来撞散我们内在的块垒。以生命撞醒生命，以生命激发生命，以生命开启生命，从而让每个人都活出一个活泼泼的、有创造力的大生命。

一、"磨好豆腐给妈吃"

华为定位全球化公司，就是整合全球资源为人类创造价值。说白了，做企业就是"磨好豆腐给妈吃"。

2013年5月，任正非与我相约喝咖啡。我提前5分钟到那里，可是任正非已经坐在那里了。寒暄后，我直奔主题："想研究中国公司，就必须研究华为。华为是中国公司国际化的典范。"任正非说："您错了。我们华为从一开始就定位是全球化公司。"我问："很新鲜。什么是一个全球化公司？"任正非说："华为定位为全球化公司，就是整合全球资源，为人类创造价值。说白了也就是磨好豆腐给妈吃。互联网时代了，什么都在变。辘轳、女人和篱笆墙，一个都没有变，做企业的这个根本点也永远不会变。""磨好豆腐给妈吃"，把全球用户都当成妈妈。带着对妈妈的爱、敬畏和郑重做企业，这个意念了不得！后来2016年初跟任正非交流，他还提过"做企业就是磨好豆腐"。2016年任正非接受新华社记者访谈，又重提"磨好豆腐"：

小企业不要去讲太多方法论，如果小企业采用大公司的管理制度和方法论，专家讲得云里雾里，你搞不懂。你就是真心诚意地磨好豆腐，豆腐做得好，一定是能卖出去的。只要真心诚意去对客户，改进质量，一定会有机会。不要把管理搞得太复杂。

"磨好豆腐给妈吃"，有着丰富的内涵。把吃豆腐的妈妈与磨豆腐的儿子看做一个整体。在这样的逻辑和语境下，一下子就赋予商业全新的意义：

真心诚意地去利乐客户，利他就是利润！虽然没有"爱"和"利他"的字眼，却把"爱"和"利他"放在了无与伦比的高地和实在处。

为了磨出最好的豆腐给妈吃，华为虽然是贸易起家，但是一有钱，任正非就投资搞技术研发。他年轻时是技术尖子，创业时虽然自己的技术没有市场了，但对技术的痴迷没有变。

同时创业的人短期分不到钱，就耗不住了，纷纷退股把公司甩给了任正非一个人，但他依然不改初心，在核心技术研发上越走越深。到 2017 年底，华为投资研发的资金已达 4000 多亿元人民币。华为从 2018 年开始每年投资 200 亿美元从事科学技术探索，而其中的 20%—30%，不是投资可预见的技术和产品，而是投资未来科学前沿的研究。

华为在仰望星空，渴望着支持科学家把暗物质暗能量开发出来造福人类。华为的资助没有任何附加条件，更不占有科学家的发明和专利。

华为的信仰

提出"磨好豆腐给妈吃"的任正非，对母亲有着深深的情感，以至于要把自己所从事的企业使命跟妈妈连接起来。

把天底下的用户当成了妈妈，就与所有用户连接在了一起。这就直落商业的根本，体现了从事商业的基本态度：虔诚、郑重和创造。这也体现了万物一体之真善美，这更是命运共同体的深层建构。

我感觉这就是华为的信仰。任正非没有这样说过，华为也没有这样说过。但是我相信，这个就是任正非的信仰。华为提"以客户为中心"，"为人类创造价值"。这些说法是从西方移植过来的，有很明确的信息，却不能唤起人们对商业质感的认知。而"磨好豆腐给妈吃"，则是为人类创造价值的通俗表达，更是直抵商业的本质，是"为人民服务"和"以人民为中心"的通俗表达。

如何实现为人类创造价值的信仰？如何取信于"全球妈妈"？任正非知道，最重要的是华为的每个人都必须以深深的敬畏、大爱、郑重和创造性去开展工作，必须有不可置疑的诚信。

错失小灵通，华为走上了"绝路"

贯彻"磨好豆腐给妈妈吃"的信仰，充满了凶险与坎坷。20世纪90年代中叶，国内流行小灵通，中兴等公司一拥而上，几年赚了100多亿元，其作为"国家主力军"的位置异常牢固。同城的华为却犯了一个"致命的错误"——没有上马小灵通项目。任正非想不通：小灵通在日本已经是快要被淘汰的技术，为什么还要巨额投资搞小灵通？为什么不抢占先机研发2.5G和3G技术？这不是浪费资源吗？任正非在许多事情上，都会放权听凭分管人员说了算。可是在技术战略这个根本的事情上，任正非不愿意违心。最后他力排众议，没有上马小灵通，而是投资研发2.5G和3G技术。任正非的决策，曾把华为拖向了深渊。因为当时国家只给小灵通发牌照，而不给2.5G、3G发牌照，华为投入巨资却没有市场。国内没市场，华为被逼走向国际化。可是在国际市场上，起初华为的设备白送给人家用，都没有人要。2000年，华为陷入深刻危机，营销收入空前绝后地下降了39%。

华为开不出工资怎么办？华为关门怎么办？

任正非陷入了空前的焦虑中。那一年，他癌症第二次动手术，重度抑郁症第二次爆发。那一年，在痛苦的思索中，他写出了《华为的冬天》。

后来在华为，小灵通决策被定格为"失败的决策"：过多以技术人员的自以为是出发，而不从客户和市场的现实出发。任正非听任这样的主流观点占主导。

一次见到余承东，他谈起小灵通一事明确说：不上马小灵通是对的。我们自己赚钱了，但是对最终用户没有任何好处，国家资源也浪费了。这样的事，我们不能干！

任正非为什么选择余承东负责手机终端业务？原因千千万。在这样的根本的技术战略问题上保持一致，是一个重要原因。确实，必须带着爱、敬畏和郑重去做企业，从这个根处去架构企业战略和战术，才是可以持续的。

同理心最重要，其他都是载体

有一次晤谈，任正非说华为准备去乌克兰建立数学研究所，那里有顶级数学家，他们的智慧要有一个出口。我插话说："乌克兰正在打仗，很危险呀。"任正非肃然了。他郑重地说："那片土地上的人民需要稳定就业，那些年轻的科学家需要载体把他们的智慧释放出来。时间不等人呀！"任正非起心动念感受到的是那片土地上人民的痛！这是何等强大的同理心！以百姓心为心的同理心最重要，其他都是载体。

不仅是老板和高管，当一线员工有了这样的自觉性，这就不是一个小事。这表明，华为的价值罗盘是落地的。有了行为 A，就必然有回报 B。不会有另外的人性因素插手其间。也正是华为奋斗者身上的品质和精神，深深打动了客户，打动了日本人。日本人一般不看好中国公司，可是通讯的大单都给了华为。日本是全球新材料研发领先的国家，半导体芯片更是独树一帜。华为在日本的应用研究所最为庞大，集结了无数日本精英。

二、以众人之私，成众人之公

曾国藩是"以众人之私，成一己之公"！任总，我今天把这句话改俩字送给您："以众人之私，成众人之公"！华为是众人的，您是中国最会分钱的老板，到头来却把自己的天赋天性都绽放出来了，把华为发展成世界一流公司，实现了您最大的"私欲"！

"磨好豆腐给妈吃"如何实现呢？任正非有独特的办法。

人是自私的，不想挣钱的员工不是好员工

2015 年的一天，田涛老师和我一起去任正非的办公室。因为田涛老师是常客，我是稀客。所以，发问者的角色就由我来承当了。落座后，任正非看着我。

我说："任总，今年我来了三趟华为。我有个感觉，华为跟其他中国公司不一样。许多中国公司都在学国学、学稻盛哲学或者学自己公司的理念，就是要员工改变工作态度，多干活少拿钱。而华为却不一样，一个劲地激发员工多挣钱，改变自己和家庭的命运；多追求发展机会，以尽情开发自己的无限潜能；多争取荣誉，以提升自己的境界和格局。任总，你看，财、权、名，其他公司在限制的，华为却放开了去激励。财、权、名都是私欲呀！私欲如狼似虎啊！什么样的人可以驾驭如狼似虎的团队呀？"

任正非打断我的话："王老师，我在私欲上与员工'同流合污'！"

我一愣，说："我当然知道您有私欲，你的私欲强烈着呢！您的私欲是员工努力多干活多挣俩钱就能填满的？您让我想起了近代中国史的一个人物——曾国藩。平定了太平天国，有实力当皇帝了，他却不当，认为那不是他想要的。任凭自己的权利被缩减，财富被缩小。朋友夸奖曾国藩是'曾公呀，您是以众人之私，成一己之公'！任总，我今天把这句话改俩字送给您：'以众人之私，成众人之公'！华为是众人的，您不自私，是中国最会分钱的老板，到头来却把自己的天赋天性都绽放出来了，把华为发展成世界一流公司，实现了您最大的'私欲'！"

很难得，任正非沉默了。70 多岁的老人低下头思索了一分钟，站起来说：吃饭了，吃饭了，招呼我们到小餐桌旁，示意我坐在他的对面。

真没想到，当时我的灵机一动，"以众人之私，成众人之公"，后来成了概括任正非"会分钱"、"全员持股"的一个主题词，不断被引用。

价值观是组织之魂。"以客户为中心，以奋斗者为本，长期艰苦奋斗，坚持自我批判"，这个华为的四句教融进了 18 万人的血脉之中，更融入了整个组织的制度与流程体系。

价值观本质上是利益关系的认知与界定，它规定了企业的价值创造来源、价值评价标准和价值分配原则。通俗点讲就是：钱从哪儿赚，靠谁去赚钱，赚了钱怎么分。很显然，这也是一个高度闭环的利益创造与回报的

体系。

华为四句教，都是常识。但是把常识闭环成互为因果的价值链条，并进而上升为公司从上到下、人人都必须遵守的最高信念导航，却有着重要的创新意义，既是理念层面的创新，也是制度创新。

任正非自己也认为自己是最擅长分钱的老板。他说："钱分好了，管理的一大半问题就解决了。"

华为高管邹志磊这样评价任正非："我们要一碗米，他不是给你一斗米，他给你十斗米；你准备了一顿大餐，他给你十根金条。一个项目怎么干他不关心，只要结果，他给你政策、资源，还告诉你，这本来就是你们挣的。"

华为有不少老员工的一个深刻记忆是，薪水涨得很快，有人一年涨了7次工资。刚进公司时月薪560元，年底加到了7600元；有人一年涨了11次，最多的一个研发部门的十多人，所有人一年加了12次工资。这既说明华为早期管理有多么混乱，又十足地反映出华为早期都是源头活水，在践行"以奋斗者为本"方面是何等激进！

华为每年都要给员工普遍加薪，而且幅度不小，以至于蓝军部门（专门负责挑毛病批判的部门）撰文批评，认为是过度支付（Overpay）。

华为开始创业股份，老股东见不得任正非有钱就搞研发，早就以1000倍的高收益率把钱抽回去了。剩下的股份全是任正非个人的了。但是发展到今天，任正非个人股份还不足1%，其余股份都给了工会的员工持股基金。那是一颗博大不自私的心呀。

"众人拾柴火焰高"。任正非的高明处就在于大智若愚，开启众人的智慧！他舍得分钱，舍得放权，"舍得"是任正非的大智慧，他不仅仅创造了华为传奇，也形成了他独特的管理哲学。诚可谓："万般神通皆小术，唯有空空是大道。"

诚信，一切都要可追溯

"众人之私"，如狼似虎。任正非30多年经营华为体会最深。为此，他曾经患了癌症和抑郁症。制度建设不健全，让许多本性不错的高管犯了错，有的甚至入狱，让任正非很纠结也很惭愧。制度不健全，他这个当老板的责任重大。

健全制度，保护高管不犯错！这是一种悲悯心，这是一种恻隐之心，这也是一种同理心。正是因为有同理心，任正非才可以自发自动地"以众人之私，成众人之公"的逻辑来治理企业。同理心对员工，同理心对客户，同理心对一切战略战术抉择。

有了同理心，诚信也就落地了。诚信，不是靠喊口号、讲"忠义"就行了，必须有扎实的行动和健全的制度。这个认知看起来简单，但却是任正非经历过痛苦的体认。

创业早期十年，43岁的任正非看到了自己的渺小，他看谁都好。华为与中国绝大多数民营企业有相通的文化特征：重情义，讲忠诚，充分放权，用人不疑。整个公司在初创阶段生机蓬勃，研发与市场也不断创造佳绩。

但随着时间推移，人的欲望就开始膨胀，组织中也出现了大大小小的山头，各种官僚和贪腐不断发生。华为也流失了几万人。高管离开华为，还要回来挖人，还要回来挖业务。在华为成立的第十个年头，销售额突破一百亿人民币时，任正非患上了严重的忧郁症。尽管跟外部的多发性巨大压力有很大关系，但组织内部人的挑战恐怕是更大原因。

压抑的氛围，让许多高管误读了任正非若干年，他们纷纷抱怨："一只老鼠坏了一锅汤，几个人的背叛让老板后来变得对谁都不信任了。"

其实，任正非意识到，制度不健全，让本来不错的人犯了错、犯了罪，是他这个"当家人"的责任。他没有建立起保护每个员工的制度堤坝，没有保护好员工，毁坏了员工的大好前程。

痛定思痛，华为从1997年开始花巨资引进IBM，在华为进行制度与流程的全面变革，还力主"削足适履"，足见他对推行经历200多年考验的西方制度的信心。长达5年多的边实验边思考的过程，使任正非在观念层面有了根本变化。2002年一次他对一个顾问说："西方制度制定的前提是，人是不可以相信的，制度更可靠，华为要依赖制度，在组织与人的关系上，契约高于一切。这样离开谁天也不会塌下来。"

现在回头看，华为之所以能够成长为中国企业中最成功的全球化公司，分水岭应该是，华为逃出了中国式管理"黑洞"，而为数不少的民营公司则不然，深陷于泛道德化的泥淖举步维艰。

任正非有着很强的意志力，建立全过程透明可追溯的流程体制。过程中，员工的不理解和抵抗在所难免。为实现彻底的流程重塑，他不仅仅花巨资，而且还发出命令"削足适履"。没想到，为终端用户和供应商建立的透明化可追溯管理流程，在后续一系列中美、中欧摩擦中，竟然可以使自身规避潜在的风险，而保持淡定和自尊。

美国一再发起对华为的违规调查，一次次以失败告终。美国顾问公司的审计报告足以显示，华为一切都以数据驱动，没有任何数据显现华为有违规行为！

做一个"无事人"

要真正落地"以众人之私，成众人之公"，需要激发自下而上的活力，领头人必须是一个"无事人"。因为人的本质是自我驱动。这个道理，任正非在开始创业时就明白了。

在 2012 年写的《一江春水向东流》中，任正非用简单质朴的语言，回顾创业以来的艰辛和心得，得出一个道理：做一个"无事人"！

一个 40 多岁的老男人，被国营企业炒了鱿鱼，又离婚，没有人雇佣他，他只能自己找朋友凑了 21000 元成立公司，自己雇佣自己。

> 我是在生活所迫，人生路窄的时候，创立华为的。那时我已领悟到个人才是历史长河中最渺小的，这个人生真谛。

任正非走得最窄的时候，没有怨天尤人，却醒悟到一个一般人不愿意面对的生命真相。人是过了不惑之年，而他对这个世界知道的太少了。任正非当时置身深圳，感觉到发展的无穷性，可是已过"不惑之年"的他一无所成。他写道：

> 不是不惑，而是要重新起步新的学习，时代已经没时间与机会，让我不惑了，前程充满了不确定性。

自负、自夸、自傲、自闭，就无法面对这个世界每个当下的不确定性。怎么办？你得相信群众是真正的英雄。你得敬畏每一个员工巨大无穷的潜能，你得敬畏团队巨大的潜能，你得敬畏客户巨大的潜能，你更得敬畏每一个当下巨大的潜能。

在时代前面，我越来越不懂技术、越来越不懂财务、半懂不懂管理，如果不能民主的善待团体，充分发挥各路英雄的作用，我将一事无成。

于是，任正非也就被逼当了一个"无事人"。任正非在父亲的指点下，从简单朴实的爱出发，搞了一套经济股份分享制度，激发每一个一线员工的积极性和主动性。

同时，任正非充分放权给各路英雄。开始十年很少开大会，他就深入一个又一个一线学习。公司发展了，可是山头主义也来了。公司的整体意识没有形成，任正非这个老板也积劳成疾，两次因癌症动手术，重度抑郁症两次爆发。

大约在 2003 年前的几年时间，我累坏了，身体就是那时累垮的。身体有多项疾病，动过两次癌症手术我理解了，社会上那些承受不了的高管，为什么选择自杀。问题集中到你这一点，你不拿主意就无法运行，把你聚焦在太阳下烤，你才知道 CEO 不好当。每天十多个小时以上的工作，仍然是一头雾水，衣服皱巴巴的，内外矛盾交集。

那是一段不堪回首的往事。因为没有上马小灵通，被逼从零开始全球化。开始机器白送人都没有要的，业务直线下降。而公司内部思想混乱，山头林立，公司往何处去，不得要领。于是，华为展开了自下而上的大讨论，公司为什么生存，公司该如何生存。讨论的结果，就写成了"华为基本法"。

"基本法"形成，在瞬息万变的人性面前又显得无能为力。于是，华为从 1997 年开始，又请 IBM 等公司来进行体制和流程建设。那毕竟是经过 200 多年检验的对人性恶的防护墙。而且，一切都可以追溯。这又成为全球化公司的一个必备条件。

大约 2004 年，美国顾问公司帮助我们设计公司组织的中枢机构，演变到今年的轮值 CEO 制度。也许是这种无意中的轮值制度，平衡了公司各方面的矛盾，使公司得以均衡成长。

"无事人"在任正非有一个发展过程。开始被逼做了一个"无事人"，后来成了一个自觉的"无事人"。到轮值 CEO 制度建立，任正非从开始被逼成为"无事人"，转变为一种有体制保障的"无事人"。这已经不是权宜之计，已经是一种理性审视的选择。对任正非来说，他坚定了自己的选择，因为他有了自己的灰度哲学。

想起蹉跎了的岁月，才觉得，怎么会这么幼稚可笑，一点都不明白开放、妥协、灰度呢？

当一个人知道自然宇宙的真相，当他知道每天每时每刻都是面临着一个巨大的无穷性变化，有无穷多意想不到的可能性发生，就不会再自以为是了，就会感受到自己的渺小，就会坚定不移地开放！开放是对灰度的敬畏，是对灰度中巨大无穷性的敬畏。唯其敬畏，才坚持开放，和世界进行能量交换。这是一个人的底层思维操作系统。

内在价值罗盘成型后，任正非放弃了所有的人、财、物的签字权，他真正成了一个"无事人"。开始也很不习惯，在自己办公室干坐一天，没有一个高管找他签字。那种落寞的滋味，也很折磨人，他是闲不住的人。

任正非开始无事找事，揽来了"文化思想权"，开始自觉主动地营建机制流程和文化能量场。开始"为无为，事无事"了。这也成了华为腾飞为通讯行业世界第一的重要密码。

企业家管理的最高境界，就是做一个"无事人"。任正非意识到，不只是自己要当一个"无事人"，他也希望他的高管团队也成为"无事人"。他不仅仅是要管住自己那双"闲不住的手"，他还想从制度上管住高管那双"闲不住的手"。于是他在 2008 年就提出了"让听到炮声的人呼唤炮火"。他坚定不移地要激发一线无穷潜能为顶层设计目标。华为还规划在未来 15 年落地这个体制，并且已经做出了 350 亿美元的预算。

"让听到炮声的人呼唤炮火",一个关键性的目标就是形成一种"自下而上的活力和创造力"。为此,所有高管都要跟任正非一样成为"无事人"。

但是,让高官们都做"无事人",显然现在的管理机制还不支持。也正是站在这样的基点上,任正非说:管理至关重要。华为如能提升管理,效益至少增加 50%!他在 2016 年接受新华社访谈时还说:

> 我们花了 28 年时间向西方学习,至今还没有打通全流程,虽然我们和中国公司相比管理已经很高了,但我们和爱立信这样的公司相比,多了 2 万管理人员,这是什么概念呢?我们每年多花了 40 亿美金的管理费用。所以我们现在还在不断优化我们的组织和流程,从而提升内部效率。

对于新体制的探索,华为还在路上。华为移植的 IBM 等一流公司的机制流程,基本上还是 20 年前的模板,虽然有与时俱进的改善,但是基本目标和架构,已经不适应今天的时代。现在数字化技术已经高度发达,许多公司比如酷特云蓝,已经建立并运行了"去领导化、去科层、去审批、去岗位,一切数据驱动,一切都在阳光下,全员对准利润目标,利润目标对准全员。贪腐怠惰藏无处藏,躲无处躲"。显然,华为还在摸索中。拿出搞技术攻关的资源和意志来攻克数字化管理的体制和流程,有着坚实的基础。

任正非自发自动当一个"无事人",并且还要创造条件让每个高管都成为"无事人",重点要看高管团队"为无为,事无事"的能力了。这个能力包含两个方面:一是数字化体制流程的硬件,一是每个人的底层思维操作系统。这两个建设齐备,才会有激发员工内场域与公司内外的外场域之间的正向能量互动。

"为无为,事无事"。[1] 以懦弱谦虚无事为表,以不毁巨大无穷性为实。

---

[1] 饶尚宽译注:《老子》,中华书局 2006 年版,第 153 页。

这是《道德经》从头至尾强调的最高治理境界。只有自觉地去"为无为，事无事"，才可以建构成一个强大的能量场，激发每一个员工自觉主动地去"自性爆发，拿出绝活"。

三、灰度哲学——每个管理者的必备素质

站在混沌、无常、灰度这个高地，任正非看清了事物昙花一现的本质，心中更有一种根深蒂固的敬畏。敬畏事物发展的无常，敬畏每一个人自性爆发的无穷可能，敬畏当下的无穷可能。

无穷的灰度，给华为文化植入了一种开放、妥协和包容的灵魂。放下自己，抱素守朴，以无形驭有形，无为而无所不为。

任正非从人生走得最窄的时候逆袭成功，用30年把华为带到通讯行业世界第一的位置，究竟凭什么？其中一个很重要的因素是任正非的灰度哲学。

什么是灰度哲学？

《庄子·应帝王》说了一个混沌的故事：

南海之帝为儵，北海之帝为忽，中央之帝为混沌。①

南海北海之帝，代表了人世间的人们，整天忙碌。他们中途在中央混沌大帝这里聚合。混沌大帝无眼、无耳、无鼻、无嘴，对谁都有无尽的爱，对谁都包容，南北两帝说话出格、办事欠考虑了，混沌大帝还是谦下包容。

南北两帝，深受其恩惠，就聚在一起商量，怎么报答混沌大帝。他们都长了七窍，双眼、双耳、鼻子、嘴巴、肛门呼吸吃拉东西。可是混沌大帝一样都没有。为了让混沌大帝可以像他们一样，能够体验到有双眼、双耳、鼻子、一张嘴和一个肛门的乐趣，他们排除万难，开始给混沌大帝每天凿一

---

① 郭庆潘撰，王孝鱼点校：《庄子集释》第2册，中华书局1982年版，第309页。

窍，凿了七天，结果第七天，混沌大帝死了。

谁害死了混沌大帝？是"儵、忽"二帝的一念之仁，是他们有着很强预设的心。按照他们的预设，混沌大帝精神意志不健全，黑白不分，善恶不明。他们想让混沌大帝拥有同他们一样，耳聪目明，却杀死了混沌大帝。他们哪里知道混沌大帝大仁不仁、大爱不爱的浩大和自然。

对现实中人们强干扰的，正是各种各样的预设判断，还有各种各样的经验、概念、理论、逻辑、教条、执见、预设判断、成功范例。事实上，当人们有了这样的预设判断时，就离开了当下现场，离开了鲜活的生命地头，而跑到枯死的理论中去了。而不给混沌开七窍，只需回到当下，一切灵然应机而动，愚直地往前走，就会走出宽广的大道。

随顺自然，这就是庄子说的天下大道。庄子从整体去看宇宙，都是一个有机的生命体。能够从万物一体看事物的人，他们就不会仔细辨别耳目所见，那是一个分离的世界，是个别的、支离破碎的世界。而我们从道的整体观点来看，生命各有所依。

古希腊大哲学家苏格拉底常常说："我唯一知道的就是我一无所知。"苏格拉底所以能够认识到自己的"无知"，因为他是个天文学的爱好者。每天观测宇宙自然，深深感觉到其浩渺无穷性的一面，对照看看自己知道的这点事和道理，简直可怜。面对这无穷宇宙的奥秘，谁能懂得万分之一呢？人类的哲学、艺术、诗歌，只不过是一代代延续着的疑问罢了。无知并不可怕，可怕的是不敢承认无知的状态，混沌一旦像"儵、忽"二帝一样耳聪目明了，就只有死路一条了。

这个世界是从"无"发展而来的，天地万物太奇妙了，没有两片树叶是相同的，何况人呢！作为领导人，就要深深敬畏人的这种可能性空间，而不要用自己的知见去把人框死。我们的情绪和欲望，往往会对本真做出修正，而我们自己恍然不知。强行有为往往害苦了他人。

庄子借混沌大帝提出了圣明之王的四个标准：无为名尸，不要成为好虚名的人；无为谋府，不要成为好计谋算计的人；无为事任，不要成为违背自然强行任事的人；无为知主，不要成为玩弄技巧权变而丢失灵魂的人。这是高明领导人的重要品质，也把灰度说透了。

让自己的身体全面开放，感受体悟到无穷无尽的可能性，千万不能用自己的知见把活泼泼的生命扼杀。作为领袖，尤其要注意。因为，他们手里有这样强势的条件。对领袖来说最重要的品质是："至人无己、神人无功、圣人无名。"① 一个无私、无功、无名的领袖，自然会做到清静无为、随顺自然。

灰度是一种整体观

我们常常以自己的情绪、知见和预设判断去面对事物、去框定事物，因此成为自闭的人。违拗我们情绪和判断的，无论它的景象多大，声音多大，我们都看不到，听不到。当下难，意识牵。我们大多数场合是情绪的奴仆。

灰度，混沌，无常。无头无尾，无字无名，无背无面，无善无恶。你不对所有的新发生开放，你就守不住灰度；你不妥协，满脑子的条条框框，排斥任何你不知道的，你也守不住灰度；你不包容，过去时空发生的事永远在奴役你，你同样守不住灰度。因此，灰度意识是每个管理者的必备素质。

站在混沌、无常、灰度这个高地，任正非看清了事物昙花一现的根本，看清楚了未来，看清楚了一切变化发展的实相，心中更有一种根深蒂固的敬畏。敬畏事物发展的无常，敬畏每一个人自性爆发的无穷性，敬畏事物昙花一现的本质。

任正非深知，要把这无穷性赋予现实，必须在专注、聚焦的同时，坚定不移地开放！开放是对灰度的敬畏，是对灰度中巨大无穷性的敬畏。唯其敬畏，才坚持开放，和世界进行能量交换。任正非说：

> 华为这 28 年来，坚持做一个开放的群体，始终没有停止过开放。我们以开放为中心，和世界进行能量交换。只有开放，才有今天的华为。我们不强调自主创新，我们强调一定要开放，我们一定要站在前人的肩膀上，去摸时代的脚。我们还是要继承和发展人类的成果。

"追求自主创新"，这是许多中国企业渴望的，任正非却不强调。这是

① 郭庆潘撰，王孝鱼点校：《庄子集释》第 1 册，中华书局 1982 年版，第 17 页。

从灰度这个总体观来看的创新。在信息无边界的时代，再划出一个"自主创新"的小圈圈，还如何创新？必须开放，必须与外界交换能量，不断突破自己的自满、自负和自闭，站在前人的肩上去摸时代的脚。唯其如此，才可以倾宇宙之力，造华为的妙有！

华为所以能有这样的视野和格局，盖因任正非的灰度哲学。任正非对企业经营的哲学出发点和总体论是灰度。灰度是混沌，是无常。他在华为内部反复讲解《灰度领导力，每个管理者的必备素质》：

> 一个领导人重要的素质是方向、节奏。他的水平就是合适的灰度。坚定不移的正确方向来自灰度、妥协与宽容。一个清晰方向，是在混沌中产生的，是从灰度中脱颖而出，方向是随时间与空间而变的，它常常又会变得不清晰。并不是非白即黑、非此即彼。合理地掌握合适的灰度，是使各种影响发展的要素，在一段时间和谐，这种和谐的过程叫妥协，这种和谐的结果叫灰度。

任正非在混沌、无常、灰度中摸索多年，慢慢体悟出"无中生有"的道理。做企业必须对混沌、无常和灰度有一种体认，但同时必须有一种东西可以划破混沌太空的闪电。这个闪电就是你必须要磨出最好的豆腐，拿出独一无二的绝活来。本来是一片混沌，当你有了绝活，混沌就被撕裂，重新组合成一种有秩序的新排列。灰度与绝活，这是任正非哲学的阴阳两面，缺一不可。

无穷性的灰度，给华为文化植入了一种开放、妥协和包容的灵魂。放下自己，抱素守朴，以无形驭有形，无为而无不为。

任正非日前接受福布斯杂志访谈时说：

> 华为文化不是具体的东西，不是数学公式，也不是方程式，它没有边界。也不能说华为文化的定义是什么，是模糊的。"以客户为中心"的提法，与东方的"童叟无欺"、西方的"解决方案"，不都是一回事吗？他们不是也以客户为中心吗？我们反复强调之后，大家都接受这个价值观。这些价值观就落实到考核激励制上，流程运作上，员工的

行为就牵引到正确的方向上了。

任正非的这个说法意味深长。从显像的层面看，华为文化是把"以客户为中心，以奋斗者为本，长期艰苦奋斗，坚持自我批判"落实在考核激励体制、流程运作上的稳定的价值导向上。而同时华为文化还有一个没有边界的、没有定义的、模糊的、形而上的内里。这个华为文化的内里就是灰度。通常华为人都会感觉到灰度的无处不在，却又常常表达不出来。任何纠结的问题，比如考评升级的纠结，比如权力分配的权衡，意外灾难的爆发，一遇灰度，就瞬间释然。灰度可谓妙用无穷。

没见到哪个管理大师，对经营的实相有如此透彻的认识。华为文化，可以说是本末一体，道术合一，浸透着任正非独一无二的意识和魂魄。在华为内部，任正非没有资源调配权，没有下达任务权，没有人事安排权，没有工资奖金分配权，他牢牢掌握在手上的，是思想和文化。

灰度，是任正非的中庸之道

尼采说，只有散步得来的思想是自己的思想。任正非对此有很强的共鸣。工作之余，他特别喜欢散步，在外出差的时候还喜欢拉上下属出去散步。

1996年，有一次在保加利亚雪山脚下散步，任正非忽然问刚回到华为不久的梁国世："你知道华为公司为什么能成功吗？"梁国世说："我刚来华为，怎能悟出这般深奥的道理。您说，为什么呢？"

任正非答道："中庸之道。"

就在异国的雪山脚下，与一个很有个性的、二次加盟华为的"海归"散步，以突然醒悟的方式说出"中庸"这个一般人想不到的词，这是为什么？

任正非说："我们要清醒地认识到，面对未来的风险，我们只能用规则的确定来对付结果的不确定。只有这样，我们才能随心所欲不逾矩，才能在发展中获得自由。任何事物都有对立统一的两面，管理上的灰色，是我们生命之树。我们要深刻理解开放、妥协、灰度。"

任何事物都有对立统一的两面，固守一端，就是枯死。只知其一，一无所知。中庸之道，执两用中，叩其两端而执其中，这是非常美妙的认识论，也是非常美妙的本体论。万事万物都是在两个极端的中间状态存活，人们优化思维，莫不是在"正反、是非、善恶、高下、前后、荣辱、强弱、黑白"等两极中磨合。心存超越自我的志向，就会保持开放，接纳所有的发生，并在正反两极的磨合中找出当下的平衡点。

说起来很深奥，如果硬要打个比喻，我倒喜欢用走钢丝来表明任正非的心迹。走钢丝是一种切身体验，因为它太微妙、太细致了。你能够把走钢丝变成一个理论吗？不能。无论把走钢丝分解得何等细致，哪怕分解成了每十万分之一微秒一个动作，以为掌握了，得了 100 分，但还是不会走钢丝。

如果硬说走钢丝有理论，那就是两个字：平衡。但是知道了这两个字对走钢丝有什么帮助呢？没有。还是要去自己一步步接近，还是要去经历动摇你的万千之力，还是要去克服那分分秒秒的颤抖和不平衡。稍有滞呆，你就会摔下来。你只能从不平衡、震荡中感受那平衡和节奏的可贵。除此没有别的办法。

一如走钢丝的平衡，任正非的"中庸之道"就是一个诀窍。它不是按照既定的模式或套路，而是在混沌、颤抖中把握节律和平衡的实际体验，是很多尝试和失败的精华。你或许会感觉到某些东西在那里，但它是难以捉摸的，更无法指出它，无法想出它。

任正非不停地离开常态去追求极致，正是为了不断地把这种极致变为公司的常态。而停留在常态就是死亡，只能再进一步去追求新一刻的"非"——极致。放下了"正与非"，人就可以去大胆地追求从心所欲不逾矩了。从心所欲不逾矩是一种至善之性，一如孟子所说："尽其心者，知其性也；知其性，则知天矣。"[1]

任正非把他离经叛道的创业求索，说成是"中庸之道"，乍听起来似乎有点滑稽，仔细琢磨，还真是这么回事。他一次次地离开主流或常态，就是为了建立新的常态或形成新的主流。他知道，这是一个人，一个公司都离不开的和合律动。

人性的光芒在任正非创业的路上闪光，看上去很粗糙，却是华为得以

---

[1] 焦循撰，沈文倬点校：《孟子正义》下册，中华书局 1987 年版，第 877 页。

成长为世界级公司的真正密码。

灰度，要求分分钟干掉自己

许多公司老板对员工的私欲都很恐惧，试图通过学习稻盛哲学和国学来让员工提高心性，多干活少拿钱。而华为却旗帜鲜明地通过激发员工对财富自由、更多发展机会、更多精神的生命欲望，去战胜怠惰，进而追求"超越自我"。

有一次在任正非办公室，我问："任总，未来对华为最大的冲击是什么？"

任正非拍着自己的胸脯说："是我，是我们的成功，是我们的自以为是，我们自豪，我们自傲，我们自闭！"

这就是灰度。"圣人不病。以其病病，（夫唯病病）是以不病。"[1]

每个当下都有着巨大的无穷性。所有以前的认知，都只是抓到了皮毛，而没有深入到当下昙花一现的本质，没有深入到当下巨大的无穷性。任何一点自以为是的成见，都会阻碍你全身心投入当下，阻碍你从巨大的无穷性之中，执两用中，抓住当下的平衡点。

灰度，中庸，执两用中，扣其两端而执其中，究竟如何做到呢？

任正非儿时母亲"舍己从人"，心里总是想着别人，就是没有她自己。这种艰难条件下的大爱，让任正非充满了深切的渴望去改变现状，每天都在争分夺秒的努力中。这种舍己从人的生存之道，已经被任正非用于华为公司的经营。他把他自己在华为的股份，缩减到还不足1%，其余都送给了员工。

大私无私，后其身而身先，外其身而身存。在当今时代，要么主动把自负的自己干掉，要么早晚被自负的自己干掉。这里有一点向死而生的勇敢，蕴含着宇宙生命生生不息的密码。这是任正非从小在母亲那里学来的"舍己从人，便利从心"的生存之道，也是中国人世世代代传承的生存之道。

唯有激发原力，提升心性，开启地头能量场，方可以干掉怠惰，脚踏实地，艰苦奋斗，顺势协同，拿出绝活。

无论企业规模大小，无论从事什么行业，都可以先学习这样的生存之

---

[1]　饶尚宽译注：《老子》，中华书局 2006 年版，第 172 页。

道。只要你敢于不断革自己的命，只要你能突破自己、干掉自己，实现超越自我。这是全然不同的生存之道：要么主动把自私、自负的自己干掉，要么早晚被自私、自负的自己干掉。

四、任正非的七种品质和两种能力

当华为登上了全球电信设备商的巅峰时，任正非诚惶诚恐。从小在逆境中生长的任正非深知，厄运和压力才是生命的原动力。而成功与那些随之而来的虚头巴脑的名誉，只是通向死亡的路标。他洞悉生命的律动：一旦华为失去了谨慎、敬畏、郑重、精进、素直、包容、广大的品质，就会一夜之间倾倒。

当梦寐以求的画面就在眼前时

华为2014年已登上了全球电信设备商的巅峰。华为一家的盈利，比第二、三、四名加在一起还要多。当誉满全球之时，任正非在华为2015年市场工作会议上发表讲话《大道至简》坦承："华为还担不起世界领袖的担子。"

当一直梦寐以求的画面就在眼前时，任正非诚惶诚恐。首先想到的是，过度自信会毁了华为！一个从公司创立之初就设定的目标一旦实现了，一种倒下去的危险就可能抓住了他。他立刻思谋摆脱这种命运的路径和方法。

从小在逆境中生长的任正非深知，厄运和压力才是生命的原动力。而那些虚头巴脑的名誉，只是通向死亡的路标。他洞悉生命的律动：一旦华为失去了谨慎、敬畏、郑重、精进、素直、包容、广大的品质，就会一夜之间倾倒。

一如古人说："势无常也，仁者勿持。势伏凶也，智者不矜。"华为登顶也意味着转型，无常而且有凶险，需要舵手。任正非的领导力，在当下华为的大转折之中显露无遗。

任正非的讲话，首先提起了瓦萨号的典故——因国王的好大喜功和暴躁，虽然建成了17世纪装备最全、武装程度最高的战船，但处女航出海10分钟就沉没了。任正非是在借瓦萨号警醒自己和华为团队。他深知，华为一飞冲天，稍一疏忽就会栽下去！华为团队需要保持七种品质与两种能力。这不是在义理逻辑上理清楚就行了，那是一种修之于身的工夫，是一种生命活泼泼的状态。

品质一：谨慎——如履薄冰，严密周详的谨慎

在今天的数码生态时代，一切都在变动不居之中。任正非对这样一幅画面，心存敬畏。他生怕他的团队，因为登上老大的位置而合不上数码时代的旋律。他说：

> 我们要接受"瓦萨"号战舰沉没的教训。战舰的目的就是为了作战，任何装饰都是多余的。我们在变革中，要避免画蛇添足，使流程烦琐。变革的目的要始终围绕为客户创造价值，不能为客户直接和间接创造价值的部门是多余部门、流程是多余的流程、人是多余的人。我们要紧紧围绕价值创造，来简化我们的组织与流程。

任正非深知，天性的自由需要谨慎来护持。现实中的人们，常常事情就要成功了，却不可挽回地失败了。关键就是缺乏这份谨慎。一如老子所说：

> 民之从事也，恒于几成而败之。故慎终如始，则无败事矣。①

品质二：敬畏——如登高峰，慎终如始的敬畏

每个人内心深处的良知会把握"为善无近名，为恶无近刑"的底线。如果一味顺着自己的喜好，不顾惜公司整体力量，不顾惜周边人的利益和感受，看上去是顺应天性，实际上是为恶。

当今在强烈的贪欲激荡下，人们忘了敬畏。敬畏天道规律，敬畏事物的本真，敬畏自然形成的条理，敬畏每一个人的无穷性，敬畏事物昙花一现的本质，这是一个有信仰的人最重要的品质。一切事败，多出于轻慢，一切

---

① 饶尚宽译注：《老子》，中华书局 2006 年版，第 155 页。

轻慢皆是少了敬畏。

品质三：郑重——如做贵客，进退合度的郑重

国学大师梁漱溟，回顾自己的人生历程，他发现有三个觉醒。第一个阶段由少年而青年，他觉醒到时不我待，一腔报国之心，在儒家信条"逐求"的引领下，勇猛精进。第二个阶段青年而中年，他渐渐看透了"逐求"的无意义，想静下心来看看世界，于是皈依佛门，这个阶段可谓"厌世"。第三个阶段，他感觉生命在无所为中虚耗了，世间有那么多痛苦，而他的天赋潜能都还没有发掘出来，去消解人类的苦难，于是他有了对自己生命时间的"郑重"。郑重对待自己，郑重对待他人，郑重对待人间的疾苦，郑重对待可以改善人类苦难的每一个工作。

"追求"——"厌世"——"郑重"，这是梁漱溟生命成长的三部曲。对于造物者和建构者来说，他必须向世间的苦处行，才可以聚焦生命的目标；必须向自己的苦处行，拿出绝活才可以消解或解救人类的困难。

郑重，包含着太多的意义。这恰恰是任正非的一个重要出发点。没有那份郑重，他如何能够提出"磨好豆腐给妈吃"这样振聋发聩的商业哲学。

适应数码时代的大变局，适应今天的"班长战争"，华为要做一个根本性的变革：让听到炮声的人呼唤炮火！这是一种深切的合规意识，即合上数码时代混沌灰度的法则。

对一事一物、对一人一言，都需要有一种刻骨铭心的郑重，一种对人对事心存敬意的生命状态。犹如到人家做客，合乎人家成文不成文的要求。让一头狮子闯进瓷器店的做法肯定不行。合规意识是一种郑重心，渗透到行动的方方面面，也是诸种关系的润滑油。而对于公司和社会的运行，合规意识的郑重尤其重要。

品质四：精进——如泻瀑布，积极向前的精进

任正非时时刻刻念想着精进。聚焦当下，聚焦有限生命的瞬间，聚精会神于当下现场，无限的可能性就出现了。甚至无穷宇宙的奥秘，都在当下精进了。任正非要给他的团队注入这样一种勇猛精进的力量。他说：

面对着未来网络的变化，我们要持续创新。为世界进步而创造，为价值贡献而创新。创新要有边界，我们要继续发扬针尖战略，用大压强原则，在大数据时代领先突破。要坚持不在非战略机会点消耗太多的战略竞争力量。成功的美国公司，大多数是非常聚焦的。难道他们就不能堆出个蚂蚁包？为什么他们不去堆呢？当前，不是我们超越了时代需求，而是我们赶不上，尽管我们已经走在队伍的前面，还是不能真正满怀信心地说，我们是可以引领潮流的。但，只要我们聚焦力量，就有希望做到不可替代。

君子务本。专心致志地做好一件事，真心诚意地磨好豆腐。华为 30 年，只对着一个城墙口猛轰。压强，聚焦，勇猛精进。精进只在当下。在这个毫无保留地投入当下的过程中，你会体会到一种奇妙的力量在你身体上集聚和汇涌。那是一种美妙的体验，一种一个个极限突破后的爽朗。

品质五：素直——抱素守朴，连通万物的素直

"道恒无名，朴虽小，天下莫能臣"。[1] "磨好豆腐给妈吃"，呈现了任正非抱素守朴、臣服于真理的性格。一方面素朴、纯粹、谦虚，另一方面又求真务实，敬畏大自然规律，成就了任正非的"素直"。

松下幸之助总结自己从打工仔成为经营之圣的原因，认为 68% 的要素是"素直"。因为他有一颗素直之心，能够在每个当下都直落根本、实事求是，可以听进任何跟他的立场和见解不一样的声音。他不自以为是，把自己整个交给了每个当下的真善美。

素直，是指做人做事不弯弯绕的纯粹。人们做事，常常拘泥于许多结论、框框和假设。结论与假设，有着很强劲的逻辑，我们就被那些逻辑给拘押了。

素直，可以与万事万物的机理相通；素直，可以随顺自然，直抵人们柔软的内心；素直，纯然以他人心为心，以万事万物的心为心。

任正非看重素直。他把素直当做了胜利的基础。素直在华为有具体

---

[1] 饶尚宽译注：《老子》，中华书局 2006 年版，第 81 页。

含义：

> 我们持续成功的三个要素。1.必须有一个坚强、有力的领导集团，这个核心集团，必须听得进去批评。2.我们应该有一个严格有序的规则、制度，同时这个规则、制度是进取的。这个规则制度的重要特性就是确定性，这是我们对市场规律和公司运作规律的认识，规律的变化是缓慢的，所以，我们是以确定性来应对任何不确定性。3.要拥有一个庞大的、勤劳的、勇敢的奋斗群体。这个群体的特征是善于学习。

"百姓皆注其耳目焉，圣人皆孩之"。[①] 领袖必须像赤子那样纯粹，保持开放，打开心扉拥抱世界。华为的领导，也必须是无私、无功、无名的践行者。一遇事，私我就出来弯弯绕，那就当不了领导。

品质六：包容——混沌圆融，无所不容的包容

生命力与生命的光环全然是两回事，回归生命力，就是回归原初"柔软的中心"——谦卑。由于谦卑，苦难和资源，恐惧和喜悦，危险和契机，都可以被觉察、包容和接纳。任正非说：

> 我们在吸引社会高端人才的同时，更要关注干部、专家的内生成长，不要这个看不顺眼，那个看不顺眼，对做出贡献的员工，放手让他们发挥作用，试试看。我们要能接受有缺陷的完美。没有缺陷，是假的。

做人，办企业，绝对不会是沿着一条既定的坦途走大道就行的。

品质七：广大——开放，无边无际

人有了素直，就一定是广大的。不素直，不广大。广大了，必素直。广大，也就是不为一己的私利、功德、名声所侵染。任正非已经站在了行业

---

① 饶尚宽译注：《老子》，中华书局2006年版，第119页。

之外看行业，有了不一样的生命自觉：

> 我们一定不要用在高速公路上扔一个小石子的办法，形成自己的独特优势。要像大禹治水一样，胸怀宽广地疏导。我们不能光关注竞争能力以及盈利增长，更要关注合作创造，共建一个世界统一标准的网络。要接受20世纪火车所谓宽轨、米轨、标准轨距的教训，要使信息列车在全球快速、无碍流动。我们一定要坚信信息化应是一个全球统一的标准，网络的核心价值是互联互通，信息的核心价值在于有序的流通和共享。而且也不是一两家公司能创造的，必须与全球的优势企业合作来贡献。

在任正非话语的背后，有一种自然的美。寡头习惯于维系垄断。维系垄断传统的手法是掌握一大批 Know-how 的专利，给通行的管道设置一些别人无法拆解的障碍。任正非素直，他看到的是在一片混沌之中的实相：共融与共享。除了共融与共享，没有人可以垄断。

任正非有一颗广大的心，他可以跳出华为、行业、国家，俯瞰数码时代大系统的演化，那是一幅涉及文化、哲学等领域深刻变革的大画面。一如老子说：

> 江海所以能为百谷王者，以其善下之，故能为百谷王。是以圣人欲上民，必以言下之；欲先民，必以身后之。是以圣人处上而民不重，处前而民不害。是以天下乐推而不厌。以其不争，故天下莫能与之争。①

我们从任正非最近的讲话中，梳理出他的七种品质——如履薄冰，严密周详的谨慎；如登高峰，慎终如始的敬畏；如做贵客，进退合度的郑重；如泻瀑布，积极向前的精进；抱素守朴，连通万物的素直；混沌圆融，无所不容的包容；开放、无边无际的广大。

---

① 饶尚宽译注：《老子》，中华书局 2006 年版，第 161 页。

这七种品质，实际上是老子在《道德经》第 15 章对得道高人的描述。能够安心头拱地的人，都是得道高人。老子说：

> 古之善为道者，微妙玄通，深不可识。夫唯不可识，故强为之容：豫呵，若冬涉川；犹呵，若畏四邻；俨呵，其若客；涣呵，其若凌释；敦呵，其若朴；混呵，其若浊；旷呵，其若谷。浊而静之徐清，安以动之徐生。保此道不欲盈。夫唯不盈，是以能蔽而不成。①

老子在这一章提出了圣人需要修持七种品质与两种能力：谨慎、敬畏、郑重、精进、素直、广大、包容，以及化浊为清的沉定力和破堕通变的创生力。任正非特别看重个人和组织的这两种能力。

化浊为清的沉定力

在物欲横流的时空中，人的心绪像极了龙卷风似的狂飙。受着各种各样心贼——财富、地位、权力、情绪的绑架与驱使。物执、名执与情执，常常平地浊浪滔天。在污浪滔天中，可以让心静下来的沉定力，对一个人至关重要。抱元守一，守住初心，清明升起，会看到混沌中的机遇。机遇从来不正面示人。它非要在扭曲的、艰难的，甚至灾难后面藏着。心不静的人，压根儿就没法看到机会的可能。

任正非的心足够沉静。他在人生的正午，看到了必然的下坡路。于是，他首先下沉。把他的思绪沉下来，把他的身段沉下来，把华为的组织沉下来，让听到炮声的人呼唤炮火。

敬畏奋斗者天性的绽放，敬重每一个奋斗者的志向，打开自己的和公司的管道，放大自己的格局和胸怀，包容那些产生创生力的缺陷，随顺自然勇猛精进，把一天当作一万年！

沉定力，重要的品质是清静。

这份清静，需要有一颗谨慎心，慎终如始，如如不动；需要有一颗敬畏心，敬畏临在这一物的天性，那个可以与广袤的天地衔接的灵魂；需要有一

---

① 饶尚宽译注：《老子》，中华书局 2006 年版，第 37 页。

颗郑重心，每一个当下，都是生生不息的律动；需要有一颗纯粹心；需要有一颗广大心，足够广大，才足够沉静；需要有一颗包容心。

在剧烈的数码变动时代，一片混沌，一切都在变动不居之中。任正非深知必须保持清静。但是，做企业必须在动态中保持清静，沉静中催发着生动。既要多维度地思考和探索，又必须保持聚焦。聚焦能力最强的是日本人。他们的纵向一体化的能力，非一般人能够比肩。美国人最擅长的是大开大阖。他们的横向整合能力，远远超出一般的欧亚公司。任正非则执两端而居其中。他说：

> 前期的成功，也许会使我们的自信心膨胀。这种膨胀不合乎我们的真实情况与需求。我们还不知道未来的信息社会是什么样子，怎么知道我们能领导主潮流。我们从包着白头巾，走出青纱帐，不过十几年，知道全球化也才是近几年的事。我们要清醒地认识到，我们还担不起世界领袖的担子，任重而道远！虽然聚焦不一定能引领主潮流，但发散肯定不行。

混沌，就更需要沉定力，就更需要无为而无所不为。无为、不争，不是不为，是要顺势而为。一如老子所说：

> 上善若水。水善利万物而不争，处众人之所恶，故几于道。居善地，心善渊，与善仁，言善信，政善治，事善能，动善时。夫唯不争，故无尤。[①]

上善若水。水可以给它所接触到的任何一物都带来利益，为物所用，乐此不疲。这种随时随地找到自己正向作用的秉性，几乎与道全然吻合了。水虽然利乐万物，却不为重视，好像有它无它都可以。正是在悄然不觉中，水达到了利益万物的本质。

老子一口气说了七个善，把水利万物而不争的七个层面揭示出来。这

---

① 饶尚宽译注：《老子》，中华书局 2006 年版，第 20 页。

也是拥有化浊为清的沉定力的七个重要品质：居善地，心善渊，予善天，言善信，政善治，事善能，动善时。那是一种恰恰好的组合。七个层面恰好聚合在一起，多不容易呀！如此，需要宏观微观贯通的思维，需要对未来时空交合的画面有直觉，还需要用四维空间思维俯瞰三维的时空网络。

破惰通变的创生力

任正非曾经做出了一个重要的判断："堕怠是组织最大的天敌！"任正非迄今为止的一生，都在时刻警惕着自己身上或华为出现的懈怠现象，并且为战胜这个天敌而努力着。

懈怠，是组织的天敌，也是丰富人生的最大敌人。而这个敌人无嗅、无形、无名，悄然随时出没在你的周边。懈怠所以发生，是因为成功！成功往往会麻痹你，使你变成温水中的青蛙。人人有惰性，每个组织都有惰性。以至于任正非断言，懈怠偷安是人的本性，是组织最大的敌人！互联网企业也可以得大企业病。如何能够在模糊混沌的环境中找对方向？如何能够戒免安逸和惰性？

中国人被裹挟了，被缺少价值信仰的社会所裹挟，被各种无奈裹挟，被各种欲望裹挟，被各种情绪裹挟，也被恐惧裹挟。越是恐惧，就越是想抓住很多东西。人的意识被各种各样的堆积物压着，被各种各样的"贼"控制着，就不可能医治得了怠惰的根性。如何教化员工，领导者需要超越对孤独的恐惧感，超越对员工的恐惧感，如何才能对员工潜在的天赋和良知有信心？

因为警惕，任正非最富有的就是破堕通变的创生力。一如水，是无状之状，无物之象，没有固定的形状，因容器、环境不同而呈现出不同的形状。水同时又有"滴水穿石"的突破力与摧枯拉朽的彪悍。一旦锁定目标，无坚强不可易之！通变能力说到底是一种打开，接纳，随顺，聚焦，精准，贯通，坚韧。对那些看上去不可一世的矛盾和危机都有"无以易之"的办法。这是一种随环境变化而生生不息的调整和变革能力。在这篇重要的讲话中，他很清晰华为要去哪里：

让听得到炮声的人来呼唤炮火，一定要大道至简，一定要分层分级授权。使管理标准化、简单化。我们未来十年的变革，逐步从屯兵组织，转变为精兵组织。我们这样理解，对前端的不确定，使用富有战略眼光、富有组织能力、意志坚强的精兵组织；对确定的事情，由后方组织在战略机动上适当屯兵，以加强平台支持服务能力的提升。

在这里，任正非描绘了"让听到炮声的人呼唤炮火"体制一幅清晰的图画：大道至简，分层分级授权，管理标准化、简单化、数字化。任正非2008年提出"让听到炮声的人呼唤炮火"，美国著名管理学家亨利·名茨伯格2009年在中国发出强烈呼吁：

> 千万别复制美国式管理，这简直就是一种愚蠢的自杀行为。在过去数十年，美国培养了很多优秀的企业管理者，但是在未来依旧沿袭过去的美国式管理，将是一场灾难。

亨利·名茨伯格的逻辑是，美国数字精英管理，过于强调分析、工具，而忽略了作为管理者，实践和经验才是智慧之源。他判定"英雄式管理是一个诅咒"。可以说，华为将走出这个诅咒，走上自己的道路。

华为一切的变革，都是要植入组织、员工一种勇猛精进的基因和一种传导机制。任正非在公司成立之初就有着高远的志向——通讯行业三分天下有其一。他厘定了华为的信条：以客户为中心，以奋斗者为本，长期艰苦奋斗，坚持自我批判。华为的一切机制策略，都从此一原点生发。

"坚持自我批判"，是一个人和一个组织最重要的保鲜机制，也是破堕通变的重要途径。有许多高管建议把这句话从华为信念中剔除，因为其他三条在讲大道，这一条却在讲方法。任正非很坚持这一条。这是个人和组织自新的本质要求。没有这一条，何来"破堕通变的能力"！

华为的员工教育，也独树一帜。华为大学创立十多年，员工上课要交学费，还要扣除停工工薪。迄今一直坚持内部高管给员工授课，员工自己交了钱，也就对老师要求分外苛刻。华为还开创了独特的师徒制度，新进华为的员工，都会有各层次的高管当师傅。华为把以奋斗者为本做到了根儿上，工薪向着一线奋斗者倾斜。同时更重要的是，任正非深入一线，总是善于从员工中概括出一些普遍性的问题，形成一篇篇重要的内部讲话，成为员工教育的最好教材。

这是一个群雄并起的时代。苹果、Google、京瓷、索尼、松下、腾讯、阿里巴巴、京东、百度、小米、酷特云蓝、华大基因、海底捞、德胜洋楼、东方希望集团、诺亚方舟等公司，都做出了有益的探索。各种优化组合的模式和做法，不断涌现。华为人，因为强调和保持着七种品质与两种能力，现在保持着很好的势头。

五、任正非的原力觉醒

——《我的父亲母亲》解读

人要经历一个不幸的抑郁症的或自我崩溃阶段。在本质上，这是一个昏暗的收缩点。每一个文化创造者都要经历这个转折点，他要通过这一个关卡，才能到达安全的境地，从而相信自己，确信一个更内在、更高贵的生活。

——黑格尔

一次走进任正非办公室，他端着一个大白搪瓷缸子喝水，搪瓷缸子上还有两个地方掉了瓷。

我说："哇，这可是个老古董了。哪里来的？"

任正非说："我妈妈给的。"

任正非说着话，还下意识地两手端着大茶缸子往胸前靠了靠，他与母亲须臾不离。任正非的《我的父亲母亲》，是中国商业史上真正的经典。文章很少形容词，直戳人内心深处。提出"磨好豆腐给妈吃"，任正非把对母亲的深情带到了华为的信仰和战略上。

2000年IT泡沫破裂，欧美大公司纷纷陷于困境，华为也经历了空前绝后的下降。再这样下去，几万人发不出工资咋办？需要他抉择、思考的东西太多，身体造反了。那一年，他皮肤癌第二次动手术，重度抑郁症第二次爆发。

2000年底，任正非没跟任何人打招呼，抽身跑回了贵州家里，跟母亲在一起待了整整一天！母子有说不完的话。母亲知道他的难，曾对妹妹说："哥哥经营公司全是负债，等哪一天经营不下去了，就把我存的那10万元给你哥，让他吃饭呀！"任正非听了很感动，详细解释了华为现在的发展，让母亲放心。他们还约好，春节全家一起去海南，带上弟弟妹妹和儿女们，跟老人家一起过年。

2001年1月2日，任正非跟随国家副主席胡锦涛出访欧洲。1月8日上午访问在德黑兰结束。他本来想打电话给妈妈，可是怕妈妈担心伊朗不安全，就没有打。谁想到，下午一个惊人的电话从贵州飞到了欧洲："母亲被车撞了，伤势严重，速归！"

原来，那一天上午，母亲去买菜，一辆逆行的车呼啸而过，把她给撞倒了。司机逃逸了，不省人事的老太太被送医院了。没带身份证，兜里只有40多块钱，又没有家里人可联系，抢救治疗给耽搁了。等到中午任正非的妹妹去菜市场找母亲，再找到医院，已经晚了。任正非以最快的速度回到家，看了母亲最后一眼。巨大的悲痛把强壮的汉子给击垮了。

他惭愧！他后悔！那天早上如果及时打个电话给母亲，或许就会耽搁她去菜市场哪怕一分钟时间，就可以躲过一场灭顶之灾。可是，他连世上最亲爱的母亲都保护不了！痛彻心扉！

他悔恨！他惭愧！他不想见任何人！他把自己关起来整整一个月！他只想陪着母亲！屏蔽掉外在的打扰，一幕幕回忆着跟父亲母亲一起的时光。

母亲程远昭的生命在舍己从人中绽放

程远昭，贵州山区里长大，1944年，17岁的她嫁给了长她17岁的大学生任摩逊。当年10月生下了任正非，1946年生下女儿任正离，后来接着生下一男四女。7个孩子，个个鲜活可爱。丈夫一心扑在教育上。家里8口人的生活全仗着她支撑了。8个人就是她的全部世界。

家里只有任摩逊一个人挣工资，养活9口之家有点困难。程远昭跟着丈夫学习，也当上了一名教师。贵州山区少女得以读书已经是造化，程远昭能够一直读到高中算是幸运中的幸运。不过更幸运的是，嫁给了大学生任摩逊，并有了7个孩子。

7个孩子7张嘴，每个孩子还要坚持上学。这可累坏了常常为无米之炊犯愁的程远昭。她一边教书，一边干着所有繁重的家务活。任正非从小就听贤淑的母亲念叨："面子是给狗吃的"！

一家九口人全靠当老师的父母的微薄薪水度日，毫无其他来源。随着七个孩子一天天长大，衣服也在一天天变短，而且都要读书，开支很大。这些事都要母亲统一筹谋。任正非清晰地记得，每个学期每人交纳 2—3 元的学费时，母亲每次都为之发愁。每到月底，经常看到母亲到处向人借 3—5 元钱度饥荒，而且常常走了几家都借不到。他的青少年时代是在极度贫寒的生活环境中度过的。

面对困境，程远昭有她自己的绝招：舍己，她时常忘了家里的第九个人——她自己。她招呼一家人吃饭，还要收拾锅台，等她干完活，孩子们也吃完饭了。她就不吃了，又开始收拾碗筷。

她的心全部搁在这 8 个人身上，对每一个人的心跳她都能摸得准，时常忘掉她自己；她勤劳，生孩子当天也下地做饭；她肯动，无论是收过粮食的田野，还是路边的捡漏；她耐苦，忍饥挨饿成了她的家常便饭，各种各样野菜和树叶，她都可以做成美味，张罗 8 个人的吃喝；她强梁，通过自学读完高中课程，当一个中学数学老师，多挣一份工资养家。

这段岁月给予青少年时代的任正非最初的人生体尝是：每天饥肠辘辘，无心读书，学习成绩很不稳定。初中因学习成绩优异被学校作为"因材施教"的对象受到表彰，而高二期间却多次补考。高中三年的理想是能够吃一个白面馒头。

临近高考时在家复习功课，任正非饿得实在受不了了，便用米糠和野菜掺和一下，烙着吃。虽然那时家里穷得连一个可以上锁的柜子都没有，粮食是用瓦罐装着，他从没有随便去抓一把，如果那样做，"会有一两个弟妹活不到今天"。

这一切都没有逃出母亲的眼睛。后三个月，母亲经常早上悄悄塞给他一个小小的玉米饼，使他安心复习功课。但是，在同样忍饥挨饿的六个弟妹的注视中吞咽下去的时候，对任正非来说并不是一件简单的事："小小的玉米饼，是从父母、弟妹的嘴里扣出来的，我无以报答他们。"

正是在极度饥饿中，一家人的亲情和父母的言传身教给予任正非无穷动力。19 岁时，任正非带着父母的重望，以坚强的毅力考上了大学。

任正非上大学时，母亲千方百计给任正非做了两件衬衣，还给了他一床被子。没有被单，母亲捡了毕业学生丢弃的几床破被单缝缝补补，洗干净，这条被单就在重庆陪伴他度过了五年的大学生活。当时任家两三人合用一床被子，而且破旧的被单下面铺的是稻草。任正非看着衬衣和被子直想哭。他知道，他有了，弟妹们就会更难了。

母亲教给他的生存之道，就是"舍己从人"。[①] 母亲爱他们，愿意为他们承担一切，敬畏他们的天性，却从不迁就他们。母亲用无形的力量告诉他一个天大的道理："舍己从人"是一面，"不为人制"是另一面。二者和合就是"便利从心"。

"舍己从人，不为人制，便利从心"。这是一个颠扑不破的生命法则。天下的母亲们，大多自我选择了这样一条道路。她们无私，为着家庭、为着孩子，可以奋不顾身做任何事；但是同时，她们又不要对孩子的掌控权，她们不想左右孩子的未来，她们都确信孩子可以自己选择更好的未来。如果一个母亲，守不住自己作为母亲的担当，一味溺爱纵容孩子的狂躁和私心野心，或者一味掌控左右孩子的成长选项，褊狭自私地培养孩子，那就是毁了孩子。母亲谦虚低调，管住了自己的双手，不干涉孩子，不毁坏孩子们的自性。

母亲的不自私，给了任正非最深刻的记忆。他说："我的不自私也是从父母身上学到的，华为今天这么成功，与我不自私有一点关系。"确实，母亲言传身教给任正非的，"不自私"不仅仅是体现在物质利益上，更体现在心的不掌控上。

从父亲那里学来了"不随大流，要有绝活"

父亲任摩逊给他和大妹起了个好名字：任正非和任正离。"正中有非，非中有正"，"正中有离，离中有正"；正即非，非即正；正即离，离即正。任摩逊给儿女起名，实际是给儿女种下了一颗种子。不要跟随主流，心里要有主流。离开主流，才可以推动主流。这是一种博大的哲学，在任正非后来的人生与事业中得到了最大的体验。

---

① 焦循撰，沈文倬点校：《孟子正义》上册，中华书局 1987 年版，第 240 页。

任正非的父亲任摩逊曾嘱咐他：

> 记住知识就是力量，别人不学，你要学，不要随大流，你要有绝活。学而优则仕是几千年证明了的真理。你是老大，以后有能力要帮助弟妹。

在逆境里，他发愤学习，将樊映川的高等数学习题集从头到尾做了两遍。由于结交了一些西安交大的老师，这些老师经常给他一些油印的书看，并自学了电子计算机、数字技术、自动控制以及逻辑、哲学和三门外语，当时已达到可以阅读大学课本的程度。

经历过一些事情后，任正非对父亲的话，有了更深的体验。父亲话的核心就是不流俗，有不断超越的心志。这种心志，被任正非用到了极致。他看穿了，人是注定要被超越的，巨型公司是注定要被超越，现实既成的一切是注定要被超越的。他来到这个世界上，生命要有意义。生命的意义就是要颠覆既成的东西，不断创造出新绝活，不断推出新格局。

"每个人的自我超越"，后来成了华为的顶层设计，也是华为人底层操作系统的要素。任正非大开大合，走的是通过颠覆实现与正统和合的路径。正非、正离，还有点混沌的味道。别做那么多区隔，它们是彼此不能分离的。后来他还发明了管理的灰度理论，或许也可以在自己的名字中找到某些启示。

在华为公司创立初期，任正非遇到了困境。没有银行可以贷款给他，他就那么点资金，还要搞研发，还要找人，怎么能办事？任正非就向读过经济学的父亲请教。父亲说，民国年间，大老板出投资，但是大掌柜的和团队要五五分，或六四分红。这样才可以拢得住人。你为什么不让员工也入股分红？

父亲的建议给他打开了一扇大窗户，他看到了外面的世界。于是，起初华为常常许诺高薪，但是到了年底，又会动员员工用一部分工资入股，这样就解决了没有人才与没有资金的恶性循环。谁知道，当时不得不为之的华为虚拟受限股，现在却成了华为成就的秘密武器。甚至最好地诠释了任正非潜意识中的信念："以众人之私，成众人之公。"

任正非醒悟到，父亲说出了生命的至理。人不是为面子活，不是为功名利禄活，不是为他人的评价活，人要听到自己灵魂的声音，要开发出自己独一无二的天赋潜能，要拿出自己的绝活，而且自己要成为独一无二的绝活！拿出绝活，就是要有不断超越自己的创造！成为绝活，就是要对一草一木心存敬畏，有同理心。

从父母的言传身教中学到了"和合"

任正非的爷爷生意人任三和已经把做人做事的"和合"精神传给了任摩逊。父母亲又把随时随地与环境"和合"的品质，传给了心细如发的任正非。瘦小的母亲看上去是逆来顺受，其实，随时随地与环境和合，那是真正的大智慧。人与环境要随时随地和合，心与做事要分分钟相通；见识与风雨变幻相交，静心与忧伤快乐并行。

他的父母向他展示了一种骨子里面的倔强：每一个挑战都涵有一抹清明，无论看上去如何困顿迷茫；每一个担当都蕴含慈悲喜舍，无论看上去如何穷凶极恶。有时需要忍耐，有时需要出格，唯相机创造，方能巩固生命力的根基。

华为供应链管理堪称一流，精髓就在"和合"。一个螺钉加工厂的老板曾说，华为对协作商的服务非常周到，不需要任何回扣和通融，为协作商做管理流程，提供技术和管理支持，还为协作商做管理培训。

任正非对"和合"精神心领神会。2002年思科与华为在美国开战，2005年思科总裁钱伯斯就应邀到华为来访问。两个宿敌相拥而欢一时传为佳话。这就是任正非。他把目标瞄准巨头，但是从来不放过可以跟巨头和合的机会。或者说，宣战就是为了和合。当然关系也不断在反转。几年前，钱伯斯千方百计约任正非见面，任正非实在太忙，就在中国一个机场给钱伯斯留出一个小时。钱伯斯专程从美国飞来赴约一个小时的咖啡。

"和合"后来被纳入华为的长期战略。2016年华为发布自己的长期战略：共建、共有、共享一个全联接的世界，让人类享受美好生活。那是从理念说的，任正非用"磨好豆腐给妈吃"，说了同样的意蕴。这样，就把消费者与生产者，生活者与造物者，美妙地用"和合"之大爱连接到了一起。

活下去的倔强

任正非 1944 年出生，从小就经历了战争、贫困等磨炼。活下去，是任正非智慧的源泉。作为长子，挣扎在社会底层的苦难岁月，也促使任正非有更强烈的改变现状的渴望，养成坚韧的性格；百折不挠，懂得以身作则，不怨天不尤人，养成自强不息的精神，也激发了他的冒险精神，由此催生出的原始生命力以及争强好斗的性格，这成为推动其在商业上建功立业的强大动力。

有教养的父亲母亲都念叨："面子是给狗吃的。"任正非更把这话发挥到了极致，他说："你是想吃饱肚子还是出名？"

"面子是给狗吃的！"那不简单是为一口吃的！那是说，人不能为一些虚头巴脑的脸面活！要务实，要一竿子扎到底！那是在强调做人的品质：处其厚，不居其薄，处其实，不居其华，实其腹，强其骨，不为面子活，敦厚笃朴，忠信诚恳等。华为后来聚焦活下去的总体战略，跟任正非这段生命体验很有关系。

任正非感慨："我真正能理解活下去这句话的含义！""华为最基本的使命就是活下去。"在高技术领域活下去更需要超凡的毅力。

如果说，穷困是有大作为的人的第一桶金，那么饥饿感就是一个人不竭的动力源。饥饿感一旦消失，人的生理动力也就完结了。在"活下去"这个简单的念头中，寄托着任正非不一样的追求。

后来，华为已经成为无可争议的中国老大，任正非依然念念不忘活下去："我没有远大的理想，我只想这几年如何活下去。"

对任何一个组织，最大的困难不是危机和挑战，最大的困难是成功。"活下去"，在任正非那里意味着分分钟的危机，提醒自己别忘了脚踏实地，别忽略了接地气。

在中美贸易摩擦发生时，任正非最震撼人心的就是提出了活下去的战略：

我们要活下去。以前这是最低纲领，现在这是最高纲领！

任正非一定听到一种神秘的声音：离开人们趋之若鹜的"一般"，要敢想敢做，要不流俗、不平庸，要分分钟归零，要改变这个世界，这是生命充实激越起来的根本途径，他禁不住这种诱惑。让华为长久地活下去，这是他为之战斗的观念与信仰。

强大的原力在内部苏醒

任正非在一个月的闭关中，实际上是清静回到了生命的源头。他打开门走出来时，带着一篇《我的父亲母亲》。

这一个月的闭关，母亲用生命撞醒了任正非。任正非分明听到了母亲的声音：别整天往外看，别整天关注那些行业、国家、世界的大事件，要回到自己天性的源头，回到做人做事的源头，回到企业经营的源头，要在内心建立起一个强大屹立不倒的自己！这是一切绝活的源头！生而为人，必须拿出绝活！拿出与众不同的产品绝活！拿出华为独一无二的文化绝活！拿出华为人从上到下的心性品质！这是这个浮躁的世界最缺乏的绝活！高品质不在口号说法中飘荡，高品质要在扎扎实实的努力中实现！

一个更强大、更内在的原力开始苏醒了。一如《星球大战：原力觉醒》主人公卢克所说："强大的原力在我们家族一脉相承，我父亲有，我妹妹有，你也有！它已经苏醒了，你看到了吗？"

老任家的生命之河，回荡着"回到源头，拿出绝活"的旋律。在艰难岁月中，任家全凭一家人坚忍顽强的意志自谋生路。华为当下的困难，最需要的就是回到华为创造绝活的源头：以客户为中心，以奋斗者为本，长期艰苦奋斗，坚持自我批判！一如毛泽东所说："群众是真正的英雄！""从群众中来，到群众中去！"

"群众是真正的英雄"，很切题，很现代。这实际上也是华为的顶层设计——每个人的自我超越。华为公司的顶层设计，就是以奋斗者为本，以每个华为人的原力觉醒、自我超越为公司的顶层设计。

想通了这一层，任正非豁然开朗。他写道："逝者已逝，活者前行。"每当看到这几个字，我都会眼睛湿润。确实，先人已走，但是他们的精神，还是可以与我们的创造同在。正可谓："机会在前，原力觉醒，回到源头，拿出绝活。"

从生命河流中看待今天面临的困难，就有了一种整体观。闭关一个月，任正非不仅仅找回了初心，找回了统摄全军的"一"，带着华为脚踏实地一步步进入了全球通讯设备老大的位置，还以更加开放与包容的态度看待供应链和竞争对手，把自己和华为更大程度上汇入了人类奔腾不息的河流，华为进入了更为广阔的成长空间。

什么样的人可以托付天下呢？什么样的人可以托付终身呢？什么样的人可以被托付企业帝国呢？

唯有那些至诚的人，他们敬畏自己的天赋潜能，敬畏自己的无穷性；在开发自己无穷性潜能的同时，他们更敬畏员工和团队的无穷性潜能，敬畏员工自我超越的深层渴望；把人人自我超越的渴望，引导到对客户的诚信的宗教般虔诚，引导到惟精惟一地"磨好豆腐给妈吃"；向世间的苦处行找到标靶，向自己的苦处行拿出绝活。

六、中国商业哲学的整体建构

> 众人皆有以，而我独顽以鄙。我欲独异于人，而贵食母！①
>
> ——老子《道德经》

> 未来是虚拟社会时代，虚拟时代中国的玄学是有极大价值的。西方大公司要把研发机构的总部搬到中国来，才能在未来占领制高点。因为中国有玄学的土壤，有整体性思维意识。
>
> ——任正非

在不确定性的世界，中国乃至世界都有着寻求新思想以引领发展的渴望与呼唤。适应这种需求，"中国商业哲学"，第一次作为重要议题被纳入2018年8月在北京举行的"第24届世界哲学大会"。这体现了中国乃至全球对中国商业文化价值和中国发展的底层操作系统愈加重视。

提出"生活者"本身是一个进步，但还远远不够

在"第28届世界哲学论坛——中国商业哲学论坛"上，陈春花教授把

---

① 饶尚宽译注：《老子》，中华书局2006年版，第49页。

商业哲学回归了商业的源头——生活。没有空泛的套话和概念，入心的演讲，言语朴素直白，直抵她确认的商业本质：

> 如果我们能真正地回归生活本身，我们才可以真的理解什么叫做"生意"。我一直强调一个根本性的东西：人在生活当中，不是消费者，而应该是一个生活者。

陈春花教授这几年一直在强调商业的根本是回归生活本身。

在她看来，生活的真善美，寄托着人类最深切的追求，也是文明推进的核心思想。美好生活是源头，有品位的生活者是商业的标靶，商业就是通过满足美好生活的需求来赚钱。

以什么样的视角或思想透视商业本质，一直是我这些年来追寻的目标。

据我的观察和研究发现，"生活者"比"消费者"前进了，提出"生活者"本身是一个进步，但仅仅是"生活者"，还承载不了商业的根本。

"消费者"和"生活者"只是一端，另一端是充满内心激情的"创造者"、"造物者"和"建构者"。这两者是一不是二，只有从两个层面，才可以从整体哲学上呈现商业的本质。

为此，我们必须走进另一端的创造者、造物者或建构者的内心深处，去看看他们受着怎样的信仰驱动，开发出巨大的无穷性潜能，造福人类。

安·兰德：人的本质是寻求生命的无限可能性

受到安·兰德（1905—1982）启发的企业家和科技精英，数不胜数。苹果创始人乔布斯、维基百科创始人吉米·多纳尔·威尔士、甲骨文创始人拉里·埃里森，Uber 创始人特拉维斯·卡兰尼克，前美联储主席格林斯潘等，科技产业和金融业最顶尖、最杰出的人物，一大批政商领袖，都是安·兰德的信徒。

安·兰德在 20 世纪的人类史上缔造了一个新的神话：那就是一种在人类历史长河中必将发挥无尽影响力的超越宗教之精神影响力的诞生。安·兰德创立了一种新的信仰：对人的巨大无穷可能性的信仰。这个信仰是普世的。

安·兰德是苏联裔美国著名哲学家、文学家，客观主义运动首创者，理性的利己主义思想倡导者，被誉为"美国的自由女神"，是全世界最畅销的作家之一，她著有《源泉》、《阿特拉斯耸耸肩》等集说理性和优美文笔于一体的近百部著作，深入人心，销售量仅次于《圣经》。安·兰德关于人性、人的本质和社会本质的论述，给我们提供了透视商业本质的重要视角。

安·兰德曾这样总结她的哲学：

一个人理性的自私，也就是在不损害他人前提下的利己，只为自己活着，不仅是道德的，而且是道德的源泉。人是一种英雄式的存在：创造性的成就是他最高尚的行为；理性是他唯一的绝对标准。

每一代人中，只有少数人能够完全理解和完全实现人类的正常才能，而其余的人都背叛了它。这并不重要。正是这些极少数的人将人类推向前进，而且使生命具有了意义。

无论前途如何，在人生之初，他们便开始寻求生命的无限潜能和人类的高贵身影。我所一贯追求的，正是向这些为数不多的人致意。其余的人与我无关，他们要背叛的是自己的灵魂。

安·兰德把一个现实的选择推给了每一个人：做惊恐的寄生虫还是独立的创造者？真正的自由，只能是人类自身能力的最大化发展，是人类发展可能性的最大化、最优化。人类个体必须不断地去创造人类个体自身，人类群体也必须不断地去创造人类群体自身。

安·兰德的重要贡献，就是把"理性的自私"与"自我成就"的动机说明白了。商业是以人的自私需求为起点。那些英雄式的自私，是不背叛自己的天赋天命，是遵循生命的无限可能性，去扎扎实实、一点一滴去创造的人。那些攀附在财、权、名大树上或沼泽中的寄生虫，那些自己灵魂的背叛者，他们苟且贪生，追逐着虚妄的自私自利。

个体的自我创造与群体的自我创造，才是商业的本质。然而，理想很丰满，现实很骨感。绝大部分人，被财、权、名等拘住了，窒息了他们的创造力。那些为发挥自己无穷性潜能而活着的人，少之又少。于是，一些人成为寄生虫；一些人成为造物者和建构者，成为"自由的英雄"！

乔布斯跟随内心超越了自我

乔布斯很喜欢安·兰德对自性的剖析。他的语言像极了安·兰德《源泉》中的洛克：

> 你的时间有限，所以不要为别人而活，不要被教条所限，不要活到别人的观念里，不要让别人左右你的声音，最重要的是永远追求你的心，只有你的心才知道自己的真实想法，其他一切都是次要的！

> 工作占据了你大部分的人生，满足感来自于你相信你在做伟大的事情，要做好工作，前提是你要热爱你的工作，如果你没找到，快去找。

> 记住自己将要死去，你已经了无牵挂，没有理由不追随自己的心。

> 你们如果还没有发现自己喜欢什么，那就不断地去寻找，不要急于做出决定。就像一切要凭着感觉去做的事情一样，一旦找到了自己喜欢的事，感觉就会告诉你。就像任何一种美妙的东西，历久弥新。所以说，要不断地寻找，直到找到自己喜欢的东西。不要半途而废。

乔布斯跟随内心的呼唤，申请退学，只把时间放在做他喜欢的事情上。跟随内心的呼唤，他19岁的时候做了一次有历史性意义的出走。多少年后他回忆他的人生，还把这次出走放在了很重要的位置上。

乔布斯很不习惯当时美国社会的成功至上，那种用金钱、权力和名声来衡量生命的价值，让他很迷茫。于是，他决定去印度寻求神性的启示。可是，在印度遇到了许多神性大师，却感觉到透心凉。没有一个大师可以启示他如何在混沌浮躁的世界找到那个屹立不倒的自己。后来，他索性搬到靠近尼泊尔珠穆朗玛峰的一个村庄。在那里租了一个房间，过着简单的生活。

一天晚上打坐，从涌泉穴进入一股热流，向他的腿、腰、身、头上涌。他睁开了眼睛，看到了电灯。电灯，在美国、在新德里都看到过电灯，没有感觉。就是那个晚上，看到电灯，他想起了发明电灯的爱迪生，爱迪生创造了一系列伟大的产品，通过物质来把精神传递出去，深刻改变了世界。那不就是他孤独的灵魂一直在期盼的事吗？那个不就是他的灵魂要去的方向吗？他太兴奋了！那个晚上重新塑造了他，也塑造了今天这个世界。

去印度之前，乔布斯一度想通过禅定，发现左右人类宇宙新的哲学和法则来改变世界。珠穆朗玛峰下村庄的那个晚上以后，乔布斯的灵魂不再漂泊，他立下一个大志：

> 通过创造独一无二的产品，来传递思想和价值，使世界变得更美好。

这个顿悟改变了他，也改变了这个世界。正是带着这样的初心，乔布斯回到美国就跟沃兹一起在他家的车库里研发电脑。他们制造出第一台个人电脑，制造出第一台 iPod，建构了第一个系统智能平台 iTunes。制造了第一台智能终端 iPhone。

无数个第一，深深改变了这个世界。乔布斯去世 7 年后，苹果公司于 2018 年成为首个突破万亿市值的公司。

乔布斯更诠释了一个与众不同的"自由的英雄"。

2009 年年初，乔布斯被查出肝硬化晚期。医生告诉他，必须马上进行肝移植，才能挽救他的生命。乔布斯同意了肝移植手术方案。院方马上为乔布斯在加利福尼亚州肝移植中心进行登记，等待肝源。

可院方发现，要进行肝移植的病人很多，如果排到乔布斯至少需要 10 个月时间。为了尽快挽救乔布斯的生命，院方马上又为乔布斯在其他州进行了登记。这种跨州登记在美国是法律所允许的，目的是争分夺秒地抢时间，尽快挽救病人的生命。

院方发现，几个州最快的是田纳西州，只需要 6 个星期就可以等到。于是，乔布斯被排到需要肝移植的人中最后一个。

对于急需肝移植的病人，每一秒都显得那么宝贵。

朋友对乔布斯悄悄地说道："看能不能花点儿钱，给有关人员打点打点，让您先移植？"

乔布斯听了，吃惊地说道："这怎么行？那不是违法了吗？我的生命和大家的生命是一样的，大家只能按照秩序来排队！"

朋友瞒着乔布斯，又找到医院院长杜尔先生，希望杜尔先生行使一下院长的特权，让乔布斯插个队，先给乔布斯移植。

院长杜尔先生听了，皱起了眉头，脸上露出十分惊讶的神色，他两手一摊，无奈地耸耸肩，说道："我哪有这个特权让乔布斯插队？如果让乔布斯先移植了，那么其他病人怎么办？一切生命都是平等的啊。"

说情的人只好郁郁寡欢地离开了杜尔的办公室。他不死心，又找到田纳西州州长菲尔·布雷德森，希望布雷德森能帮帮忙，行使一下特权，给院方打个招呼，或写个批条，让乔布斯先移植，否则，乔布斯会有生命危险。

布雷德森听了，脸上的笑容消失了，他严肃地说道："我哪有那个特权？打个招呼？批个条？什么意思？我不懂！谁也没有什么特权能让谁先移植，谁可以后移植。一切生命都是平等的，大家只能按排队秩序来进行。"

没有任何人能帮助乔布斯，包括他自己。那些排在乔布斯前面需要肝移植的病人，有的是普通的公司职员，有的是家庭主妇，有的是老人，还有的是失业者，他们都在按照顺序排队，等待可供移植的肝脏。生命，对每个人来说，都是那么宝贵。

六个星期后，乔布斯终于等来了可供移植的肝脏。可是，由于等待时间太长，乔布斯的癌细胞已经转移。这次移植，只延长了乔布斯两年多的生命。

但是，乔布斯无怨无悔。他在生命最后两年多的时间里，依然为苹果公司开发出更加新颖的产品，一直到他生命的最后一刻。

在生死攸关的时刻，还能恪守"生命平等"的信念，还能够将心比心。这样的恻隐之心，这样人性的真善美，如此深切的敬畏和大爱，如明月般皎洁，光可鉴人，散发着圣洁的光芒。乔布斯让我们看到了人性的光辉，直抵我们内心的柔软。

乔布斯用生命铸造了不朽的精神山脉。他有巨大的恻隐之心，同时又怀揣着不朽的梦想——开发出无穷可能性，造福人类。

乔布斯超越了自我。他是安·兰德的信徒，但是他在实践中同时拥有了一种东方哲学的达观和超越。

安·兰德用了符合西方世界主流社会的语言方式，把人对巨大无穷性发展的渴求，用"理性的自私"做了概括。所以是"理性的"，即"不伤害他人的自私"。由此在一些微妙的地方，也造成了混乱。所以安·兰德在《源泉》25周年再版序言中说，因为她对《韦氏日用词词典》的依赖，犯了

413

"语义上的一个小错误：在洛克的法庭讲话中使用了'egotist（自我本位的）'一词，而实际上应该是'egoist（自我主义的）'一词才对"。安·兰德在序言里澄清的，就是对自私的界定。

人类自发自动的欲望，需要有一个管道，安·兰德命名为"不伤害他人"，中国人则喜欢用"同理心"或"恻隐之心"来替代。而"恻隐之心"在中国的语汇里，是与悲悯、慈悲、爱有着同样的内涵。当一个人既拥有不朽的梦想，又拥有恻隐之心，他就成了一个超越自我的人了。

马斯洛晚年对他在 20 世纪 50 年代发明的需求五层次论很是后悔。在五层次论之上，涌现出许许多多的理论，把实现无限潜能的个人主义放在了至高无上的位置。这样的社会必然会产生类似于 20 世纪 30 年代经济危机以及 2008 年的美国金融危机。因为个人主义膨胀没有了界限，会把社会投入巨大的灾难之中。马斯洛后来接触了东方哲学，给了悲悯心和恻隐之心很大的褒奖。于是，在晚年提出了六层次需求论，在原来的"实现自我价值"需求上面，加上一个"自我超越，灵性体验"的需求。

乔布斯最终在病魔面前，完成了超越自我的终极目标。他用生命很好地诠释了安·兰德与马斯洛的学说，也诠释了东西方智慧。

"造物者"杰夫·贝索斯：追随内心的热情

杰夫 1964 年出生在美国新墨西哥州，是一个私生子，他的母亲后来嫁给了米盖尔·贝索斯，杰夫也就跟着继父一起姓贝索斯。幸运的是，他和继父的感情很好，一个和睦的家庭是他成长路上的坚强后盾。

他成长路上对他影响最大的人是外祖父。外祖父培养了他对科学的热爱。后来贝索斯认为，外祖父是个常常内省的人，聪明睿智，自力更生，而且具有强大的同理心。他一直记得跟外祖父在一起的日子：

> 聪明是一种天赋，而善良是一种选择。天赋与生俱来，而选择则颇为不易。究竟如何选择？善良比聪明更重要。
>
> 在农村你要学会的一件事就是如何自力更生。一切事情都要自己动手做。这种自立是你可以学习的东西，外祖父是我的榜样：如果有东西坏了，就要自己动手修好。要做成一些你以前从未接触过的事情，

那么就必须顽强和专注，顽强和专注到别人或许认为不合情理的地步。只要你愿意投入时间和精力来培养新技能，那么你就能做你应该做的事。如果你只涉猎你能力所及的领域，那么你的技能就会过时。

从祖父身上学到的品质对于亚马逊公司的成功非常重要。

在真实与幻象之间，你究竟选择什么？这是每个生命绕不开的一道选择题！没有妥协！没有考虑！

我们绝大部分的人，会毫不犹豫地选择财富、地位、权力、名声、荣誉等幻象；我们绝大部分公司，会毫不犹豫地选择规模、世界第一、行业第一、世界一流等幻象。因为我们一出生就在小我编制的幻象里陶醉与奋发。

幻象分分秒秒不停地在变幻，那不是贝索斯的出发点与终点。

从普林斯顿计算机科学和电气工程专业毕业后，贝索斯选择闯荡华尔街，并在短短几年获得了巨大的成功。然而当他发现互联网的用户数量正以每年2300%的惊人速度增长时，立刻果断放弃了华尔街的一切优厚待遇，选择创业。

那一年30岁，结婚才一年。他告诉妻子MacKenzie想辞去工作，然后去做这件疯狂的事情，很可能会失败。妻子支持他追随内心的热情。在深思熟虑之后，他选择了那条不安全的道路，去追随我内心的热情。

在创业沉默期，贝索斯耐得住寂寞，集结了10亿美金投资在看不见明天的网上购物体验研发上。

杰夫·贝索斯则宣称：要抓住瞬息万变的机会窗，必须把战略建立在不变的事物上：

> 亚马逊20年把战略建立在不变的事物上：同时提供无限的选择、顶级的购物者体验和最低的价格。

什么是不变的事物？在商业，这个不变的事物就是对最终客户用户体验无限的追求。贝索斯忠诚于客户拜物教，其业务模式甚至不追求利润，而追求前瞻性的客户体验。即使后来开始疯狂盈利，贝索斯也仍然坚持展望长远的原则，往往将赚来的钱迅速投向一个长期的、大规模的、颇具风险的创新项目上。

贝索斯发现，一件事做透了，一透一切透！一切即一，一即一切！抱元守一，就可以抓住万千产生于"一"的真实机会。

贝索斯在 2008 年致股东的一封信中写道：

> 最终，技能都将过时。"逆向工作法"要求我们必须探索新技能并加以磨炼，永远不会在意迈出第一步时的那种不适与尴尬。

逆向工作法，要求以终为始。以最终目标为靶子，一切都从那里出发。在这个方向性问题上，没有逐步来、渐渐走。要么选择，要么不选择！把这个思维贯彻到商业上来，就是真正以客户为中心。最终客户的痛点、服务体验，是所有一切的价值尺度。世界围绕着价值旋转。

在幻象与万物一体的宇宙规律之间，他选择了服从宇宙规律，不为幻象所迷！他抱素守朴，从万物生命体验的角度，以己推人，走在了充满阳光的大道上！

20 多年来，贝索斯抱元守一，恪守商业上的"一"，以不变应万变。无论对手怎么变化，无论是零售行业还是高科技的云计算，他始终抱定这个很笨、很朴素的战略，一条路走到底！现在，世界顶级公司都在角逐云计算市场，而正是因为贝索斯坚持把战略建立在不变的事物上，使得 AWS 在云计算领域攻城略地，微软 Azure、谷歌 GCE、IBM Softlayer 和阿里云四家的市场份额加起来也不及一个 AWS（Amazon Web Services）！

根据 2018 年公布的福布斯全球首富排行榜数据显示，亚马逊 CEO 杰夫·贝索斯超越比尔·盖茨，当选全球首富，他持有 16.4% 的亚马逊股份，身价为 1500 亿美元。同时在 2018 年，亚马逊继苹果之后，成为全球第一个突破万亿美元市值的公司。

张代理听到了天性的呼唤回到了源头

酷特云蓝创始人张代理，没上过大学，却不断克服困难，坚决挺拔地站立起来。从开始求生不能，到后来创立红领集团，又改制为"酷特云蓝"，形成全球量身定制正装的第一品牌。

他的人生理想，在这个过程中不停地裂变。从最早只求"吃一天白面馒头死了都值"，到后来他领导全球量身定制正装第一的品牌，他深知自己身上有无穷性的潜能。他尽展自己的无穷性，由此他也就敬畏员工的无穷性，敬畏员工的潜能。

人都是自我驱动的。而过去科层金字塔管理体制，却泯灭了人的巨大无穷性。他需要，他的员工也需要，没有层级命令的自发自动的自治。自性本自具足，自性能生万法。

他创造了一种法制化的数据驱动机制，创造一种自组织自进化的体制：去科层、去部门、去领导化、去审批、去岗位，一切都在阳光下，每一刻都可以知道盈亏状况。全员对准利润目标，利润目标对准全员。

以整体化的数据驱动，张代理要达到尽人之性、尽物之性的目的。

过去 15 年，他是孤独的。起初几年没有一个人与他同心。

但是，张代理不去辩论，他知道人们看重事实。于是，他从根基上动摇、克服一切妨碍他行动的阻力。那是一种超然的"坚决性"：在内里融化、粉碎和打破所有教条的规定性和明确性。这种"坚决性"是一种对事物的至诚，是一种对大自然根本规律的至诚。坚决性，还代表着兢兢业业做出绝活的精神。不出绝活，多少坚决性都没有意义。

他把酷特云蓝治理之道概括为"原点论"：

> 遵循、顺应、践行自然规律；
> 还原人性，激发人的主观能动性和自主创造力。

"天命之谓性，率性之谓道"。① 张代理的探索，深扎在中国的土地上，汲取着大地的营养。中国儒释道三家，都说尽了人的"尽性之道"。

无论是乔布斯、贝索斯跟随内心，还是张代理尽性之道，都可以在东西方智慧找到源泉。正是所有造物者和构建者的底层操作系统。一如尼采所说：

---

① 郑玄注，孔颖达疏，龚抗云整理：《礼记正义》下册，北京大学出版社 1999 年版，第1422 页。

这仅仅是力的事业：具有本世纪的一切病态特征，但要以充盈的、弹性的、再造的力来调整。强者。

任正非哲学的本体论和方法论

任正非在人生最艰难的时候创立了华为。当时他意识到，在历史长河中，自己很渺小。他经历过生命中难以诉说的苦难，历经了人性的背叛和无尽的挑战。两次癌症手术和两次重度抑郁症，都没有把他打趴下。在艰难时世中，任正非一步步往前推进，一层层建构自己的底层思维操作系统。

有的当下电闪雷鸣，过后常常烟消云散无影无踪；有的当下大白话飘过让人不曾察觉，日后回味则历久弥新。在2013年5月14日那个寻常的下午，任正非在与我喝咖啡时，飘过一句大白话，当时都不曾在意。后来体会，大白话概括了他对商业本源和使命的认识，概括了华为的信仰：

"做企业就是磨好豆腐给妈吃。"

"磨好豆腐给妈吃"，带着对妈妈的大爱、敬畏和郑重去工作，整合全球资源为人类创造价值，这是华为的信仰。为实现这个信仰，任正非对企业方式做了艰苦卓绝而又与众不同的探索。

华为的三个企业方式：一是"以众人之私，成众人之公"。他告诉我，"我在私欲上与员工'同流合污'"。他深知人人都由私欲自我驱动，没有人不喜欢"升官发财"。为了最大限度激发每个人的自主性和能动性，他把本来一个人拥有的华为股份，大部分给了员工，他自己现在只持有不到1%；同时他又是最会分钱的老板，他坚信"钱分好了，管理就简单了"。建立健全"价值创造、价值评价、价值分配"的闭环，让人人在追求改变自己和家庭命运的驱动下，去自发自动开掘释放潜能，磨出最好的豆腐。

二是"做一个无事人"。他最开心的事，是高管说他不懂管理。他敬畏每个人巨大的无穷可能性，敬畏每件事巨大的无穷可能性，敬畏每个当下巨大的无穷可能性。有了深刻的敬畏，他甘愿做个"无事人"。他放弃了人财物的签单权，只统领了一个"文化思想"。他要推动每一个人开发潜能超越自我拿出绝活。他不仅自己做个"无事人"，而且要高管都做个"无事人"。他要"以谦虚低下无事为表，以不毁当下无穷性为实"。

三是"让听到炮声的人呼唤炮火"。任正非不用一些玄妙的词来概括新体制，他就用这句大白话概括出这个从美国军队学来的管理模式。为了实现这个体制，他从一线三位一体"铁三角"的基层组织出发，从下而上一以贯之。大道至简，去官僚化、去科层制、去部门墙，管理标准化、简单化、数字化，一切数据驱动，一切都在阳光下。为了落地"让听到炮声的人呼唤炮火"体制，过去华为10年已经花掉100多亿美元，今后15年还做了350亿美元的预算。

经历了无数个不眠的日日夜夜，任正非不断否定自己，得到的一个宇宙存在的真相——混沌灰度。他确信，人们也应该有通过这样的认识论来认识这个混沌世界。在《一江春水向东流》这篇终结自己心路历程的文章中，任正非说：

> 想起蹉跎了的岁月，才觉得，怎么会这么幼稚可笑，一点都不明白开放、妥协、灰度呢？

40多岁以前的生命白过了！如果早知道点"灰度"，能够做成多少事呀！这种觉醒，有点像当年的苏格拉底。

苏格拉底研究天文学，观测宇宙。越看心里越发毛，越研究自己越感到没底儿。他看到了一个巨大的无穷性的宇宙，看到了世界发展的巨大无穷性。而他却一无所知！他感到惶恐！"我唯一知道的就是我一无所知。""认识你自己"！接着又像一只牛虻，用"为什么"这把利剑猛刺向那些自以为是的人。他立志要通过发问"为什么"成为真正伟大思想的"接生婆"。

一如苏格拉底，任正非也认识到自己的无知和渺小。从母亲那里学来了"面子是给狗吃的"。任正非发挥了一下："不要脸的人才，才能进步。""所有干部都应该不要'脸'，要'脸'的干部没多大出息。"于是，他见人就问"为什么"，一再发起批评与自我批评的会议和讨论。最后，干脆把"坚持自我批判"列为华为"四句教"（以客户为中心，以奋斗者为本，长期艰苦奋斗，坚持自我批判）之一。

有一次在任正非办公室，我问：未来对华为的冲击会是什么？

任正非拍打着自己的胸膛说："是我呀！是我们华为人！是我们的成功呀！我们太成功了，自是、自矜、自负、自傲、自闭就紧跟着来了，华为不倒下才是怪事呢!"

在这个瞬息万变的世界中,不随时清空,不虚怀若谷,就可能被干掉。这可以说是任正非的底层思维操作系统的要素了:直落根本,实事求是;到一境灭一境,入一步杀一步,知一趣忘一趣,得一妙舍一妙。

任正非做企业有三个假设,"以众人之私,成众人之公","做一个无事人","让听到炮声的人呼唤炮火",这些不拘一格的创造,系统反映了任正非做企业的三个假设:

第一,关于客户的假设。

"磨好豆腐给妈吃",一下子把天底下最终用户都当成了妈;带着对妈妈的爱、敬畏和郑重去工作;华为跳过运营商,敬畏最终用户对美好生活的巨大的无穷需求;对最终用户的诚信,要做到宗教般的虔诚。扎根最终用户巨大的无穷需求,给华为的总体战略注入了无穷的活力。

第二,关于人性的假设。

人是自私的,人是自我驱动的,不想挣钱的员工不是好员工,"以众人之私,成众人之公";敬畏每个人巨大的无穷潜能,敬畏每件事巨大的无穷,敬畏每个当下巨大的无穷;人的创造能力和创造性的结果,是人幸福的源泉;人人有恻隐之心,人人是万物之灵,人人渴望超越自我。

第三,关于制度的假设。

制度是建立在对人不信任的基础上,是保护人不掉进自私黑洞的安全保障。制度和人性,是一个不断循环往复的过程。走出中国式管理的"情义"黑洞,契约高于一切,诚信高于一切。"削足适履"移植西方经历200多年考验的机制流程制度,时机成熟又因地制宜适时改造,提出建设"让听到炮声的人呼唤炮火"的全新体制。

任正非对企业方式的三个探索与做企业的三个假设,可以看做其哲学层面思维操作系统的要素,也是华为人底层思维操作系统的要素,这是其哲学的宝贵财富。

技术战略是一个公司的根本战略。

一个公司的技术战略,是公司发展的根本战略。经营组织和策略都是围绕着技术战略这个根本展开的。为了"磨出最好的豆腐给妈吃",华为虽然是贸易起家,但是一有钱,任正非就投资搞技术研发。以至于同时创业的人耗不住了，纷纷退股把公司甩给了任正非一个人。但他依然不改初心，在核心技术研发上越走越深。

任正非 2016 年说：华为坚定不移 30 多年，从几十人到十几万人，一直是对着一个城墙口猛轰。每年 1000 多亿的"弹药量"炮轰这个城墙口（研发 500 亿，市场服务 500—600 亿），最终在大数据传送上，领先了世界。引导世界以后，华为又倡导建立世界大秩序，建立一个开放、共赢的架构。

到 2017 年年底，华为投资研发的资金已达 4000 多亿元人民币。2018 年，任正非进一步规划，华为从今年开始每年投资 200 亿美元从事科学技术探索，而其中的 20%—30%，不是投资可预见的技术和产品，而是投资未来科学前沿的研究。

在无人区领先，活下去有了新意义。大公司如果不能领先了，瞬间就会被颠覆，做企业真是向死而生。登顶以后，任正非念念不忘的是华为团队可以保持七种品质和两种能力。七种品质：谨慎、敬畏、郑重、素直、精进、广大、包容。两种能力：化浊为清的沉定力；破怠通变的创生力。

从整体上透视是商业的根柢和底层操作系统

中国商业哲学是从企业家实践中提炼出来的。

研究中国商业哲学，不仅要关注企业家们说了什么，而且要更进一步理解他们为什么那么说。一如我们不能只讲老子说、佛陀说、孔子说、苏格拉底说，更要说明老子、佛陀、孔子、苏格拉底为什么那么说？

中国商业哲学，是实践性很强的哲学。企业家的探索，为我们的商业哲学概括提供了坚实的基础和肥沃的土壤。离开书斋，离开不切实际的幻想，更需离开假大空，走进企业家坚实的实践中去，一个个概括出他们的底层操作系统，提炼出"共性"、"整体性"和"一致性"，形成中国商业哲学的精神山脉。

在我研究的众多企业家当中，任正非最为典型。他是个实干家，同时也是一个思想家。当我打碎了对他研究 20 年的整体架构，当我从"磨好豆腐给妈吃"这句大白话回看华为实践和哲学，我有了一种异常清晰的整体感。

直落根本，实事求是。

"磨好豆腐给妈吃",是任正非开发潜能的道德目标,也是他开掘华为人无穷性潜能、富有生产力的高尚行为,其中渗透着商业的理性和逻辑。任正非把从事商业创造的自己定位为儿子,把客户定位为妈妈,儿子要整合全球资源,惟精惟一,把世界上最好的东西献给妈妈,让她幸福安康。

"磨好豆腐给妈吃",跨越了生产者与消费者的等价交换,跨越了唯利是图与客户福祉,跨越了供给和需求,跨越了生活者和造物者,从整体上用对客户的虔诚和悲悯心,把利益的两端连接在了一起。

"磨好豆腐给妈吃",体现了任正非对母亲的深深情感。他把自己的人生使命,跟母亲连接起来。

《道德经》如果用一个字来概括,那就是"慈"。实现的途径千变万化,但是做人做事的本源,就是发自内心最柔软的悲悯之心。慈,并不是狭小的情绪之爱,很有点大爱不爱、大仁不仁的味道,一如任正非。老子在《道德经》中,喜欢用"母"来形象地描绘大道。

老子说:世人追逐浮华,拥有华丽的模式、套路、方法,而我却愚顽不灵而且孤陋寡闻。只有我与众不同,我就是要守住人生的根本,抱素守朴,不离开大道一寸。

心理学家荣格,在母亲去世后曾经建一座塔楼,以示纪念。他一直在复杂多变的人性和心理学领域游荡。直到有一天,看到老子"我欲独异于人,而贵食母",一下开悟了。他意识到心理学的根柢就是事物的根本大道,每一个当下恪守住这个大道,就立于不败之地了。于是,他创立了以"集体无意识"为根基的心理学体系。

任正非深深连接了母亲这条生命之根。他曾经说:"我的不自私就是从母亲那里学来的。"他提出"做企业就是磨好豆腐给妈吃",正是老子揭示的尊重、敬畏和践行万事万物的根本大道。

这是中国商业哲学最重要的规定性,这是中国商业哲学的根柢,这也是中国商业哲学的底层思维操作系统。

常识,更深刻地反应了商业的本质和整体。

"磨好豆腐给妈吃",这是常识。正因为这是常识,所以才是最根本的中国商业哲学。

200多年前,美国作家托马斯·潘恩撰写《常识》,让在犹豫不决中的美国建国之父们，如华盛顿、富兰克林、亚当斯这些独立战争时期著名的政治家，找到了政体上的真北。

潘恩的《常识》影响深远。常识，在所有的识见中，最珍贵；常识，是在大多数人不敢说的怯懦时刻说出真相；常识，是在大多数人不明白的困惑时刻说出真相。潘恩的《常识》之所以成为影响美国人的优秀读本，就是因为他所言说的常识令人蓦然惊醒：啊，原来是这样的啊。

常识，那是人们世世代代经历过考验的生命法则。一如《皇帝的新衣》中的孩子说破皇帝裸体，任正非的"磨好豆腐给妈吃"，直抵商业的根柢。抱素守朴，抱元守一。说起来简单，行动起来很难。各种各样的虚妄之相，都会涌出来搅乱你的静心，让你离开客户最终利益的大地。

老子对常识——生命运行的法则和规律，很是看重。他说："知常曰明。不知常，妄作凶。"[①] 而对抱素守朴恪守常识的人推崇有加："知常容，容乃公，公乃王，王乃天，天乃道，道乃久，没身不殆"[②]。

老子在接近三千年前写《道德经》，也遇到了同样的情势。春秋战国开启，众人都在追逐王国规模和财、权、名、利、的泡沫，而老子却不随大流，只尊重化生万物的根本大道，从那里出发，架构一切。

商业的本质是激发人的无穷潜能，造福人类。

人的本质是自我驱动的，而商业的本质，正是激发每个人无穷的潜能，拿出与众不同的绝活，去解决人世间的痛点和苦难，从而实现人的自主、自由、自动的全面发展。自性本自具足，自性能生万法。

造物者从来不去崇敬虚幻的假象，他们对创造、简化、生成和想象力情有独钟。造物者心甘情愿走进孤独，要踏上孤独之路以实现内在的自己。让他们"随大流"是不可能的事。

造物者超越了众人，升得越高，嫉妒的眼睛看他越小了。造物者是强者，一如尼采所说：

　　　　在强毅而能负载的精神里面，存在着尊严；在傲立着的尊严之中，

---

① 饶尚宽译注：《老子》，中华书局 2006 年版，第 40 页。

② 饶尚宽译注：《老子》，中华书局 2006 年版，第 40 页。

> 存在着意志力；在意志力中，存在着对最重重负的内在渴求；在渴求之中，存在着欲望的爆发力。

事物有着昙花一现的本质。我们需要强大的直觉、敏锐的眼光和风一样的灵性，去捕捉稍纵即逝的"整体性、一致性和共性"，同时还需要"同理心"去发现"差异化机理"，要看到每一个事物独特的呈现机理和形式，要看到每一个事物运行的规律性。

宇宙万物的本体就是混沌或灰度，具有巨大无穷性。迄今为止暗物质与暗能量占有了资源的95%，还没有被人类所认识。因此，认识事物的方法论也应该是混沌或灰度。

只看到"正"，看不到"反"，就无法直抵商业的本质。中国儒释道三家都有这样的整体化思维。

儒家推崇中庸，主张和而不同，叩其两端而执其中。这个"中"是"时中"，是不断变化着的动态平衡点。

六祖涅槃之前，不放心他的弟子们。于是最后关照他的弟子们，不可以着相，因而提出了认知世界的三十六个对法，以便他们不会迷失本宗。

> 此三十六对法，若解用，即道贯一切经法，出入即离两边。自性动用，共人言语，外于相离相，内于空离空，若全著相，即长邪见；若全执空，即长无明。

六祖开导弟子们，对立的两端"是一不是二"，以避免他们失去"整体性"。大道归一，一以贯之。两端不断反转，一切都在反转的路上。"若全著相，即长邪见"，"因无所住而生其心"。

老子更是中国辩证思维的集大成者。他提出："反者道之动。"万事万物都在不断循环往复的运动变化，掌握主动需要执两用中。

《道德经》八十一章，都是围绕着有无、正反、高下、前后、祸福、长短、多少、黑白等正反两极不断转化的思维而展开。提出了不少深刻而脍炙人口的思想。

> 曲则全，枉则正，洼则盈，弊则新，少则得，多则惑。①
>
> 反者道之动，弱者道之用，天下万物生于有，有生于无。②
>
> 以正治国，以奇用兵，以无事取天下。③
>
> 为无为，事无事。图难于其易，为大于其细。④
>
> 其政闷闷，其民淳淳；其政察察，其民缺缺。祸福之所以，福祸之所伏。（孰知其极：其无正也）正复为奇，善复为妖。人之所迷也，其日固久矣。是以：（圣人）方而不割，廉而不刿，直而不肆，光而不耀。⑤

科学技术的进步，人类文明日新月异地发展，一再证明人作为"消费者"和"生活者"与"生产者"和"造物者"的本尊位置，商业的本质是创造和建构，两者统一，就赋予了商业力的线条和造物者的本色。

一切事物都是意志力的产物。每个人生来都是有使命的。可惜，只有极少部分人能够实现他的天赋潜能。而我们大部分人，都背叛了生而为人的使命和灵魂。

记得 2013 年 5 月 14 日，在与任正非喝咖啡时，最后我说："稻盛和夫拯救日航，其实根本的一条，就是他懂得敬畏员工巨大的无穷性，敬畏每一个当下巨大的无穷性。他 3 个月之内跟 3 万名日航员工握手问计，以此激发了现场无穷的能量场，以此拯救了日航。"

这时，任正非想了想，最后说了这样一段意味深长的话：

> 未来是虚拟社会时代，虚拟时代中国的玄学是有极大价值的。西方大公司要把研发机构的总部搬到中国来，才能在未来占领制高点。

---

① 饶尚宽译注：《老子》，中华书局 2006 年版，第 55 页。

② 饶尚宽译注：《老子》，中华书局 2006 年版，第 100 页。

③ 饶尚宽译注：《老子》，中华书局 2006 年版，第 138 页。

④ 饶尚宽译注：《老子》，中华书局 2006 年版，第 153 页。

⑤ 饶尚宽译注：《老子》，中华书局 2006 年版，第 140 页。

因为中国有玄学的土壤，有整体性思维意识。

因为西方的思维方式比较机械。未来的虚拟世界，中国的玄学应该是有作用的。

中国不一定是无为的，也是有为的。有为怎么走我们不知道，整个来说是会出现更多的叛逆，对优秀分子的怪异会有更多的宽容。

开放、妥协、包容、叛逆、异端、灰度、创造、建构、冲撞，坚持批判与自我批判，这些是这个世界文明前进的主题词。这也是正非哲学的主题词。

博鳌儒商论坛 2017 年
年会大会演讲

对世界说好儒商的故事

黎红雷

各位领导、各位学者、各位企业家，女士们、先生们：

大家上午好！

首先，请允许我简单介绍一下博鳌儒商论坛。博鳌儒商论坛由中国孔子基金会、中华炎黄文化研究会、中华孔子学会、中国实学研究会联合指导，中国孔子基金会企业儒学研究委员会、中华炎黄文化研究会文明传承委员会、中华孔子学会儒商会联合举办，中国（海南）改革发展研究院等协办，博鳌儒商论坛组委会、海南省琼海市工商业联合会承办，是定址定期举行的企业家高端论坛，核心理念是道创财富、德济天下，其宗旨是弘扬儒家商道精神，创建当代工商文明，其使命是构建学者与企业家相互交流的平台，帮助企业成长，促进儒学复兴，促进中华文化复兴，为人类社会的发展作出贡献。

博鳌儒商论坛坚决贯彻中央《关于实施中华优秀传统文化传承发展工程的意见》、《关于营造企业家健康成长环境　弘扬优秀企业家精神　更好发挥企业家作用的意见》等文件精神，用中华优秀传统文化涵养企业精神，挖掘优秀企业家精神特质和典型案例，引领儒商风范，树立儒商标杆，发掘儒商精英，培育儒商新人，打造儒商平台，整合儒商资源，从而建立全球权威的儒商评估体系，树立中国企业家在世界上的光辉形象。

2016 年 12 月，我们成功举办了博鳌儒商论坛 2016 年年会，主题为"儒家商道智慧与现代企业管理"。博鳌儒商论坛 2017 年年会，主题是"中华文化构建新商业文明"，分为"对世界说"、"致敬儒商"、"政商学对话"三个版块。我们还设立了"新时代儒商的生命哲学"、"一带一路与儒商的新机遇"、"中国传统文化与现代企业文化"、"儒商与企业家的精神信仰"、"儒商与国学公益教育"五个分论坛，20多位政商学界精英将与来自全球的50多位学者和1800位企业家一起共同分享意见。

2017年年会的一大亮点。我们首次推出了"博鳌儒商人物榜"。这份榜单是根据博鳌儒商榜组委会于2017年9月17日在上海向全球发布的第一个儒商评估体系标准，由来自海内外的儒学界专家学者和企业界代表组成的博鳌儒商榜评审团，经过认真审核评定，在海内外3000多位推荐和申报名单中，确定儒商典范人物10名，卓越人物23名，标杆人物78名，精英人物345名。我们举行了隆重的首届博鳌儒商人物揭晓典礼，数百名儒商人物向世界展现儒商的风采！

让我们一起来说好中国的故事，说好儒商的故事！

儒商精神势不可挡

高以忱 *

各位嘉宾、各位新老朋友、与会的全体代表：

大家上午好！

请允许我代表此次论坛的主办单位之一，中华炎黄文化研究会文明传承联合会，对大家能够积极参与和莅临此次论坛表示热烈的欢迎和衷心的感谢。

弘扬传统文化培育企业家精神是党中央发出的指令和号召，我们这次论坛就是要乘东风成大事，在这里学习儒商精神，在这里弘扬儒商文化，通过致敬儒商、学习儒商渐渐形成风气、形成潮流，让更多的人学做儒商、争当儒商，最终让儒商精神如滚滚潮流势不可挡。中国正在崛起，中国正在更进一步地走进世界，这次论坛的主题之一就是"对世界说"。中国企业正在走向世界的各个角落，我们要问，当你走向世界各个角落的时候，无论是输出商品、技术、资金还是建设项目，你能不能做到承载我们伟大的中华文化，你能不能做到体现我们伟大的民族文化，你能不能在工程当中、在行进当中代表我们的中国企业，代表我们伟大的国家，去告诉世界我们的身后是伟大的中国文明，我们的身上是光耀人间的儒商文化？如果能，你就为祖国增添了一份荣耀；如果能，你就为世界带去了幸福。所以，儒商绝不仅仅是一个称号，它是一份责任、一份使命、一份担当、一份奉献，更是祖国交给我们的伟大且必须坚决完成的任务。

对世界说，其实也是对我们自己说，我们有没有做到诚心诚意地坚信我们祖先留下的儒家文化、优秀的传统文化的伟大力量，我们是不是用这种

---

* 高以忱，博鳌儒商论坛荣誉顾问，国家安全部原副部长。

文化，首先以文化己、修身齐家，我们是不是进而做到以文化人、以文化企，再进一步，我们是不是能够以企业家的精神，以儒商风范和胸怀感动世界。能与不能，世界在问，祖国在问，我们自己的良知也在问。如果我们能，我们真能做到我们所承诺，真能做到我们所期许的，真能做到我们所期盼的，我们就可以挺直腰板说一声，我们是名副其实的儒商，我们是中华大地上的儒商，我们没有愧对我们的使命，没有愧对历史和当代，没有愧对自己的生命年华与我们的祖先和父母，没有愧对这个世界对中华民族、对东方智慧解决 21 世纪难题的殷切期待！

发展儒商文化，构建新商业文明

曲凤宏 *

女士们、先生们、朋友们：

大家上午好！

今天各位嘉宾齐聚博鳌，举行博鳌儒商论坛 2017 年年会。本届论坛以致敬儒商、中华文化构建新商业文明为主题，倡导中华文化重构商业文明，与中华优秀传统文化，尤其是儒家的思想有机结合起来，正契合了优秀企业家精神提升创新力和全球竞争力的新时代要求。中华文化源远流长，灿烂辉煌，在五千多年文明发展中，孕育了中国优秀传统文化，沉淀了中华民族最深层的精神追求，代表着中华民族独特的精神标识，是中华民族生生不息、发展壮大的重要滋养。我们要坚定文化自信，发展中国特色社会主义文化，推动中华优秀传统文化的创新型转化和创新型发展，中华民族历来有弘扬优秀的中华传统文化、促进传统文化交流的优良传统。我们中国农工民主党的主席，全国人大常委会副委员长周谷城先生，是中华炎黄文化研究会的首任会长，他在中华炎黄文化研究会的成立大会上强调，研究和弘扬中国优秀文化和优良传统是我们全国各族人民共同的事，是海内外炎黄子孙共同的事情。而我作为农工民主党新一代的人，也有责任和义务为中华优秀传统文化的发展作出应有的贡献。

借此机会，我来谈谈在新的历史时期，如何传承和发展儒商文化弘扬企业家精神，构建新的商业文明。第一，牢记使命、弘扬新时代企业家精神。随着技术进步，中国的发展，一个崭新的时代已经到来，这个时代为中国企业家带来了历史上最好的发展机遇，一方面中国延续稳中向好的发展态

---

* 曲凤宏，十三届全国政协常委，农工党十六届中央专职副主席兼秘书长。

势，并向高质量发展迈进，中国已经成为世界第二大经济体，2016年中国的GDP总量已经达到了80万亿，对世界经济增长贡献率超过30%，在当前全球经济增长动力不足的情况下，中国是为数不多的保持经济持续稳定增长的国家，随着创新驱动发展的不断深入，城镇化进程的不断发展，中国企业将迎来最好的发展机遇。

另一方面，企业家在现代化经济体系建设中的地位日益凸显，企业的生命力体现了经济的增长力，而企业家是企业的灵魂，习总书记在中共十九大报告当中十一次提到企业，首次把民营企业写入顶层设计，提出要支持民营企业发展，同时，把企业家精神放在重要地位加以强调，提出激发和保护企业家精神，鼓励更多社会主体投身创新创业，促进非公有制经济人士健康成长。最近一系列的政策出台对完善企业家健康成长的环境具有非常重要的作用。

国务院发布《关于营造企业家健康成长环境　弘扬优秀企业家精神　更好发挥企业家作用的意见》，这是党中央国务院首次以专门文件的形式高规格护航企业家发展，权威阐述企业家精神，明确企业家精神的地位和价值。回顾改革开放四十年的历史，一代又一代的企业家为国家的繁荣富强作出了卓越贡献，我国改革开放的实践充分证明，企业家是市场经济中最活跃的因子，是创新的主体和原动力，是推动社会经济发展和创造社会财富的重要推动力。现如今进入新时代，我国的社会主要矛盾已经发生变化，人们期待更高，也更多样。如何满足人们对美好生活的需要，如何使得大数据、云计算、人工智能与实体经济进行深度融合，让老百姓住的舒适、更幸福、出行更加绿色便捷，给当代企业家提出了新挑战，面对新时代新挑战，企业家精神也应注入新的内涵。一是牢记使命、担当尽责，把个人的理想融入民族复兴的伟大实践中，立足于国家需求和社会经济发展的需求，自立于社会前进道路上，企业才能得到长远的发展。以担当精神和家国情怀为根本出发点，企业才不会以牺牲资源环境为代价牟利一时。二是开拓创新日益进取。创新是企业进入国际竞争实现转型升级的原动力，对于企业家而言，不只是产品和技术的创新，更重要的是战略和思维的创新，开展前沿性和战略性的布局。我相信在解决人民日益增长的美好生活需要和发展不平衡不充分的矛盾进程中，中国的企业家将会创造出更多的可能和更大的奇迹。

第二，传承发展儒商文化，构建新时代的商业文明，儒商文化是以儒家学说的价值观和道德观为取向，用于企业管理，应该结合当代的发展特点对儒商精神进行传扬，"仁、义、礼、智、信"的准则，"天下之材供天下之用"，构建新时代中国的商业文明，一是传承儒商文化"仁者爱人"①的儒商理念，以人为本、注重人才培养，激发调动人的主动性、积极性、创造性，以实现人与文明共同发展。以关注关爱人性和大众为发展目标，使企业获得长远的发展。二是传承儒商文化、以义取利的道德思想，现在企业要追求利润，但不能唯利是图。三是传承儒商文化诚信的经商理念，儒商曾在商业领域创造了令世人瞩目的辉煌成就，究其原因离不开从商之本，就是诚实守信。企业想做到长久发展，稳步前进，就应当以诚信作为企业的基本准则，只有诚信经营才能立足于市场。四是传承儒商文化互惠互利的商业智慧，培育企业开创共享、互利、共赢的经商理念，中国已经进入了数字经济时代，开创共享资源、促进行业界的深度融合，渗透实现互利共赢是世界经济发展的必然趋势，在这种新的形势下，企业应抱着合作开放的心态，充分尊重各方的利益，在互利互惠的基础上协同发展。五是传承儒商文化慎言笃行的作风，任何一个企业从建立到发展壮大都是漫长而艰辛的过程，这个过程离不开脚踏实地，这种经营务实的作风更是培育创新的基础，只有敬业务实才能为企业的发展谋求新思路，探求新空间。

习总书记讲，儒家文化对当今面临的世界难题仍能提供启示。推动全球金融开放工作，促进全球经济增长活力应当是每位企业家心中的理想，世界经济发展到今天，我们需要反省现存的商业思维弊端，倡导以共享代替竞争，用共赢代替独有，中国企业家应站在世界舞台的中央，紧紧抓住全球经济发展的历史机遇，积极开拓境外市场，发展"一带一路"与沿线国家的经济合作伙伴关系，使企业在更广阔的市场中磨炼和提升，创造更多的财富，不断贡献中国的智慧和中国的方案，实现经济的大融合、发展的大联动、成果的大共享，从而引领经济全球化深入发展，促进世界经济联动发展。

---

① 焦循撰，沈文倬点校：《孟子正义》下册，中华书局 1987 年版，第 594 页。

今天中国的商业奇迹方兴未艾，背后有着中华传统文化的不断给养，也得益于国家的战略支持，新时代已经到来，在座的各位企业家正逢其时，历史只会眷顾奋进的搏击者，而不会等待犹豫者、懈怠者、为难者。企业家以坚定的文化自信和创新精神讲述好中国企业的故事，向世界贡献中国企业的智慧，共创新的商业文明！

用更加响亮的声音对世界说

龙永图 *

尊敬的各位来宾、女士们、先生们：

今天非常荣幸和大家一起欢聚在博鳌亚洲论坛国际会议中心的大礼堂，举办一场对世界说的演讲。就是在这个大礼堂里面，我作为博鳌亚洲论坛秘书长，曾经和许多的中国人一起试图对世界，发出我们中国人自己的声音，但是我深深地感到在最近几年，我们中国在对世界说发出中国声音的时候才更加响亮，我们的声音才更远地传播到全世界。从 2014 年的 APEC 峰会，到 2016 年在杭州举办的 G20 峰会，从 2017 年 5 月举办的一带一路国际合作高峰论坛，到 2017 年 10 月举办的中国共产党第十九大全国代表大会，中国人一次又一次地用更加响亮的声音对世界说，中国为了民族的复兴、为了国家的富强，有怎样的宏伟目标；对世界说，我们愿意和全世界的人民一起实现互利共赢。

我们想对世界说，我们要以更大的力量推动经济全球化，我们要对世界说，我们最好的目标就是构建人类命运共同体。中国对世界的声音越来越洪亮、越来越自信，在自信后面是越来越强大的综合国力，是中国在全球治理当中所发挥的中国力量、中国智慧和中国方案，当然，在这些声音后面也有中国源远流长的中华文化。总之，我们中国以更自信的姿态在对世界发出声音，但是回顾历史，我们发现为了争取对世界说的自信，我们曾经经过了几十年艰难的奋斗。

首先，我们花了很大的力气才争取有资格对世界说。本来从 1949 年中华人民共和国成立开始，我们就应该有资格对世界说，但是 20 多年当中，

---

* 龙永图，博鳌儒商论坛首席顾问，博鳌亚洲论坛原秘书长。

西方的国家一直把中国排斥在国际舞台之外，一直到 1971 年在广大发展中国家的支持下，中国获得了在联合国的席位，中国才取得了对世界发出声音的入场券。但是那个时候只是在政治外交的层面上对世界说，我们在世界经济贸易的舞台上还没有资格。我们曾经经历过 15 年的"入世"谈判，这个谈判就是为了争取中国在经济贸易的舞台上对世界说的资格。我还记得在中国没有"入世"之前，我曾经作为观察员代表世界贸易组织参加了很多次会议，我的心情是沉重的，因为作为观察员只能坐在会议会堂的最后一排，只有在所有的代表发完言以后，才有资格发言。

至今还记得，我率领中国代表团参加第一次世界贸易组织部长级会议的时候，在新加坡，我还是个观察员，我们只能坐在会议的角落里面，一直等到会议要散场的时候，主席才邀请我作为中方代表发言。

我们曾经为争取中国对世界说的资格付出了巨大的努力，不要忘记这一段历史。当然，有资格对世界说还不够，我们还必须有实力和本钱对世界说，1978 年我作为一个年轻的外交官曾经在联合国驻中国代表团工作过。那时候中国还非常贫穷，我曾经作为代表参加联合国许多经济委员会的会议。出席经济委员会的会议是要拿钱的，比如说召开一个关于旱灾的讨论会，大家通过的决议是每一个国家拿出十万美元来支持。十万美元很多在座的企业家都拿得出来，但是对于那个时候的中国是一笔很大的钱，我当时表决的时候请示我们的团长怎么办，我们的团长讲，在表决的时候随大流，如果广大发展中国家同意，咱们就同意，如果广大发展中国家不同意，咱们就不同意，最后广大发展中国家经过很大努力，删掉了让发展中国家拿钱的决议。

但是现在完全不同了，实施"一带一路"战略的时候，在基础设施方面拿出 600 亿美元，拿出几百亿美元成立中国金砖发展银行，所以我们在"一带一路"的倡议实施当中，才有自己的发言权、话语权，这是因为我们中国经过几十年的奋斗所取得的经济增长的成就，支撑了中国发言的底气。当然对世界说还有一些道理来说，只要有道理声音就洪亮，如果不站在理上，如果说的没有道理，说的越多，声音越洪亮，越有损形象。2016 年 G20 峰会上，一个重要的亮点，就是习主席和奥巴马总统一起向联合国秘书长递交了中国和美国批准气候变化协议的批准书，这创造了 G20 峰会的亮点，表明中国在气候环境变化问题上已经站在了全球的高地，我们在这个问题上理直气壮地发出我们的声音。

一个国家在世界上讲话要有道理，必须有深厚的文化作为资产，所以我们深刻地感受到，未来让声音更加洪亮，让全世界接受，让我们更有感染力，必须发扬我们中华的优秀传统。实际上这些年来，我们全球治理的方案当中，从优秀的传统文化当中吸取了丰富的营养，这成为全球治理智慧的取之不尽的源泉，所以我们要进一步发扬中华优秀传统文化。这样中国在全世界讲话，才能更加具有说服力。在我们已经有了资格、有了本钱、也有了道理对世界说的时候，我们还要学会怎样对世界说。即便有很多的道理，我们依然会被误解，我们的公司依然不被别人所接受。"一带一路"是中国提出的促进全球、对中国和世界都有利的伟大倡议，这个倡议得到了全世界一百多个国家和国际组织的广泛支持。但是，我们也不得不承认还是有一些质疑的声音，认为"一带一路"隐含着中国在全球扩张势力、改变中国的地缘政治和地缘经济的意图。所以我们应该对世界说清楚"一带一路"。"一带一路"是中国的领导人基于政治智慧和宽广的胸怀提出的倡议，它像一个铜板的两个方面，一方面是区域的发展战略，主要是为了解决中国东部地区和中西部地区的差异问题，通过中西部的对外开放来发展我们的中西部；另一方面，它的实施将会给一百多个沿线国家和全世界带来巨大的利益。所以要向全世界讲清楚，"一带一路"是互利共赢的伟大倡议。我们现在已经有资格、有本钱、有道理对世界说，现在我们要做的是学会怎样更好地对世界说。

今天邀请了各行各业杰出的代表，他们将到这个舞台上对世界说，讲中国的经济、中国的文化、中国的外交、中国的政治，总之，他们要向全世界讲中国的故事，从他们自己亲身的经历，以他们自己的观点和视角，以他们的思想来对世界说。虽然他们说的故事都不一样，但是有一条，他们都是以中国人的自信来对世界说，希望大家认真地聆听。

中国的企业家精神

柳传志 *

各位领导、各位朋友：

大家上午好！十九大在中国历史的关键时刻拨开迷雾，为中国人民、中国企业指明方向。这段话里面，两个是我特别想表达的，一是中国历史关键时刻，一是拨开迷雾，这个时代跟中国历史上文明几千年以来是不同的，我们几乎处在一个前无古人的时代。我自己出生在抗日战争时期，我经历过中国是一个弱国的时期，虽然那时候是儿童。到了新中国成立中国人民站起来了。那时候中国是一个穷国，穷到无以复加。以 1965 年的陕西省的宝鸡县为例，宝鸡是陕西最好的地方，秦川八百里。农民穷到什么样？一个壮劳力出工一天十分工分合人民币 8 分钱，8 分钱什么概念？当时北京叫糙米 1 毛 4 分 8 一斤，玉米面 9 分多钱一斤。一个壮劳力干一天价值就是 8 分钱，你说日子怎么过？改革开放以后，中国发生了天翻地覆的变化。

十九大召开以后，后面将迎来中国经济发展新的高潮，为什么这么说，想讲三点：

第一，党和政府为企业发展营造了公平法治的营商环境。企业减税需要吗？特殊待遇需要吗？都需要，但是最需要的就是公平法治的营商环境。孟子说，有恒产者有恒心，无恒产者无恒心，保护私有财产，让企业家心情稳定地引领企业的发展，为中国的经济发展增加动力，这是给企业的定心丸。

第二，其实中国确实有得天独厚的条件。一是消费拉动，以前中国人主要是拿我们的资源劳动力做东西拿到外部卖。中国人穷没有市场基础，人

---

* 柳传志，中国改革先锋，博鳌儒商典范人物，联想集团创始人。

多不一定能买得起东西。现在中国已经有了中产阶级的人群，有了足够的需求，也有非常雄厚的民间资本，有"一带一路"领导我们走向世界，同时我们创新驱动也有了建设基础。

中国企业家精神最大的特点就是不断地追求，我以前以为说中国企业家是不一样的，我以前以为就是自个提气说说而已，这么多年过来走南闯北，我才知道这是真的。至少后面这段话能否说，我觉得要商量，但是真的中国人和拉丁美洲的人和东南亚的企业家甚至跟欧洲的企业家，到今天跟美国的企业家都不同，中国的企业家就是有要求、有追求，不停地要往上奔。

20世纪80年代的时候，谁要有一块电子手表、计算机都是新鲜玩意儿，到了90年代初的时候，谁家里有一个三洋、松下的日本收录机、日本的彩色电视，是日本的都不得了，但才几年，中国遍地的彩色电视全是中国人自己制造的，价格便宜、质量好。我是中国科学院计算机技术研究所出来的研究员，1984年我们做的计算机，没有一个整房子大的话，就不如今天一台笔记本电脑的速度和容量，与世界相差之远没法说了。当我看见第一台PC的时候，我合不拢嘴。80年代、90年代电脑是世界的中心行业，现在制造业没有电脑和信息化根本就是寸步难行。2000年的时候联想占了中国市场的30%，稳居第一，比排名第二、三、四、五位外国企业加起来还多。接着并购IBM，IBMPC本身就是100多亿美元的业务，说是蛇吞象的业务，并购就是成功，当时联想营业额30亿美元，现在这个企业的营业额是480亿美元，而且主要的市场利润来自于国外。在2000年的时候，在中央电视台的栏目里面有一场辩论会，辩论的嘉宾是李书福，他是做摩托车的，最早是背着照相机给人照相的，说他要做汽车，谁信？后来被人起个外号"汽车疯子"。他把沃尔沃合并了，而且非常成功。过去说中国人只会中国制造不会中国创造，今天再看，中国是发明专利的第一大国，以前说中国没有五百强，现在中国拥有世界第二多的500强企业。

1987年我第一次到美国，到旧金山金门跨海大桥，非常惊讶。今天我们的港珠澳大桥50多公里长。前不久到美国的时候，我问美国的朋友旧金山大桥还是个看点吗？他说还是个看点，我心里想，这个看点和中国的看点可就真的不一样了。前不久，在美国西部的一个地区、一个城市，在一个医院里面，看到他们在检查身体，说跟医生连个群。可是人家只有推特没有微信，我已经很难想象没有微信的日子怎么过了。这就是中国企业家的创造能力。

我对中国企业特别看好，我觉得我们这代人正处在中华民族伟大历史复兴的过程中，我们参与了、努力了、尽了一份责任，我们为此特别感到自豪！

中国的商道智慧

成中英 *

各位企业家、各位贵宾、各位朋友：

我今天特别高兴参加这次盛会，作为这次博鳌儒商人物评审委员会的荣誉主席来见证博鳌儒商的典型人物、卓越人物、标杆人物、精英人物的涌现，我觉得这是一个非常重要的时刻！有中国人才有中国哲学，有中国哲学才有儒家，有儒家才有儒商，才有儒商之道。同样可以反过来说，从儒商可以看到当代中国的儒学是什么样的情况，所以这是中国文化发展的一个缩影。

今天大家的重点在如何更好地发展中国文化，如何从中国文化更好地去发展儒商精神，甚至于把它扩展成为中国人在世界上各种活动价值；同时，把它看成是中国这个国家在世界上的发展，走向中华民族的伟大复兴。这样来看的话，我们显然可以看到事实上中国已经在世界上有自己的声音。这个声音开始的更早，就我个人经验来说，我在40多年前就创办了一个刊物，当时就对世界说中国有优秀的文化、灿烂的文明，有卓越的智慧，中国的伟大是我们文化的未来，能够走向世界能够为人类谋福利。那是在1973年，我预见了中国文化的发展，预见了中国社会的发展、中国国家的发展。当时我也组织创立了国际中国哲学学会，推广我们的中国哲学。中央电视台文化部将我选为2016年中华之光的人物，我感到非常荣幸。

1985年我回到北京大学，从北京大学再到中山大学，在中山大学我教授了一个非常重要的人物，那就是今天创办博鳌儒商论坛的黎红雷教授。1985年我写了一本书叫做《文化伦理与管理》，在这本书中，我提出文化是

---

* 成中英，美国夏威夷大学资深教授。

一个国家的基础，中国文化是中国社会的基础，文化是一种承担、一种承诺、一种行为、一种信任、一种做人的道理，有了这个基础才能够把国家建设得更好，然后才能发展受到别人的尊重，才能有更好的经济、社会、企业，才有更强大的国力。中国在近代史上走了一段艰苦的过程，如果我们看中国文化的发展、历史的起源，中国是农业社会最早的典型，孕育了做人的道理，有对天地人关系的认识，所谓天人之道。在这种情况下，中国的文化不只是五千年，在很早时期，中国有了人道天道，在商道也有很多的发展。经过这样的追溯，我们可以看到中国文化的创造力很早就发挥了作用，这个发展在人类当中也是很重要的，因为它是一个理想，因为它在中国人持续的追求和发展当中，能够把中国历史的传承接受下来。中国文化比埃及要晚，但是中国在精神文明、道路文明上面要比埃及坚固多少倍，所以埃及没有了，中国还存在，中国存在是因为其自身的智慧。

今天我们看到商道的发展也经历了一个过程，在 1985 年以后，我在北京财经大学筹建了一次中国儒商会议，那是中国最早的儒商论坛，当时我特别提到，要以诚信为本、以创造为目标，要达到一个使人民能够享有成果、国家强盛、使世界进步的境地。

美国 20 世纪 60 年代已经很强大，虽然美国人的商业很发达、经济发达，但是美国人的文化已经有了一些消减，因为它对世界的关怀不够，它只顾自己的发展，只把自己的文化作为标本，不能开放、不能容纳、不能学习。反观中国人的勤俭好学的精神、反思克己的精神，这是中国一定会成功的地方，而且中国人经过长期的发展和生活的经验，体验出来一种智慧、一种聪明、一种在繁中取简的方式。所以，我特别强调中国人管理的模式，将高远的志向作为走向领导的一种能力，然后广为宣传，能够实地实干地走向世界，能够创造出新的产品、改进旧的产品，让自己的员工和社会能够融合。我认为这是中国人的创造精神，在管理上面、商业发展上面一定会发挥作用。

在今后的发展当中，有几个期望。第一，中国人怎么能够把自己的精神、自己的理想、自己的价值，转化成经济动力和国家财富，这是一个重要的点。第二，中国发展的基本要求，能够把利益转化成为一种正义的力量，变成一种为公、为民、为人的服务。儒家很强调义利之变，不是不要义，而是怎么把义变成利。第三，不能空说，要知行合一。我们有学习的精神，很快就能学习到知识，但是怎么把知识变成实践变成行为，这是很重要的。在这种发展之中，中国在商业上会有更好的发展。有了更好的发展就对中国文化有更好的认识。如果我们不了解中国文化，没有从里面吸取更多的理解，就会有局限性。我们有内在的文化创造力，以人为本、以民为本、以公为本，把它发展成为成已成人、成人成已的实践，我们成功、他人也成功了，中国成功、世界也成功了，这是对儒商的期待。

这个期待可以从两方面来说：第一，走向社会。第二，走向世界。走向社会就是让儒家、儒商那种精益求精创造的精神能够对社会的独立和社会的风气产生一些改变。因为中国传统当中，大家认为为富不仁，这变成了很大的一个问题。我们怎么把能仁而富，富而能仁，注入到社会当中去。在这一点企业家有社会的使命，应该做社会文化的使者，能够对社会发挥一种净化的作用，使社会的暴力、戾气减少。我之前提到过，把互联网怎么变成互信网，因为互联网是基于对人的了解。我认为作为儒商，作为交换交易的行为发展中国的经济和壮大国力，要去积极工作，怎么把社会变得更清洁、更健康，这是不管在哪里的儒商都应该成为社会的一个净化，一个发展社会伦理的基础。

第二，走向世界。世界是一个变化的过程，如何让中国人精进精神以及成果，能够更深与世界建立一种互动的关系，能够感受到中国人民的创造精神，这是很重要的。我们怎么样可以在海外的世界能够发挥中国企业的精神，来帮助中国文化的发展，扩大中国文化的影响。

今天是一个新的崛起的时代，走向世界之道，"一带一路"、"中国梦"，我们还需要身体力行实现中国的儒商之道、中国的商道，希望我们的企业走向社会、走向世界！

海航与海南共同成长

陈　峰 *

各位领导、各位嘉宾、各位新老朋友：

很高兴应龙部长的邀请来这里演讲。龙部长是我和海航多年的老朋友了，对我们的海航事业是有恩的人。龙部长也是我们尊敬的人，对中国改革开放和中国加入 WTO 是关键人物。没有中国加入 WTO 就没有今天中国如此辉煌发展的今天。所以，他也是我们尊敬的我国优秀的社会领导者。

明年海南建省 30 周年了，我们能做成什么事？我想了半天，我说就两件事，一是博鳌论坛，二是我们的海航。当然海南还有很多其他的方面，能够放到全国和全世界拿得出手的东西，博鳌论坛是海南的一个亮点，没有龙部长就没有博鳌论坛的今天，确确实实功不可没。所以龙部长给我打电话一般我都是要唯命是从。

围绕海航与海南发展的主题，我想给朋友们讲下面的话：

海航的创立圆了海南建省办特区的航空梦。当年海南在建省以前，是孤悬海外的一个岛。一千多年多一点，宋代苏东坡被流放到这儿，苏东坡当时来到海南，当地人是用草围着半身的。苏东坡到这儿来，开化当地的民众带来儒家思想，接着教大家做饭，东坡肉就是在这儿发明的。海南历史上落后，底子薄。我来的时候海南办特区，首府海口可以说是"一条马路两栋楼三只猴"，一个警察就在十字路口比画，没有红绿灯，动物园里只有猴子。总之这是一个非常落后孤悬海外的一个海岛，种种原因使海南成为一个非常落后的地方。继深圳以后，邓小平同志提出建省办经济特区，把海南的发展提高到国家改革开放的新的着力点上，开启海南发展的新纪元，希望通过海

---

　*　陈峰，博鳌儒商典范人物，海航集团创始人。

南的发展为中国的改革开放提供一个新的路径，对两岸的统一带来一些示范效应。但是，海南的基础太差，机场一票难求，遇到第一个问题就是进得来出不去。当时我从北京来的时候已经不做航空了，已经在做金融了，后来海南的省长一看，陈峰你16岁在民航里工作，而且当过国家民航局空中交通计划管理局的处长，你还在德国留学，那你就搞一个航空公司吧。这样我就担起了搞航空公司的任务，当时给了1000万人民币，还不够买飞机的一个翅膀，飞机发动机就要400多万美元，1000万人民币买一组轮子还差不多，实际根本不可能实现的事情，而且航空行业是垄断的行业。

海南需要自己的航空业，这成了海南的发展瓶颈，我一个人提着包就在寻求一个海南发展的航空梦。我们不能走传统的一条路，我们只能走改革开放的新路。我们抓住了中国在特区进行企业100%改造的机会，向政府讨了一张批文，进行股份制改造，用社会的力量、用民营企业的力量、社会的资源来实现。跟大家讲真话，20多年以前中国老百姓哪儿懂股票，撕张纸就卖，哪儿有资本市场。当年我发股票，我在街上卖，那是当时的时代，今天看起来像笑话，这就是中国从那个时代走过来的，海航成了第一家中国规范的股份制航空公司。我们通过改制通过一系列创新起飞了。

但是，人的欲望是永无止境的，飞机逐渐有了两架、四架、八架。这时候银行说你的负债率太高了，你得调整负债率。有人告诉我，说在美国可以发股票，我很年轻不到40岁，提着包到美国华尔街去了，一无所知，真的不懂，不懂得装懂，不懂装懂似懂非懂就不错了，边学边干就这么过来的，咱们也是这么混过来的。千万别说自己都懂，你懂你就不敢干了，懵懵懂懂才敢干。我提着包和董事长就去了，好歹我们英文不需要翻译，到那谈了一天半，美国华尔街是讲故事的地方，我是内行。有媒体朋友说我13岁天桥学说书，那是我调侃大家的，那时候天桥早就没有了。我就把海航的故事讲给华尔街的投资者们，当时一天半，他们觉得这个讲得精彩，觉得这个哥们回答了300多个问题，英语回答得不错，虽然发音不准。其实狗屁英文有什么难的，三个礼拜就懂（开玩笑）。

我把海航的故事讲给他们了，他说找个地图过来。坏了，海南在地图上只有点。我说你看到越南没有，美国人对越南比较熟悉，这样就把海南海航推销出去了。三个礼拜后他们把2500万美元汇到账上，中外合资，中国第一个打开中国民航改革开放大门的人，就是我们这伙人。我实际把这个故事艺术化了，实际里面有三个重要的条件：第一，你的会计师审计必须用美国全球最大的公司做的审计；第二，你的法律文件是用美国最大律师事务所做的法律文件；第三，你的资产评估是美国做航空的最大的研究咨询机构SHE的评估报告。这样描述海航，那时我们才四五架飞机，海南航空的管理者们，不只是在中国是一流在世界也是一流。中国的第一个按国际标准，有国际化的素质企业是在这种基础上奠定的基因，这是后来海航大规模并购的一个重要基础。所以我来劝我们的民营企业家，挣点钱和做一个事业做一个好的优秀企业是两回事，做一个优秀企业，是要脚踏实地的在这儿一天天耕耘才行的。

在座的各位朋友不知道我每天的时间表，我每天早上9点钟准时坐办公室，25年除了出差以外一律不断。再有每个人第一次进来，必须我上课。我的老师教我学习写毛笔字，教了两个小时，回来写了一个字影。我每天写不少于200字，我写了几万字的毛笔书，我说作为一个企业就要有这种工匠精神，这和挣点钱是两回事。所以海航二十多年过去了，海航25年实业报国，我们成就了一个全球化的公司、一个集团、一个企业。海航25年抓住全球资产重新调整，给中国人带来千载难逢的机会，尤其是金融危机。再加上我国走出去战略，后来提出的"一带一路"倡议，海航经过25年做了四件事：

第一，打造了一个世界级的企业。在三年以前海航进入世界500强，464名，第二年353名，去年170名，6000亿收入，全球员工41万人。一个全球化的企业展现在世界面前，成为世界企业增长的奇迹，连续三年写入哈佛案例。

第二，打造了一个世界级的航空平台。海航在20多年辛勤耕耘以店小二精神创造中国乃至世界的航空优秀品牌，这是我们的梦想，是为我们这个国家和民族的梦想。经过25年，今天的海航运行了800多架飞机，遍及全球，每一分钟就有5架飞机在全球运行，成为世界最大的航空公司集团之一。更重要的是，我们海航今天的服务规模达到世界级，运行品质被世界权威机构评为世界第三，这是很难的。连续七年世界五星好评，世界十大优秀的航空公司海航排名第三。我认为我们这代做航空的人，为中华民族的航空业进入世界级作出了贡献。在我们做主业的同时，海航组建了多元化产业协同相互支援的产业集团，我们在 7 个领域走在世界的行业前列，15 个世界级的品牌。朋友们，有这样的品牌自己干一辈子都做不到，收购这是最快的节奏，我们抓住了全世界调整的机会大踏步地并购，航空世界最大最优秀的航空集团、全球最大的地面航空服务集团，277 个机场，连美国首都机场都是我们管的，我们一把把它买下。航空食品，他一家占全球航空食品的 23%，希尔顿酒店，海航一把把希尔顿酒店单一大股东 65 亿美元买下，加上卡尔斯酒店在一起，8000 家酒店一万间客房居世界第二。我们的租赁公司全球第三，它拥有九百多架飞机，加上八百多架运行的飞机，是世界拥有最大最多飞机的航空集团、企业集团。这些换来了对飞机的定价，一百多年中国什么时候有过定价权的？

所以，今天海航在世界的一系列并购，而且我们的并购用足了国外的资金资源、优质资产资源，优质资产至少 50% 以上境外融资，相当于买美国资产用美国一半的资产，所以海航迅速地成长，用自己的产业链、优秀的品牌使自己变得全球化。

第三，我们达到了中西合璧的企业文化。我们认为这个时代需要有新的商业文明来塑造中国的企业从而融入世界的企业发展潮流。海航用两个理念，一是造福人类的幸福与和平，这是企业的发愿。再有就是四大，这四大是整个海航集团从上到下人人都要熟背的："大众认同"，让大家都认同你的世界造福人类与和平；"大众参与"人人都努力；"大众分享"，在海南和很多地方分享在哪儿，我们建的房子成本价给员工，这相当于送给一百多亿给员工；"大众成就"，大家一定要活得有尊严、活得很好、有质量，海航的事业是成就此生的人生舞台。

关于并购外国公司，我们就干一件事，文化融合。我们是新的东家，新东家来了，听我讲海航的历史文化和未来，我讲完以后他们集体站起来，背诵海航同仁共勉十条，法国人版，英国人版，这就是海航的自信。所以海航并购以后的文化融合没有问题。

第四，把海航的企业发展和慈善事业、公益事业做出一个特定的模型。我们海航的特定模型是把为社会和人类做贡献当作我们的追求。海航在二十多年当中花了一百多亿做慈善事业，获得包括联合国在内的方方面面的很多奖项，这是我们的初心和追求。所以海航的标志是大爱无疆，海航的事业就是大爱无疆。

海航的成功源自这个伟大的时代，中华民族经过一百多年的苦苦摸索，用几代人的努力建立了新中国，取得了改革开放的成功，今天中国梦又把中国带入世界舞台的中央，所以海航的成功源于这个时代。我归纳海航的成功有三句话：第一句话，伟大的时代和海南大特区造就了海航。第二句话，海航的成功源于社会方方面面的支持，包括龙部长在内、叶部长在内，都是我们多年的好朋友，是海航的支持者，都是大家的努力。第三句话，海航走了一条新路，这条新路三个基本内涵，一是海航在中国的社会主义制度条件下，运用现代企业制度成功打造了管理体系、管理制度和管理体制，能在中国的环境里健康成长，还能走向世界。二是打造中西合璧的企业文化，形成了我们走向世界的共同价值观，把中国的文化自信跟全球的发展和企业的共同命运联系在一起，赢得了加入海航的企业非常好的一块儿发展。三是我们走了一条实体经济和资本市场，实业企业与金融资本市场融合发展的道路。

海南和海航共同成长，25 年做了三件事。第一，改变了海南的基础设施，现在海南两个机场吞吐量都过两千万，一个吞吐量过四千万，排中国省区的第七，无论海南的面积和人口怎么多也排不到第七位。航空上四分天下有其一，小省大航空，这是我们给海南的第一个贡献。

第二，今年海航收入 6000 亿，海南全省的 GDP 不到 5000 亿。在各个省无论国企还是民企，这么大的只有我们一家，这就是为海南做贡献。

第三，税收就业，慈善事业，等等。海南要什么给什么，要多少给多少，我们把最好的留给海南百姓了。当然我们的收入、就业、税收，在海南是第一是没得说的。不过第一和第二差了好多倍。海南都是太小的企业了，没有办法。这是海南建省 30 年有海航的发展是一个成功，但是也确确实实付出了高昂的代价。在十九大以后，海南寻找新的发展机遇，同时在总结 30 年的发展经验，国家重新审视 30 年以后的海南，对海南未来的发展高度关注，可以说是海南遇到了前所未有新的历史机遇。未来的海南发展当中，海航与人民在一起能够把它打造成新时期的标杆。海航与海南共同成长。

谢谢大家！

茅台的工匠精神

季克良 *

各位领导、各位嘉宾：

大家下午好!

很高兴能够参加这次活动。我想说，茅台酒是世界上最好的蒸馏酒，不信请大家试一试。1963年的时候，在全国进行了第二次全国品酒会，在那次会议上，因为品酒委员没有经过考试，品酒委员对全国的各种酒不够了解，因此原来在第一届上取得第一名的茅台，在第二届的时候被评为第五。1963年12月，周总理在西非访问时，在一次招待会上，有个记者提出来说茅台酒已经是第五名了，不是中国最好的酒了。周总理很生气地回答他，茅台酒是中国最好的酒，我用中国最好的酒招待大家。

后来有关的部门都很重视这件事，要把茅台的质量搞上去，要把茅台的名誉搞上去。我是1964年大学毕业，分到了茅台酒厂。在贵阳到茅台厂的路上，要三天时间，到了最后一天实在顶不住了，我看了这个酒店这边卖3毛6分钱一杯酒，到底这个茅台酒跟一般的酒有什么区别？我就买了一瓶茅台酒试了一下，确实跟其他酒不一样。其他酒喝一点有点刺，但是茅台酒香味很淡雅和优雅，喝的时候我感到香味很浓很黏，不像其他的白酒那么淡，很容易吞下去不辣口，其他的酒都比较呛，这给我留下了非常深刻的印象，我对它有所了解了也很感兴趣，希望早点到茅台。结果这条路非常难走，到了茅台镇之后，我就问，有没有公共汽车到茅台酒厂，那些人都笑我，公共汽车就在这个地方。然后我坐着板车，大概走了三公里。当时很荒凉，四周都是矮房子，到了厂区里面都是小房子，厂区里面养猪、狗、种

* 季克良，博鳌儒商卓越人物，贵州茅台集团原董事长。

菜、种棉花等都在一起。厂里头也很艰难，那一年工厂有两三百人，当时亏损80多万，很多东西坏了也没有钱修。那天晚上招待处的房子是办公室改造的，办公室的门上有一个落地窗，当时的落地窗是一张纸在那边。当时在房间里，床下面是一个桌面，我的同学一翻身，当时正好有一个小偷，顶到小偷的头，当时小偷心虚，发现了马上就喊，最后小偷也没有抓到。这就是当时到的第一天，茅台酒厂很偏僻、很穷，与茅台酒的品质不相匹配。

我们到车间去了解情况，后来又参加活动，在这个过程当中，我们发觉茅台的工艺非常特殊，非常复杂，与书本上完全不一样，凡是书本上说到茅台酒也都是错的。茅台酒的工艺非常复杂，与其他蒸馏酒完全不一样，反其道而行之。

在这种情况之下，我深深地感到，茅台酒的生产工艺需要细到分毫的观察、需要细到分毫的分析，只有这样才能把这个厂搞好。我们不能随便说话，只有真正经历了以后才有发言权，事实证明我这句话是讲对了。我1964年到茅台酒厂，1975年当了生产部的副部长，11年才有了发言权。我感到茅台的工匠精神很重要，一方面茅台酒和西方的洋酒、中国的其他白酒工艺完全不一样，西方的蒸馏酒基本上是液体发酵，因此它的流动性很好，比较均匀，它的微生物也就是一种，在很多种里面选一个好的就行，对它的数量、品质，他们会搞得很清楚。但是中国的茅台酒跟他们就不一样，原料可能不要紧，我们是固态发酵，我们的流动性差。他们一装就可以了，但是我们的环节很复杂，固体参与了自觉的发酵过程，要通过工艺条件调动它的积极性，把那些好的微生物积极性调动起来，把不好的微生物抑制住才行。同时，茅台酒的标准很高，一个标准就是硬化指标要达到要求，要稳定，卫生指标要符合健康的要求，更重要的一个，就是茅台酒要喝了不头疼、不口干、不上头，这要求就很高。

因此，茅台酒的生产要几万人操作，几百个班子操作，保证质量稳定太重要了。工匠精神十分重要，如果没有工匠精神，茅台就没有今天，工匠精神里，有这样几点特别重要：第一点，要有敬畏感。刚才讲的茅台酒的质感非常重要，茅台酒的质量和生产工艺有很多问题需要落实。我刚才讲了，茅台酒都是手工操作，都是固态发酵，流动性很差，温度和其他的液化指标，哪些是好的、哪些是不好的。如果做不好的话，会出现很多问题。习总书记在十八大以后就讲了人民群众对美好生活的向往就是我们的奋斗目标，十九大报告里头特别强调，要永远把人民群众对美好生活的向往作为我们的奋斗目标。名牌企业都是因为质量不断提高、能够适合需求人的要求、能够满足广大人民群众对美好生活的追求，才能够发展壮大。

如果质量不过关，产品会受到影响，企业也会遭受影响，资金链断裂、企业不能发展，在这种情况之下，我们的员工就会下岗，企业就会垮塌。质量搞不好，产品有影响、品牌有影响、企业有影响、员工有影响，一定要有敬畏感。敬畏感的另一方面，就是一个好的产品是有原料加工工艺和加工技术。

对于其合理的部分、可取的部分应该延续传承，不好的部分应该改进和创新。但是，有的人不是这样做的，有的人一看懂了，一做起来差的十万八千里。我曾经举过这样的例子，看这个酒，就像看炒菜一样，也都看得会，炒菜慢、选菜慢、洗菜慢、切菜慢，把油加进去然后慢炒，这个都懂，但是结果都不一样，像我们这样的炒菜肯定与厨师相差很远。所以对工艺如果没有敬畏感、对技术没有敬畏感，就很容易出差错，可能不能保证质量。

要有艰苦奋斗的精神，要有勇于担风险的精神。茅台酒的生产劳动条件很差，环境很差，劳动的强度很大，工作时间很长。我1964年进入酒厂，当时工作时间从早晨两三点钟开始，一天要干十几个小时，吃的不好，睡的也不好。我去的时候，茅台酒厂就是用泥巴筑的墙，我们一代一代的领导和员工把这个传统工艺传下来。我们的领导也很艰苦，我去的时候正好新调了两位厂长和党委书记，他们就住在用茅台酒泥巴筑的墙里面，当时就是20多平方米。在厂区四五公里外，连自己的车都没有，往外走到遵义三天一班车。

交通不方便、生产条件艰苦，人一代一代传下来。所以在现在条件好了之后，还是要发扬艰苦奋斗的精神，当然在发扬艰苦奋斗精神的同时，企业从20世纪90年代开始，我们在不断提高我们员工的工资、加强公共服务的保障，教育问题、看病难等问题都得到解决。现在我们招聘，大学生愿意来、研究生也愿意来、博士生也愿意来，而且竞争非常激烈，我们招几百个人，有几万个人来报名。

第三，用科技知识来传承工匠精神。对于茅台酒生产的全过程和几十个工序、几十个环节过程，我们的员工不单是要知道怎么做，还要知道为什么要这样做，这样才能够充分地发挥好工匠精神。

茅台酒从 2011 年开始，销售收入超过了所有的白酒企业。英国苏格兰 110 个厂的上交税金的总额是 10 亿英镑，茅台 2011 年一年交了 94 亿人民币。

今年我们的销售收入，能够达到 600 个亿，这 600 个亿超过白兰地总额的一倍。我们市值 8000 多个亿，这些数字在世界上所有酒企中是排第一位的。

博鳌儒商论坛 2017 年年会开幕[*]

2017 年 12 月 16 日上午，由中国孔子基金会、中华炎黄文化研究会、中华孔子学会、中国实学研究会联合指导，中国孔子基金会企业儒学研究委员会、中华炎黄文化研究会文明传承联合会、中华孔子学会儒商会联合主办的以"中华文化构建新商业文明"为主题的博鳌儒商论坛 2017 年年会，在海南省博鳌亚洲论坛会议中心开幕。开幕式由博鳌儒商论坛理事长黎红雷教授主持，主办单位代表、中华炎黄文化研究会文明传承联合会总顾问高以忱，中国孔子基金会理事长王大千，全国政协常委、中国农工民主党中央常务副主席兼秘书长曲凤宏，论坛所在地海南省琼海市委副书记、市长符平等先后发言。他们充分肯定博鳌儒商论坛用中华优秀传统文化涵养企业精神，引领儒商风范，树立儒商榜样的积极努力和突出成果。

据悉，这次年会将分"向世界说"、"致敬儒商"、"政商儒对话"三个板块，前外经贸部副部长、博鳌亚洲论坛原秘书长龙永图、中央社会主义学院原党组书记叶小文、联合国前副秘书长沙祖康、商务部原副部长魏建国，以及著名企业家柳传志、陈峰、季克良、著名学者成中英教授等发表主旨演讲，法国、波兰、韩国三个国家的前总理发来祝贺视频。除了主论坛之外，这次年会还设立了"新时代儒商的生命哲学"、"一带一路与儒商的新机遇"、"中国传统文化与现代企业文化"、"儒商与企业家的精神信仰"、"儒商与国学公益教育"五个分论坛，30 多位政商学界精英与大家共同分享心得，来自美国、德国、法国、英国、俄罗斯、加拿大、瑞士、澳大利亚、日本、韩国、泰国、新加坡、中国台湾、中国香港等国家和地区的 50 多位著名教授学者以及海内外 1800 多位企业家出席。

---

* 原载于《人民网》2017 年 12 月 16 日。

这次年会的一大亮点是，首次推出了"博鳌儒商人物榜"。这份榜单是根据博鳌儒商榜组委会于 2017 年 9 月 17 日在上海向全球发布的第一个儒商评估体系标准，由来自海内外的儒学界专家学者和企业界代表组成的博鳌儒商榜评审团，经过认真审核评定，在海内外 3000 多位推荐和申报名单中，确定儒商典范人物 10 名，卓越人物 23 名，标杆人物 78 名，精英人物 345 名。这次年会期间，举行了隆重的首届博鳌儒商人物揭晓典礼，数百名儒商人物向世界展现儒商的风采！

黎红雷率中华儒商代表团
出席国际儒商论坛[*]

以"一带一路与儒商文化"为主题的马来西亚国际儒商论坛，于 2018 年 8 月 10 日至 12 日在马来西亚新山市碧桂园森林城市凤凰酒店举行。中国孔子基金会名誉副理事长、中华孔子学会儒商会会长黎红雷教授，应邀率领中华儒商代表团出席盛会。代表团由中华儒商学者和企业家组成，其中有：中国政法大学李晓教授、复旦大学苏勇教授、南京大学郑称德教授，中华孔子学会儒商会名誉会长李文良、执行会长陈志峰、秘书长潘冬晖等，共 20 余人。本次国际儒商论坛由马来西亚南方大学主办，来自日本、韩国、马来西亚、新加坡、印度尼西亚、澳大利亚，以及中国台湾、香港、澳门等地的学者和企业家 150 多人出席。

黎红雷教授于 2018 年 8 月 10 日的开幕大会上，发表首场主题演讲《当代儒商的历史使命》。黎教授指出：当代儒商的宗旨是"道创财富，德济天下"。儒商与一般商人的区别，不是不追求财富，而是"君子爱财，取之有道"。儒商就是商界的"君子"，其职责就是运用儒家商道智慧为社会创造更多的财富。儒家主张"穷则独善其身，达则兼济天下"。^①儒商就是商界的"儒者"，平时要修养品德立身于世；经营企业则要担负起兼顾所有"利益相关者"——包括客户、员工、股东、政府、社区、社会大众乃至自然环境的责任。当代儒商的使命是"以儒促商，以商兴儒"。"以儒促商"，就是将传统的儒家治国之道转化成现代企业的治理智慧，广泛而深入地运用到企业的组织、管理、经营、领导活动中去，造就成功而伟大的企业。"以商兴儒"，

---

* 原载于《今日头条》2018 年 8 月 9 日。

① 焦循撰，沈文倬点校：《孟子正义》下册，中华书局 1987 年版，第 509 页。

就是深入探索"企业儒学"的实践应用与理论升华，反哺儒学，推动儒家思想在当代的创造性转化和创新性发展。黎红雷教授指出：将儒商的宗旨与使命综合起来，可以分为两组概念：一组是"以儒促商，道创财富"，说的是儒商为社会创造财富的责任；另一组是"以商兴儒，德济天下"，说的是儒商回报社会的责任。北宋儒者张载有四句振聋发聩的话："为天地立心，为生民立命，为往圣继绝学，为万世开天平"，为社会确立精神信仰，为民众确立生命意义，为前圣继承已绝之学统，为万世开拓太平之基业——这是一代代儒者，包括儒商在内所必须履行的宗旨和承担的历史使命。当代儒商，任重而道远！

在会议总结中，黎红雷还做了《从儒家商道看中美贸易战》的发言。黎教授认为：儒家商道作为一种治理哲学，不但可以解决现代企业生存与发展的问题，而且对于当代的社会治理、国家治理乃至全球治理，都能够提供智慧的启迪。就中美贸易战而言，黎红雷教授运用儒家商道智慧，谈了自己的看法。

黎教授指出，商人可以区分为三个层次：一个是会计算、会经营、会赚钱的"生意人"，一个是有勇气、有抱负、有情怀的"企业家"，最高层次就是讲仁爱、讲诚信、讲担当的"儒商"。在儒商看来，企业的社会责任就是对"利益相关者"的责任，包括客户、员工、股东、政府、社区、社会大众乃至自然环境，等等。在当前全球化的大背景下，任何一个国家的政府都不可能只对其选民（股东）负责，而必须全面承担其对所有"利益相关者"的责任；否则最终损害的不仅是其他"利益相关者"，而且是其选民（股东）的根本利益。

黎教授指出，儒商所笃信的儒家的和谐哲学，包括"以和为贵"、"和而不同"、"仇必和解"等内涵。儒家的和谐哲学必将在往后的贸易谈判中越来越显现其价值，并为全世界所接受，从而为打造"人类命运共同体"奠定坚实的基础。

孔子有言："故远人不服，则修文德以来之。"[①] 我们如何"修文德"？黎教授指出，从国家层面来讲，我们要认清自己的地位，坚持扩大改革开放，

---

① 程树德撰，程俊英、蒋见元点校：《论语集释》第4册，中华书局1990年版，第1137页。

积极主动与国际接轨，加大对国际产业链的深度嵌入，努力培植扩大内需。从企业层面来讲，则要积极主动进行经营转型。具体来说，包括管理转向：从内向型管理转向外向型治理；技术转轨：从中低端产业转向高端产业；业务转移：从沿海转到内地，从国内转向国外；业态转行：从生产型企业转向服务型企业等。最近，党和国家对扶持民营企业采取了许多切实有力的措施，广大企业家要积极响应，与祖国共患难，同进退。国强我强，国弱我弱；国荣我荣，国辱我辱！同心同德，埋头苦干，万众一心，振兴中华！

策划编辑:方国根
责任编辑:任 哲
封面设计:石笑梦

图书在版编目(CIP)数据

企业儒学.2018/黎红雷 主编. —北京:人民出版社,2019.3
ISBN 978－7－01－020452－9

Ⅰ.①企… Ⅱ.①黎… Ⅲ.①儒学-应用-企业管理 Ⅳ.①F272

中国版本图书馆 CIP 数据核字(2019)第 033545 号

企业儒学·2018

QIYE RUXUE 2018

黎红雷 主编

人 民 出 版 社 出版发行
(100706 北京市东城区隆福寺街 99 号)

北京新华印刷有限公司印刷 新华书店经销

2019 年 3 月第 1 版 2019 年 3 月北京第 1 次印刷
开本:710 毫米×1000 毫米 1/16 印张:30
字数:480 千字

ISBN 978－7－01－020452－9 定价:126.00 元

邮购地址 100706 北京市东城区隆福寺街 99 号
人民东方图书销售中心 电话 (010)65250042 65289539